高等学校高速铁路系列教材

高速铁路隧道工程

主　编　◎　梁庆国　欧尔峰　马丽娜　汪精河

西南交通大学出版社
·成　都·

内容简介

本书主要内容包括隧道工程构造设计、隧道工程地质环境、隧道空气动力学问题及工程措施、高速铁路隧道断面形式及支护设计、高速铁路隧道底部结构及防排水设计、高速铁路隧道防排水设计、高速铁路隧道洞门缓冲结构及景观设计、高速铁路隧道结构耐久性设计、高速铁路隧道防灾救援设计、高速铁路隧道施工、高速铁路隧道养护维修、高速铁路隧道风险管理、高速铁路隧道实例等。本书的特点是内容丰富，强调理论与实践并举、建设与管养并重、经典与前沿相融、教学与科研相长，密切结合我国高速铁路隧道实际，较为全面地介绍了与之相关的规划、设计、施工、维修养护与典型案例等，可供从事隧道工程规划、设计、施工、监理、科研和管理的技术人员和高校师生参考。

图书在版编目（CIP）数据

高速铁路隧道工程 / 梁庆国等主编. —成都：西南交通大学出版社，2021.6
ISBN 978-7-5643-7765-6

Ⅰ. ①高… Ⅱ. ①梁… Ⅲ. ①高速铁路 – 铁路隧道 – 隧道施工 – 高等学校 – 教材 Ⅳ. ①U459.1

中国版本图书馆 CIP 数据核字（2020）第 210126 号

Gaosu Tielu Suidao Gongcheng
高速铁路隧道工程

主　编／梁庆国　欧尔峰　马丽娜　汪精河	责任编辑／陈　斌	
	封面设计／何东琳设计工作室	

西南交通大学出版社出版发行
（四川省成都市金牛区二环路北一段 111 号西南交通大学创新大厦 21 楼　610031）
发行部电话：028-87600564　028-87600533
网址：http://www.xnjdcbs.com
印刷：四川森林印务有限责任公司

成品尺寸　185 mm×260 mm
印张　23.25　　字数　574 千
版次　2021 年 6 月第 1 版　　印次　2021 年 6 月第 1 次

书号　ISBN 978-7-5643-7765-6
定价　60.00 元

课件咨询电话：028-81435775
图书如有印装质量问题　本社负责退换
版权所有　盗版必究　举报电话：028-87600562

高等学校高速铁路系列教材
【编审委员会】 >>>>

主　　任	杨子江　李引珍
副 主 任	刘振奎
委　　员	张友鹏　钱勇生　丁旺才　牛惠民
	石广田　陈小强　闫光辉　虞庐松
	李海军　王海涌　马元琳

【兰州交通大学高等学校高速铁路系列教材目录及主编人】

序号	教材名称	主编人
1	高速铁路客站工程	蔺鹏臻
2	高速铁路线路工程	李 斌
3	高速铁路桥梁工程	丁南宏
4	高速铁路隧道工程	梁庆国
5	高速铁路施工组织与计价	顾伟红
6	动车组运用与管理	朱喜锋
7	动车组牵引传动与控制	车 军
8	动车组车辆设计技术	商跃进
9	动车组制造与修理工艺	冉虎珍
10	机车车辆概论	金 花
11	动车组工程	石广田
12	高速铁路车站计算机联锁系统	谭 丽
13	高速铁路分散自律调度集中（FZ-CTC）	张雁鹏
14	铁路专用通信	樊子锐
15	高速铁路无线通信系统与应用	谢健骊
16	LTE-R 铁路移动通信技术	周冬梅
17	高速铁路信息安全技术	李 强
18	高速铁路调度指挥	刘 斌
19	高速铁路列车运行图	田志强
20	高速铁路站场设计	张春民
21	高速铁路车站工作组织	杨信丰
22	高速铁路客运管理	张玉召

【序　言】 >>>>

高速铁路是中国名片和国之重器。中国国家铁路集团有限公司2020年8月出台《新时代交通强国铁路先行规划纲要》，明确提出要加快构建现代高效的高速铁路网，深化高铁关键核心技术自主创新，造就高水平科研人才和建设高技能产业大军，至2035年率先建成现代化铁路强国。把握高速铁路技术发展新特征，面向高校专业人才培养和铁路企业职工培训新需求，编写一套先进适用的高速铁路特色教材，显得重要而迫切。

兰州交通大学为中国国家铁路集团有限公司与甘肃省人民政府共建高校，素有"铁路工程师摇篮"之称。新时期学校致力于培养铁路高素质工程技术人才，高度重视教材编写工作，专门设立"兰州交通大学高速铁路特色系列教材"项目，成立编审委员会，组织协调学校轨道交通相关专业骨干教师和中国铁路兰州局集团有限公司工程技术人员，广泛收集技术资料，深入铁路设计、施工、制造、运输企业调研，依照高速铁路技术标准，历时4年，反复讨论与修改，终在高速铁路建设新征程开启之际，完成22部高等学校高速铁路系列教材的编写任务并出版。

本套教材具有系列化和专适性特点，涵盖高速铁路线桥隧工程、动车组、通信信号、站场设计、运输组织等专业领域，注重介绍高速铁路新理论、新技术、新装备、新材料和新工艺，理论联系实际，资料翔实，图表丰富，可作为高校轨道交通专业的教学教材，亦可作为轨道交通行业企业技术管理人员的培训教材。

本套教材是校企深度合作的成果，谨向大力支持教材编写工作的中国铁路兰州局集团有限公司致谢！

兰州交通大学高等学校高速铁路系列教材编审委员会
2020年9月

【前 言】 >>>>

截至目前,我国的隧道工程建设无论是数量长度规模之巨、自然环境和地质条件之复杂及由此而带来的建设难度之大,还是设计施工管养等技术方面的进步之快,均属世界前列。随着我国高速铁路的快速发展,特别是我国"一带一路"倡议和西部大开发战略的进一步深入实施,越来越多的高铁隧道工程将投入建设或进入运营服役状态,如在建的川藏铁路,已经通车运营的宝兰客专、兰渝铁路等,高速铁路隧道工程的建设及其相应的新理论、新方法和新技术也取得了长足进步。因此,充分吸收借鉴国内外高速铁路隧道及地下工程同类教材、论著、规范的优秀成果和先进经验,编写能够涵盖高速铁路隧道工程全寿命周期相关内容的教材,对提高隧道及地下工程方向的本科生和研究生的培养质量,为广大高速铁路隧道的管理、建设、运营等单位的专业技术人员提供必要的参考,就成为编著出版本书的"初心",期待能够实现和不断完善。

本书共分12章。绪论部分介绍了我国高速铁路发展现状和主要关键技术问题;第1章是隧道工程构造设计;第2章是隧道工程地质环境,侧重于围岩分级和围岩压力计算;第3章是高速铁路隧道空气动力学问题和相应的工程措施;第4章是高速铁路隧道断面形式及支护结构设计;第5章是高速铁路隧道底部结构及防排水设计;第6章是高速铁路隧道洞门缓冲结构及景观设计;第7章是高速铁路隧道结构耐久性设计;第8章是高速铁路隧道防灾救援设计;第9章是当前我国高速铁路隧道施工的主要方法和相关技术;第10章是高速铁路隧道养护维修；第 11 章是高速铁路隧道风险管理；第 12 章介绍了西部地区几座典型高速铁路隧道设计施工的实例。其中：绪论、第 9 章由梁庆国教授编写，第 5、6、7、11 章由欧尔峰副教授编写，第 1、2、3、4、8 章由马丽娜副教授编写，第 10、12 章及参考文献由汪精河副教授编写、整理。最后由梁庆国教授统稿。

  本书的出版受到兰州交通大学专项资金的资助，在编写过程中始终受到相关领导和老师的关心、帮助与支持，特别是李德武教授、严松宏教授、陈志敏教授等提供了部分资料和很好的意见、建议，在此向他们表示衷心的感谢！同时，由于作者水平有限，书中难免有遗漏和不足，敬请专家和读者不吝赐教，多提批评指导意见，以便进一步修订。

编 者

2020 年 7 月于兰州

目 录

- **0 绪 论** ·· 001
  - 0.1 高速铁路概述 ··· 001
  - 0.2 高速铁路隧道技术要点 ··· 008
- **1 隧道工程构造设计** ·· 016
  - 1.1 隧道的基本概念 ·· 016
  - 1.2 隧道横断面 ·· 016
  - 1.3 隧道支护结构 ··· 020
  - 1.4 洞门与明洞 ·· 022
  - 1.5 附属建筑物 ·· 027
- **2 隧道工程地质环境** ·· 029
  - 2.1 岩体的力学性质 ·· 029
  - 2.2 围岩分级 ··· 035
  - 2.3 围岩压力 ··· 042
- **3 隧道空气动力学问题及工程措施** ·· 053
  - 3.1 隧道空气动力效应 ··· 053
  - 3.2 降低空气动力效应的工程措施 ·· 081
- **4 高速铁路隧道断面形式及支护设计** ······································· 092
  - 4.1 隧道净空断面大小及形式 ·· 092
  - 4.2 衬砌支护参数 ··· 097
- **5 高速铁路隧道底部结构及防排水设计** ···································· 108
  - 5.1 高速铁路隧道底部结构 ··· 108

5.2 高速铁路隧道防排水设计 ………………………………………… 117

6 高速铁路隧道洞门缓冲结构及景观设计 …………………………… 127
6.1 新型洞门形式 …………………………………………………… 127
6.2 洞口缓冲结构设计 ……………………………………………… 129
6.3 洞口建筑设计实用方法 ………………………………………… 133
6.4 洞口景观设计 …………………………………………………… 134

7 高速铁路隧道结构耐久性设计 ……………………………………… 140
7.1 耐久性的概念 …………………………………………………… 140
7.2 不重视耐久性设计引起的工程病害 …………………………… 141
7.3 影响隧道结构耐久性的因素 …………………………………… 142
7.4 复合式衬砌结构耐久性设计 …………………………………… 148

8 高速铁路隧道防灾救援设计 ………………………………………… 151
8.1 高速铁路隧道灾害概述 ………………………………………… 151
8.2 防灾救援设计 …………………………………………………… 154
8.3 防灾救援设计典型实例 ………………………………………… 159

9 高速铁路隧道施工 …………………………………………………… 167
9.1 隧道施工概述 …………………………………………………… 167
9.2 高速铁路隧道施工方法 ………………………………………… 169
9.3 隧道支护与衬砌 ………………………………………………… 191
9.4 超前地质预报 …………………………………………………… 210
9.5 监控量测 ………………………………………………………… 217
9.6 防排水施工工艺 ………………………………………………… 227
9.7 施工机械化配套 ………………………………………………… 238

10 高速铁路隧道养护维修 ... 249

- 10.1 高速铁路隧道养护维修概述 ... 249
- 10.2 高速铁路隧道病害调查 ... 250
- 10.3 高速铁路隧道状态检测 ... 258
- 10.4 隧道衬砌结构物劣化现象及原因 ... 262
- 10.5 隧道衬砌结构状态评估 ... 268
- 10.6 隧道衬砌养护维修对策设计 ... 272
- 10.7 隧道渗漏水及其整治 ... 279

11 高速铁路隧道风险管理 ... 286

- 11.1 风险基本概念 ... 286
- 11.2 隧道风险指标体系 ... 288
- 11.3 隧道风险分级标准和接受准则 ... 300
- 11.4 隧道风险评估的办法 ... 304
- 11.5 制定隧道风险管理制度 ... 315

12 高速铁路隧道实例 ... 318

- 12.1 黄土隧道（郑西高铁） ... 318
- 12.2 冻土区隧道（青藏铁路隧道） ... 340
- 12.3 软岩隧道（木寨岭隧道） ... 347

参考文献 ... 356

Part 0　绪　论

0.1　高速铁路概述

0.1.1　高速铁路的定义、优势及现状

国际铁路联盟（UIC）认为高速铁路的定义相当广泛，包含高速铁路领域下的众多系统。高速铁路是指组成这一"系统"所有元素的组合，包括基础设施（新线设计速度 250 km/h 以上，提速线路速度 200 km/h 甚至 220 km/h）、高速动车组和运营条件。当前各国新建的高速铁路，大多把最高速度定位在 250~350 km/h。

我国高速铁路的定义为：新建设计开行 250 km/h（含预留）及以上动车组列车，初期运营速度不小于 200 km/h 的客运专线铁路。

与公路和航空等交通方式相比，高速铁路具有速度快、运量大、效率高、占地少、能耗低等综合优势。例如，在 CO_2 排放量和能源消耗量方面，铁路运输优于其他运输模式。在铁路运输中，每人公里 CO_2 排放量约为轿车的 1/9、飞机的 1/6，每人公里能源消耗量约为轿车的 40%、飞机的 23.7%，如图 0-1 和图 0-2 所示。因此，高速铁路在未来世界交通运输体系中将发挥越来越重要的骨干作用。在中国，高速铁路已经当之无愧地成为国家客运交通中的最重要组成部分之一。

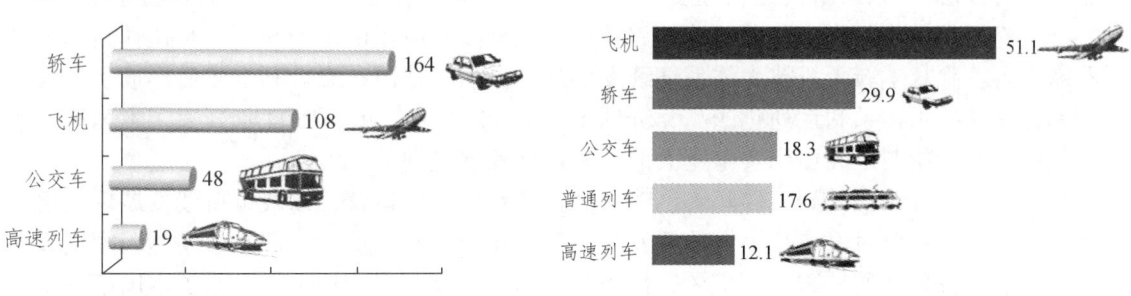

图 0-1　每人公里 CO_2 排放量（单位：g）　　图 0-2　每人公里能源消耗量
　　　　　　　　　　　　　　　　　　　　　　[等价换算为石油消耗量（单位：g）]

目前，世界上已经有中国、德国、日本、法国、西班牙、意大利、瑞典、英国、俄罗斯、土耳其、韩国、比利时、荷兰、瑞士等 16 个国家和地区建成并开通运营了高速铁路。截至

2019年底，中国铁路营业里程达13.9万千米，其中，投入运营的铁路隧道16 084座，总长18 041 km。中国已投入运营的高速铁路总长3.5万千米，共建成高速铁路隧道3 442座，总长5 515 km，其中，长度在10 km以上的特长隧道71座，总长约908 km。已投入运营的特长铁路隧道共170座，总长2 312 km，其中，长度在20 km以上的特长铁路隧道11座，累计长度262 km。中国高铁里程超过世界高铁总里程三分之二，成为世界上高铁里程最长、运输密度最高、成网运营场景最复杂的国家；中国高铁动车组已累计运输旅客突破90亿人次，成为中国铁路旅客运输的主渠道；中国高铁的安全可靠性和运输效率世界领先。同时，我国铁路新开工项目26个，新增投资规模3 382亿元；投产新线4 683 km，其中高铁4 100 km。中国在建高铁线路目前已经超过了1.1万千米，在建里程总和超过西班牙、德国、日本、法国开通运行线路的总和（这4个国家运营线路里程分列全球2~5位）。

0.1.2 高速铁路发展概述

纵观世界高速铁路的发展历史，可将其大致划分为三个主要阶段：

1. 探索初创阶段

该阶段从20世纪60年代到70年代末，以日本1964年开通第一条高速铁路东海道新干线为标志，开通时最高运营速度为210 km/h。从东海道新干线开始，高速铁路在工务工程、高速列车、牵引供电以及通信信号等领域都对传统铁路进行了重大革新。由于高速铁路发展尚处于探索阶段，没有既有的经验可借鉴，需要反复论证和试验，而且从高速铁路发展成效显现到加快发展高速铁路形成共识需要一定的过程，因此高速铁路发展缓慢，20年内，全世界只有日本先后于1964年和1975年建成了东海道新干线和山阳新干线，总里程1 069 km。

2. 扩大发展阶段

该阶段从20世纪80年代初到20世纪末，以1981年法国第一条高速铁路TGV东南线开通运营为标志，开通时最高运营速度为270 km/h，是世界高速铁路进入最高运营速度250~300 km/h新时期的转折点。随着高速铁路技术研究开发与应用的不断深入，高速铁路技术体系不断完善。除日本新干线技术体系继续发展外，法国、德国、意大利也先后形成了各具特色的高速铁路技术体系和系列化产品，分别于1981年、1991年、1992年开通了本国第一条高速铁路，并开始制定和逐步实施庞大的高速铁路发展规划。

从20世纪90年代开始，伴随着已建成高速铁路的成功运营，以及可持续发展理念逐步成为共识，高速铁路对经济社会可持续发展的重要作用日益显现，欧洲其他发达国家也开始通过技术引进发展高速铁路，西班牙、比利时分别在1991年、1997年开通了本国第一条高速铁路。其他国家（如荷兰、瑞典等）也制定了高速铁路发展规划。20年内，日本、欧洲共新建高速铁路3 000多千米，是20世纪80年代以前新建高速铁路的3倍多。

3. 快速发展阶段

该阶段从21世纪初开始，以中国高速铁路的快速崛起为标志。我国2004年制定的《中长期铁路网规划》和 2008 年的《中长期铁路网规划（2008 年调整）》，构建了中国高速铁路发展的宏伟蓝图。该规划明确提出：到 2020 年全国铁路营业里程达到 12 万公里以上，其中客运专线达到 1.6 万公里以上，复线率和电化率分别达到 50% 和 60% 以上。基本形成布局合理、结构清晰、功能完善、衔接顺畅的铁路网络，运输能力满足国民经济和社会发展需要，主要技术装备达到或接近国际先进水平。重点规划"四纵四横"等客运专线，同时配套建成贵广、合福等高铁延伸线，形成触角丰富、路网通达、运力强大的中国高速铁路网络，以及经济发达和人口稠密地区城际客运系统，如图 0-3 所示。

其中，"四纵"包括：

（1）京沪客运专线（京沪高铁）：北京—天津—济南—徐州—蚌埠—南京—上海，全长约 1 318 km，设计速度为 350 km/h。另外亦有蚌埠—合肥支线（合蚌客运专线），设计速度为 300 km/h。

（2）京港客运专线（京港高铁）：北京—石家庄—郑州—武汉—长沙—广州—深圳—香港，由京石客运专线、石武客运专线、广深港客运专线组成，全长 2 260 km，连接华北、华中和华南地区，设计速度为 350 km/h。该线建成后将是世界上通车里程最长的高速铁路客运专线。

（3）京哈客运专线：北京—承德—沈阳—哈尔滨，并包含沈阳—大连的支线和盘锦—营口的联络线。该线由京沈客运专线、哈大客运专线、盘营客运专线组成，全长约 1 700 km，连接东北和关内地区，设计速度为 350 km/h。

（4）杭福深客运专线：杭州—宁波—温州—福州—厦门—深圳，由杭甬客运专线、甬台温铁路、温福铁路、福厦铁路及厦深铁路组成，全长约 1 600 km，连接长江、珠江三角洲和东南沿海地区。其中杭甬客运专线为 350 km/h 级别，其他线路为 200～250 km 时速的客货混跑线。远期将客货分行。

"四横"包括：

（1）徐兰客运专线：徐州—商丘—郑州—洛阳—西安—宝鸡—兰州，由郑徐客运专线、郑西客运专线、西宝客运专线、宝兰客运专线组成，全长约 1 400 km，连接西北和华东地区，全线速度为 350 km/h。

（2）沪昆客运专线：上海—杭州—南昌—长沙—贵阳—昆明，由沪杭客运专线、杭长客运专线、长昆客运专线组成，全长 2 080 km，连接华东、华中和西南地区，为 300/350 km/h 等级客运专线。

（3）青太客运专线：青岛—济南—石家庄—太原，由胶济客运专线、石济客运专线及石太客运专线组成，全长约 770 km，连接华东和华北地区，全线设计速度为 200～250 km/h。

（4）沪汉蓉客运专线：上海—南京—合肥—武汉—重庆—成都，上海至南京段与京沪客运专线、沪宁高速铁路共线，南京至成都段由合宁铁路、合武铁路、汉宜铁路、宜万铁路宜昌至利川段、渝利铁路、遂渝铁路和达成铁路成都至遂宁段构成，全长约 1 600 km，连接西南和华东地区。全线除了宜万铁路一段因穿越喀斯特地形和神农架地区，（近期）速度仅为 160 km/h 外，其余线路的速度均为 200～250 km/h。远期宜万铁路速度提升至 200 km/h，并新建 350 km/h 等级的成渝客运专线。

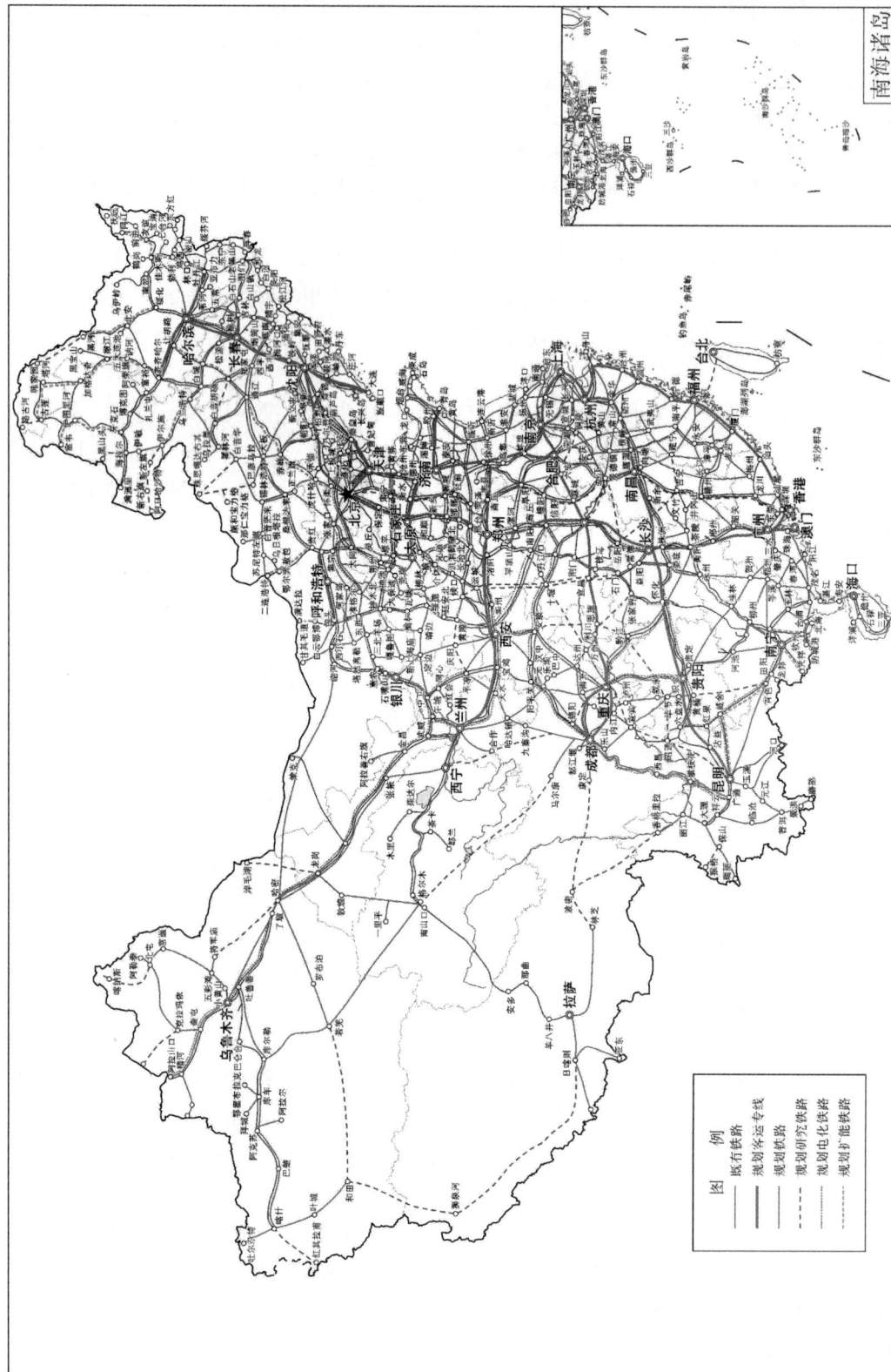

图 0-3 中长期铁路网规划（2008年调整）

与此同时，还规划建设南昌—九江、柳州—南宁、绵阳—成都—乐山、哈尔滨—齐齐哈尔、哈尔滨—牡丹江、长春—吉林、沈阳—丹东等客运专线，扩大客运专线的覆盖面。在环渤海、长江三角洲、珠江三角洲、长株潭、成渝以及中原城市群、武汉城市圈、关中城镇群、海峡西岸城镇群等经济发达和人口稠密地区建设城际客运系统，覆盖区域内主要城镇。此外，《规划》还旨在以扩大西部路网规模为主，形成西部铁路网骨架，完善中东部铁路网结构，提高铁路对地区经济发展的适应能力。

由于我国幅员辽阔，无论纵向还是横向线路，均跨越多个复杂的地理地貌单元和地质构造系统，使得高速铁路建设面临诸多复杂、特殊的重大工程地质问题的挑战、我国高铁修建技术所取得的成就是世所罕见的，很多领域也都取得了举世瞩目的成就。我国已投入运营的典型高速铁路的情况如表0-1所示。

表0-1　中国典型高速铁路信息汇总

序号	名称	开通时间	长度/km	设计速度/(km/h)	备注
1	京津城际铁路	2008-8-1	120	350	连接北京、天津；中国第一条具有自主知识产权、当时运营速度世界最快的高速铁路
2	京沪高速铁路	2011-6-30	1 318	350	运营速度300 km/h；纵贯北京、天津、上海三大直辖市和冀鲁皖苏四省
3	京广高速铁路	2012-12-26	2 298	350	运营速度300 km/h；途径北京、河北、河南、湖北、湖南、广东；世界上运营里程最长的高速铁路
4	哈大高速铁路	2012-12-1	921	350	连接哈尔滨和大连；夏季最高运营速度300 km/h，冬季最高运营速度200 km/h；世界上第一条新建高寒高速铁路
5	郑西高速铁路	2010-2-6	523	350	我国在湿陷性黄土区建设的首条高速铁路；"四纵四横"中"徐兰客运专线"的中段

相比于国外发达国家的高速铁路发展历程，我国仅经过较短时间，便已经成为世界上高速铁路系统技术最全、集成能力最强、运营里程最长、运行速度最高、在建规模最大的国家。中国高速铁路的快速发展，为世界高速铁路发展注入了强大动力，对其他国家产生了强大的示范作用，形成了中国高铁发展的世界效应，美国、波兰、俄罗斯、土耳其等国家纷纷加快实施本国的高速铁路发展规划，南美洲、亚洲的一些发展中国家，如阿根廷、巴西、伊朗、越南等，也纷纷加入高速铁路发展行列。

2016年6月29日召开的国务院常务会议原则通过了《中长期铁路网规划》。根据该规划，我国计划到2020年，铁路网规模达到15万千米，其中高速铁路3万千米，覆盖80%以上的大城市；到2025年，铁路网规模达到17.5万千米左右，其中高速铁路3.8万千米左右；网络覆盖进一步扩大，路网结构更加优化，骨干作用更加显著，更好发挥铁路对经济社会发展的保障作用。展望到2030年，基本实现内外互联互通、区际多路畅通、省会高铁连通、地市快速通达、县域基本覆盖。为满足快速增长的客运需求，优化拓展区域发展空间，在"四纵四横"高速铁路的基础上，增加客流支撑、标准适宜、发展需要的高速铁路，部分利用时速200公里铁路，形成以"八纵八横"主通道为骨架、区域连接线衔接、城际铁路补充的高速铁路网，实现省会城市高速铁路通达、区际之间高效便捷相连。我国高速铁路网中长期规划如图0-4所示。

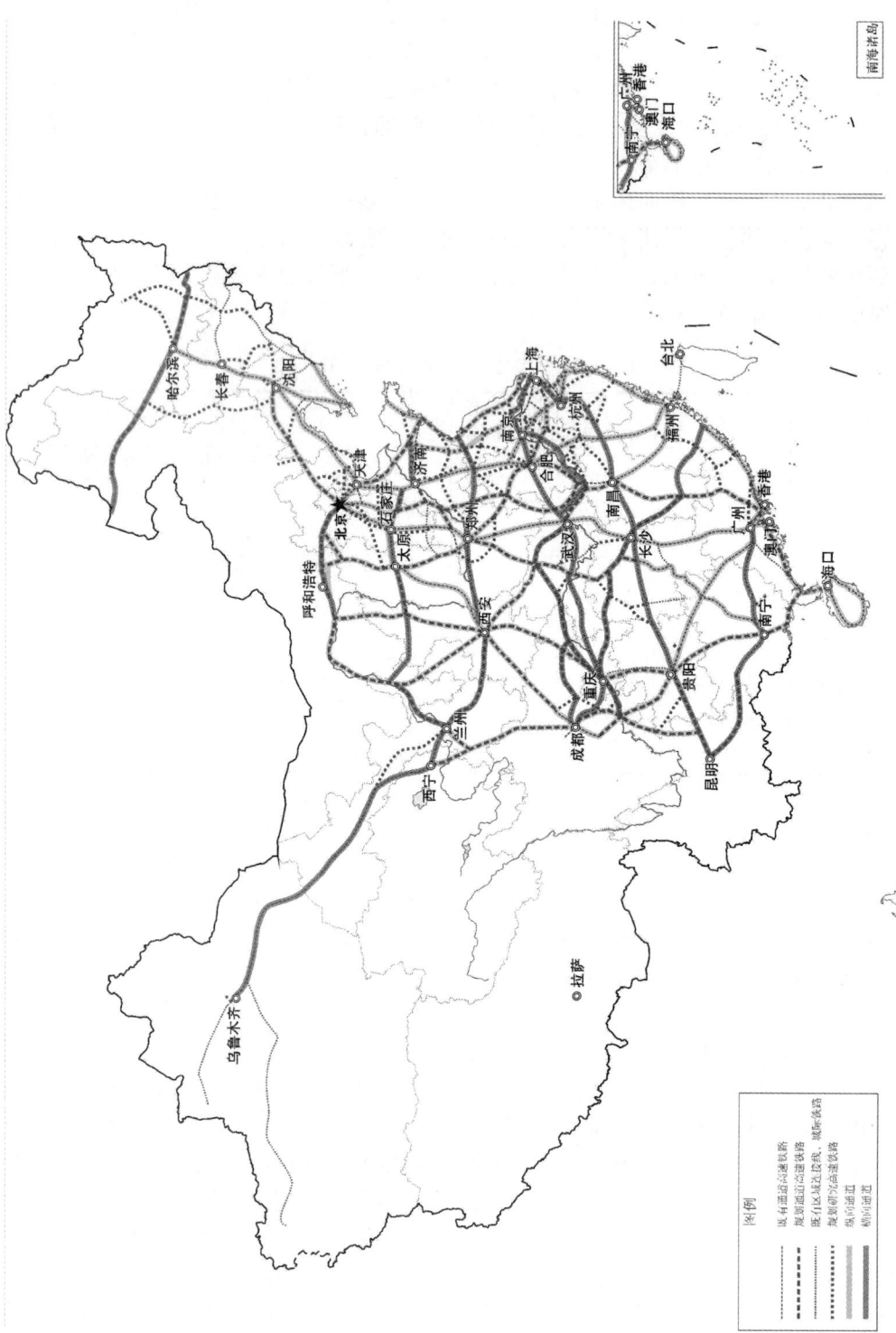

审图号：GS（2020）5635号　　图0-4　中国高速铁路网中长期（2030年）规划示意

"八纵八横"高速铁路主通道具体信息如下：

（1）"八纵"通道。

沿海通道。大连（丹东）—秦皇岛—天津—东营—潍坊—青岛（烟台）—连云港—盐城—南通—上海—宁波—福州—厦门—深圳—湛江—北海（防城港）高速铁路（其中，青岛至盐城段利用青连、连盐铁路，南通至上海段利用沪通铁路），连接东部沿海地区，贯通京津冀、辽中南、山东半岛、东陇海、长三角、海峡西岸、珠三角、北部湾等城市群。

京沪通道。北京—天津—济南—南京—上海（杭州）高速铁路，包括南京—杭州、蚌埠—合肥—杭州高速铁路，同时通过北京—天津—东营—潍坊—临沂—淮安—扬州—南通—上海高速铁路，连接华北、华东地区，贯通京津冀、长三角等城市群。

京港（台）通道。一支线为北京—衡水—菏泽—商丘—阜阳—合肥（黄冈）—九江—南昌—赣州—深圳—香港（九龙）高速铁路；另一支线为合肥—福州—台北高速铁路，包括南昌—福州（莆田）铁路。连接华北、华中、华东、华南地区，贯通京津冀、长江中游、海峡西岸、珠三角等城市群。

京哈—京港澳通道。哈尔滨—长春—沈阳—北京—石家庄—郑州—武汉—长沙—广州—深圳—香港高速铁路，包括广州—珠海—澳门高速铁路。连接东北、华北、华中、华南、港澳地区，贯通哈长、辽中南、京津冀、中原、长江中游、珠三角等城市群。

呼南通道。呼和浩特—大同—太原—郑州—襄阳—常德—益阳—邵阳—永州—桂林—南宁高速铁路。连接华北、中原、华中、华南地区，贯通呼包鄂榆、山西中部、中原、长江中游、北部湾等城市群。

京昆通道。北京—石家庄—太原—西安—成都（重庆）—昆明高速铁路，包括北京—张家口—大同—太原高速铁路。连接华北、西北、西南地区，贯通京津冀、太原、关中平原、成渝、滇中等城市群。

包（银）海通道。包头—延安—西安—重庆—贵阳—南宁—湛江—海口（三亚）高速铁路，包括银川—西安以及海南环岛高速铁路。连接西北、西南、华南地区，贯通呼包鄂、宁夏沿黄、关中平原、成渝、黔中、北部湾等城市群。

兰（西）广通道。兰州（西宁）—成都（重庆）—贵阳—广州高速铁路。连接西北、西南、华南地区，贯通兰西、成渝、黔中、珠三角等城市群。

（2）"八横"通道。

绥满通道。绥芬河—牡丹江—哈尔滨—齐齐哈尔—海拉尔—满洲里高速铁路。连接黑龙江及蒙东地区。

京兰通道。北京—呼和浩特—银川—兰州高速铁路。连接华北、西北地区，贯通京津冀、呼包鄂、宁夏沿黄、兰西等城市群。

青银通道。青岛—济南—石家庄—太原—银川高速铁路（其中，绥德至银川段利用太中银铁路）。连接华东、华北、西北地区，贯通山东半岛、京津冀、太原、宁夏沿黄等城市群。

陆桥通道。连云港—徐州—郑州—西安—兰州—西宁—乌鲁木齐高速铁路。连接华东、华中、西北地区，贯通东陇海、中原、关中平原、兰西、天山北坡等城市群。

沿江通道。上海—南京—合肥—武汉—重庆—成都高速铁路，包括南京—安庆—九江—武汉—宜昌—重庆、万州—达州—遂宁—成都高速铁路（其中，成都至遂宁段利用达成铁路），连接华东、华中、西南地区，贯通长三角、长江中游、成渝等城市群。

沪昆通道。上海—杭州—南昌—长沙—贵阳—昆明高速铁路。连接华东、华中、西南地区，贯通长三角、长江中游、黔中、滇中等城市群。

厦渝通道。厦门—龙岩—赣州—长沙—常德—张家界—黔江—重庆高速铁路（其中，厦门至赣州段利用龙厦铁路、赣龙铁路，常德至黔江段利用黔张常铁路）。连接海峡西岸、中南、西南地区，贯通海峡西岸、长江中游、成渝等城市群。

广昆通道。广州—南宁—昆明高速铁路。连接华南、西南地区，贯通珠三角、北部湾、滇中等城市群。

在"八纵八横"主通道的基础上，规划建设高速铁路区域连接线，进一步完善路网、扩大覆盖。

东部地区。北京—唐山、天津—承德、日照—临沂—菏泽—兰考、上海—湖州、南通—苏州—嘉兴、杭州—温州、合肥—新沂、龙岩—梅州—龙川、梅州—汕头、广州—汕尾等铁路。

东北地区。齐齐哈尔—乌兰浩特—白城—通辽、佳木斯—牡丹江—敦化—通化—沈阳、赤峰和通辽至京沈高铁连接线、朝阳—盘锦等铁路。

中部地区。郑州—阜阳、郑州—濮阳—聊城—济南、黄冈—安庆—黄山、巴东—宜昌、宣城—绩溪、南昌—景德镇—黄山、石门—张家界—吉首—怀化等铁路。

西部地区。玉屏—铜仁—吉首、绵阳—遂宁—内江—自贡、昭通—六盘水、兰州—张掖、贵港—玉林等铁路。

0.2　高速铁路隧道技术要点

我国的高铁建设和高铁技术不仅是实施"一带一路"倡议的重要组成部分，而且作为"国家名片"之一，肩负着走出国门、服务全球的重任，其运营安全性关乎人民生命财产安全和国家声誉与重大利益，因此，对基础设施的可靠性和耐久性提出了高标准的技术要求。由于我国幅员辽阔，地形地貌和地质条件复杂多变，高速铁路建设过程中不得不修建大量的隧道工程。长度达数千米、数十千米的长大隧道也越来越多，中国已经成为名副其实的高速铁路大国、隧道大国。高速铁路隧道具有断面大、长隧道多、施工风险大和耐久性要求高等特点，往往成为控制全线工期的重、难点工程。

我国幅员辽阔，地形、地貌、地质复杂多样，高速铁路的建设标准和技术标准高，要求线路曲线半径大，在选线设计中会出现大量的隧道工程方案，如郑西高铁、宝兰客专、兰新铁路、西成客专等，具有技术难度大、施工风险高、施工环境艰苦等诸多难题，表0-2汇总了部分典型的高铁特长隧道工程。

表 0-2 我国部分高铁特长隧道（肖广智，2015）

序号	隧道名称	单/双线	长度/km	线名	备注
1	朱家山	双线	14.95	宝鸡至兰州客专	在建
2	笔架山	双线	14.751	宝鸡至兰州客专	在建
3	麦积山	双线	13.932	宝鸡至兰州客专	在建
4	吴家岔	双线	10.456	宝鸡至兰州客专	在建
5	古城岭	双线	10.365	宝鸡至兰州客专	在建
6	渭河	双线	10.016	宝鸡至兰州客专	在建
7	平安（左线）	单线	28.426	成都至兰州客专	在建
8	平安（右线）	单线	28.4	成都至兰州客专	在建
9	云屯堡	双线	22.923	成都至兰州客专	在建
10	跃龙门（右线）	单线	20.042	成都至兰州客专	在建
11	跃龙门（左线）	单线	19.981	成都至兰州客专	在建
12	柿子园	双线	14.069	成都至兰州客专	在建
13	金瓶岩	双线	12.773	成都至兰州客专	在建
14	大坂山（右线）	单线	15.918	兰州至新疆客专	运营
15	大坂山（左线）	单线	15.897	兰州至新疆客专	运营
16	高家山	双线	12.572	兰州至新疆客专	在建
17	福川	双线	10.649	兰州至新疆客专	在建
18	西秦岭（左线）	单线	28.236	兰州至重庆铁路	在建
19	西秦岭（右线）	单线	28.22	兰州至重庆铁路	在建
20	木寨岭（左线）	单线	19.095	兰州至重庆铁路	在建
21	木寨岭（右线）	单线	19.08	兰州至重庆铁路	在建
22	哈达铺（右线）	单线	16.6	兰州至重庆铁路	在建
23	哈达铺（左线）	单线	16.59	兰州至重庆铁路	在建
24	黑山	双线	15.748	兰州至重庆铁路	在建
25	天池坪	双线	14.528	兰州至重庆铁路	在建
26	胡麻岭	双线	13.608	兰州至重庆铁路	在建
27	化马	双线	12.58	兰州至重庆铁路	在建

续表

序号	隧道名称	单/双线	长度/km	线名	备注
28	枫相院	双线	12.129	兰州至重庆铁路	在建
29	龙池山	双线	11.34	兰州至重庆铁路	在建
30	太行山上行	单线	27.848	石家庄至太原客专	运营
31	太行山下行	单线	27.839	石家庄至太原客专	运营
32	秦岭天华山	双线	15.989	西安至成都客专	在建
33	老安山	双线	15.161	西安至成都客专	在建
34	大秦岭	双线	14.846	西安至成都客专	在建
35	得利	双线	14.167	西安至成都客专	在建
36	福仁山	双线	13.102	西安至成都客专	在建
37	清凉山	双线	12.553	西安至成都客专	在建
38	何家梁	双线	12.406	西安至成都客专	在建
39	黄家梁	双线	11.618	西安至成都客专	在建

在过去数十年建设运营管理的过程中，我国广大的科技管理人员以安全质量为核心，不但开拓创新，解决了一大批复杂难题，而且丰富了高铁隧道工程的内容，积累了宝贵的科研、设计、施工与运营管理方面的经验。

相比于普通铁路隧道，高速铁路的"隧道效应"问题更为突出和关键。隧道效应包括隧道内压力变化和隧道出口微气压波变化，隧道出口处的微气压波影响隧道出口周围区域的环境友好性，与车体横截面积、隧道横截面积、列车头车和尾车形状、隧道长度、轨道类型等有关。隧道内压力变化影响车体的结构强度和乘客舒适性，与车体横截面积、隧道横截面积、列车长度、隧道长度等有关。因此，高速铁路隧道在规划、设计和施工方面都有更高的要求，其中的关键问题就是列车高速进出隧道时产生的空气动力学效应（瞬变压力、微压波、行车阻力、列车风等）对列车性能、行车安全性、旅客舒适度与洞口附近环境等产生的不利影响。为了降低隧道的空气动力效应，增大隧道有效净空面积是较好的结构工程措施，也是当前世界各国高速铁路发展的总趋势。

0.2.1 空气动力学效应

当列车进入隧道时，原来占据着空间的空气被排开。空气的黏性以及隧道壁面和列车表面的摩阻作用使得被排开的空气不能像隧道外那样及时、顺畅地沿列车两侧和上部形成绕流。于是，列车前方的空气受压缩，列车后方则形成一定的负压。这就产生了一个压力波动过程，这种压力波动又以声速传播至隧道口，形成反射波—Mach 波（马赫波），并回传、叠加，诱发对运营产生一系列负面影响的空气动力学效应。这些效应主要是：由于瞬变压力，造成旅客不适,并对铁路员工和车辆产生危害;高速列车进入隧道时,会在隧道出口产生微气压波,引起爆破噪声并危及洞口建筑物,如图 0-5;行车阻力加大,引起对列车动力和能耗的特殊要求;列车风加剧,影响在隧道中待避的作业人员;其他,如隧道内热量的积聚、空气动力学噪声等。

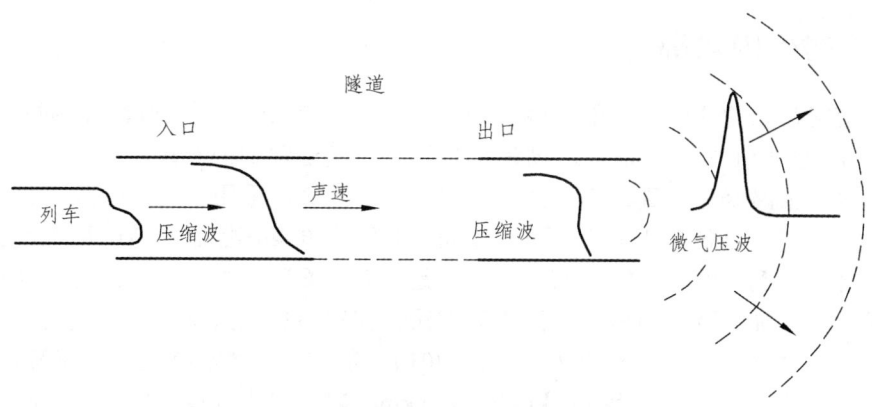

图 0-5 隧道微气压波的产生过程

高速铁路进入隧道的空气动力学效应受多种因素影响,包括:

(1)机车车辆方面:行车速度、车头和车尾形状、列车横断面、列车长度、列车外表面形状和粗糙度、车辆的密封性等。例如,计算结果表明,车辆对压力波动的影响可以归结为车内压力波动相应于车外压力的"缓解"和"滞后"。德国在 Einmalberg 隧道实测的结果证实了这一点,如图 0-6 所示。

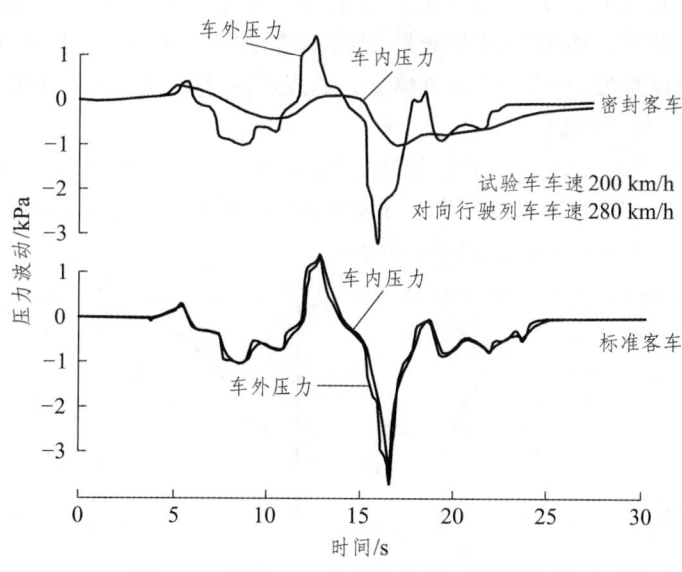

图 0-6 德国 Einmalberg 隧道实测结果

(2)隧道方面:隧道净空断面积,阻塞比,是双线单洞还是单线双洞,隧道壁面的粗糙度,洞口及辅助结构物形式,竖井、斜井和横洞,道床类型,等。

（3）其他方面：列车在隧道中的交会等。

因此，在高速铁路设计时，应从车辆及隧道两方面采取措施，以减缓空气动力学效应。隧道工程设计必须考虑列车进入隧道诱发的空气动力学效应对行车、旅客舒适度、车辆结构强度和环境等方面的不利影响。

0.2.2 衬砌内轮廓

确定隧道衬砌内轮廓应考虑下列因素：① 隧道建筑界限；② 股道数及线间距；③ 隧道设备空间；④ 空气动力学效应；⑤ 轨道结构形式及其运营维护方式。

从世界高速铁路修建史看，为了消减空气动力学效应所采用的措施大致可分为两类：一是"小断面"方式，以日本新干线隧道为代表，其解决方案是控制隧道断面积，提高运营车辆的密封性能，达到节约工程投资的目的；一是"大断面"方式，以德国高速铁路隧道为代表，主要通过适当加大隧道断面净空面积的方法，缓解高速铁路隧道的空气动力学效应。

我国《高速铁路设计规范》（TB 10621—2014）规定隧道净空有效面积应符合下列规定：

（1）设计行车速度目标值为 300 km/h、350 km/h 时，双线隧道不应小于 100 m²，单线隧道不应小于 70 m²。

（2）设计行车速度目标值为 250 km/h 时，双线隧道不应小于 90 m²，单线隧道不应小于 58 m²。

隧道断面不仅要满足空气动力学特性的要求，还要满足在隧道中列车高速运行安全的要求，以及救援通道等设施的空间要求。我国《高速铁路设计规范》中要求隧道内应设置救援通道和安全空间，并应符合下列规定：

① 救援通道：隧道内应设置贯通的救援通道，用于自救或外部救援。单线隧道单侧设置，双线隧道双侧设置，救援通道距线路中线不应小于 2.3 m。救援通道的宽度不宜小于 1.5 m，在装设专业设施处，宽度可适当减少；高度不应小于 2.2 m。救援通道走行面应不低于轨面，走行面应平整、铺设稳固。

② 安全空间：安全空间应设在距线路中心线 3.0 m 以外，单线隧道在救援通道一侧设置，多线隧道在两侧设置。安全区间宽度不小于 0.8 m，高度不应小于 2.2 m。

双线、单线隧道内衬砌轮廓如图 0-7 所示。

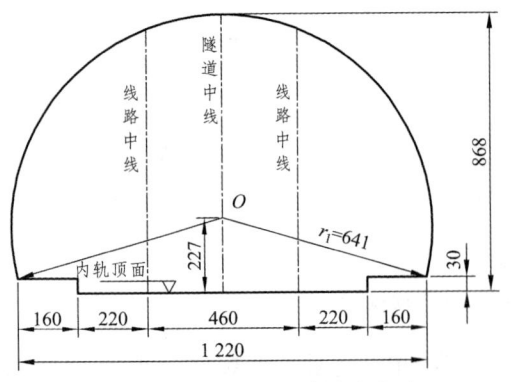

（a）250 km/h 双线隧道内轮廓

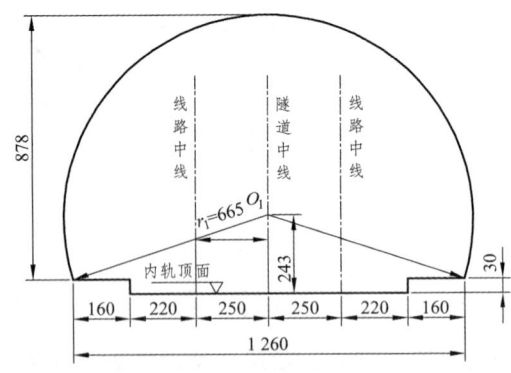

（b）300 km/h、350 km/h 双线隧道内轮廓

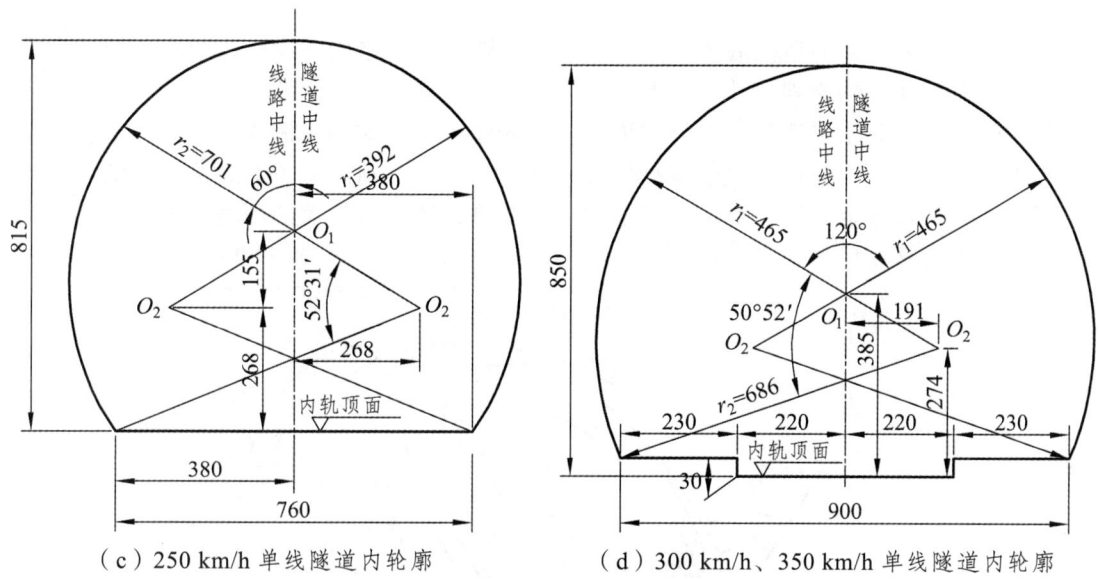

（c）250 km/h 单线隧道内轮廓 （d）300 km/h、350 km/h 单线隧道内轮廓

图 0-7　我国高铁隧道内轮廓（单位：cm）

0.2.3　衬砌结构形式

高速铁路隧道的横断面较大，受力比较复杂，且列车运行速度较高，隧道维修有一定的时间限制，复合式衬砌比喷锚衬砌安全，且防排水性能较好。而喷锚衬砌耐久性和防水性能均存在一些问题，因此我国《高速铁路设计规范》规定暗挖隧道应采用复合式衬砌，明挖隧道应采用整体式衬砌。初期支护参数考虑支护结构耐久性因素，喷射混凝土的厚度按满足钢架保护层设计；同时喷射混凝土中掺加合成纤维，既可减少回弹量，也可减少喷射混凝土硬化过程中的早期裂缝，有利于防水与耐久性。

考虑到大断面隧道的受力情况不利，Ⅰ、Ⅱ级围岩隧道衬砌宜采用曲墙加底板的结构形式，Ⅲ~Ⅳ级围岩隧道衬砌应采用曲墙有仰拱的形式。隧道衬砌内轮廓宜采用圆形断面，单线隧道可采用三心圆断面，边墙与仰拱应圆顺连接。

隧底结构由于在长期列车动载作用及地下水侵蚀的影响下极易产生破坏，从而引起基底沉陷、道床翻浆冒泥等病害。这些病害不但增加养护维修工作量，而且严重影响运营安全，尤其是高速铁路对隧道底部的强度较普通铁路要求更高，且高速铁路隧道的断面跨度较大，因此高铁隧道设计突出"加强基底"和注重"刚度变化"的原则。加强基底设计，要求隧道衬砌混凝土强度等级不应低于C30，钢筋混凝土强度等级不应低于C35。Ⅲ~Ⅴ级围岩衬砌均采用有仰拱结构，且仰拱厚度较拱墙大；Ⅱ级围岩隧道底板采用钢筋混凝土结构，部分地下水发育地段也采用有仰拱结构。Ⅰ、Ⅱ级围岩隧道衬砌底板厚度应不小于30 cm，混凝土强度等级不应低于C35，并应配置双层钢筋。仰拱填充混凝土强度等级不低于C20。隧道二次衬砌Ⅳ~Ⅵ级围岩地段宜采用钢筋混凝土；Ⅰ~Ⅲ级围岩地段宜采用混凝土，并可掺加一定比例的纤维。

0.2.4 洞口形式和缓冲结构

相对于传统的铁路隧道挡墙式洞门，高速铁路隧道洞口结构的设计，应本着简洁大方、美观实用、保护环境的原则，结合地形、地质和环境条件，以不刷坡或少刷坡施作的、突出山体的切削式洞口为主要建筑形式。隧道洞门优先选用斜切式和帽檐式结构形式（图0-8），综合考虑景观要求，贯彻执行"早进晚出"的设计原则。除个别需要的工点（靠近城市、旅游景区等）外，高铁隧道洞口一般不做更多的建筑装饰，体现自然美的环境意识，同时考虑有效缓解空气动力学效应等因素。

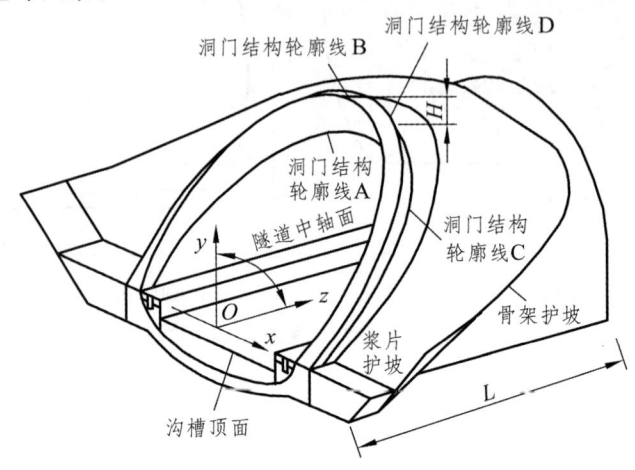

图 0-8 斜切式洞门侧视轮廓（龚彦峰，2010）

一般洞口不设缓冲结构。当洞口有建筑物或特殊环境要求时，宜设置洞口缓冲结构，并符合表0-3的要求。隧道洞口缓冲结构设置应考虑列车类型及长度、隧道长度及隧道净空有效面积、隧道内轨道类型、隧道洞口附近地形和居民情况等因素。

表 0-3 洞口缓冲结构设置要求

建筑物至洞口距离	建筑物有无特殊环境要求	基准点	微气压波峰值
<50 m	有	建筑物	按要求
	无		≤20Pa
≥50 m	有	距洞口20 m处	<50Pa

0.2.5 结构防排水

根据我国的实践，隧道渗漏水的危害巨大，因此高速铁路隧道防排水采用国家标准《地下工程防水技术规范》（GB 50108—2008）的一级防水等级的规定，即：隧道内不允许渗水，衬砌结构表面无湿渍。隧道防排水设计方案应结合隧道洞身水环境要求和水文地质条件确定。隧道防排水应采取"防、堵、截、排，因地制宜，综合治理"的原则。地下水环境保护要求高、埋深浅的隧道应采用全断面封闭防水。初期支护与二次衬砌之间铺设防水板，防板厚度不得小于 1.5 mm。一般应设置双侧水沟和中心水沟，中心水沟与双侧水沟相连通。隧道衬砌背后应设置与排水沟连通的环、纵向排水盲管，环、纵向排水盲管应直接引水入侧沟。

0.2.6　防灾疏散和救援方式

高速铁路隧道防灾救援设计应遵循以下基本原则：

（1）针对高速铁路的运营特点，消防设计应贯彻"以防为主、以消为辅、防消结合、立足自救"的消防工作方针，要充分体现"以人为本"的设计理念。

（2）针对高速铁路隧道火灾发生的特点，要采取经济可靠的防火措施和消防手段，做到安全可靠、经济合理、使用维修方便。

（3）当列车在隧道内发生火灾，凡能继续运行时，均应遵循"先将列车拉出洞外再进行列车解体及火灾事故处理"的基本原则。一旦列车失去动力不能运行或因隧道太长无法及时拉出洞外时，必须考虑在洞内实施快速疏散和消防救援。

（4）隧道内应设置贯通的救援通道和必要的紧急出口。

（5）总长大于 20 km 的特长隧道或隧道群的防灾救援方案应优先采用"定点"模式，"定点"附近应设置紧急出口。

（6）在需要防灾救援的隧道内，应设置必要的监控系统、防灾报警系统、消防灭火系统、防排烟系统等。

0.2.7　单洞双线和双洞单线断面的比较

在通常情况下，高速铁路隧道考虑空气动力学的特性，都采用单洞双线断面，较少采用双洞单线断面。但在某些情况下，如隧道很长（长度大于 10 km），同时考虑维修养护条件及防灾的需求时，宜采用双洞单线断面。表 0-4 为单洞双线和双洞单线断面的比较。

表 0-4　单洞双线和双洞单线断面的比较

比较项目	双洞单线断面	单洞双线断面
图示		
空气动力学影响	相对大	相对小
逃生疏散	方便	满足要求
养护维修	一样	一样
工程施工难度	相对容易	较大
环境影响	相对大	相对小
投资比较	大 20%～40%	小

Part 1 隧道工程构造设计

1.1 隧道的基本概念

高速铁路是铁路现代化的重要标志，是一个具有国际性和时代性的概念。国际上目前将列车最高运行速度大于等于 200 km/h 的铁路称为高速铁路，我国把新建最高运行速度不小于 250 km/h 和改建既有线最高运行速度不小于 200 km/h 的铁路称为高速铁路。

在地下工程的广泛范围中，用以保持地下空间作为运输孔道的，称为隧道。

高速铁路行车速度高，对基础设施的建设标准要求高，线路最小曲线半径较大，所以高速铁路的选线设计，必然出现大量隧道工程。高速铁路隧道与一般铁路隧道相比有较多的不同，主要是由于速度高引起的列车空气动力学相关的问题，同时引起相关的设计隧道的洞口形式、隧道及列车的横断面积、列车头部形状、车辆密封性、隧道结构的耐久性、洞内设施及轨道类型等一系列问题。

相对于普通铁路隧道，《高速铁路设计规范》（TB 10621—2014）规定，隧道的设计除须遵照现行《铁路隧道设计规范》（TB 10003—2016）的规定外，还应考虑下列因素：

（1）隧道内形成的瞬变压力对乘员舒适度及相关车辆结构的影响。
（2）空气阻力的增大对行车的影响。
（3）隧道口所形成的微压波对环境的影响。
（4）列车风对隧道内作业人员待避条件的影响。

1.2 隧道横断面

相对于普通铁路隧道，《高速铁路设计规范》（TB 10621—2014）规定：

（1）单线隧道内轨顶面以上净空面积不应小于 50 m²；双线隧道内轨顶面以上净空面积不应小于 80 m²。

（2）曲线上的隧道，内轮廓可不考虑曲线加宽，但应验算控制点或计算点是否满足宽度要求。

我国客运专线隧道的建筑限界根据不同的速度目标值、不同种类的货运界限组合，共分为速度目标值 200 km/h 客运专线兼顾普通货物运输和双层集装箱运输的单、双线隧道建筑界限，速度目标值 250 km/h 客运专线兼顾普通货物运输和双层集装箱运输的单、双线隧道建筑界限，速度目标值 350 km/h 的客运专线单、双线隧道建筑限界。高铁隧道设计应在满足上述限界和速度目标值的条件下，考虑空气动力学效应和各种安全预留空间，拟定相应的隧道有效内净空面积，如表 1-1 所示。

表 1-1 我国客运专线隧道采用的有效内净空面积

类别标准	单线/m²	双线/m²
200 km/h 客专兼顾普货运输	52.86	85.8
200 km/h 客专兼顾双箱运输	56.67	92.94
250 km/h 客专兼顾普货运输	58	91.16
250 km/h 客专兼顾双箱运输	58	95.06
350 km/h 客运专线	70	100

注：隧道内净空面积指轨面以上部分的面积。

1.2.1 断面内各空间的配置及衬砌内轮廓

考虑到列车一旦在隧道内发生事故、失去动力或无法及时将列车拉出洞外时，车上人员的紧急疏散、逃生和救援将成为非常关键和重要的问题。所以，高速铁路隧道净空断面设计时需要预留各种空间，包括安全空间、救援通道和技术作业空间。

1. 安全空间

安全空间（或称安全区）是为铁路内部员工和特殊情况下养护人员预留的，安全区内包括靠衬砌侧安放施工设施（宽 0.3 m）或开关柜（宽 0.4 m、长 1.3 m）的空间（图 1-1）。

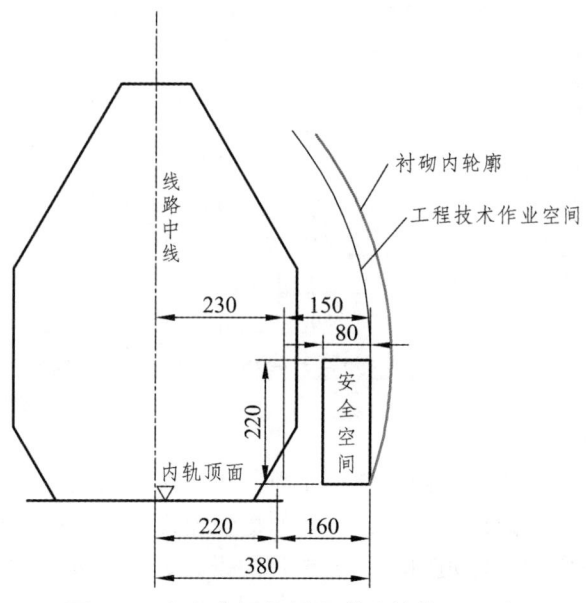

图 1-1 安全空间救援通道（单位：cm）

安全空间的配置应遵守下列规定：

（1）安全空间应设在距线路中线 3.0 m 以外，单线隧道应设在有紧急出口一侧，两座平行单线隧道宜设在相邻侧，双线与多线隧道应在双侧设置。

（2）安全空间的尺寸：高度不应小于 2.2 m，宽度不应小于 0.8 m。

（3）安全空间的地面不应低于内轨顶面，地面与接触网设备带电部件间的距离不应小于 3.95 m。

2. 救援通道

在隧道内应设置贯通的救援通道（图 1-2），用于自救或外部救援。救援空间的配置应遵守下列规定：

（1）隧道内应设置贯通的救援通道。

（2）救援通道应设在安全空间一侧，距线路中线不应小于 2.3 m。

（3）救援通道走行面不应低于内轨顶面，地表必须平整。

（4）设计客车行车速度目标值为 200 km/h 的客货共线铁路隧道救援通道宽度不宜小于 1.25 m，设计客车行车速度目标值为 250 km/h 的客运专线隧道救援通道宽度不宜小于 1.5 m，在装设专业设施处宽度可适当减小；净高不应小于 2.2 m。

救援通道可部分侵入建筑限界，因为救援通道是在列车停运的情况下才使用的。

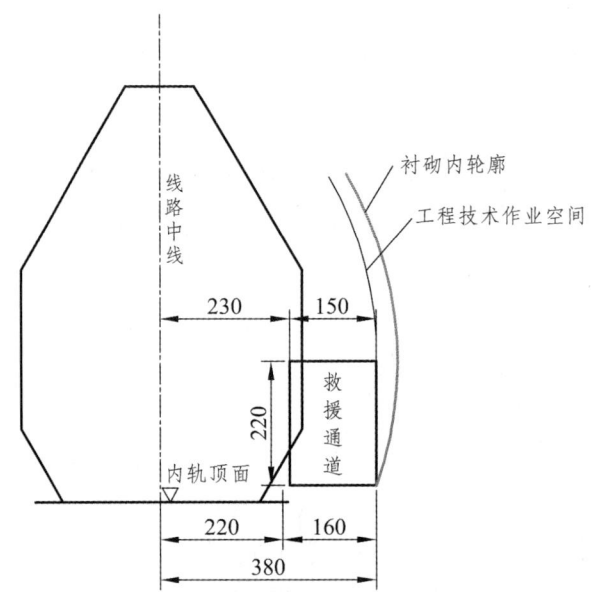

图 1-2　200 km/h 及以上客运专线隧道救援通道（单位：cm）

3. 技术作业空间

技术作业空间用于安放施工辅助设施，作为预留加强衬砌或安装隔声板等的空间。该空间内允许在有限的长度范围内设置一些设备，如接触导线张力调整器和接触导线以及接头的紧回装置等。技术作业空间沿隧道衬砌内轮廓环向设置，其宽度为 0.3 m。隧道的施工误差不应占用技术作业空间。

4. 单洞双线和双洞单线方案选择

高速铁路隧道选择单洞双线断面方案还是双洞单线断面方案,除了应从地质条件、建设工期、施工难度和方法、运营通风、防灾救援和人员疏散、工程投资等多方面综合考虑外,还要考虑列车在隧道内运行的空气动力学效应。单洞双线隧道方案和双洞单线隧道方案的大致比较见表1-2。

表1-2 单洞双线和双洞单线方案对比

比较项目	单洞双线隧道方案	双洞单线隧道方案
施工难度及风险	断面大,在软弱围岩中发生坍塌的机会较多,容易发生变形,风险较大	断面小,发生坍塌、变形的机会相对较少,风险较小
运营通风	难以利用活塞风	可以利用活塞风
防灾救援	当隧道内发生火灾时,消防灭火及救援难度大,线路将中断运营	当一座隧道发生火灾时,可通过另一隧道帮助灭火,并利用横通道紧急疏散人员,仅中断一条线路运营
空气动力学影响	相对小	相对大
环境影响	相对小	相对大
工程投资	较 低	大 20%~40%

1.2.2 曲线隧道净空加宽

1. 时速200 km以上曲线隧道净空加宽

最高时速200 km的新建铁路单、双线隧道内净空面积采用52 m² 和 80 m² 断面形式也是经过优化比选的,既充分满足了空气动力学效应标准的要求,又完全满足建筑物接近限界及其他工程使用空间的需要,且留有富余量。考虑到最高时速200 km新建铁路隧道线路采用最小圆曲线半径为2 200 m,推荐圆曲线半径为3 500~6 000 m,按《铁路隧道设计规范》(TB 10003—2016)的规定,曲线隧道的加宽也是较小的,完全在富余量以内,可以不考虑内轮廓加宽,见表1-3。

表1-3 按《铁路隧道设计规范》(TB 10003—2016)计算的最高时速200 km新建铁路曲线隧道加宽

圆曲线半径/m	外轨超高/mm	隧道内外侧加宽总和/cm
2 500	45	15
3 000	35	12
4 000	25	9

最高时速 200 km 以上的新建铁路单、双线隧道，因考虑满足空气动力学标准的要求，其净空已满足建筑物接近限界需要，且留有富余量。因此，曲线上的隧道内轮廓不考虑曲线加宽。

2. 与直线隧道衬砌的衔接方法

《铁路隧道设计规范》（TB 10003—2016）的规定：位于曲线地段的隧道断面加宽除圆曲线部分按相应计算值予以加宽外，缓和曲线部分可分两段加宽，即自圆曲线至缓和曲线中点，并向直线方向延长 13 m，采用圆曲线加宽断面（按 d 值加宽）；其余缓和曲线，并自直缓分界点向直线段延长 22 m，采用缓和曲线中点加宽断面，其加宽值取缓和曲线之半（即按 $d/2$ 加宽）（图 1-3）。

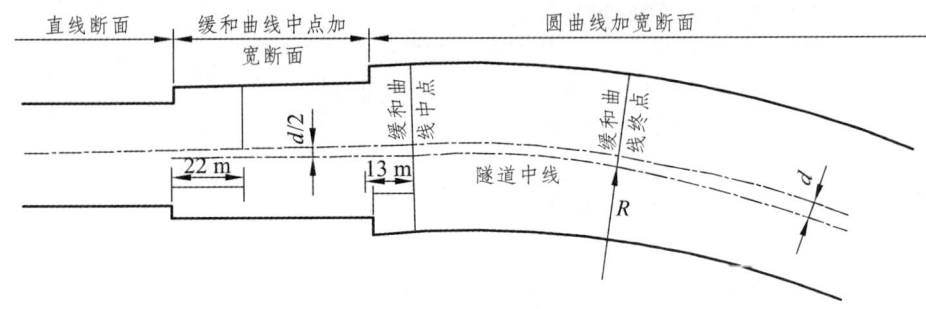

图 1-3　曲线隧道与直线隧道衬砌衔接方法平面示意

1.3　隧道支护结构

相对于普通铁路隧道，《高速铁路设计规范》（TB 10621—2014）规定：

（1）矿山法施工的隧道应采用复合式衬砌，明挖隧道应采用整体式衬砌。

（2）Ⅰ、Ⅱ级围岩隧道衬砌宜采用曲墙带底板的结构形式，Ⅲ、Ⅳ级围岩隧道衬砌应采用曲墙有仰拱的结构形式，边墙与仰拱应圆顺连接。

（3）隧道衬砌混凝土强度等级不应低于 C30，钢筋混凝土强度等级不应低于 C35。Ⅰ、Ⅱ级围岩隧道衬砌底板厚度不应小于 30 cm，混凝土强度等级不应低于 C35，并应配置双层钢筋。仰拱填充混凝土强度等级不应低于 C20。

（4）隧道二次衬砌Ⅳ～Ⅵ级围岩地段宜采用钢筋混凝土；Ⅰ～Ⅲ级围岩地段宜采用素混凝土，并可掺加一定比例的纤维。

（5）复合式衬砌初期支护及二次衬砌设计参数，应根据隧道围岩级别、岩体构造特征等采用工程类比、理论分析确定，并应根据现场围岩量测信息，对支护参数做必要的调整。土质隧道、浅埋隧道、设置大管棚地段隧道的拱部可不设置径向锚杆。

1. 整体式模筑混凝土衬砌

整体式模筑混凝土衬砌，是在坑道内树立模板、拱架，然后浇灌混凝土而成。它是作为一个支护结构，从外部支撑着坑道围岩的，是一种传统衬砌结构形式。

曲墙式衬砌适用于地质比较差，岩石松散破碎，强度不高，又有地下水，侧向水平压力也相当大的Ⅳ、Ⅴ和Ⅵ级围岩情况。它由顶部拱圈、侧面曲边墙和底部仰拱（或铺底）所组成。除在Ⅳ级围岩无地下水，且基础不产生沉降的情况下可不设仰拱，只做平铺底外，一般均设仰拱，以抵御底部围岩压力和防止衬砌沉降，并使衬砌形成一个环状的封闭整体结构以提高衬砌的承载能力。顶部拱圈的内轮廓与直墙式衬砌的拱部一样，但它的拱圈截面是变厚度的，拱顶处薄而拱脚处厚。边墙是变厚度的，做成向外拱的曲线形，以抵抗较大的水平压力。仰拱一般为等厚度的。

2. 复合式衬砌

复合式衬砌是与喷锚支护和新奥法施工结合起来进行的。其工艺为在洞壁表面上先喷射一层混凝土，有时也同时施加锚杆，凝固以后形成一个薄层的柔性支护结构，允许它有限度地产生变形，以至少许的裂纹，把围岩因开挖坑道而引起的形变压力全部吸收或吸入了绝大部分，并把洞壁的位移逐渐地稳定下来，使外衬与围岩共同组成的初期支护体系处于暂时平衡状态。在施工的同时，定期地量测支护变形的信息，将这些信息反馈到施工和结构的设计中去，据以确定内衬的最佳施作时间，以及内衬的适宜厚度。在外衬变形终止或基本稳定以后，再施作内衬。为了防止地下水流入隧道内，可以在外衬与内衬之间，敷设一层以塑料防水板等为材料的防水层。

（1）外衬（亦称初次衬砌）——为了使围岩在开挖后的变形得以及早地受到约束，所以外衬多半是使用能达到早强的喷射混凝土和锚杆，使柔性的外衬既能容许围岩有所变形，而又约束它不让它变形发展得太大太快。一般地，外衬的厚度多在 5~20 cm 之间。为此，开挖坑道时，要求采用光面爆破，使洞壁平整光顺，喷层足以覆盖凸点，同时内表面也平整，便于以后铺设防水层。

（2）内衬（亦称二次衬砌）——从理论上讲，围岩的形变压力已为外衬所吸收，内衬基本上可以不再需要承受外力，做内衬仅仅是当作洞内的被服，取得洞内的整齐外观，或是用以隔潮而已。但实际上，外衬的变形并未完全停止，况且，影响外衬共同作用的因素很多，因而仍会有一部分力，如围岩的残留变形，以及施工后围岩物理力学参数的降低等，需由内衬承担。所以，设计时，内衬仍应按受力结构来计算。

内衬可以用喷射混凝土层柔性结构，也可以用较厚的模筑混凝土。它的厚度视当时外衬变形的情况，或变形的速度而定。当围岩无明显的流变性质，而位移有较明显的减缓趋势，水平收敛小于 0.2 mm/d，拱顶下沉小于 0.1 mm/d，而且当时的位移值占总位移值的 80% 以上时，单线隧道内衬厚度可为 25 cm，双线隧道内衬厚度可为 30 cm，均为等厚截面。

（3）防水层——内外层衬砌之间的防水层可以用软聚氯乙烯薄膜、聚异丁烯片、聚乙烯片等防水卷材，或喷涂乳化沥青等防水剂。在喷层表面有凹凸不平时，须事先以砂浆敷面，做成找平层，务使岩壁与防水层密贴。防水层接缝处，一般用热水焊接，或用电敏电阻焊接，亦可用适当的溶剂作溶解焊接，用以保证防水的质量。

（4）铺底及仰拱的厚度与一般模筑混凝土衬砌的铺底或仰拱相同。

复合式衬砌既能调动围岩的自承能力，又可以充分发挥结构的承载能力。根据铁道科学研究院和隧道工程局共同进行的模型实验和有限元分析，验证结果表明：复合衬砌的极限承载能力比同等厚度的单层模筑混凝土衬砌可以提高 20%～30%，并且如能调整好内衬的施作时间，还可以改善结构的受力条件。复合式衬砌最适宜在 Ⅱ～Ⅵ级围岩中使用，但遇到下列情况时，应慎重对待，必要时应辅以相应的加固措施。

① 拱顶以上覆盖厚度小于隧道直径时；
② 有明显偏压力时；
③ 在无自稳能力的未胶结砂砾石地层中时；
④ 在大膨胀性的地层中时；
⑤ 在大涌水的地层中时；
⑥ 在严重冻害的地区中时。

复合式衬砌可以保证初期支护施作及时，刚度小易变形，与围岩密贴，从而能保护围岩和加固围岩，促进围岩的应力调整，充分发挥围岩的自承作用。二次衬砌完成后，衬砌内表面光滑平整，可以防止外层风化，装饰内壁，增强安全感。它既能够充分发挥喷锚支护的优点，又能发挥二次衬砌永久支护的可靠作用。

复合式衬砌是目前隧道工程常采用的衬砌形式。其设计、施工工艺过程与其相应的衬砌及围岩受力状态均较合理，十分符合衬砌结构的力学变化过程，能按受力和变形的规律、按力学变化的时间、变形发展的状况，给予最适宜的工程措施；其质量可靠，能够达到较高的防水要求；也便于采用喷锚、钢支撑等工艺。因此，它是比较合理的结构形式，有其广阔的发展前途。

对于复合式衬砌，由于初期支护是限制围岩在施工期间的变形，达到围岩的暂时稳定，二次衬砌则是提供结构的安全储备或承受后期围岩压力，因此，初期支护应按主要承载结构设计，二次支护在Ⅲ级及以下围岩时按安全储备设计，在Ⅳ级及以上围岩时按承载（后期围岩）结构设计，并均应满足构造要求。

1.4 洞门与明洞

1.4.1 基本要求

《高速铁路设计规范》（TB 10621—2014）规定：

（1）隧道洞口设计应结合地形、地质和环境条件，综合考虑景观要求，采取"早进晚出"的设计原则。隧道洞门宜选用斜切式和帽檐式结构形式，洞口施工应减少洞口边仰坡开挖。

（2）隧道洞口应避免通过危岩落石发育区，无法避免时应设置明洞、棚洞，同时采取清除、加固、拦截、遮蔽等综合整治措施。

（3）洞口附近有建筑物或特殊环境要求时，宜通过设置洞口缓冲结构降低微气压波峰值，并满足表 0-3 中的微气压波峰值的要求。

（4）隧道洞口缓冲结构设置应考虑列车类型及长度、隧道长度、隧道净空有效面积、隧道内轨道类型、隧道洞口附近地形和居民情况等因素。

（5）洞口缓冲结构设计应符合下列规定：

① 缓冲结构形式应考虑实用、美观以及洞口附近的地形环境条件等因素，缓冲结构宜采用与隧道衬砌内轮廓形状相似的开孔式结构，也可采用其他结构形式。

② 缓冲结构横断面不变时，侧面或顶面应开减压孔，减压孔面积可根据实际情况确定，宜为隧道净空有效面积的 1/5～1/3。

③ 缓冲结构宜采用钢筋混凝土结构。

（6）隧道洞口上方有公路跨越时，应在靠近铁路的公路路侧设置防撞护栏，护栏等级应符合有关规定。

（7）两座隧道洞口距离小于 30 m 时，宜采用明洞形式连接。

切削式洞门因不仅具有洞口开挖量小、混凝土工程量少等特点，而且适合于暗挖进洞和明挖进洞两种工法，体现了当前社会发展要求的环保和生态的理念，成为新型洞门的主导形式（图 1-4 和图 1-5）。因此，本章重点介绍隧道切削式洞口结构设计。

图 1-4　传统挡墙式洞门

图 1-5　新型切削式洞门

在当前对环境保护和结构美观要求越来越高的情况下，特别是随着高速铁路的修建，洞口设计既要满足结构安全稳定、环保美观的要求，又要满足减缓微气压波影响的要求，斜切式洞口结构就成为主导的洞口形式。

隧道洞口作为在铁路和公路中频繁出现的土工结构物，与自然环境紧密相连，除了发挥其结构功能外，还应该对周围的总体环境有一种符号和象征的意义，也应该起到整座隧道标志的作用。因此，景观设计应该成为高速铁路隧道洞口设计的重要内容之一。

1.4.2　铁路隧道新型洞口形式

相对于传统的铁路隧道洞门，高速铁路隧道洞口结构的设计应本着"简洁大方，美观实用，保护环境"的原则，以不刷坡或少刷坡施作的突出于山体的切削式洞口为主要建筑形式。除个别需要的工点（靠近城市、旅游景区等）外，一般不做更多的建筑修饰，体现自然美的环境意识。根据切削方式的不同及一些功能上的要求，铁路隧道洞口新型洞门的基本类型包括直切、正切、倒切、弧形挡墙加切削几种，又根据洞门与山体的相交关系分为正交和斜交两种情况，详见表1-4。

表1-4 各种新型洞门的基本类型

基本类型	正交		斜交
	侧面	平面	
直 切	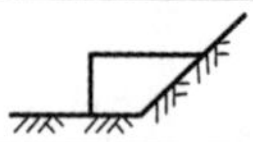	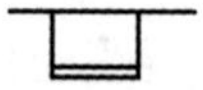	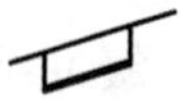
正 切			
倒 切	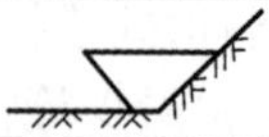		
弧形挡墙	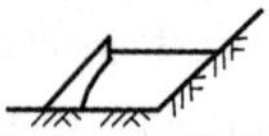		

在基本形式的基础上，洞身延出式（凸出式）的切削形式又可分为平面切削和曲面切削两种，见表1-5。

表1-5 洞身延山式的切削形式

形 式	平面切削	曲面切削
直 切	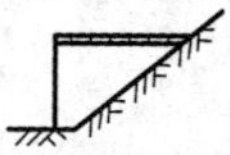	
正 切	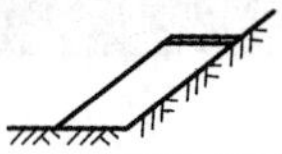	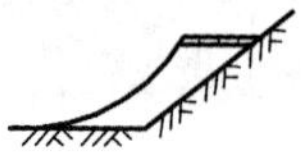
倒 切		

倒切渐变切削形式主要是指倒切突出于山体的洞口段像喇叭口那样扩大。它按扩大的形式又可分为直线型和曲线型两种，按放大开始位置的不同分为渐变Ⅰ型和渐变Ⅱ型。渐变Ⅰ型洞口从与山体相交位置开始扩大，渐变Ⅱ型是洞身先延伸出山体一定长度，洞口再逐渐扩大，如表1-6所示。

表1-6 倒切渐变斜切形式

形 式	渐变Ⅰ型	渐变Ⅱ型
直线型	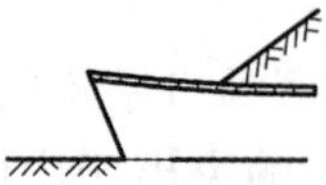	
曲线型		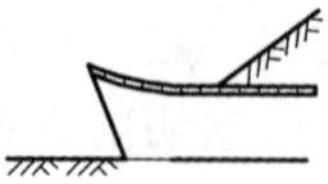

隧道洞口的排水设计，主要有加檐型、喇叭口型两种形式，取消了原来传统式洞口的天沟和洞门墙顶水沟。加檐型排水设计见表 1-7，一种是在洞口最外面加一定厚度的直檐，一种是在洞口最外面加一定厚度的斜檐。斜檐又分为斜檐Ⅰ型和斜檐Ⅱ型两种形式。

表 1-7　加檐型排水设计

形　式	图　式	
直檐型		
斜檐型	斜檐Ⅰ型	斜檐Ⅱ型

喇叭口型排水设计，用于正切直线渐变和正切曲线渐变Ⅰ型和Ⅱ型，如表 1-8 所示。

表 1-8　喇叭口型排水设计

形　式	图　式	
正切直线渐变型	正切直线渐变Ⅰ型喇叭口	正切直线渐变Ⅱ型喇叭口
正切曲线渐变型	正切曲线渐变Ⅰ型喇叭口	正切曲线渐变Ⅱ型喇叭口

除了洞门结构的基本类型和防排水设计外，洞门的铭牌设置原则也应该引起重视。铁路隧道的铭牌和号标记载着隧道的名称、编号、长度和工程的竣工时间，是整个隧道洞口最后画龙点睛之处。隧道的铭牌应根据洞口的尺寸来确定其尺寸，以达到铭牌与洞门的协调统一。铭牌安放的位置可以在隧道洞口坡面上，也可以做成碑或牌或洞口小品立于洞口的一侧，也可以因地制宜刻于洞口附近的岩壁上，或直接镶嵌于洞口衬砌上。总之，在保证铭牌坚固耐久的条件下，应尽可能做到美观和协调。隧道标识设计尺寸应是统一的。对于切削式洞门标识最好镶嵌于洞门段衬砌内侧。

针对具体隧道，洞门形式应根据洞口段的地形、地质、水文条件及洞外有关工程，同时考虑人文、历史因素进行选择。上述新型洞门的适用条件建议如下：

（1）直切式适用于洞口山体坡度较陡或距离城市较近或有风景要求的隧道。
（2）倒切式适用于洞口岩层稳定、整体性好、洞口山体坡度很陡或峭壁岩体处的隧道。
（3）正切式适用于洞口山体坡度较缓或距离城市较近或有风景要求或桥隧相连地段的隧

道。如果洞口山体坡度很缓,且洞口外有路堑边坡时,可以考虑采用弧形挡墙式,使弧形挡墙与路堑边坡有机连接。

(4)不同的洞口形式可以采用不同的排水形式。直切、正切式隧道洞口采用加檐型或喇叭口型排水形式,倒切式隧道洞口最好采用喇叭口Ⅱ型排水形式,弧形挡墙式隧道门采用加檐型排水形式。

(5)计算机虚拟技术的发展,方便了方案的比选。新型洞门可以采用计算机静动态效果图,在隧道洞口三维地形模型的基础上,进行隧道洞口段的建筑设计。设计中要注意洞口与地形、地貌的紧密结合及与隧道周边自然环境的完美协调,进行方案的比选。

图1-6～图1-13是一些工程实例图片。

图1-6　直切式洞门

图1-7　正切式洞门

图1-8　倒切式洞门

图1-9　弧形挡墙式洞门

图1-10　曲线正切式洞门

图1-11　喇叭口式洞门

图 1-12　直线渐变倒切式洞门

图 1-13　正切变异型洞口

传统铁路隧道洞门的受力分析基本是建立在挡土墙理论基础上的，而切削式洞门不存在明显的墙式结构，因此对新型切削式隧道门洞口段的受力特征进行研究很有必要。隧道门洞口段衬砌结构处于复杂的三维受力状态，不仅存在横向轴力和弯矩，也存在纵向轴力和弯矩。在进行洞口段衬砌结构设计时，洞口段一定范围必须作为整体进行，而再往洞内延伸，则可按传统的平面应变问题处理，这样既保证了结构的安全性，也提高了工程的经济性。

根据模型实验、数值分析和现场测试结果，切削式隧道洞口段结构的受力分析建议采用以下两种方法：

（1）用有限元方法对洞口结构进行三维数值分析，确定结构的受力状态，衬砌结构按壳体单元设计，配置结构的横向和纵向受力钢筋。这种方法比较真实地反映了洞口段结构的实际受力状态，但对设计而言，却提高了设计的难度，现实操作性不是很强。

（2）如果设计中没有条件采用三维数值分析方法分析洞口段结构受力状态，则洞口段结构设计可以采用简化计算方法进行。

高速铁路隧道洞口设计除考虑地形、地质、空气动力学效应、环境及排水等五项因素外，还应考虑以下准则，以降低施工和运营期间的风险：

（1）洞口应尽量采用地形等高线正交进洞。
（2）避免将洞口设置于高地应力集中区，如山谷底部。
（3）洞口位于滑坡活动区时，应采取措施稳定地层。
（4）洞门应设置永久性纵向筋以防止施工中及完工后的移动。
（5）洞口结构须适当回填，整体设计应与周围景观相协调。

1.5　附属建筑物

《高速铁路设计规范》（TB 10621—2014）规定：
（1）隧道内可不设置避车洞，设备专用洞室应根据相关专业要求设置。
（2）隧道内应设置双侧电缆槽，电缆槽盖板应平整，铺设稳固。
（3）水沟或电缆槽结构外缘至同侧轨道中线的距离，不应小于 2.2 m，靠近道床一侧的沟（槽）身应增设构造钢筋。

（4）隧道长度大于 500 m 时，应在洞内设置余长电缆腔。余长电缆腔应沿隧道两侧交错布置，每侧间距宜为 500 m。长度为 500~1 000 m 的隧道，可只在其中部设置一处。余长电缆腔可与专用洞室结合设置。

（5）隧道内可根据接触网设计要求设置下锚区段，下锚区段宜布置在地质条件较好的地段，隧道内接触网固定结构采用预埋滑槽时，隧道衬砌结构应采取必要的构造措施。

（6）隧道衬砌结构应按照有关专业要求预埋综合接地设施。

（7）隧道内附属构造物设计应考虑高速列车通过隧道时所产生的压力变化和列车风对附属构筑物结构及安装件的附加受力影响，设计时应按照最不利情况组合考虑。

Part 2 隧道工程地质环境

隧道或地下工程修筑在地质体中,因此,合理地进行隧道结构的设计和施工的前提是正确地理解和掌握这种地质体的基本性质和工程性质。从宏观上说,地质体基本上可以分为岩体和土体两大类。岩体是由岩石、各种类型的结构面及填充物组成的,而土体通常是指土和破碎岩石等非胶结的粒状集合物。大多数隧道工程都是修筑在岩体中的。

隧道围岩是指隧道开挖所影响的那一部分岩(土)体,或是对隧道稳定性有影响的那一部分岩(土)体。这部分岩(土)体因受到开挖和支护过程的影响,其性质有所变化。一般来说,岩(土)体处在岩石状态之下,未受到人为的工程外力(开挖、爆破等)的干扰和破坏;而围岩则不同,它受到人为的工程外力的作用,变得松弛,强度也会下降、劣化。所以研究和了解围岩工程性质的这种变化,在隧道工程中是极其重要的。

2.1 岩体的力学性质

岩体是在漫长的地质历史中,经过岩石建造、构造形变和次生蜕变而形成的地质体。它被许许多多不同方向、不同规模的断层面、层理面、节理面和裂隙面等各种地质界面切割为大小不等、形状各异的各种块体。工程地质学中将这些地质界面称之为结构面或不连续面,将这些块体称之为结构体,并将岩体看作由结构面和结构体组合而成的具有结构特征的地质体。所以,岩体的力学性质主要取决于岩体的结构特征、结构体岩石的特性以及结构面的特性。环境因素尤其是地下水和地温对岩体的力学性质影响也很大。在众多的因素中,哪个因素起主导作用需视具体条件而定。

地下工程围岩的工程性质,一般包括三个方面:物理性质、水理性质和力学性质。而对围岩稳定性最有影响的则是力学性质,即围岩抵抗变形和破坏的性能。围岩既可以是岩体,也可以是土体。本章重点介绍岩体的力学性质,而有关土体的力学性质将在土力学中研究。

在软弱围岩中,节理和裂隙比较发育,岩体被切割得很破碎,结构面对岩体的变形和破坏都不起什么作用,所以,岩体的特性与结构体岩石的特性并无本质区别。当然,在完整而连续的岩体中亦是如此。反之,在坚硬的块状岩体中,由于受软弱结构面切割,块体之间的联系减弱,此时,岩体的力学性质主要受结构面的性质及其在空间的位置所控制。

岩体与岩石相比,两者有着很大的区别。和工程问题的尺度相比,岩石几乎可以被认为是均质、连续和各向同性的介质,而岩体则具有明显的非均质性、不连续性和各向异性。

从构造力学特征上看，坑道围岩大体上可分为无裂隙岩体和裂隙岩体两大类。地下工程在多数情况下是修筑在缝隙岩体中的，因此目前许多研究重点都放在裂隙岩体的构造力学特征上。

2.1.1 裂隙岩体的构造及其破坏特征

裂隙岩体的地质构造特征是结构面的存在。结构面是由各种地质原因形成的，有的是原生的（节理、层面等），有的是次生的（构造、风化等）。结构面的存在使岩体的力学、变形的各向异性极为显著，不均质性也很突出（本节只分析裂隙岩体的构造对力学性质的影响）。

结构面使岩体变成不同岩块的组合体，从而赋予岩体不同的结构形态或破碎状态。根据它们对岩体的力学性质和围岩稳定性的影响（称为岩体的结构效应），工程地质学将岩体划分为4种结构类型：

1. 整体结构

整体结构含整体结构和块状结构。其变形的重要特征是横向应变与纵向应变之比小于0.5，破坏前的应变是连续的，在低围压作用下的破坏是脆性的，高围压时为剪切破坏，应力传播遵循连续介质中的传播规律，如图2-1所示。

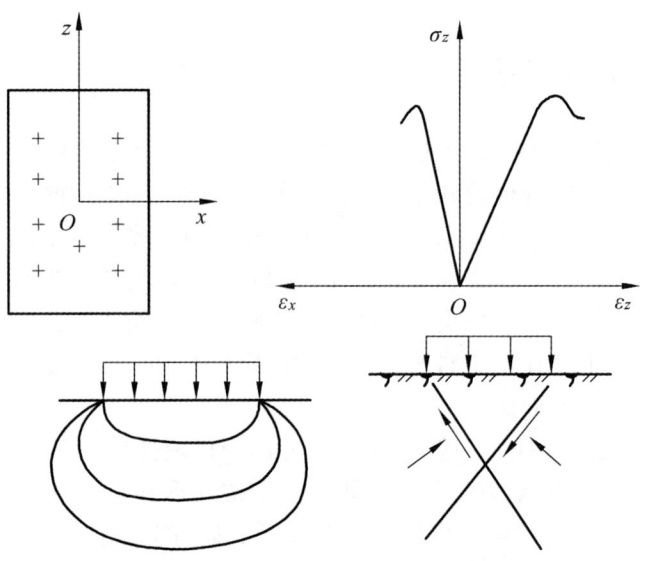

图 2-1　连续介质中应力的传播规律

2. 层状结构

层状结构含层状结构和板状结构。其变形特征主要是结构面的变形，一般不用变形模量，而是用变形系数来表示。岩体的破坏则是沿结构面的滑移，应力传播具有明显的不连续性（图2-2）。

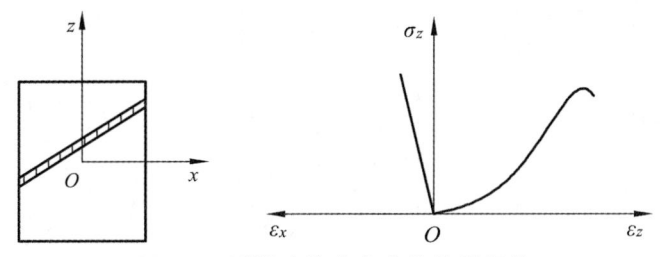

图 2-2 裂隙岩体中应力的传播规律

3. 碎裂结构

碎裂结构含镶嵌结构、层状碎裂结构和碎裂结构。其变形初期是裂隙和空隙压密，表现出更大的不可恢复的塑性变形；随后是结构体的变形，并伴随有结构面张开，破坏形式主要为剪切变形。应力的传播与岩体结构特征关系十分密切，并具有不连续性。但这种不连续性是有限度的，随着围压的提高很快消失，随之转化为连续。

4. 散体结构

散体结构与碎裂结构的变形和破坏形式相同。

在各种类型的结构面中，软弱结构面对岩体稳定性影响很大，它是决定岩体强度的基本条件。对地下坑道来说，围岩中存在单一的软弱面，一般并不会影响坑道的稳定，这是与岩石边坡所不同的。只在出现 2 组或 2 组以上的断裂系统时，才能形成分离的岩块。另外，在进行稳定性分析时，还要对结构面的性质进行判断，要判断哪些是软弱面。有些虽然是结构面，但不一定是软弱面，如硅质、钙质胶结的节理面和岩脉接触面等，它们的强度很高。因此，软弱面基本是指断层、剪切带、破碎带、泥质充填的层理、软弱夹层等控制岩体强度的结构面，其强度较岩石强度低。

由此可见，岩石只是构成岩体的一部分，它的性质并不能代表岩体的性质，这一点是必须明确的。由上述条件决定的岩体构造力学特征是非连续性、非均质性、各向异性和突变性的。

2.1.2 裂隙岩体的强度性质

裂隙岩体的变形及强度性质的研究是目前岩体力学研究的重大课题之一。迄今为止，各国都对此进行了大量的实验研究和理论分析，但还没有得到完善的解决。

日本京都大学足立纪尚等人用模拟裂隙岩块实验研究了不连续面对岩体强度的影响。不连续面角度 α 为 0°、15°、30°、45°和 60°，图 2-3 所示为其试验结果。图中上面实线为无不连续面的最大岩石强度，下面实线相当于岩石的残余强度。由图可知，有不连续面的岩体强度，视 α 角变动在岩石的最大强度和残余强度之间。其次，当 $\alpha = 60°$ 时，岩体强度最低，岩体强度极其接近岩石的残余强度，因此足立纪尚等建议用岩石的残余强度来近似地表示有不连续面的岩体强度。

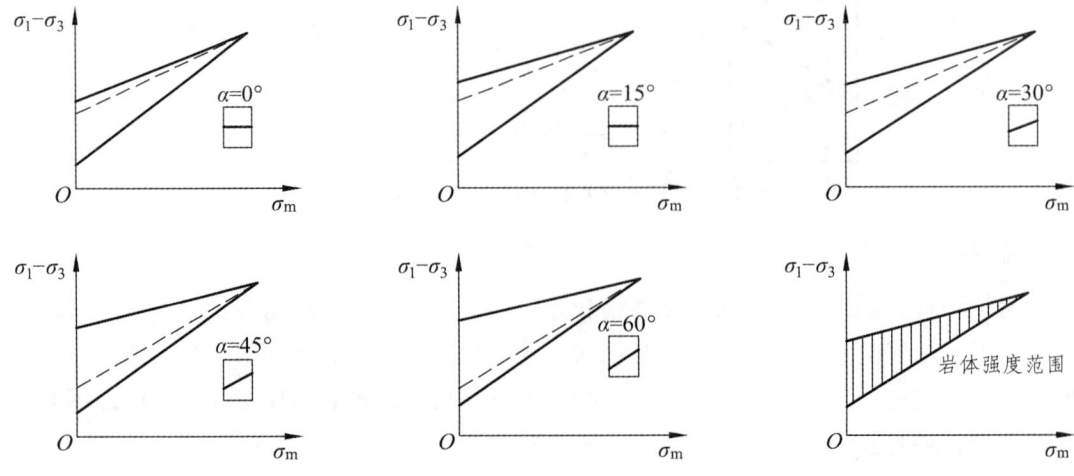

图 2-3　不连续面倾角对岩体强度的影响

实验研究结果表明，裂隙岩体的强度随着裂隙组数的增加明显减小，但当裂隙组数增加到一定程度后，强度不再继续降低，而接近岩石的残余强度，如表 2-1 所示。

表 2-1　裂隙组数对岩体强度影响的试验结果

砌体类型						说明
试验值	1.0	0.72	0.47	0.31	0.14	0.16	试件尺寸（cm）：15×15×30 试件强度（MPa）：31.8～34.6 结构面强度：$c=0.11$ MPa，$\varphi=38°$
建议值	>0.9	0.7	0.5	0.30	<0.15	

注：表中数值为试件强度与岩石试件强度的比值。

裂隙岩体强度的理论预估也表明，随着岩体中不连续面的增加，岩体的强度性态有逐渐变为各向同性的趋势。因此，在地下工程设计中，把含有 4 条或 4 条以上不连续面的岩体当作各向同性体看待是合理的。

影响岩体强度的因素很复杂，以致目前还很难用一个公认的函数式加以表达。因此根据岩体的状态用经验的方法加以估计，有时是可取的。例如苏联学者建议用下式估计岩体的强度：

$$R_{cs} = R_c \eta \tag{2-1}$$

式中 R_c——岩石试件强度；

η——岩体构造削弱系数，其值见表 2-2。

表 2-2 岩体构造对强度的削弱系数

岩体状态	η 的建议值
层厚大于 1.0 m，有 1 组裂隙，间距大于 1.5 m	0.9
层厚在 0.5~1.0 m 之间，不超过 2 组裂隙，间距在 1~1.5 m 之间	0.7
层厚在 0.5~1.0 m 之间，有三四组裂隙，间距在 0.5~1.0 m 之间	0.5
层厚小于 0.5 m，裂隙少于 6 组，间距小于 0.5 m	0.3
层厚小于 0.3 m，裂隙大于 6 组，间距小于 0.3 m	0.1~0.2

由表 2-2 可见，η 是与岩体质量相关的系数，通过多种方法确定，并赋予不同的定义。例如以岩芯未破坏岩块（大于 10 cm）的总长 $\sum l_i$ 与所取岩芯总长 L 的比值来决定，以百分数表示。此时定义岩石的质量指标

$$RQD(\%) = \sum l_i / L \times 100\% \tag{2-2}$$

将 RQD 代入式（2-1），得

$$R_{cs} = R_c RQD / 100 \tag{2-3}$$

或用现场测定的岩体弹性波速度 v 的平方与同种岩石试件弹性波速度 v_0 的平方的比值来决定，此时定义为岩体完整性指数，则

$$K_v = v^2 / v_0^2 \tag{2-4}$$

在石质围岩中，当裂隙间没有黏土充填时，K_v 可按下列经验式估算，则

$$K_v = 0.01(115 - 3.3 J_v) \tag{2-5}$$

式中 J_v——每立方米的裂隙数（当 $J_v \leq 4.5$ 时，$K_v = 1$）。

将 K_v 带入式（2-1）中，得

$$R_{cs} = K_v R_c = (v^2 / v_0^2) R_c$$

上述几个系数实质上是用以综合评定岩体质量的，把它们用于决定岩体强度只能认为是近似的，但由于它结合了地质的构造因素并与地质勘探技术相适应，故得到了较多的应用。

2.1.3 裂隙岩体的变形性质

裂隙岩体的变形性质与完整岩体的变形性质不同。它比完整岩体更易变形，这主要是因

为构造岩块彼此间的位移。同时，在它们的接触面（可能是全面接触、点接触或一般接触）上还发生摩擦力。沿构造岩块接触面变形（滑动和转动）的可能性有时会导致破坏其变形的一般规律。

岩体的抗拉变形能力很低，或者根本没有。因此，岩体受拉后立即沿结构面发生断裂，一般没有必要专门研究岩体的受拉变形性能。

岩体的受压变形性能，可以用它在受压时的应力-应变曲线，亦称本构关系来说明。岩石的应力-应变关系比较明显，说明它以弹性变形为主。软弱结构面的应力-应变呈现出非线性关系，说明它以塑性变形为主。而岩体的应力-应变关系要复杂得多。图2-4分别画出了典型的岩石、软弱结构面和岩体单轴受压时的应力-应变曲线。

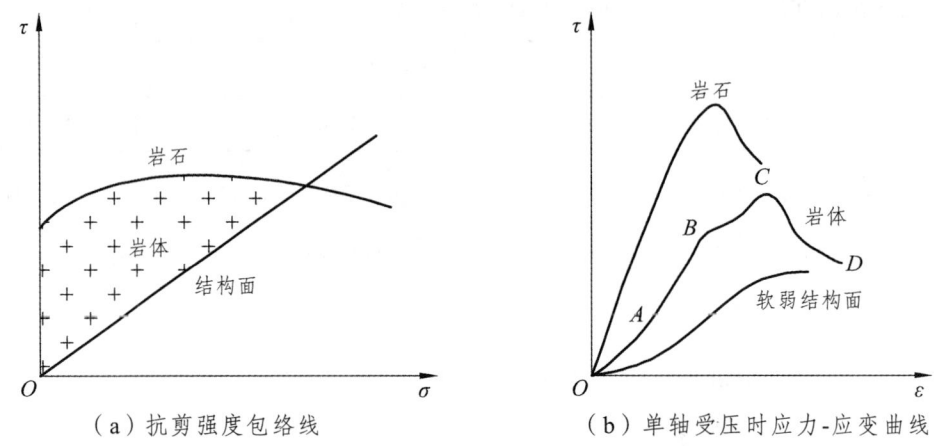

图2-4 典型的岩石、软弱结构面和岩体单轴受压时的抗剪强度包络线和应力-应变曲线

从图中可以看出，典型的岩体应力-应变曲线可以分解为4个阶段：

（1）压密阶段（OA）：主要由岩体中结构面的闭合和充填物的压缩而产生，形成了非线性凹状曲线，变形模量小，总的压缩量取决于结构面的性态，且这部分变形本质上是不能恢复的，属于不可恢复的塑性变形。

（2）弹性阶段（AB）：岩体充分压密后便进入弹性阶段。所出现的弹性变形是岩体的结构面和结构体共同产生的，应力-应变关系呈直线。同时，岩体的弹性模量也趋近于整体岩石的数值。

（3）塑性阶段（BC）：岩体继续受力，变形发展到弹性极限后便进入到塑性阶段，此时岩体的变形特征受结构面和结构体的变形特性共同制约。整体性好的岩体延性小，塑性变形不明显，达到强度极限后便迅速破坏。破裂岩体塑性变形大，有的甚至从压密阶段直接发展到塑性阶段，而不经过弹性阶段。

（4）破裂和破坏阶段（CD）：应力达到峰值后，岩体即开始破裂和破坏。破坏开始时，应力下降比较缓慢，说明破裂面上仍具有一定的摩擦力，岩体还能承受一定的荷载。而后，应力急剧下降，岩体全面崩溃。

从岩体的应力-应变曲线的分析中可以看出，岩体既不是简单的弹性体，也不是简单的塑性体，而是较为复杂的弹塑性体。整体性好的岩体接近弹性体，破裂岩体和松散岩体则接近于塑性体。

2.2 围岩分级

2.2.1 《铁路隧道设计规范》(TB 10003—2016)的围岩分级

2016年10月24日发布并实施的最新《铁路隧道设计规范》(TB 10003—2016)的围岩分级的思路和方法与规范(TB 10003—2005)相同,只对围岩分级表的围岩级别作了很小的调整。下面详细阐述《铁路隧道设计规范》(TB 10003—2016)的围岩分级。

1. 围岩基本分级

围岩基本分级由岩石坚硬程度和岩体完整程度两个因素确定,而岩石坚硬程度和岩体完整程度分级采用定性划分和定量指标两种方法综合确定。

岩石坚硬程度根据定量指标——岩石单轴饱和抗压程度 R_c,按表2-3进行划分。

表2-3 岩石坚硬程度的划分

岩石类别		单轴饱和抗压强度 R_c/MPa	代表性岩石
硬质岩	极硬岩	$R_c>60$	未风化或微风化的花岗岩、片麻岩、闪长岩、石英岩、硅质灰岩、钙质胶结的砂岩或砾岩等
	硬岩	$30<R_c\leq60$	弱风化的极硬岩;未风化或微风化的熔结凝灰岩、大理岩、板岩、白云岩、灰岩、钙质胶结的砂岩、结晶颗粒较粗的岩浆岩等
软质岩	较软岩	$15<R_c\leq30$	强风化的极硬岩;弱风化的硬岩;未风化和微风化的云母片岩、千枚岩、砂质泥岩、钙泥质胶结的粉砂岩和砾岩、泥灰岩、泥岩、凝灰岩等
	软岩	$5<R_c\leq15$	强风化的极硬岩;弱风化至强风化的硬岩;弱风化的较软岩和未风化或微风化的泥质岩类;泥岩、煤、泥质胶结的砂岩和砾岩等
	极软岩	$R_c\leq5$	全风化的各类岩石和成岩作用差的岩石

岩体完整程度根据结构面特征、结构面发育的组数和岩体结构类型等定性特征及定量指标——岩体完整性指数 K_v 按表2-4进行划分。

表2-4 岩体完整程度的划分

完整程度	结构面特征	结构类型	岩体完整性指数 K_v
完整	结构面为1~2组,以构造节理、层面为主,裂隙多呈密闭型,部分为微张型,少有充填物	巨块状整体结构	$K_v>0.75$
较完整	结构面为2~3组,以构造型节理、层面为主,裂隙多呈密闭型,部分为微张型,少有充填物	块状结构	$0.75\geq K_v>0.55$

续表

完整程度	结构面特征	结构类型	岩体完整性指数 K_v
较破碎	结构面一般为3组,以节理及风化裂隙为主,在断层附近受构造影响较大,裂隙以微张型和张开型为主,多有充填物	层状结构、块石、碎石状结构	$0.55 \geq K_v > 0.35$
破碎	结构面多于3组,多以风化型裂隙为主,在断层附近受构造作用影响大,裂隙以张开型为主,多有充填物	碎石角砾状结构	$0.35 \geq K_v > 0.15$
极破碎	结构面杂乱无序,在断层附近受断层作用影响大,宽张裂隙全为泥质或泥夹岩屑充填,充填物厚度大	散体状结构	$K_v \leq 0.15$

以岩石坚硬程度和岩体完整程度的分级为基础,结合定量指标——围岩弹性纵波速度,按表2-5先确定围岩基本分级。

表2-5 围岩基本分级

级别	岩 体 特 征	土 体 特 征	围岩弹性纵波速度/(km/s)
Ⅰ	极硬岩,岩体完整	—	>4.5
Ⅱ	极硬岩,岩体较完整; 硬岩,岩体完整	—	3.5~4.5
Ⅲ	极硬岩,岩体较破碎; 硬岩或软硬岩互层,岩体较完整; 较软岩,岩体完整	—	2.5~4.0
Ⅳ	极硬岩,岩体破碎; 硬岩,岩体较破碎或破碎; 较软岩或软硬岩互层,且以软岩为主,岩体较完整或较破碎; 软岩,岩体完整或较完整	具压密或成岩作用的黏性土、粉土及砂类土,一般钙质、铁质胶结的粗角砾土、粗圆砾土、碎石土、卵石土、大块石土、黄土(Q_1、Q_2)	1.5~3.0
Ⅴ	软岩,岩体破碎至极破碎; 全部极软岩及全部极破碎岩(包括受构造影响严重的破碎带)	一般第四系坚硬、硬塑黏性土,稍密及以上、稍湿、潮湿的碎(卵)石土、粗圆砾土、细圆砾土、粗角砾土、细角砾土,粉土及黄土(Q_3、Q_4)	1.0~2.0
Ⅵ	受构造影响很严重呈碎石、角砾及粉末、泥土状的断层带	软塑状黏性土、饱和的粉土、砂类土等	<1.0 (饱和状态的土<1.5)

2. 隧道围岩分级修正

隧道围岩级别应在围岩基本分级的基础上,结合隧道工程的特点,考虑地下水状态、初始地应力状态等必要的因素进行修正。地下水状态的分级按表2-6确定。地下水对围岩级别的修正,宜按表2-7进行。

表 2-6 地下水状态的分级

级 别	状 态	渗水量/[L/(min·10 m)]
Ⅰ	干燥或湿润	<10
Ⅱ	偶有渗水	10~25
Ⅲ	经常渗水	25~125

表 2-7 地下水影响对围岩级别的修正

围岩基本分级		Ⅰ	Ⅱ	Ⅲ	Ⅳ	Ⅴ	Ⅵ
地下水状态分级	Ⅰ	Ⅰ	Ⅱ	Ⅲ	Ⅳ	Ⅴ	—
	Ⅱ	Ⅱ	Ⅱ	Ⅳ	Ⅴ	Ⅵ	—
	Ⅲ	Ⅲ	Ⅲ	Ⅳ	Ⅴ	Ⅵ	—

围岩初始地应力状态,当无实测资料时,可根据隧道工程埋深、地貌、地形、地质、构造运动史、主要构造线与开挖过程中出现的岩爆、岩芯饼化等特殊地质现象,按表 2-8 作出评估。

表 2-8 初始地应力状态评估

初始地应力状态	主 要 现 象	评估基准(R_c/σ_{max})
极高应力	(1)硬质岩:开挖过程中时有岩爆发生,有岩块弹出,洞壁岩体发生剥离,新生裂缝多,成洞性差	<4
	(2)软质岩:岩芯常有饼化现象,开挖过程中洞壁岩体有剥离,位移极为显著,甚至发生大位移,持续时间长,不易成洞	
高应力	(1)硬质岩:开挖过程中可能出现岩爆,洞壁岩体有剥离和掉块现象,新生裂缝较多,成洞性较差	4~7
	(2)软质岩:岩芯时有饼化现象,开挖过程中洞壁岩体位移显著,持续时间较长,成洞性差	

说明:σ_{max} 为最大地应力值(MPa)。

初始地应力状态对围岩级别的修正宜按表 2-9 进行。

表 2-9 初始地应力影响对围岩级别的修正

围岩基本分级		Ⅰ	Ⅱ	Ⅲ	Ⅳ	Ⅴ
初始地应力状态	极高应力	Ⅰ	Ⅱ	Ⅲ 或 Ⅳ[①]	Ⅴ	Ⅵ
	高应力	Ⅰ	Ⅱ	Ⅲ	Ⅳ 或 Ⅴ[②]	Ⅵ

说明:① 围岩岩体为较破碎的极硬岩、较完整的硬岩时,定为 Ⅲ 级;围岩岩体为完整的较软岩、较完整的软硬互层时,定为 Ⅳ 级。
② 围岩岩体为破碎的极硬岩、较破碎及破碎的硬岩时,定为 Ⅳ 级;围岩岩体为完整及较完整软岩、较完整及较破碎的较软岩时,定为 Ⅴ 级。

根据岩石坚硬程度和岩体完整程度两个因素对围岩的基本分级,结合地下水状态和初始地应力状态对基本分级的修正,隧道围岩的级别按表 2-10 综合确定。

表 2-10　铁路隧道围岩分级

围岩级别	围岩主要工程地质条件		围岩开挖后的稳定状态（单线）	围岩弹性纵波速度 v_p/(km/s)
	主要工程地质特征	结构特征和完整状态		
Ⅰ	硬质岩（单轴饱和抗压强度 R_c >60 MPa）：受地质构造影响轻微，节理不发育，无软弱面（或夹层）；层状岩层为巨厚层或厚层，层间结合良好，岩体完整	呈巨块状整体结构	围岩稳定，无坍塌，可能产生岩爆	>4.5
Ⅱ	硬质岩（R_c >30 MPa）：受地质构造影响较重，节理较发育，有少量软弱面（或夹层）和贯通微张节理，但其产状及组合关系不致产生滑动；层状岩层为中厚层或厚层，层面结合一般，很少有分离现象，或为硬质岩石偶夹软质岩石	呈巨块或大块	暴露时间长，可能会出现局部小坍塌；侧壁稳定；层间结合差的平缓岩层，顶板易塌落	3.5～4.5
Ⅲ	硬质岩（R_c >30 MPa）：受地质构造影响严重，节理发育，有层状软弱面（或夹层），但其产状及组合关系尚不致产生滑动；层状岩层为薄层或中层，层间结合差，多有分离现象；硬、质岩石互层	呈块（石）碎（石）状镶嵌结构	拱部无支护时可产生小坍塌，侧壁基本稳定，爆破振动过大易塌	2.5～4.0
Ⅲ	软质岩（R_c = 5～30 MPa）：受地质构造影响较重，节理较发育；层状岩层为薄层、中厚层或厚层，层间结合一般	呈大块状结构		
Ⅳ	硬质岩（R_c >30 MPa）：受地质构造影响较重，节理较发育；层状软弱面（或夹层）已基本破坏	呈碎石状压碎结构	拱部无支护时，可产生较大的坍塌，侧壁有时失去稳定	1.5～3.0
Ⅳ	软质岩（R_c = 5～30 MPa）：受地质构造影响严重，节理发育	呈块（石）碎（石）状镶嵌结构		
Ⅳ	土体：（1）具压密或成岩作用的黏性土、粉土及砂类土；（2）黄土（Q_1、Q_2）；（3）一般钙质、铁质胶结的碎石土、卵石土、大块石土	（1）和（2）呈大块状压密结构，（3）呈巨块状整体结构		
Ⅴ	岩体：软岩，岩体破碎至极破碎；全部极软岩及全部极破碎岩（包括受构造影响严重的破碎带）	呈角砾碎石状松散结构	围岩易坍塌，处理不当会出现大坍塌，侧壁经常小坍塌；浅埋时易出现地表下沉（陷）或塌至地表	1.0～2.0
Ⅴ	土体：一般第四系坚硬、硬塑黏性土，稍密及以上，稍湿或潮湿的碎石土、卵石土、圆砾土、角砾土、粉土及黄土（Q_3、Q_4）	非黏性土呈松散结构，黏性土及黄土呈松软结构		
Ⅵ	岩体：受构造影响严重呈碎石、角砾及粉末、泥土状的断层带	黏性土呈易蠕动的松软结构，砂性土呈潮湿松散结构	围岩极易坍塌变形，有水时土砂常与水一齐涌出；浅埋时易塌至地表	<1.0（饱和状态的土<1.5）
Ⅵ	土体：软塑状黏性土、饱和的粉土、砂类土等			

说明：① 表中"围岩级别"和"围岩主要工程地质条件"栏，不包括膨胀性围岩、多年冻土等特殊岩土。
② 层状岩层的厚层划分：巨厚层——厚度大于 1.0 m；厚层——厚度大于 0.5 m，且小于等于 1.0 m；中厚层——厚度大于 0.1 m，且小于等于 0.5 m；薄层——厚度小于或等于 0.1 m。

2.2.2 地铁设计规范的围岩分级

2013年发布的《地铁设计规范》(GB 50157—2013)规定：暗挖结构的围岩分级按现行《铁路隧道设计规范》(TB 10003—2016)确定。也就是说，地铁隧道工程按《铁路隧道设计规范》(TB 10003—2016)确定围岩分级。

2.2.3 TBM施工隧道围岩分级方法

目前，国内外尚没有公认的TBM施工隧洞围岩分级的统一标准。随着TBM掘进技术的广泛应用，借鉴和吸收围岩分级方法的优点和经验，寻找适用于TBM施工隧洞的围岩分级方法显得尤为迫切。

当今流行的隧道工程岩体（围岩）分级方法，大多数是针对围岩稳定性等级的划分而提出的。TBM需要的围岩等级主要应针对岩体的可掘进性和围岩主要地质因素与TBM效率的关系来划分，因此TBM的围岩分级以评估围岩稳定性为主的分级方法是不恰当的。目前，国内外尚未见到一个公认的TBM围岩工作条件等级的划分方法，多数国家采用在各自的围岩稳定性等级划分方法的基础上，再根据影响TBM掘进效率的主要地质参数指标进行划分。因此，建议首先按照《工程岩体分级标准》(GB 50218—2014)或铁路隧道围岩分级（分类）方法对围岩的稳定性进行分级，然后根据影响TBM掘进效率的主要地质参数指标，对已划定的每一级围岩按其对TBM作业条件的好坏分成若干级（目前分成1~3级），三个级别即TBM工作条件良好（A）、一般（B）和差（C）三个级别。

1. TBM工作条件等级划分的主要地质参数及指标

根据国内外现有资料及秦岭隧道Ⅰ号线地质调查、西安—南京线磨沟岭隧道及桃花铺一号隧道TBM施工地质调查报告，选取下列4个地质参数指标来确定TBM工作条件等级。

（1）岩石的单轴饱和抗压强度R_c。

岩石的单轴饱和抗压强度是影响围岩稳定性和开掘难易性的主要因素之一。工程地质和岩石力学界一般按R_c的大小，将岩石分成硬质岩和软质岩两大类，$R_c = 30$ MPa作为硬质岩与软质岩划分的界线值。

从目前国内外大量TBM施工实践看：当$R_c>150$ MPa时，岩石的可掘进性差，且刀具磨损严重，TBM掘进效率低；当30 MPa$\leq R_c \leq$150 MPa时，岩石属中等坚硬—坚硬，TBM掘进速度快，效率较高，且随着岩石强度的增大，掘进速度不断降低；当$R_c<30$ MPa时，岩石强度低且大多位于不良地质带，难以提供必要的撑靴反力，且围岩稳定性差，容易发生坍塌，使TBM掘进受损，掘进速度缓慢。因此，TBM比较适宜在30 MPa$\leq R_c \leq$150 MPa的中等坚硬—坚硬的地层中掘进，而对于$R_c>150$ MPa和$R_c<30$ MPa的地层，均不利于TBM的快速掘进。由此按岩石单轴饱和抗压强度将TBM的工作条件分为3级（表2-11）。

表2-11 TBM的工作条件与对应关系

R_c/MPa	30~60	60~150	<30 或>150
TBM工作条件	好	一般	差

(2)节理裂隙发育程度(完整程度)。

岩体中的结构面(节理、层理、片理、大小断层)的发育程度,即岩体的裂隙化程度或岩体的完整程度是影响 TBM 工作效率的又一重要因素。

岩体的完整性系数 K_v 或岩体体积节理数 J_v,是国内外用来表征岩体完整程度的主要定量指标,K_v 值越高(J_v 数越小)岩体完整性越好,反之则岩体越破碎。围岩的裂隙化程度等级的划分,可以根据 K_v 或 J_v 值的大小分成 5 级(参见表 2-12)。岩体的完整程度不同,即结构面发育程度不同对 TBM 的掘进有明显的影响。就秦岭隧道而言,当 K_v>0.85 时,岩体完整,此时若 $R_c \geq 250$ MPa,则难于掘进;当 K_v<0.40 或更小时,无论岩石 R_c 的高低,围岩均难于掘进;当 K_v = 0.40~0.85 时,即节理中等发育时,对 R_c = 30~250 MPa 的硬质岩而言,有利于 TBM 的掘进。

根据这一理论,结合秦岭特长隧道的实际地质条件,建立了秦岭特长隧道岩体裂隙等级划分(表 2-12),并以此作为秦岭特长隧道岩体完整程度的划分标准。

表 2-12 秦岭特长隧道岩裂隙等级(完整程度)划分

岩体完整程度	完整	较完整	较破碎	破碎	极破碎
K_v	>0.85	0.85~0.65	0.65~0.40	0.40~0.20	<0.20
J_v/(条/m²)	<6	6~15	15~26	26~35	>35

(3)岩石的耐磨性。

TBM 的掘进效率与岩石耐磨性关系密切,岩石的耐磨性越高,对掘进越不利,对刀具刀圈等的磨损越严重。采用与岩石的单轴抗压程度相关性较好的专用钢针(CAI),以其针头磨损值 A_b 的大小来表征隧道围岩的耐磨性,根据专用钢针(CAI)针头的磨损值 A_b 的大小将岩石的耐磨性分为 5 级,见表 2-13。

表 2-13 岩石的耐磨性等级划分

岩石耐磨等级	极低耐磨性	低耐磨性	中等耐磨性	强耐磨性	特强耐磨性
$A_b/10^{-1}$ m·m^{-1}	<3	3~4	4~5	5~6	6
TBM 工作条件	好	好	好	一般	差

当 TBM 在低—中等耐磨性的围岩中掘进时效率较高,而在强—特强耐磨性围岩中的掘进效率大大降低。

(4)岩石的强度。

国内外实践表明,岩石的硬度越高,岩石的耐磨性就越大,对 TBM 掘进越不利。采用由凿击实验测定的钎刃纯度 b 来评判岩石的磨蚀性。钎刃纯度 b 是利用 PHE 或 ZIC 电锤试验机在现场进行磨损实验取得,实验研究表明秦岭特长隧道岩石的 b 值可分为三个级次:$b \leq 0.2$,弱磨蚀性;$b = 0.2~0.7$,中等磨蚀性;$b \geq 0.7$,强磨蚀性。

除上述主要参数指标外,在划分隧道围岩的 TBM 工作条件等级时,还应考虑的因素有石英含量及颗粒大小、岩体的含水状态等。Ⅱ线隧道已开挖坑道的调查、测试表明,秦岭特长隧道岩石的石英含量为 15%～30%，变化较大，同时大部分围岩干燥或含水量少，它们对硬质岩的强度及稳定性影响较大，故在确定隧道围岩 TBM 工作条件等级时，未将上述两参数作为分组的基本指标。

除上述影响 TBM 工作效率的主要地质因素外，岩体主要结构面的产状与隧道轴线间的组合关系，围岩的初始地应力状态，岩体的含水、出水状态对 TBM 工作效率也有一定的影响。岩体主要结构面的产状与隧道轴线间的组合关系对 TBM 工作效率的影响，主要表现为组合关系对围岩稳定性的影响，进而影响 TBM 的工作效率。

2. TBM 工作条件亚级划分

Ⅰ级围岩：对 TBM 而言，其工作条件属于一般（I_B）至良好（I_A）；但当 R_c>250 MPa 时，为一般至差（I_C）。

Ⅱ级围岩：TBM 工作条件属良好至一般为主，仅分为 $Ⅱ_A$、$Ⅱ_B$。

Ⅲ级围岩：此级岩体构成复杂，既包含完整性较差但强度较高的岩体，又包含完整和较完整的中等强度或强度较低的岩体，故其 TBM 工作条件，应包括良好（$Ⅲ_A$）、一般（$Ⅲ_B$）和差（$Ⅲ_C$）三个亚级。

Ⅳ级围岩：根据 TBM 工作条件可分为一般（$Ⅳ_B$）和差（$Ⅳ_C$）。

Ⅴ级围岩：对于硬岩掘进机而言，其 TBM 工作条件均属差（V_C）的一个亚级。

TBM 施工条件下的隧道围岩分级见表 2-14。

表 2-14　TBM 施工条件下隧道围岩分级

级别	围岩工程地质条件	TBM 工作地质条件					围岩稳定简评及施工措施
		单轴饱和抗压强度/MPa	岩体完整性 K	A_b	b	TBM 分级	
Ⅰ	完整，节理不发育，岩体呈块状至巨块状整体结构	>150	0.75～1.0 (2～8)	—	—	I_C	围岩稳定，有可能发生岩爆，TBM 可正常推进，喷锚支护
	完整，节理不发育，岩体呈块状至巨块状整体结构	90～150（局部<200）	>0.75 (2～8)	>5	<0.6	I_B	围岩稳定，偶有小掉块或岩爆发生，TBM 可正常推进，局部喷锚支护
Ⅱ	岩体较完整，节理较发育，呈大块状结构	90～150	0.60～0.9 (4～8)	<6	0.3～0.6	$Ⅱ_A$	围岩基本稳定，TBM 可正常推进，注意拱部局部小掉块，局部喷锚支护
	岩体较完整，呈碎块状镶嵌至大块砌体结构，节理较发育	60～150	0.55～0.75 (8～10)	4～5	<0.6	$Ⅱ_B$	围岩基本稳定至稳定性良好，不支护或局部喷锚支护
Ⅲ	岩体较完整，呈大块砌体结构—碎块状镶嵌，节理较发育至发育	>60	0.55～0.8 (10～15)	>6	<0.5	$Ⅲ_A$	围岩整体稳定，局部可能发生轻微岩爆，TBM 可正常推进，局部喷锚支护
	岩体破碎，节理发育，碎石状压碎—碎块状镶嵌结构	>60	0.35～0.65 (10～18)	<5	<0.4	$Ⅲ_B$	围岩软硬不均，整体稳定，局部有小掉块，TBM 正常推进，局部喷锚支护

续表

级别	围岩工程地质条件	TBM工作地质条件					围岩稳定简评及施工措施
		单轴饱和抗压强度/MPa	岩体完整性 K	A_b	b	TBM分级	
Ⅲ	岩体呈碎石状，节理发育	<60	0.4~0.65（10~18）	<5	<0.4	Ⅲ$_C$	围岩稳定性差，拱部易掉块，TBM推进速度需要控制，系统喷锚或钢拱架支护
Ⅳ	岩体呈碎石状压碎结构，节理较发育	<60	0.35~0.55（>18）	—	<0.3	Ⅳ$_B$	围岩稳定性差，拱部易掉块，TBM推进速度需要控制，系统喷锚或钢拱架支护
	岩石节理裂隙发育，岩体破碎呈压碎结构至松散结构	<30	0.2~0.4（>8）	—	—	Ⅳ$_C$	围岩稳定性差至极差，应预注浆后再开挖或TBM慢推进，钢拱或系统喷锚支护
Ⅴ	岩体破碎，节理发育，风化严重	<30	<0.35（>8）	—	—	Ⅴ$_C$	围岩稳定性极差，应预注浆后再采用TBM开挖或不适合采用TBM开挖，钢拱或系统喷锚支护

注意：施工措施建议中，关于TBM推进速度的建议：所谓TBM正常推进，是指推进速度2~3 m/h；而适当控制推进速度，是指推进速度1~2 m/h；慢速推进是指通过困难地段，此时推进速度<1 m/h。

2.3 围岩压力

围岩压力是指引起地下开挖空间周围岩体和支护结构变形或破坏的作用力。它包括由地应力引起的围岩应力以及围岩变形受阻而作用在支护结构上的作用力。因此，从广义的角度来理解，围岩压力既包括围岩有支护的情况，也包括围岩无支护的情况；既包括作用在普通的传统支护（如架设的支撑或施作的衬砌）上所显示的力学性态，也包括在锚喷和压力灌浆等现代支护的方法中所显示的力学性态。从狭义的角度来理解，围岩压力是指围岩作用在支护结构上的压力。在工程中一般研究狭义的围岩压力。

2.3.1 围岩压力分类

围岩压力按作用力发生的形态，一般可分为如下几种类型：

1. 松动压力

由于开挖而松动或坍塌的岩体以重力的形式直接作用在支护结构上的压力称为松动压力。松动压力按其作用在支护结构上的位置不同，分为竖向压力、侧向压力和底压力。

开挖洞室引起围岩松动和破坏的范围有大有小，如有的可达地表，有的则影响极小。而对于一般裂隙岩体中的深埋洞室，其波及范围仅涉及洞室周围的一定深度。所以，作用在支护结构上的围岩松动压力总是远远小于其上覆盖地层自重所造成的压力。这可以用围岩的"成拱作用"来解释，如图 2-5 所示为在一个水平岩层的围岩中开挖隧道整个变形过程。

（1）隧道开挖后，在围岩应力重分布过程中，顶板开始沉陷，并出现拉断裂纹[图 2-5(a)]，可视为变形阶段。

（2）顶板的裂纹继续发展并且张开，由于结构面切割等，逐渐转变为松动[图 2-5（b）]，可视为松动阶段。

（3）顶板岩体视其强度的不同而逐步塌落[图 2-5(c)]，可视为塌落阶段。

（4）顶板塌落停止，达到新的平衡，此时其界面形成一近似的拱形[图 2-5(d)]，可视为成拱阶段。

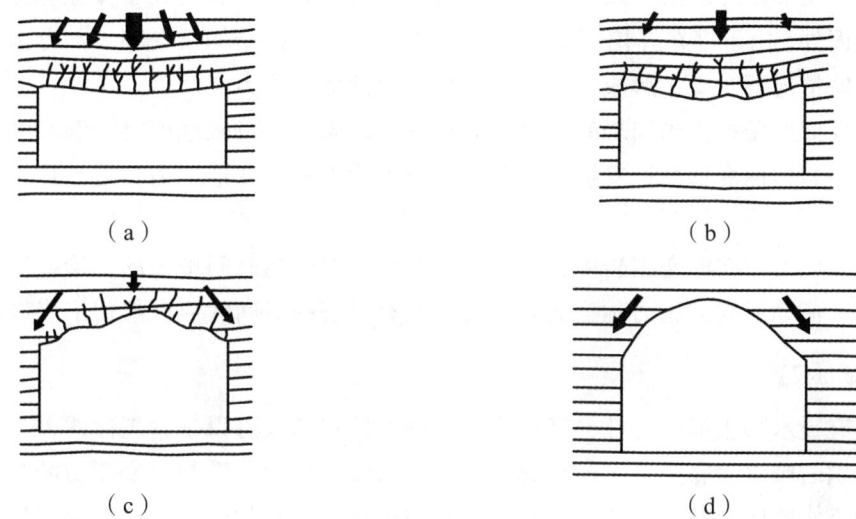

图 2-5 围岩松动压力的形成

隧道所形成的相对稳定的拱称为"天然拱"或"塌落拱"。它如同一个承载环一样承受着上覆地层的全部重量，并且将荷载向两侧传递下去。这就是围岩的"成拱作用"。而天然拱范围内破坏了的岩体的重量，就是作用在支护结构上的围岩松动压力的来源。其成拱作用也可以解释为在形成松动压力时，围岩的"承载作用"。

实践证明，天然拱范围的大小除了受上述的围岩地质条件、支护结构架设时间、刚度以及它与围岩的接触状态等因素影响外，还取决于以下诸因素：

（1）隧道的形状和尺寸。隧道拱圈越平坦，跨度越大，则天然拱越高，围岩的松动压力也越大。

（2）隧道的埋深。人们从实践中得知，只有当隧道埋深超过某一临界值时，才有可能形成天然拱。习惯上，将这种隧道称为深埋隧道，否则称为浅埋隧道。由于浅埋隧道不能形成天然拱，所以它的围岩压力的大小与埋置深度直接相关。

（3）施工因素。如爆破的影响，爆破所产生的震动，常常是引起塌方的重要原因之一，造成围岩压力过大；又如分步开挖多次扰动围岩，也会引起围岩失稳，加大天然拱范围。

松动压力常通过下列三种情况发生：

（1）在整体稳定的岩体中，可能出现个别松动掉块的岩石。

（2）在松散软弱的岩体中，坑道顶部和两侧片帮冒落。

（3）在节理发育的裂隙岩体中，围岩某些部位沿软弱面发生剪切破坏或拉坏等局部塌落。

2. 变形压力

变形压力是指洞室围岩变形受到支护结构限制后，围岩对支护形成的压力。其大小决定于岩体的力学性质、岩体的初始应力场、洞室形状、支护时间和支护刚度等。其按成因可以分为下述几种情况。

（1）弹性变形压力。由于及时采取支护措施使成洞后的围岩仍处于弹性应力状态，或者在紧跟开挖面处，由于存在开挖面的"空间效应"，而使支护结构仅受到一部分围岩的弹性变形作用，这些情况下对支护形成的变形压力称为弹性变形压力。

（2）塑性变形压力。当围岩的二次应力状态超过岩体的极限强度时，洞室围岩出现了塑性区，此时围岩塑性变形而使支护结构受到的压力称为塑性变形压力。这是最常见的一种围岩变形压力。

（3）流变压力。在流变围岩中，洞室周边产生显著的随时间增长的变形或流动，这种由于岩体变形、流动引起的压力称为流变压力。它有显著的时间效应，能使围岩鼓出。

3. 膨胀压力

岩体具有吸水膨胀崩解特性，其膨胀、崩解、体积增大可以是物理性的，也可以是化学性的。由于围岩吸水而膨胀崩解所引起的压力称为膨胀压力。它与形变压力的基本区别在于它是由围岩吸水膨胀引起的。从现象上看，它与流变压力有相似之处，但两者的机理完全不一样。

岩体的膨胀性，既决定于其蒙脱石、伊利石和高岭土的含量，也取决于外界水的深入和地下水的活动特征。岩层中的蒙脱石含量越高，有水源供给，膨胀性越大。

4. 冲击压力

冲击压力是在围岩中积累了大量的弹性变形能之后，由于隧道的开挖，围岩约束被解除，能量突然释放所产生的压力。

由于冲击压力涉及岩体能量的积累与释放问题，所以它与围岩弹性模量直接相关。弹性模量较大的岩体，在高地应力作用下，易于积累大量的弹性变形能，一旦遇到适宜的条件，它就会突然猛烈地大量释放，从而产生"岩爆"现象。

影响围岩压力的因素很多，通常可分为两大类：一类是地质因素，包括原始应力状态、岩体力学性质、岩体结构面等；另一类是工程因素，包括施工方法、支护时间、支护刚度、坑道形状等。

2.3.2 围岩松动压力确定的方法

确定围岩松动压力的方法有：现场实地量测；按某一理论公式计算确定；根据大量的实际资料，采用统计的方法分析确定。应该说，实地量测是今后努力的方向，但按目前的量测手段和技术水平来看，量测结果尚不能充分反映实际情况。理论计算则由于地质条件千变万化，目前还没有一种理论能适合于各种实际情况。统计法是建立在大量施工塌方事件的统计基础上的，在一定程度上可以反映围岩压力的真实情况。

1. 深埋隧道围岩松动压力的确定方法

当隧道的埋置深度超过一定限值后，围岩的松动压力仅是隧道周边某一破坏范围（天然拱）内岩体的重量，而与埋深无直接关系。故解决这一破坏范围的大小就成为问题的关键。上述分析说明围岩的松动压力是和围岩的类别成反比的。在同样围岩条件下，隧道跨度越大，围岩稳定性越差，围岩松动压力也越大，说明围岩的松动压力是和隧道跨度成正比的。

（1）统计法——我国《铁路隧道设计规范》（TB 10003—2016）所推荐的方法。

在岩体中开挖隧道所产生的破坏范围受很多因素影响，是个随机事件，并没有确定的形状和大小。我们的任务就是要从错综复杂的偶然出现的岩体破坏形态中揭示出它的潜在的必然性，即围岩破坏范围的规律性。而这种规律，只有通过大量的实际破坏形态的统计分析才能发现。

围岩破坏的直接表现形式，就是施工中所产生的塌方，因此，根据大量铁路隧道塌方资料的统计分析，可以找出适用于铁路隧道的围岩破坏范围形状和大小的规律，从而得出计算围岩松动压力的统计公式。由于所统计的塌方资料是有限的，加上资料的可靠性也是相对的，所以这种统计公式也只能在一定程度上反映围岩松动压力的真实情况。现在我国《铁路隧道设计规范》（TB 10003—2016）中推荐的计算围岩竖向均布松动压力的公式，就是根据 357 个铁路隧道的塌方资料统计分析而拟定的：

$$\left. \begin{array}{l} q = \gamma h \\ h = 0.45 \times 2^{s-1} w \end{array} \right\} \qquad (2\text{-}6)$$

式中：γ 为围岩容重；s 为围岩级别；w 为宽度影响系数，由 $w = 1 + i(B-5)$ 计算，B 为坑道宽度，i 为 B 每增减 1 m 时的围岩压力增减率，当 $B < 5$ m 时，取 $i = 0.2$，当 $B > 5$ m 时，取 $i = 0.1$。

公式的适用条件为：

① $H/B < 1.7$，H 为坑道的高度；
② 深埋隧道；
③ 不产生显著偏压力及膨胀力的一般围岩；
④ 采用矿山法施工。

上述公式适用于采用破损阶段法或容许应力法设计的隧道衬砌结构计算，当采用概率极限状态法设计隧道时，深埋单线隧道围岩竖向均布松动压力可按下式计算：

$$q = \gamma h \atop h = 0.41 \times 1.79^s \rbrace \qquad (2\text{-}7)$$

还应指出，由于现代隧道施工技术的发展，已经可以将开挖隧道所引起的破坏范围控制在最小限制，所以围岩松动压力的发展也将受到限制，不会达到式（2-6）、式（2-7）所决定的数值。因此，上两式更适用于Ⅱ～Ⅳ级这样较为典型的裂隙岩体，并以木支撑为主要初次支护。

围岩水平均布的松动压力 e，按表 2-15 中的经验公式计算，其适用条件同上。

表 2-15　围岩水平均布压力

围岩级别	Ⅰ～Ⅱ	Ⅲ	Ⅳ	Ⅴ	Ⅵ
水平均布压力	0	$<0.15q$	$(0.15\sim0.3)q$	$(0.3\sim0.5)q$	$(0.5\sim1.0)q$

实际计算中，除了要确定围岩松动压力的数值外，再一个重要问题是考虑压力如何分布。根据统计资料，围岩竖向松动压力的分布图形大致可以概括为以下 6 种，如图 2-6 所示。用等效荷载，即非均布压力的总和应与均布压力的总和相等的方法，来确定各荷载图形的最大压力值。另外，还应考虑围岩水平松动压力非均匀分布的情况。

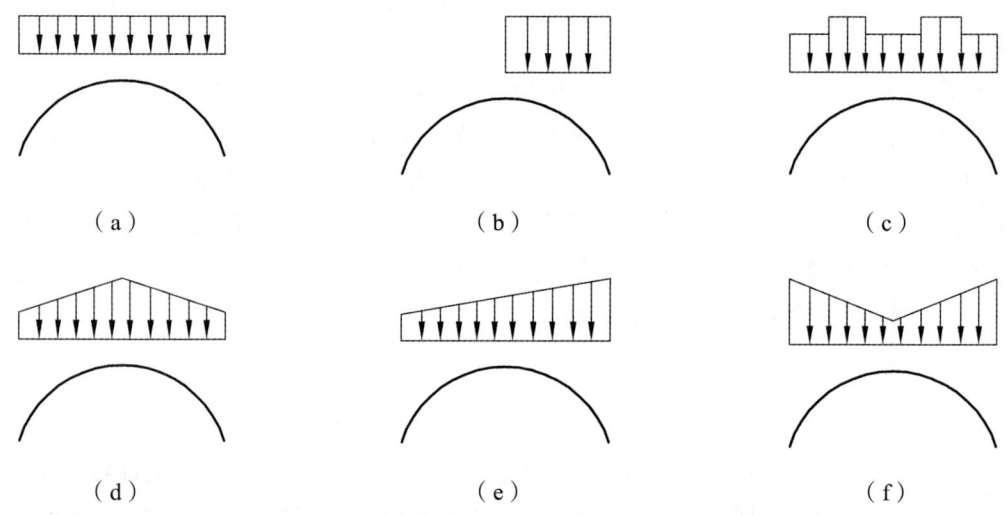

图 2-6　围岩竖向松动压力的分布图形

必须指出，上述压力分布图形只概括了一般情况，当地质、地形或其他原因可能产生特殊的荷载时，围岩松动压力的大小和分布应根据实际情况分析确定。

在分析支护结构时，一般以竖向和水平的均布荷载图形为主，并用局部压力、偏压以及其他非均匀分布的荷载图形进行校核，较好的围岩着重于局部压力校核。

（2）普氏理论。

普洛托李雅克诺夫认为：所有的岩体都不同程度地被节理、裂隙所切割，因此可以视为散粒体。但岩体又不同于一般的散粒体，其结构顶上存在着不同程度的黏结力。基于这些认识，普氏提出了岩体的坚固性系数（又叫似摩擦系数）的概念：

$$f = \frac{\tau}{\sigma} = \frac{\sigma \cdot \tan\varphi + c}{\sigma} = \tan\varphi_0 \qquad (2-8)$$

式中：φ_0、φ 分别为岩体的似摩擦角和内摩擦角；τ、σ 分别为岩体的抗剪强度和剪切破坏时的正应力；c 为岩体的黏结力。

岩体的坚固性系数 f 值，是一个说明岩体各种性质（如强度、抗钻性、抗爆性、构造、地下水等）的笼统的指标。所以，在确定岩体的 f 值时，除了考虑其强度指标外，还需根据岩体的构造特征等因素，并结合以往的工程实践经验加以修正。

为了确定围岩的松动压力，普氏还提出了基于天然拱概念的计算理论，他认为在具有一定黏结力的松散介质中开挖坑道后，其上方会形成一个抛物线形的天然拱，作用在支护结构上的围岩压力就是天然拱以内的松动岩体的重量。而天然拱的尺寸，即它的高度和跨度则与反映岩体特征的 f 值和所开挖的隧道宽度有关，其具体表达式为

$$h_k = \frac{b}{f} \qquad (2-9)$$

式中：h_k 为天然拱高度；b 为天然拱半跨度。

在坚硬岩体中，坑道侧壁较稳定，天然拱的跨度就是隧道的宽度，即 $b = b_t$（b_t 为隧道净宽度的一半），如图 2-7（a）所示；在松散和破碎岩体中，坑道的侧壁也受扰动而滑移，天然拱的跨度也相应加大为[图 2-7(b)]：

$$b = b_t + H_t \tan\left(45° - \frac{\varphi_0}{2}\right) \qquad (2-10)$$

式中：b_t 为隧道净跨度的一半；H_t 为隧道净高度；其余符号含义同前。

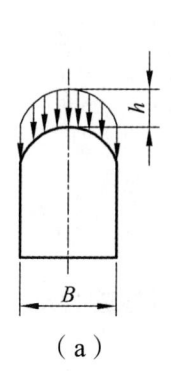
（a）

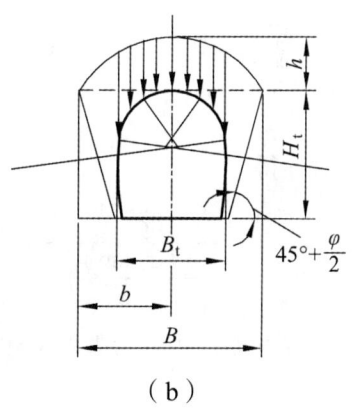
（b）

图 2-7 隧道围岩塌落拱

围岩竖向均布松动压力为

$$q = \gamma h_k \qquad (2-11)$$

围岩水平均布松动压力按朗金公式计算：

$$e = \left(q + \frac{1}{2}\gamma H_t\right)\tan^2\left(45° - \frac{\varphi_0}{2}\right) \quad (2\text{-}12)$$

普氏理论的主要优点，是分类方法和计算围岩松动压力的公式都比较简单，使用方便，而且经过修正后的 f 值也能在一定程度上反映真实情况，所以，国内外都曾采用过。其主要缺点是在确定岩体的 f 值时，带有很大的主观性；对于软质围岩所算得的压力值偏小，在坚硬的围岩中所得压力偏大。

一般来说，普氏理论比较适用于松散、破碎的围岩中。

（3）太沙基理论。

太沙基（K.Terzaghi）也将岩体视为散粒体。他认为坑道开挖后，其上方的岩体将因坑道变形而下沉，并产生如图 2-8 所示的错动面 OAB，假定作用在任何水平面上的竖向压应力 σ_v 是均布的，相应的水平应力 $\sigma_h = k\sigma_v$（k 为侧压力系数）。在地面深度为 h 处取出一厚度为 $\mathrm{d}h$ 的水平条带，考虑其平衡条件 $\sum F_v = 0$，得出

$$2b(\sigma_v + \mathrm{d}\sigma_v) - 2b\sigma_v + 2k\sigma_v \tan\varphi_0 \cdot \mathrm{d}h - 2b\gamma \cdot \mathrm{d}h = 0 \quad (2\text{-}13)$$

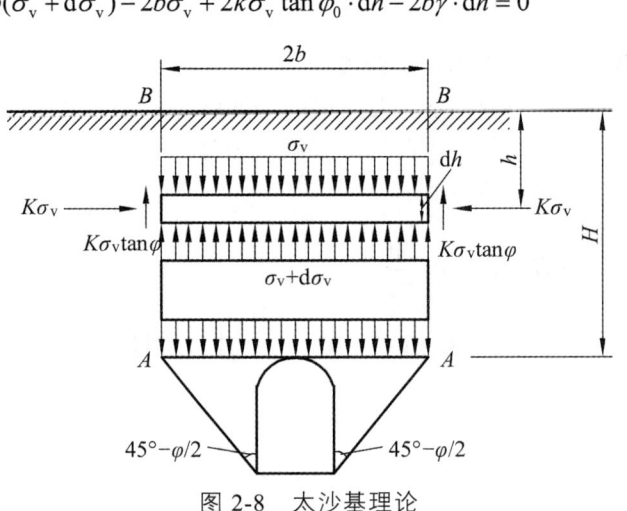

图 2-8 太沙基理论

整理后，得：

$$\frac{\mathrm{d}\sigma_v}{\gamma - \dfrac{k\sigma_v \tan\varphi_0}{b}} - \mathrm{d}h = 0 \quad (2\text{-}14)$$

解此微分方程，并引入边界条件（$h = 0$ 时，$\sigma_v = 0$），可得隧道上方岩层中任意点的竖向均布压力为：

$$\sigma_v = \frac{\gamma b}{k \tan\varphi_0}\left(1 - \mathrm{e}^{-k\tan\varphi_0 \cdot \frac{h}{b}}\right) \quad (2\text{-}15)$$

由上式可以看出，随着隧道埋深 h 的加大，$\mathrm{e}^{-k\tan\varphi_0 \cdot \frac{h}{b}}$ 逐渐减小，σ_v 逐渐加大，当隧道埋

深超过一定值后，$e^{-k\tan\varphi_0 \frac{h}{b}}$ 趋近于 0，σ_v 趋近于某一个固定值，即

$$\sigma_v = \frac{\gamma b}{k \tan \varphi_0} \tag{2-16}$$

太沙基根据实验结果，得出 $k = 1 \sim 1.5$，若取 $k = 1$，则有

$$\sigma_v = \gamma \frac{b}{\tan \varphi_0} = \gamma \frac{b}{f} = \gamma h_k \tag{2-17}$$

此时便与普氏理论的计算公式一致。

在太沙基公式中，也可以将错动面上的黏结力考虑进去，只需在平衡方程的左端加上一项 $2c \cdot dh$ 即可。

2. 浅埋隧道围岩松动压力的确定方法

当隧道埋深不大时，开挖的影响将波及地表，无法形成"天然拱"。因此，上述估其深埋隧道围岩松动压力的公式对浅埋隧道是不适用的，需要从分析浅埋隧道围岩体运动的规律入手，建立起新的计算公式。

如图 2-9，从松散介质极限平衡的角度，对施工过程中岩体运动的情况进行分析：若不及时支护，或施工时支护下沉，会引起洞顶上覆盖岩体 EFHG 的下沉与移动，而且它的移动受到两侧其他岩体的夹持，反过来又带动了两侧三棱体 ACE 和 BDF 的下滑，形成两个破裂面[为了简化，假定它们都是与水平面成 β 角的斜直面，如图 2-9（a）中的 AC 和 BD]。研究洞顶上覆盖岩体 EFHG 的平衡条件，即可求出作用在支护结构上的围岩松动压力。研究中沿隧道纵向取单位长度。

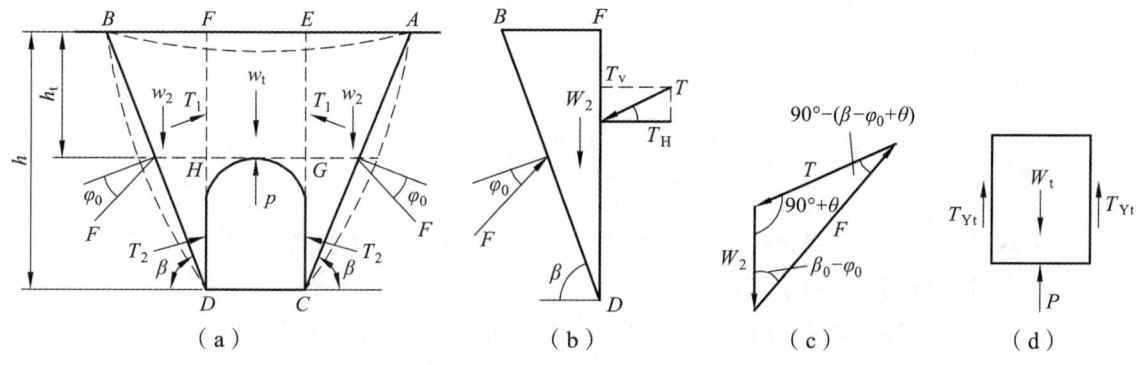

图 2-9 浅埋隧道围岩松动压力的确定

作用在下滑岩体 EFHG 上的力为：岩体重量 W_1、两侧三棱体 ACE 和 BDF 给予它的夹持力 T_1 以及隧道支护结构给予它的反力（也就是围岩给支护结构的荷载 P）。其中只有 W_1 是已知的，而 T_1 和 P 都是未知的，所以，不可能从总的图式中解出作用在支护结构上的荷载 P，需要逐一分块解出这些未知力。

对于三棱块 BDF，其受力如图 2-9（b）所示。三棱块 BDF 的重量 W_2 为：

$$W_2 = \frac{1}{2}\gamma \times \overline{BF} \times \overline{DF} = \frac{1}{2}\gamma h^2 \frac{1}{\tan\beta} \tag{2-18}$$

由力的平衡条件图 2-9（c）（正弦定理）可知：

$$\frac{T}{\sin(\beta-\varphi_0)} = \frac{W_2}{\sin[90°-(\beta-\varphi_0+\theta)]} \tag{2-19}$$

从而

$$T = \frac{1}{2}\gamma h^2 \frac{\tan\beta - \tan\varphi_0}{\tan\beta[1 + \tan\beta(\tan\varphi_0 - \tan\theta) + \tan\varphi_0\tan\theta]} \cdot \frac{1}{\cos\theta} \tag{2-20}$$

令

$$\lambda = \frac{\tan\beta - \tan\varphi_0}{\tan\beta[1 + \tan\beta(\tan\varphi_0 - \tan\theta) + \tan\varphi_0\tan\theta]}$$

则有

$$T = \frac{1}{2}\gamma h^2 \lambda / \cos\theta \tag{2-21}$$

上式中的 T 为 FD 面上的带动下滑力，其值为图 2-9（a）中的 T_1、T_2 之和。显然，三棱块给洞顶上方岩体的夹持力 T_1 随隧道施工方法等因素的不同而变化，其变化范围应在 $\frac{1}{2}\gamma h_1^2 \lambda / \cos\theta \sim \frac{1}{2}\gamma h^2 \lambda / \cos\theta$ 之间。为安全起见，计算中可取 $T_1 = \frac{1}{2}\gamma h_1^2 \lambda / \cos\theta$。

由此可见，夹持力 T_1 的大小与岩体容重 γ、洞顶岩体高度 h_1、破裂角 β、岩体似摩擦角 φ_0 及洞顶岩体两侧摩擦角 θ 有关。上述参数除 β 外皆为已知，下面来推求 β 值。

假定 β 是下滑岩体达到极限平衡时的破裂面倾角，此时夹持力 T_1 必为最大值。由 T_1 的极值条件即可将其求出，即令 $\dfrac{dT_1}{d\beta} = 0$，求解得

$$\tan\beta = \tan\varphi_0 + \sqrt{\frac{(1+\tan^2\varphi_0)\tan\varphi_0}{\tan\varphi_0 - \tan\theta}} \tag{2-22}$$

由上式可知，在 T_1 极值条件下的 β 值仅与 φ_0 和 θ 有关，而 φ_0 和 θ 是随围岩级别而定的已知值。在求得 β 后则 T_1 即可求得。

这里应指出，洞顶岩体 EFHG 与两侧三棱体之间的摩擦角 θ 与破裂面 AC、BD 上岩体的似摩擦角 φ_0 是不同的，因为 EG、FH 面上并没有发生破裂，所以，$0 < \theta < \varphi_0$，它与岩体的物理力学性质有密切关系，是一个经验数值。

根据洞顶上方岩体 EFHG 的平衡条件来推求围岩压力 P，岩体 EFHG 的受力情况如图 2-9（d）所示，其中 $W_1 = \gamma h_1 B$（B 为隧道宽度）。作用在支护结构上的力 P（围岩竖向压力）为：

$$P = W_1 - 2T_1 \sin\theta = \gamma h_1 (B - h_1 \lambda \tan\theta) \tag{2-23}$$

从而围岩竖向均布压力为

$$q = \frac{P}{B} = \gamma h_1 \left(1 - \frac{h_1 \lambda \tan\theta}{B}\right) \tag{2-24}$$

综上所述,计算浅埋隧道围岩竖向均布压力的公式为:

$$\left.\begin{aligned} q &= \gamma h_1 \left(1 - \frac{h_1 \lambda \tan\theta}{B}\right) \\ \lambda &= \frac{\tan\beta - \tan\varphi_0}{\tan\beta \left[1 + \tan\beta (\tan\varphi_0 - \tan\theta) + \tan\varphi_0 \tan\theta\right]} \\ \tan\beta &= \tan\varphi_0 + \sqrt{\frac{(1 + \tan^2\varphi_0)\tan\varphi_0}{\tan\varphi_0 - \tan\theta}} \end{aligned}\right\} \tag{2-25}$$

若假定围岩水平压力按梯形分布(图 2-10),则隧道顶端与底端的水平压力强度为:

$$\left.\begin{aligned} e_1 &= \gamma h_1 \lambda \\ e_2 &= \gamma h \lambda \end{aligned}\right\} \tag{2-26}$$

若考虑围岩水平压力为均匀分布,则

$$e = \frac{1}{2}(e_1 + e_2) \tag{2-27}$$

对于地面坡度陡斜的浅埋隧道,在其围岩松动压力的计算公式中应考虑地形的影响,公式推导与地表水平时的原则相同。但应当注意,由于地表倾斜,隧道两侧的破裂角、侧压力系数、夹持力都不相同,此时围岩竖向压力强度(图 2-11)为:

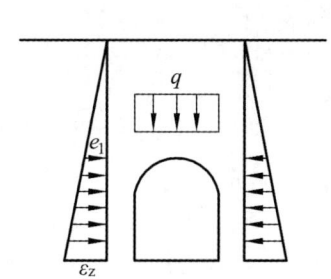

图 2-10 围岩水平压力按梯形分布

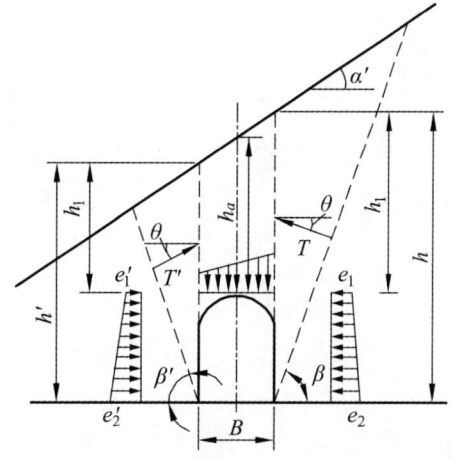

图 2-11 地面陡斜时围岩松动压力计算

$$\left.\begin{aligned}
q_i &= \gamma h_i \left(1 - \frac{\gamma \tan\theta (h_1^2 \lambda + h_1'^2 \lambda')/2}{W_1}\right) \\
\lambda &= \frac{1}{\tan\beta - \tan\alpha} \cdot \frac{\tan\beta - \tan\varphi_0}{1 + \tan\beta(\tan\varphi_0 - \tan\theta) + \tan\varphi_0 \tan\theta} \\
\lambda' &= \frac{1}{\tan\beta' - \tan\alpha} \cdot \frac{\tan\beta' - \tan\varphi_0}{1 + \tan\beta'(\tan\varphi_0 - \tan\theta) + \tan\varphi_0 \tan\theta} \\
\tan\beta &= \tan\varphi_0 + \sqrt{\frac{(1 + \tan^2\varphi_0)(\tan\varphi_0 - \tan\alpha)}{\tan\varphi_0 - \tan\theta}} \\
\tan\beta' &= \tan\varphi_0 + \sqrt{\frac{(1 + \tan^2\varphi_0)(\tan\varphi_0 + \tan\alpha)}{\tan\varphi_0 - \tan\theta}}
\end{aligned}\right\} \quad (2\text{-}28)$$

若假定围岩水平压力按梯形分布（图 2-11），则隧道顶端与底端的水平压力强度为：

$$\left.\begin{aligned}
e_1 &= \gamma h_1 \lambda, \quad e_2 = \gamma h \lambda \\
e_1' &= \gamma h_1' \lambda', \quad e_2' = \gamma h' \lambda'
\end{aligned}\right\} \quad (2\text{-}29)$$

式中各符号的含义参见图 2-11。

以上计算浅埋隧道围岩松动压力的公式是我国《铁路隧道设计规范》（TB 10003—2016）所建议的。当然，还有其他公式也可采用，这里不一一列举。

Part 3 隧道空气动力学问题及工程措施

当列车进入隧道时,原来占据着空间的空气被排开。空气的黏性以及隧道壁面和列车表面的摩阻作用使得被排开的空气不能像在隧道外那样及时、顺畅地沿列车两侧和上部形成绕流。于是,列车前方的空气受到压缩,列车后方则形成一定的负压。这就产生一个压力波动过程。这种压力波动又以声速传播至隧道口,形成反射波,回传、叠加,产生一系列复杂的空气动力学效应。

3.1 隧道空气动力效应

3.1.1 列车进入隧道诱发的空气动力学效应

图 3-1 显示出列车进入隧道引起的压力波动实态,图 3-2 为测得的结果与国外资料的比较。图 3-3 所示为 ICE 列车以 305 km/h 通过长度为 5 527 m 的 Muhlberg 隧道(净空有效面积为 82 m²)时的瞬变压力实测值,它反映了空气压力波动在隧道内传播、反射和叠加的实态。

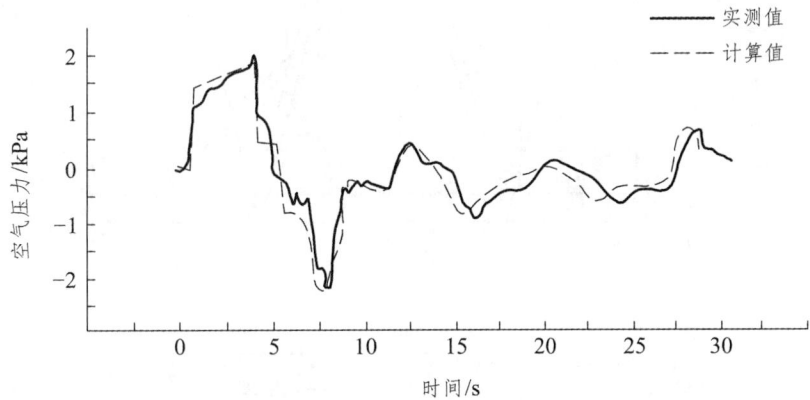

图 3-1 列车进入隧道引起的压力波动实态(遂渝铁路实测)

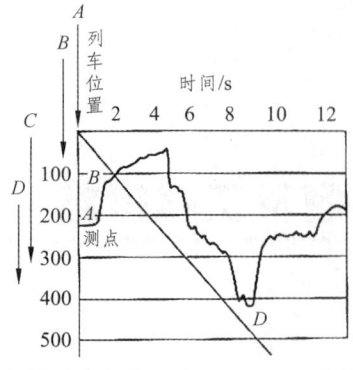
（a）长白山号动车组（v=200 km/h，遂渝铁路实例）

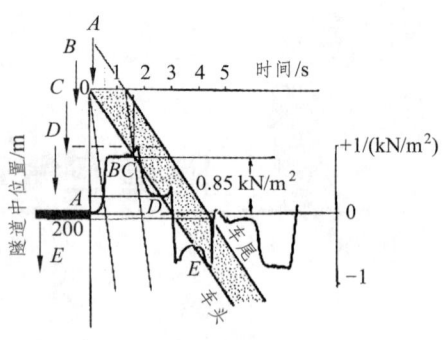
（b）ICE/V 动车组（v=242 km/h）

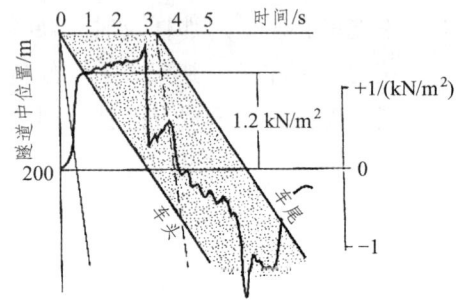
（c）E120 机车+7 辆车+E103（v=242 km/h）

图 3-2 列车进入隧道引起的压力波动（首波部分）的比较

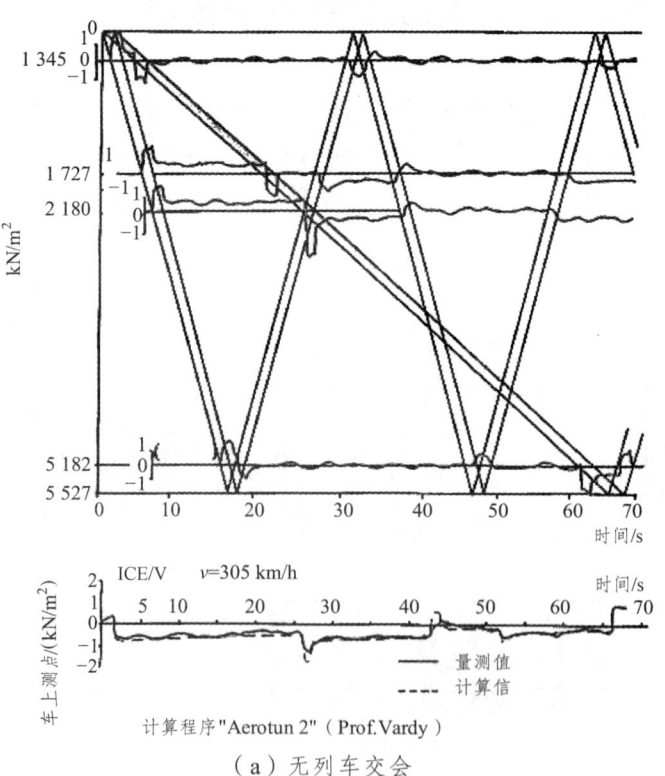

（a）无列车交会

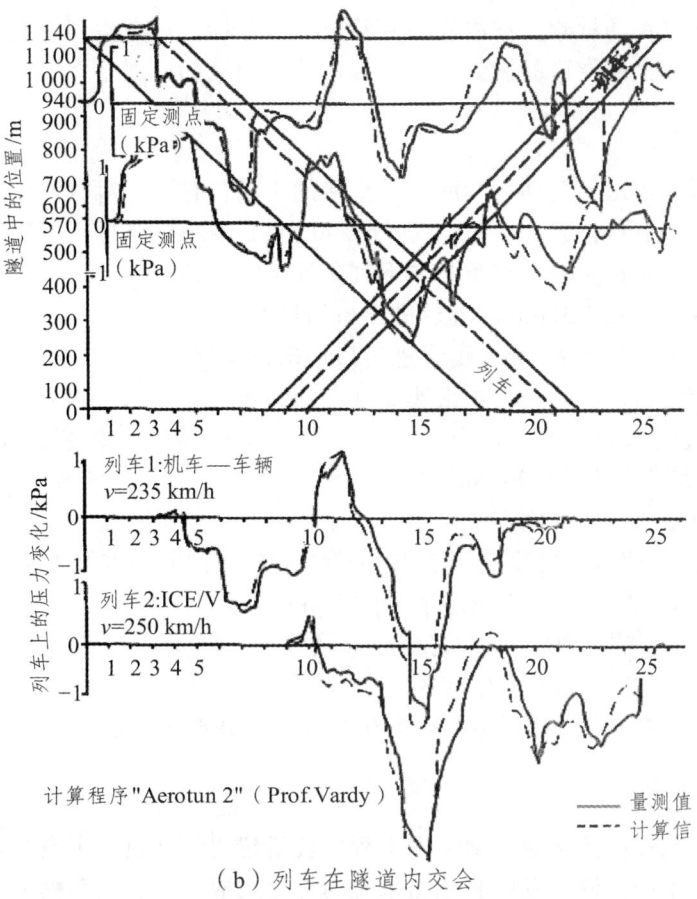

(b)列车在隧道内交会

图 3-3　压力波的传播、反射和叠加

这种压力波动过程引起一系列与隧道设计和运营密切相关的空气动力学效应，如表 3-1 所示。

表 3-1　高速铁路隧道空气动力学效应

空气动力效应		对隧道设计和运营的意义
瞬变压力	车内瞬变压力	旅客舒适度
	车上压力波动最大幅度	旅客和乘务员的健康
	隧道内压力峰值	衬砌和设施的气动荷载
	车内外压差	车辆结构的气动荷载
微气压波		隧道口环境
列车空气阻力	平均阻力	牵引计算
	阻力过程	限坡
空气流动	列车风	隧道中设备的安全
	空气动压	

因此，必须通过现场量测、室内模型实验以及数值计算等方法，对上述现象和问题进行研究和分析，为高速铁路隧道的设计和运营提供技术决策的依据。

1. 现场量测

现场量测是研究隧道空气动力学问题最直接的手段，它还可对数值计算和室内模型实验方法和结论的正确性进行检验。为此，我国于 2005 年在遂渝铁路进行了行驶高速列车隧道空气动力学效应的现场实地实验。实验是在下列条件下进行的：

（1）松林堡隧道全长 1 320 m。隧道进出口均设 S 缓冲结构。

（2）荆竹林隧道全长 4 366 m。隧道进出口均未设置缓冲结构。

（3）列车选定长白山号动车组、提速 25 t 普通旅客列车、双层集装箱货车 3 种车型。

（4）列车通过隧道的速度，长白山号动车组为 200 km/h、提速 25 t 普通旅客列车为 160 km/h、双层集装箱货车为 120 km/h。

实验主要有以下几方面的内容：

（1）瞬变压力——引起旅客乘车舒适度降低，对隧道内养护维修人员产生危害。

（2）空气动力荷载——对衬砌及隧道内的设备产生影响。

（3）列车风——影响隧道内养护维修人员的作业及安全。

（4）隧道口微压波——引起爆破噪声，影响隧道口附近的环境和建筑物的安全。

（5）车致振动荷载——引起隧道衬砌发生振动响应并产生附加动力荷载。

2. 室内模型实验

室内模型实验是在西南交通大学土木工程学院所建立的高速列车空气动力学实验装置上进行的。整个实验系统由模型发射和数据采集两部分组成。高速列车模型发射系统以压缩空气为动力，模拟列车进出隧道过程，并配有高灵敏度的压力和噪声传感器。

模型发射系统由以压缩空气为动力的空气炮、电控系统、列车模型、隧道模型及列车模型回收系统组成，可将列车模型以较高速度射入隧道模型。空气炮模型发射装置如图 3-4 所示。模型列车采用钢丝绳作为导轨，速度可达到 100 m/s。具体测试时，首先将各配套设备安装到位，模型列车沿钢丝绳导轨以高速射出，配备在隧道段的传感器可记录列车进出隧道的压力和噪声。

图 3-4 高速列车模型发射系统

列车模型用铸型尼龙材料加工，其面积为 24 cm²，长 30 cm。模型隧道采用聚乙烯管材，其面积分别为 120 cm² 和 186 cm²，阻塞比分别为 0.2 和 0.13。对应于实际列车截面积为 10.3 m²，隧道净空有效面积为 52 m² 和 80 m² 的情况。

数据采集系统对列车进入隧道所产生的气动现象，如压力、噪声等参数进行采集，记录速度可达到 10 000 次/s。数据采集系统包括一个箱式采集系统、三块数据采集片、信号解调器和噪声传感器。对测试结果的分析表明：箱式采集系统的电噪声较小，能够满足精度要求。

3. 数值计算方法

数值模拟计算是研究隧道空气动力学问题的基本手段。用于设计的一些参数都需要通过数值计算予以验证，特别是在没有现场测试和室内实验数据的条件下，数值模拟计算可能是唯一的确定参数的方法。

由于隧道在长度方向的尺度远较横断面尺寸大，分析列车通过隧道诱发的空气波动过程时，采用单维计算程序较为现实。单维计算程序能否反映空气压力分布的实际情况还应进行论证。可以认为，列车进入隧道诱发的空气压力波在传入隧道 5~8 倍洞径长度后，即以平面波的形式传播，压力波平面与隧道轴线相垂直。遂渝铁路隧道现场实测表明，同一断面上不同点空气压力的差异仅在隧道洞口段较为明显。由表 3-2 可以看到，在距洞口 47 m 的断面上，不同点空气压力的变化情况已可视为等同。

表 3-2 洞口段同一断面不同点压力变化的差异

隧 道	车 型	车速/(km/h)	断面位置/m		差异
			距隧道口	距缓冲棚口	
松林堡	长白山	200	2.0	10.0	33%
	25 t 客车	160	2.0	10.0	27%
荆竹林	长白山	200	47.0		2%
	25 t 客车	160	47.0		5%
	双层集装箱	120	47.0		6%

注：表中差异指空气压力"峰对峰"值在同一横断面不同点上的最大差异。

图 3-5 所示为松林堡隧道距离洞口 643 m 断面上边墙、拱腰和拱顶各点压力实测结果。3 个测点测得的数据基本吻合，变异仅为首波峰对峰值的 0.8%~1.13%（表 3-3），首波正压最大值差异则在 3% 以内。

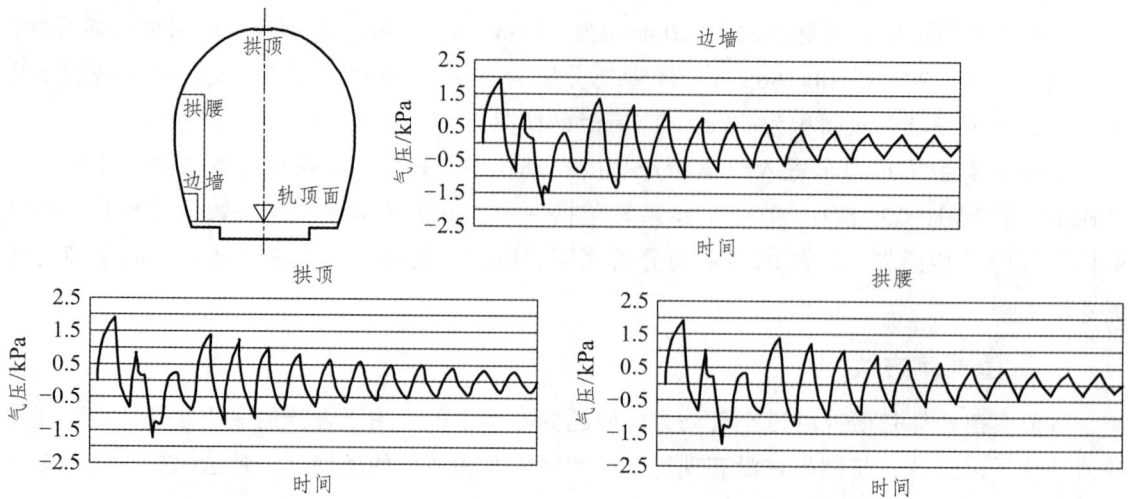

图 3-5 长白山号动车组 200 km/h 松林堡隧道内 643 m 测点数据

表 3-3 长白山号动车组 200 km/h 松林堡隧道内 643 m 测点数据（车次 S2002）

位置比较	均方差 σ	峰值平均 Δ	变异系数 σ/Δ
边墙-拱腰	0.045	3.999	1.125%
边墙-拱顶	0.032	3.977	0.805%
拱腰-拱顶	0.045	3.974	1.132%

注：①

$$\sigma = \sqrt{\dfrac{\sum\limits_{i=1}^{n}(p_1 - p_2)_i^2}{n}}$$

式中：$(p_1 - p_2)_i$ 为同一时刻两组数据的差值。

②

$$\Delta = \dfrac{(p_{1\max} - p_{1\min}) + (p_{2\max} - p_{2\min})}{2}$$

用 FLUENT5.3 软件进行三维计算的结果显示于图 3-6。距离洞口 120 m 横断面上不同测点的首波正压最大值差异（单、双线隧道）分别为最大峰值的 3% 和 6%。

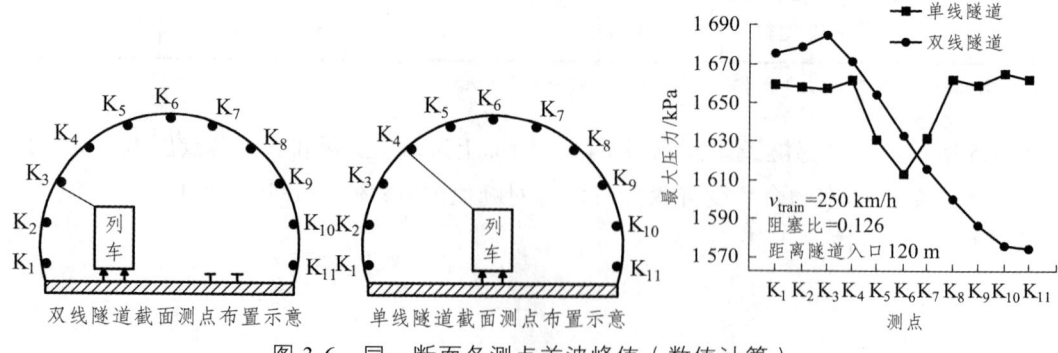

图 3-6 同一断面各测点首波峰值（数值计算）

上述数据证实,压力在同一横断面上的分布是均匀的。单维计算能够反映压力变化的实际过程。计算分析中,采用如下假定:

(1)把隧道内空气流动简化为一维、可压缩、非定常的湍流流动。
(2)空气与列车表面、隧道壁面存在摩擦和传热。
(3)隧道断面沿隧道长度方向的变化率是较小的。
(4)隧道内空气是完全气体。

采用单维计算程序,对通过隧道列车的尾部和头部 3 s 内的最大压力变化进行了计算。计算所需的基本数据见表 3-4。

表 3-4 计算所采用的基本数据

隧 道		列 车	
净空有效面积 A_t	82 m²	截面 A_v	10.3 m²
周长 S_t	32.1 m	周长 S_v	11.4 m
壁面摩擦系数 f_w	0.005	表面摩擦系数 f_{TR}	0.002 5
进口压力损失系数	0.5	头部压力损失系数	0.1
出口压力损失系数	1	尾部压力损失系数	0.0672
隧道长度 L_t	1 140 m	列车长 L_v	110 m
		列车速度 v	250 km/h

表 3-5 及表 3-6 所示计算结果分别显示了车速和阻塞比对瞬变压力的影响。

表 3-5 车速对压力变化的影响($A_t = 31.15$ m²)

位 置	$v/$(km/h)				
	160	200	250	300	350
头 部	2.1	3.17	5.56	6.28	7.05
尾 部	2.04	3.27	5.18	6.4	7.15

表 3-6 阻塞比对压力变化的影响($v = 250$ km/h)

位 置	β				
	0.11	0.126	0.117	0.18	0.33
头 部	1.61	1.88	2.18	2.78	5.65
尾 部	1.57	1.83	2.13	2.66	5.18

由上述计算结果可以看出,速度和阻塞比 β($\beta = A_v/A_t$)对压力变化的影响十分显著。

单线隧道单列列车通过时,若速度不大于 250 km/h,则 3 s 内最大压力变化与列车速度的平方成正比;但若速度超过 250 km/h,则压力对速度的依赖关系有所缓和。

阻塞比是一个特别重要的参数,在 3 s 内最大压力变化随阻塞比呈非线性变化。

当然,对于隧道空气动力学问题,三维分析仍然是不可缺少的。特别是在研究隧道口部压力变化分布、缓冲结构和微气压波、辅助坑道、断面变化和车辆形状的变化等问题时，单维程序往往难以胜任。

3.1.2 瞬变压力及相关问题

1. 影响瞬变压力的因素

影响瞬变压力的因素包括列车速度、列车长度、车型、列车横截面积、列车表面摩擦系数以及隧道净空有效面积、隧道长度、隧道壁面摩擦系数等。

研究表明，诸多因素中，列车速度 v 和阻塞比 β 是具有最大影响的因素。

$$\beta = \frac{A_v}{A_t}$$

式中　A_t——隧道净空有效面积；

　　　A_v——列车截面积。

由于列车截面积变化不大，因此隧道净空面积的影响是最大的，可用下列公式表达列车速度 v 和阻塞比 β 的影响：

$$p_{\max} = kv^2 \beta^N$$

式中　$p_{\max}$——3 s 内压力变化的最大值；

　　　N——单一列车在隧道中运行时，$N = 1.3 \pm 0.25$，考虑列车交会时，$N = 2.16 \pm 0.06$。

此外，同列车的速度 v 和阻塞比 β 不同，隧道长度的影响呈现出比较复杂的非单调特性，这是需要加以特殊考虑的。

2. 隧道长度对压力波动程度的影响

（1）隧道长度影响的非单一性。

研究表明，诸多因素中列车速度 v 和阻塞比 β 是对隧道内及列车上压力波动程度起主导作用的因素，还需着重指出的是隧道长度的影响。而且，压力波动程度并非单一地随着隧道长度的增加而加剧。

研究表明，对 $v = 300$ km/h、$L_v = 360$ m、$A_t = 100$ m^2、$\beta = 0.103$ 并考虑在隧道中点会车的情况，从 3 s 内列车上瞬变压力变化角度考虑得出隧道"最不利长度"为 $L_t = 1\ 140 \sim 1\ 260$ m（图 3-7）。

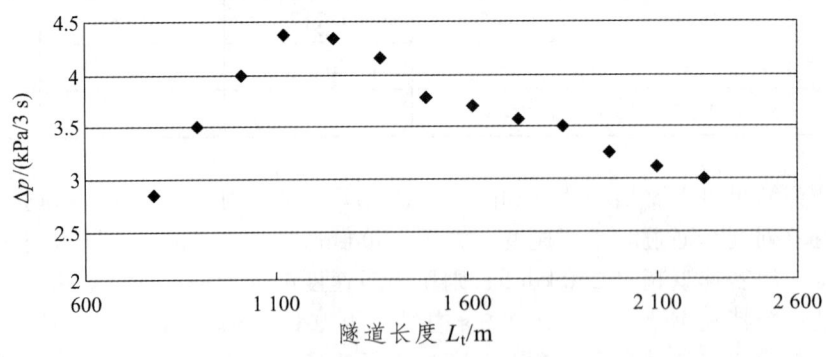

图 3-7　隧道长度与压力波动间的关系

法国专家认为，碎石道床隧道压力波动的最大值出现在 $M_a \dfrac{L_t}{L_v} = 0.21$、0.34 及 0.88 时（$M_a$ 为车速的马赫数）。

当车速为 300 km/h 时，考虑会车，对于碎石道床、$A = 100$ m² 的情况，采用 TGV 动车组，可用下式来估算不同隧道长度时的压力波动幅度：

$$\Delta p = 3\,600 \left[1 + ABS\left(\sin 6.409 \times \dfrac{L_v}{L_t} \right) \right]$$

如图 3-8 所示，压力波动幅度将出现 3 个峰值，对应的隧道长度分别为 $0.8L_v$、$1.2L_v$、$3.5L_v$，其中 $3.5L_v = 3.5 \times 360$ m = 1 260 m，与中国的研究结论是一致的。

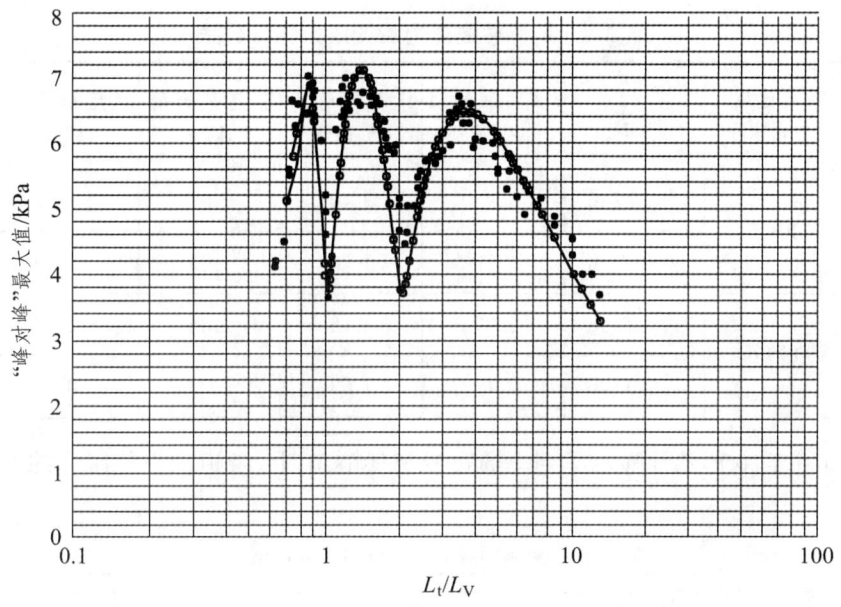

图 3-8　隧道长度与压力波动间的关系

（2）遂渝铁路隧道的现场实测。

在遂渝铁路隧道的现场实验中，为了研究隧道长度对列车高速通过隧道时产生的空气动力学效应的影响，选择长短各异的两座隧道：松林堡隧道，长 1 320 m，与一些研究得到的"最不利长度" $L_t = 1\,260$ m 较为接近；荆竹林隧道，长 4 366 m。

① 隧道内瞬变压力。

以距隧道口（1.6~1.8）L_v 的测点为例，当 $v = 200$ km/h 的列车通过 1 320 m 长的松林堡隧道时，3 s 内气压最大变化值 $\Delta p = (3.39 \sim 3.51)$ kPa/3 s，大于通过 4 366 m 的荆竹林隧道时的 $\Delta p = 1.19$ kPa/3 s。

其余峰对峰最大值、首波极值等特征值的比较均显示类似规律（表 3-7 和表 3-8）。

表 3-7 松林堡隧道内瞬变压力特征数据

车次	实测速度/(km/h)	位置	3 s 间隔变化值/kPa	峰对峰最大值/kPa	正压最大值/kPa	负压最大值/kPa	波前梯度最大值/(kPa/s)
S2002	200.1	内 223 m	2.87	4.21	2.02	−2.19	3.96
		内 463 m	3.39	3.76	2.07	−1.69	3.90
S2004	200.0	内 223 m	3.08	4.33	2.09	−2.24	4.11
		内 463 m	3.51	3.90	2.16	−1.74	4.05

表 3-8 荆竹林隧道内瞬变压力特征数据

车次	实测速度/(km/h)	位置	3 s 间隔变化值/kPa	峰对峰最大值/kPa	正压最大值/kPa	负压最大值/kPa	波前梯度最大值/(kPa/s)
S2001	200.0	内 227 m	2.92	3.40	2.07	−1.33	4.78
		内 407 m	1.19	1.72	1.03	−0.69	2.29
S2003	199.6	内 227 m	2.87	3.15	2.06	−1.08	4.75
		内 407 m	1.19	1.68	1.03	−0.65	2.29

图 3-9 和图 3-10 形象地显示了列车通过松林堡隧道时，隧道内空气压力的波动程度总体上较为急剧。

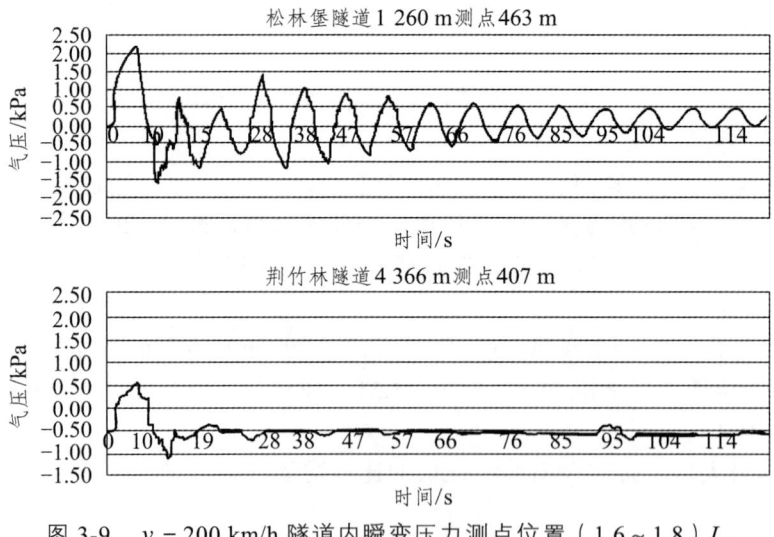

图 3-9 $v = 200$ km/h 隧道内瞬变压力测点位置 $(1.6 \sim 1.8)L_v$

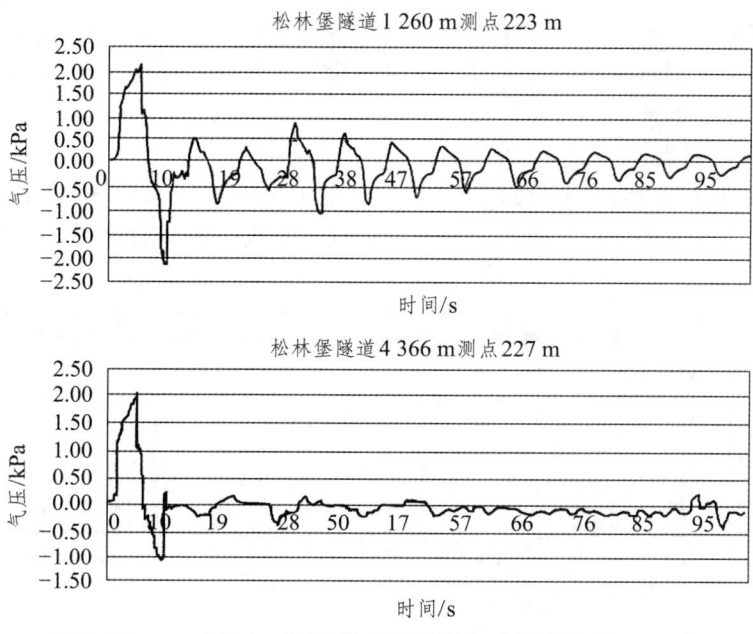

图 3-10　$v = 200$ km/h 隧道内瞬变压力（测点位置 $0.9L_v$）

② 列车上瞬变压力。

表 3-9 为列车内外瞬变压力特征数据。由表中可知，列车通过松林堡隧道和荆竹林隧道时，车外 3 s 内气压最大变化值分别为 3.23～4.29 kPa 和 2.70～3.24 kPa，车内 3 s 内气压最大变化值分别为 1.79～1.88 kPa 和 1.03～1.15 kPa（图 3-11）。

表 3-9　列车内外瞬变压力特征数据

车次	实测速度/（km/h）		位置	3 s 间隔变化值/kPa	
	松林堡	荆竹林		松林堡	荆竹林
S2001	200.2	200	车内	1.79	1.03
			车外	3.23	2.94
S2002	200.1	199.6	车内	1.81	1.15
			车外	3.53	2.7
S2004	200	199.7	车内	1.88	1.15
			车外	4.29	3.24

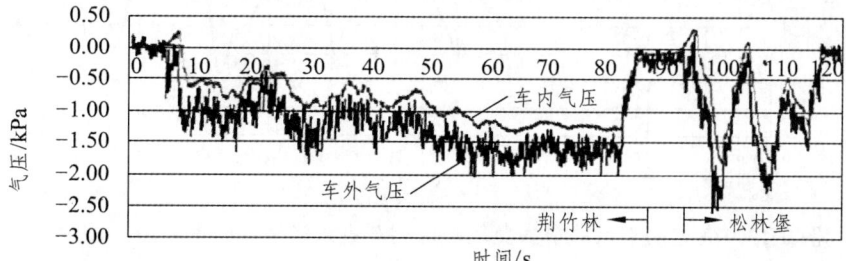

图 3-11　长白山号动车组经过松林堡和荆竹林隧道时车内外测点数据

值得注意的是，车内和车外的压力波动在短隧道中均较为急剧。这主要是因为长白山号动车组基本上属于非密封性动车组。以下将会讨论，对于密封车辆，车内气压波动程度随隧道长度的变化规律与车外不尽一致。

③ 无砟道床的情况。

图 3-12 所示为 $L_v = 384$ m 的 ICE_1 动车组 $v = 250$ km/h、$A_t = 76.5$ m^2，通过不同长度隧道时的车外压力极值。由图中可以看出，对于压力波动程度，同样存在着隧道长度的临界值。

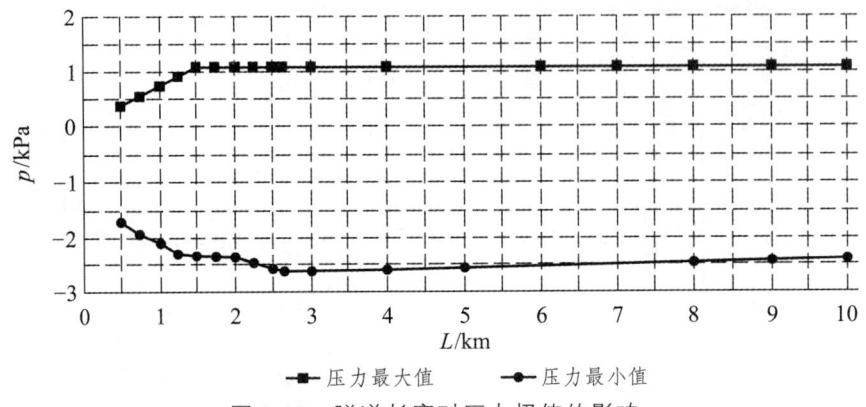

图 3-12　隧道长度对压力极值的影响

考虑列车在隧道内交会，两列车进入隧道所产生的压力波相互叠加产生较为复杂动力效应的情况，压力变化可达单车情况的 2.5~2.7 倍（指同类型、同速度列车）。

武汉—广州客运专线隧道空气动力学分析专项咨询报告（以下简称"武广咨询报告"）针对 $A_t = 101$ m^2、$v = 350$ km/h、ICE_3（$A_v = 10.4$ m^2）、$L_v = 400$ m 的情况提出：

不考虑列车在隧道内交会，隧道临界长度为 1 190 m；考虑列车在隧道内交会，隧道临界长度为 1 380 m。

对于列车在隧道内交会的情况，压力波传播和相互叠加所产生的最不利场合（不通顺）不仅同隧道长度有关，而且同两列车进入隧道的时间差（即会车位置）有关。根据对称性，当列车同类型、同速度时，最大压力变化产生于两列车进入隧道的时间差 $\Delta t_{1,2} = 0$，即交会点在隧道中点的情况（图 3-13 和图 3-14）。

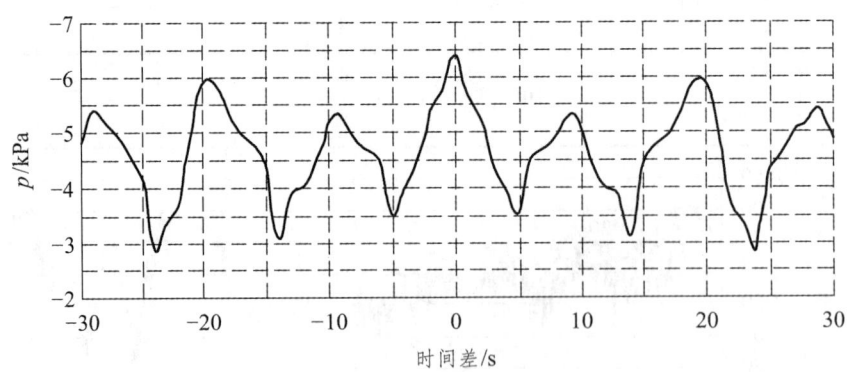

图 3-13　隧道内某点的最大负压与两列车进入隧道的时间差 $\Delta t_{1,2}$ 的关系

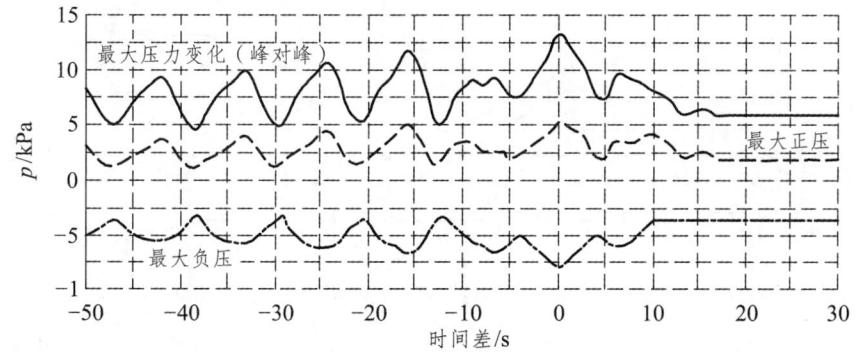

图 3-14 车上（外）某点的最大压力变化与两列车进入隧道的时间差 $\Delta t_{1,2}$ 的关系

列车在临界长度的隧道中交会并发生最不利会车情况的概率虽然很低，但从医学角度出发，为保证旅客和乘务员的健康，在计算压力波动最大幅度时仍然要考虑这种小概率情况。但在计算同旅客舒适度有关的压力瞬变程度时，如何考虑这种小概率情况值得研究。

④ 瞬变压力向列车内传递。

车辆内部的瞬变压力与旅客乘车舒适度有直接关系。隧道内瞬变压力向车辆内传递的规律一般取决于车辆的密封性和车体的刚度两个因素。

当车辆完全不密封，即车内外空气的质量交换完全无阻尼时，车外压力 p_e 与车内压力 p_i 相等。

当车辆"完全密封"，即车内外空气无质量交换、车体的刚度又较大时，则车外的压力瞬变对车内无影响。

只有当车体为"完全柔性"即刚度 $k = 0$ 时，车内外的压力才具有相同瞬变规律。实际上，以上所说的两种极端情况都是不存在的。因此，有必要研究瞬变压力向车辆的传递规律。

为简单计，可以十分自然地假定车内压力的变化率与内外压差成正比，即：

$$\frac{dp_i}{dt} = -c_2(p_i - p_e)$$

假定 p_e 为常数，令 $p_d = p_i - p_e$，以 $t = 0$ 时 $p_d = p_{d0}$ 作为边值条件，对上式积分得：

$$p_d = p_{d0} e^{-c_2 t}$$

将常数 c_2 写成 $\frac{1}{\tau}$ 即得：

$$p_d = p_{d0} e^{-\frac{t}{\tau}}$$

其中 τ 为一个具有时间量纲的常数，称为"密封指数"。

令 $p_d = 0.38 p_{d0}$，求得 $t_{0.38} = 0.97$，从而得出密封指数 τ 的物理意义，即将车内外压差降低到初值的 38% 所需的泄露时间（图 3-15）。铁道部 2001 年《200 km/h 及以上速度级列车密封设计及试验鉴定暂行规定》将车内压力从 3 600 Pa 降低到 1 350 Pa 所需的泄漏时间定义为密封指数。很容易证明，两种定义实质是一致的。

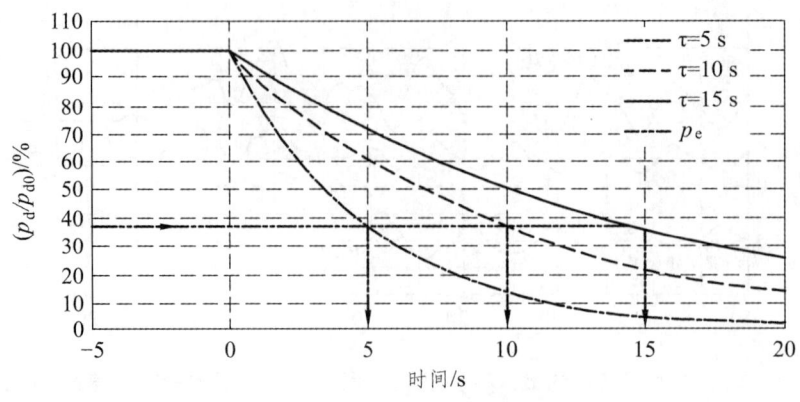

图 3-15 密封指数 τ 的物理意义

对于一般情况，有

$$\tau = -\frac{t}{\ln\frac{p_d}{p_{d0}}}$$

按上式，即可根据泄漏实验来测定车辆的静态密封指数（表 3-10）。

国外资料给出了车辆密封指数情况（表 3-11）。资料表明，现代密封技术可以考虑 $\tau = 15$ s。

表 3-10 根据泄漏实验来测定车辆的静态密封指数

实验	P_{d0}/kPa	p_d/kPa	t/s	τ/s
B.Kssies	3	0.1	30	8
	3	0.1	50	14
算例	4	0.1	50	13.6
	4	0.1	40	10.8

表 3-11 车辆的密封程度

车辆类型	密封指数 τ/s
不密封车辆（例如用于支线）	$\tau < 1$
最低密封性（例如 Eurocity）	$1 < \tau < 6$
密封较好（例如 ICE_1、TGV）	$6 < \tau < 10$
密封很好（例如 ICE_3、Transrapid）	$\tau > 10$
计算列车气动荷载时的密封假定	$\tau = \infty$

车辆密封性对缓解压力波动程度的作用可以归为"滞后"和"衰减"。图 3-16 为德国实测的列车内外瞬变压力资料。由图中可以看出，采用不密封"标准"的车辆，车内压力的变化情况同车外基本一致；而采用密封车辆后，车内压力的峰值滞后，同时压力变化幅度减小。将图 3-16 与图 3-11 相对照，可以得知，长白山号动车组的密封性较差。

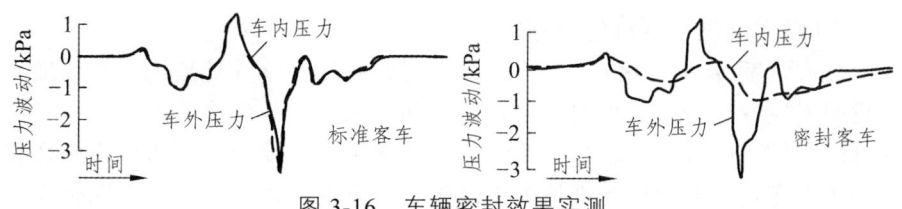

图 3-16　车辆密封效果实测

图 3-17 所示为不同密封程度车辆对气压波动缓解效果的计算结果。

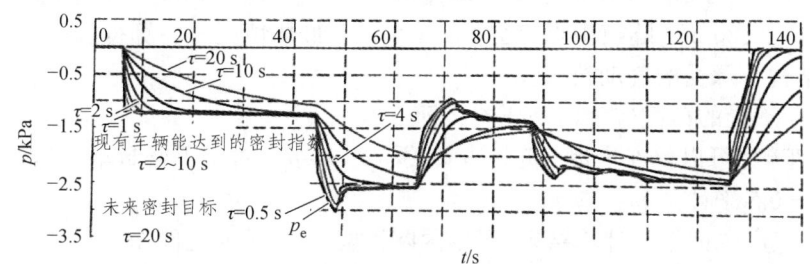

图 3-17　不同密封程度车辆对气压波动的缓解效果

如上所述，当列车在大于临界长度的长隧道中行驶时，隧道中及列车外部压力波动的程度与短隧道相比，会有所缓解。但是，如果采用密封车辆，车内压力波动幅度却往往比短隧道大（图 3-18），这是由于长隧道压力波之间的时间间隔 $\Delta t = \dfrac{2L_t}{C}$ 较大，使得车内压力有足够的时间对外部压力波动作出响应。可以说，相同密封指数的车辆，在短隧道中的"动态"密封效果比长隧道好（图 3-19）。因此，在根据旅客舒适度设计断面时，对长隧道要给予充分的注意，特别是采用无砟轨道的隧道。

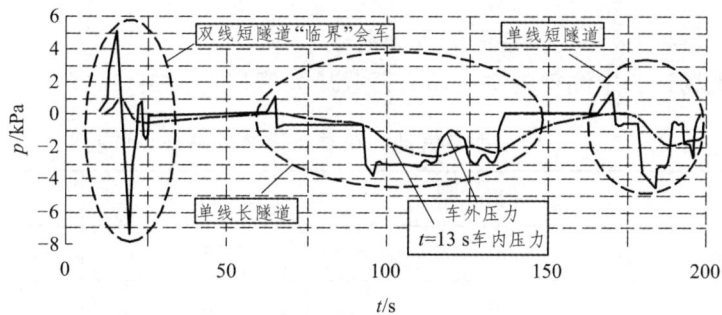

图 3-18　列车通过不同长度隧道时的压力比较

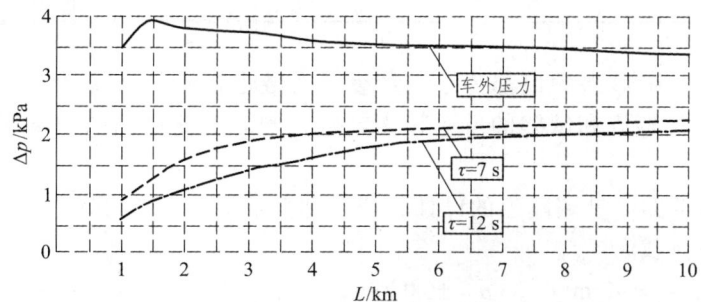

图 3-19　隧道长度对密封效果的影响

⑤ 压力波动最大幅度和乘员健康标准。

压力波动最大幅度 Δp 指"峰对峰"最大值，通常发生在双线隧道内列车在最不利位置交会的情况。我国卫生专家指出，可引起中耳气压伤的最低气压差为 8.0 kPa。

欧洲铁路研究所（ERRI）C218 工作组建议，从医学角度出发，为保证旅客和乘务员的健康，车厢内压力变化幅度最大允许值为 10 kPa，并且要考虑列车密封性完全丧失（密封指数 $\tau = 0$）的最坏情况。此建议已纳入"互用性技术规范"TSI 中。

武广咨询报告对于 $A_t = 101\ m^2$、$v = 350\ km/h$、ICE_3（$A_v = 10.4\ m^2$）、$L_v = 400\ m$，考虑临界隧道长度 $L_t = 1\ 380\ m$、隧道中点交会、$\tau = 0$ 的"最坏情况"，算得 $\Delta p_{max} = 10.5\ kPa$。

⑥ 车辆结构所承受的气动荷载。

车辆结构所承受的荷载应为内外压差，即 $p_d = p_i - p_e$。

对于密封车辆，可以偏安全地假定 $\tau = \infty$，即 $p_d = -p_e$；对于不密封车，在确定 $p_d = p_i - p_e$ 时可以假定 $\tau = 0.5$ 来计算 p_i。

表 3-12 为武广咨询报告计算结果。根据国际铁盟 UIC 活页文件 566 中第 4.2.2 条的规定，客车车身和门窗须承受变化幅度为 $\pm 2\ 500 N/m^2$、频率为 3 Hz 的交变荷载 1 000 000 次。按该条文设计的车辆，当压差小于 2.5 kPa 时，是不会受到损害的。

表 3-12 作用于车辆的空气动力荷载（武广咨询）

线别	L_t/m（临界值）	p_{max}/kPa	p_{min}/kPa	备注
单线	1490	3.7	-1.4	
双线	1380	7.5	-4.5	中点会车

注：计算条件为 $A_t = 101\ m^2$、$v = 350\ km/h$、ICE_3（$A_v = 10.4\ m^2$）、$L_v = 400\ m$。

⑦ 作用于隧道衬砌或固定设备上的气动荷载。

在遂渝铁路现场试验中测得的空气动力荷载最大值列于表 3-13。

表 3-13 不同车型空气动力荷载（遂渝铁路现场试验）

车型	车速/（km/h）	p_{max}/kPa	p_{min}/kPa
长白山号动车组	200	2.13	-2.43
提速货车	120	0.96	-1.20
提速双层集装箱货车	120	1.56	-1.08

隧道内空气动力荷载最大值都为千帕量级，对隧道衬砌的安全性不会产生明显影响，但对隧道衬砌结构的瑕疵和缺陷的反应较为灵敏，同时对隧道内的设备和设施可能会有一定影响。

根据德国联邦铁路《铁路隧道的设计、施工和养护标准》DS853（1993）的规定，作用在衬砌表面的法向荷载为：

$v = 300\ km/h$、$A_t = 92\ m^2$ 时，$p = \pm 6.0\ kPa$；

$v = 300$ km/h、$A_t = 56$ m² (单线) 时, $p = ±4.5$ kPa;

$v = 250$ km/h、$A_t = 82$ m² 时, $p = ±5.0$ kPa。

作用在衬砌结构上的纵向荷载为:

$v = 250$ km/h、$A_t = 82$ m² 时, $p = 0.75$ kPa。

DS853 也指出,此类荷载对衬砌结构不会有显著影响,但对某些设备和设施可能会有影响。武广咨询报告针对 $A_t = 101$ m²、$v = 350$ km/h、ICE_3 ($A_v = 10.4$ m²)、$L_v = 400$ m 的情况,算得如表 3-14 的结果。

表 3-14 作用于隧道衬砌或固定设备上的空气动力荷载

线别	L_t/m (临界值)	p_{max}/kPa	p_{min}/kPa	备注
单线	1 490	2.8	−3.7	
双线	1 380	6.4	−7.5	中点会车

由于气流产生的纵向气动压力则为 1.45 kPa。

⑧ 列车风。

遂渝铁路隧道现场试验 (200 km/h、$A_t = 48.6$ m²、$A_v = 12.49$ m²) 中测得的隧道内列车风数据列于表 3-15 和表 3-16。

表 3-15 松林堡隧道 ($L_t = 1320$ m) 内列车风特征数据

车次	实测速度/(km/h)	向洞内 223 m 位置风速/(m/s)	向洞内 463 m 位置风速/(m/s)	向洞内 643 m 位置风速/(m/s)
S2001	200.2	16.5	16.7	17.8
S2002	200.1	13.2	10.0	12.0
S2003	199.6	15.4	14.0	19.7
S2004	200.0	12.7	15.4	11.1

表 3-16 荆竹林隧道 ($L_t = 4366$ m) 内列车风特征数据

车次	实测速度/(km/h)	向洞内 47 m 位置风速/(m/s)	向洞内 227 m 位置风速/(m/s)	向洞内 407 m 位置风速/(m/s)
S2001	200.0	13.6	14.4	10.7
S2002	199.6	14.2	15.3	—
S2003	199.6	12.5	17.1	9.2
S2004	199.7	14.6	—	10.9

对长白山号动车组隧道内列车风数据进行分析可见:

长白山号动车组在车速为 200 km/h 时,在松林堡隧道内列车风最大值为 19.7 m/s,在荆竹林隧道内列车风最大值为 17.1 m/s。根据 85-402-02-02 研究报告,作业人员允许风速为 14 m/s,英国标准为 17 m/s,则洞内不允许人员滞留。

通过对隧道内气流和动压的多次测量给出了隧道边墙附近的无量纲空气速度 (图 3-20):

$$u^* = \frac{u_{\max}}{v}$$

式中 $u_{\max}$——最大风速；

v——车速。

从而：$u_{\max} = u^* v$。

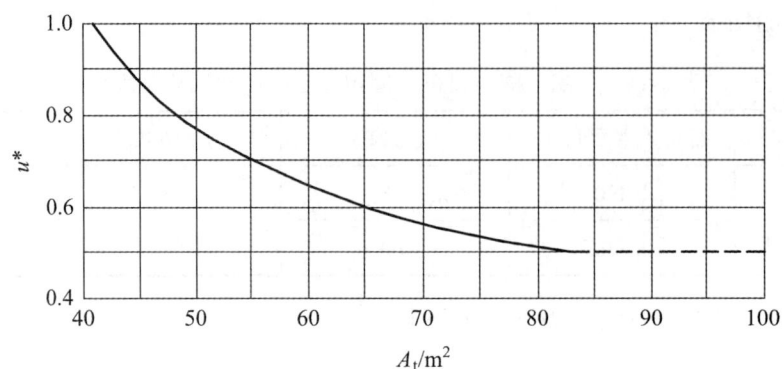

图 3-20 隧道边墙附近的无量纲风速

对于 $A_t = 101 \text{ m}^2$、$v = 350 \text{ km/h}$ 的情况，取 $u^* = 0.5$，边墙附近最大风速可达 $u_{\max} = 48.6 \text{ m/s}$。

3.1.3 隧道口的微气压波问题

高速列车进入隧道时，前方的空气受到挤压，这种挤压状态以声速传播至隧道出口。空气骤然膨胀，产生一个被称为微气压波的次生波。由于微气压波的产生伴有影响环境的爆破噪声，并会对邻近建筑物产生危害，因此，微气压波的控制与消减瞬变压力一样，成为高速铁路隧道设计中的重要课题。

在以上一系列空气动力学效应中，对隧道设计而言，微气压波问题与瞬变压力一样，是关注的重点，必须通过设置缓冲结构一类的辅助结构物加以消减。

1. 微气压波峰值山本公式

山本（A.Yamamoto）基于线形声学理论，通过低频远场假设对微气压波进行研究，微气压波主要取决于列车进入隧道诱发的第一个压缩波（称为首波），得出了微气压波峰值与首波传递到隧道出口处的压力梯度（波前梯度）最大值 $\left(\dfrac{\mathrm{d}p}{\mathrm{d}t}\right)_{EX\max}$ 的关系，即

$$p_{r\max} = \frac{2A_t}{\Omega rC}\left(\frac{\mathrm{d}p}{\mathrm{d}t}\right)_{EX\max}$$

式中：r——距隧道口距离；

C——标准声速；

Ω——从洞口向外看时的空间立体角；

A_t——隧道净空有效面积。

因此，微气压波的关键是首波波前梯度的确定。

2. 首波计算的经验公式（日本新干线）

日本新干线对列车进入隧道诱发的"第一压缩波"（首波）压力的变化，近似地用下式表示：

$$p = p^* \left(\frac{1}{2} + \frac{1}{\pi} \arctan \frac{vt}{l} \right)$$

式中：$l \approx (0.3 \sim \frac{1}{3})d$（对于日本新干线机车），$d$ 为隧道的水力直径。

$$p^* = \frac{1}{2} \rho_0 v^2 \frac{1-(1-\beta)^2}{(1-M)\left[M+(1-\beta)^2\right]}$$

式中　ρ_0——空气标准密度；

β——阻塞比；

v——列车速度。

记 $p^* = kv^2$，则 $k = \frac{1}{2} \rho_0 \frac{1-(1-\beta)^2}{(1-M)\left[M+(1-\beta)^2\right]}$

波前梯度为 $\frac{dp}{dt} = p^* \frac{1}{\pi} \frac{v}{l} \frac{1}{1+\left(\frac{vt}{l}\right)^2}$

其极值为 $\left(\frac{dp}{dt}\right)_{max} = \frac{\rho^* v}{\pi l} = \frac{kv^3}{\pi l}$

计算表明，在 $v = 160 \sim 350$ km/h、$\beta = 0.1 \sim 0.3$ 的范围内，k 值的变化小于 5%，可视为常数。因此，可以认为，压力和压力梯度的最大值近似地分别同车速的二次方和三次方成正比。相应地，隧道出口微气压波峰值也与车速的三次方成正比。

3. 三维数值计算

以下采用 FLUENT5.3 软件对列车进入隧道诱发的"首波"进行了分析，特别研究了压力梯度的变化规律，从而研究各因素对微压波的敏感度。

（1）列车速度的影响。

假定 $L_t = 2\,000$ m、$\beta = 0.125\,6$，计算不同列车速度所诱发的首波及其压力变化梯度（距洞口 120 m 处）。

根据计算结果，通过回归计算可以得出列车速度与最大压力值和最大压力梯度之间的统计关系分别为

$$p_{max} = 0.000\,5v^{2.002\,6} \quad \left(\frac{dp}{dt}\right)_{max} = 2 \times 10^{-7} v^{3.029}$$

式中：v 的单位为 m/s；p 的单位为 kPa。

这就证实了在微压波经验计算公式中首波峰值及压力梯度最大值分别与列车速度的二次方和三次方成正比的结论（图 3-21 和图 3-22）。

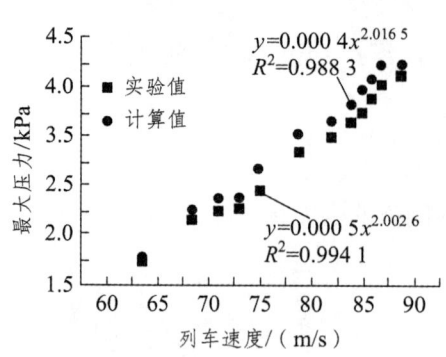

图 3-21　压力波峰与列车速度的关系

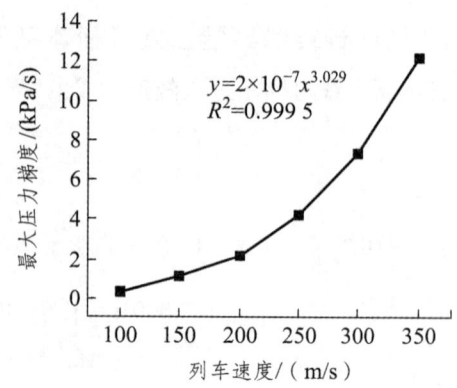

图 3-22　压力梯度最大值与列车速度的关系

（2）阻塞比的影响。

假定 v = 250 km/h、L_t = 2 000 m，计算距洞口 120 m 处不同阻塞比情况下第一压缩波峰值。从拟合曲线可以看出第一压缩波峰值与阻塞比成方幂关系，其幂指数为 1.24 ~ 1.41（图 3-23）。

此外，还对列车长度的影响进行了研究。研究结果表明，与列车速度、阻塞比等因素相比，列车长度的影响较小。

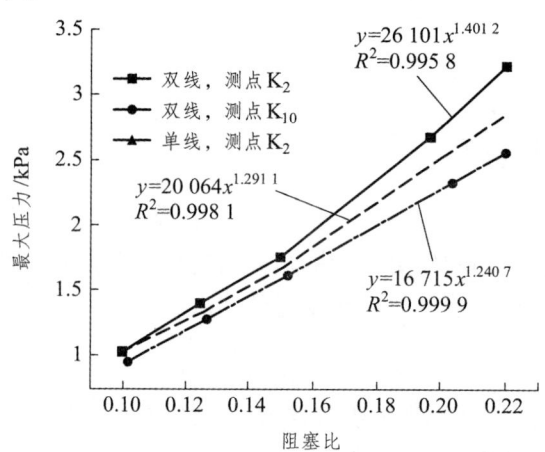

图 3-23　不同阻塞比情况下的压力峰值

（3）车头形状的影响。

取 A_t = 52 m² 计算长细比不同的车头引起的第一压缩波的时态曲线可以看出，车头形状对第一压缩波的峰值影响很大。以 v = 350 km/h 为例，长细比为 1、2 及 3 的流线型车头，压力峰值分别为钝型车头的 73%、58% 及 50%。相应地，压力梯度亦呈下降趋势。因此，选择长细比大的流线型车头是缓解微气压波的一个重要措施。

（4）模型实验。

采用高速列车模型实验台进行物理模型实验。实验装置包括以压缩空气为动力的空气炮、列车模型、隧道模型等部分。列车模型采用钢丝绳作为导轨,模型运动速度可达 100 m/s,配备在隧道内的传感器可以记录列车通过隧道时压力的变化。

取速度相似比 $C_v = 1$,几何相似比 $C_L = 66 \sim 73$,模拟的隧道长 L_t 取 230 m、396 m 及 258 m,车长取 20 m。模型实验测得列车进入隧道时的首波峰值与列车速度之间的关系(图 3-24)分别为:

$$p_{\max} = 0.0003v^{2.0016}, \beta = 0.2$$

$$p_{\max} = 0.0002v^{2.0178}, \beta = 0.13$$

式中:v 的单位为 m/s; p 的单位为 kPa。

测得微压波峰值 $p_{\max}$ 与列车速度之间的关系(图 3-25)为

$$p_{\max} = 0.0001v^{3.308}, \beta = 0.2$$

$$p_{\max} = 0.0006v^{2.9241}, \beta = 0.13$$

式中:v 的单位为 m/s; p 的单位为 Pa。

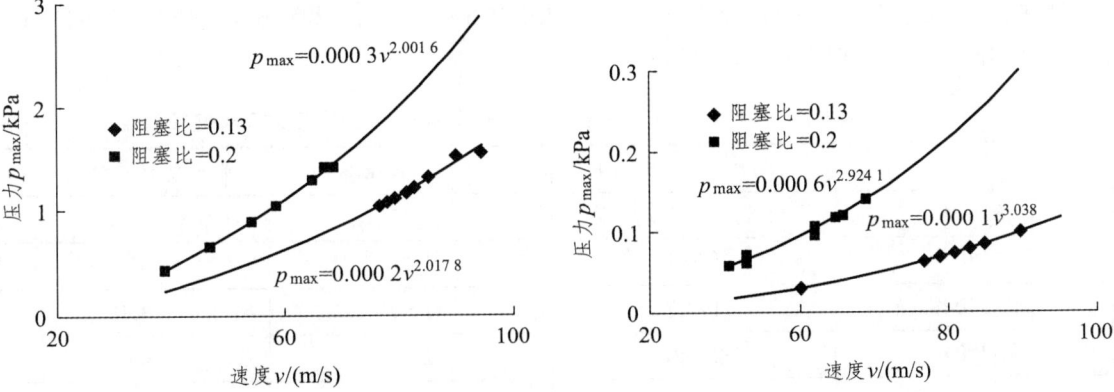

图 3-24　第一压缩波峰值与列车速度的关系　　图 3-25　微压波峰值与列车速度的关系

阻塞比与微压波峰值间的关系则如图 3-26 所示。

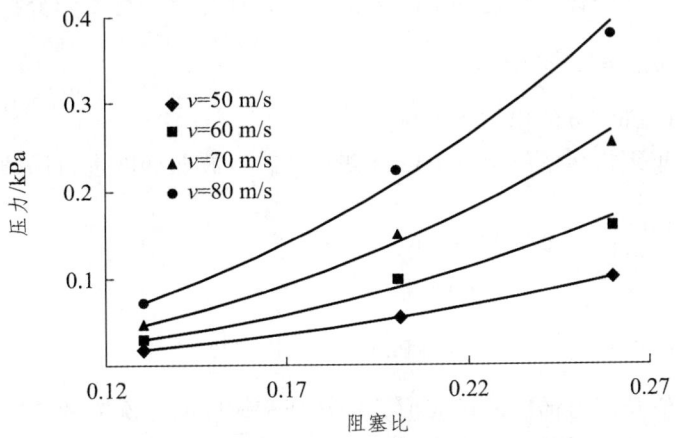

图 3-26　阻塞比与微气压波峰值的关系

模型实验结果表明，第一压缩波以及洞口微压波的峰值分别与列车速度的二次方和三次方成正比，这同经验计算方法和三维数值仿真所得出的结论是一致的。

此外，对于 $A_t = 48.6 \text{ m}^2$、$A_v = 3.3 \times 3.84 \text{ m}^2$、$L_t = 258 \text{ m}$、$L_v = 21.7 \text{ m}$、$v = 200 \text{ km/h}$、$\beta = 0.26$ 的情况，测量了距离隧道出口各种不同距离位置上的微气压波时态曲线，微气压波在洞外的衰减情况如表3-17所示。在隧道出口30 m范围内测得的微气压波峰值大致与测点距洞口的距离成反比。

表 3-17　微气压波的衰减（模型实验）

测点距隧道出口	10	20	30	40	50
p_{max} /kPa	124	76	41	23	13
rp	1 240	1 520	1 230	920	650

（5）现场实测。

遂渝铁路松林堡隧道全长1 320 m、断面积为48.6 m²，隧道进出口均设置棚洞式缓冲结构。长白山号动车组截面积为12.49 m²、车长为256.5 m。该动车组在松林堡隧道内643 m测点的首波峰值及波前梯度数据如表3-18所示。

表 3-18　长白山号动车组松林堡隧道内643 m测点的首波峰值及波前梯度数据

车次	实测速度/（km/h）	首波峰值/kPa	波前梯度峰值/（kPa/s）
S1604	159.5	1.27	2.21
S1804	179.2	1.71	3.11
S1904	190.7	1.89	3.48
S2004	200.0	2.11	4.05
S2104	210.2	2.39	4.74
S2204	221.5	2.61	5.40

对长白山号动车组松林堡隧道内643 m测点的首波峰值进行回归分析得：

$$p_{max} = 0.00005 v^2$$

式中：v 的单位为 km/h；p 的单位为 kPa。

对长白山号动车组松林堡隧道内643 m测点的首波波前梯度进行回归分析得：

$$\left(\frac{dp}{dt}\right)_{max} = 0.0000005 v^2$$

式中：v 的单位为 km/h；$\frac{dp}{dt}$ 的单位为 kPa/s。

公式中首波峰值及压力梯度的最大值分别与列车速度的二次方和三次方成正比的结论同经验计算公式、三维计算以及模型实验的结论是一致的。

（6）微气压波峰值的计算。

运用新干线经验公式对各种车速和断面进行微气压波计算，假定空气密度 $\rho_0=1.225\ \text{kg/m}^3$，列车截面积 $A_v=10\ \text{m}^2$，标准声速取 340 m/s。碎石道床，忽略首波在传递过程中的衰减，对于各种车速和不同断面微压波的极大值计算结果如表 3-19 所示。表中"视在速度"指相应于 $(p_{\max})_{r=20}=50\ \text{Pa}$ 的车速。运用山本公式计算时，立体角 Ω 是根据隧道口的地形情况选取的。在表 3-19 的计算中取 $\Omega=\pi$，描述位于广阔平地上的山形垂直的情况。

表 3-19　微压波最大值计算结果

列车速度 $v/(\text{km/h})$	200		250		300		350	
隧道净空有效面积 A_t/m^2	52	80	52	80	70	100	70	100
微压波峰值 $(p_{\max})_{r=20}/\text{Pa}$	34	24.5	66.4	49	93.6	7.1.4	150.9	120.3
视在速度 $v/(\text{km/h})$	—	—	228	—	245	264	245	264

利用流体分析软件 FLUENT 5.3，假定 $v=350\ \text{km/h}$、$A_t=100\ \text{m}^2$、$A_v=10.3\ \text{m}^2$，取列车长度为 100 m，算得距离隧道入口 50 m 处的压力梯度峰值为：

$$\left(\frac{\text{d}p}{\text{d}t}\right)_{\max}=12.6\ \text{kPa/s}$$

再利用基于线形声学理论，通过低频远场假设的山本公式得：

$$p_{\max}=\frac{2A_t}{\Omega rC}\left(\frac{\text{d}p}{\text{d}t}\right)_{EX\max}$$

算得：$(p_{\max})_{r=20}=118\ \text{Pa}$ 与表 3-19 利用经验方法计算的 120 Pa 十分接近。

（7）首波在传播过程中的变化（板式道床情况）。

对碎石道床，利用山本公式计算微气压波峰值时，还要考虑压缩波沿隧道传递时的衰减。从隧道进口到出口，压缩波的衰减可表示为

$$\left(\frac{\text{d}p}{\text{d}t}\right)_{EX\max}=\left(\frac{\text{d}p}{\text{d}t}\right)_{\max}\exp(-\alpha l_t)$$

当车速为 200～220 km/h，可取 $\alpha=1.81\times 10^{-4}$。长度在 3 km 以下的隧道可以偏安全地不考虑这种衰减。

板式轨道的情况则比较复杂。研究表明，压缩波在板式轨道隧道中的传播规律与在碎石道床隧道中的情况有所差别。在碎石道床隧道中，不但"首波"峰值有较明显的衰减，而且压力变化梯度在传播过程中逐渐变得平缓。而对于板式轨道，当隧道长度增加时，压力梯度反而有一定程度的加大。小泽智等人对日本新干线隧道的统计资料表明，碎石道床隧道微压

波的最大值随隧道长度的增加而降低（"首波"峰值和梯度均有明显衰减）。相反，板式轨道隧道的微压波最大值随长度的增加反而有所上升，直至隧道长度超过某一限度（6~8 km），其值才随隧道长度的增加而降低（图3-27）。

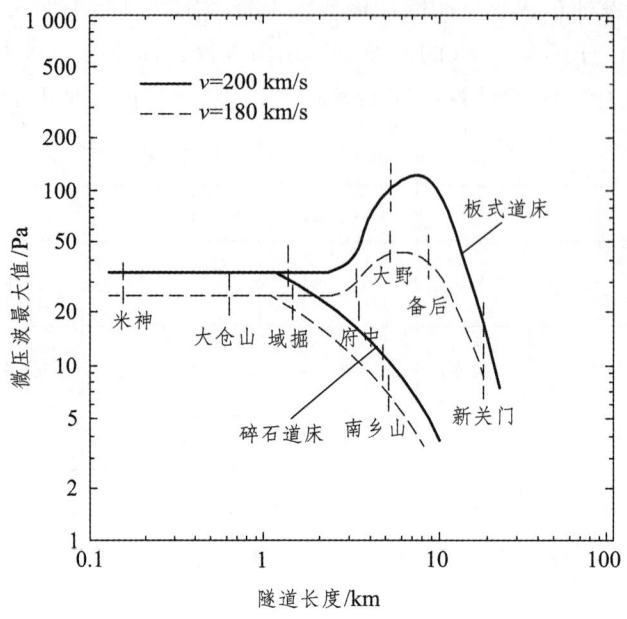

图3-27　微压波最大值与隧道长度的关系

这种现象与声速有关，空气中的声速主要取决于温度 T，即

$$C = \sqrt{kR_1T}$$

式中：$R_1 = 287.2$ J/（kg·K）；k 为表征空气热力性能的参数。

在压缩波向前传播的过程中，空气的密度和温度随之增加，引起声速的提高。压缩波的后部比前端传播得更快。板式轨道不能像碎石道床那样能有效地消除这种影响。因此，在压缩波传播的过程中，波前梯度会逐渐增加，波形变陡。当入口波梯度较大以及隧道较长时，这种效应会十分显著（图3-28）。

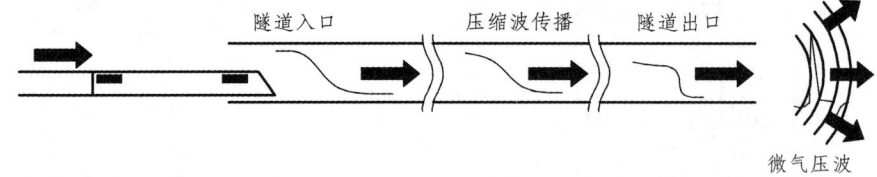

图3-28　压缩波的传播和微气压波

Japan Railway Technical Service 及武广咨询提供的板式轨道的计算结果均表明，微气压波峰值随隧道长度的增加而增加，和碎石道床的情况很不一样（表3-20）。

因此，对设置板式轨道的隧道，在计算微气压波时，必须考虑这种特殊性。

表 3-20　板式轨道微气压波峰值（距隧道口 20 m 处）
（Japan Railway Technical Service 提供）

列车速度/ （km/h）	隧道长度/m	200	500	1 000	2 000	2 800
	A_t/m²	微汽压波峰值/Pa				
350	100	150	160	170	210	300
	70	190	220	250	360	660
200	80	30	30	30	30	30
	52	40	40	45	45	50

计算参数：$A_v = 11.2$ m²、$L_v = 400$ m（日本新干线 E2 系车）。

3.1.4　压力波动程度的评估和相关舒适度准则

瞬变压力会造成旅客耳朵不适，必须采取加大净空有效面积 A_t、提高车辆密封指数 τ 等措施，控制车厢内压力瞬变的程度。因此，需要从旅客乘车舒适度出发，对压力波动程度进行评估并提出相关舒适度准则。

目前，在国外高速铁路设计中，通常采用一定时间内的压力单调变化值来制订舒适度准则。这就克服了单纯用气压变化幅度或气压变化率的局限性。下述从生理学角度较科学地给出了同舒适度相关联的压力波动阈值（表 3-21、表 3-22 和图 3-29）。

表 3-21　荷兰采用的舒适度准则

时间/s	压力变化/kPa	
	单线隧道	双线隧道
1	0.50	0.85
4	0.85	1.35
10	1.40	2.10
20	2.00	3.00
30	2.40	3.60
40	2.80	4.20
50	3.20	4.80

表 3-22　ERRI 和 UIC 采用的舒适度准则

时间/s	压力变化/kPa	
	ERRI	UIC 基本
1	1.0	0.5
≤3	—	0.8
≤4	1.6	—
≤10	2.0	1.0
≤60	3.0	2.0

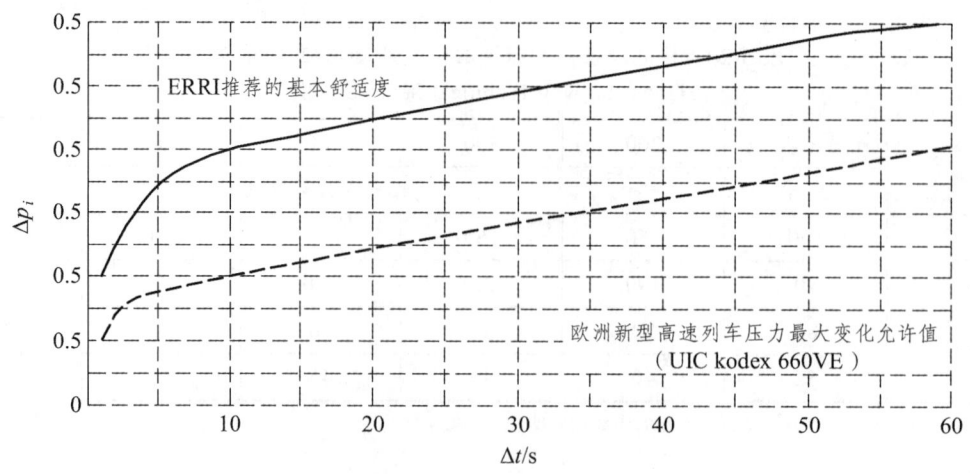

图 3-29　ERRI 和 UIC 采用的舒适度准则

人的鼻咽腔通过一个称为耳咽管（Eustachin 管）的器官同中耳相连（图 3-30）。通常，耳咽管是关闭的。当鼻咽腔的压力比中耳的压力低将近 2 kPa 时，耳咽管会因收缩而自动打开，在外界气压降低的情况下，中耳和外部气压不平衡即得以消除，则不会作用于鼓膜的两边。而当外界气压增高时，鼻咽腔随之增高的气压不会自动传到中耳，因此在耳膜的两边产生压力差。在这种情况下，必须通过吞咽、打哈欠或挤捏鼻子等动作来人为地开启耳咽管，以消除耳膜两边的不平衡压力。因此，也有采用特定时间内（3 s 或 4 s）压力单调变化值作为瞬变力波动特征参数的，其特定时间（即 3 s 或 4 s）正是自动或人为地（通过生理反应）开启耳咽管，建立中耳和外界的压力平衡所需要的时间。

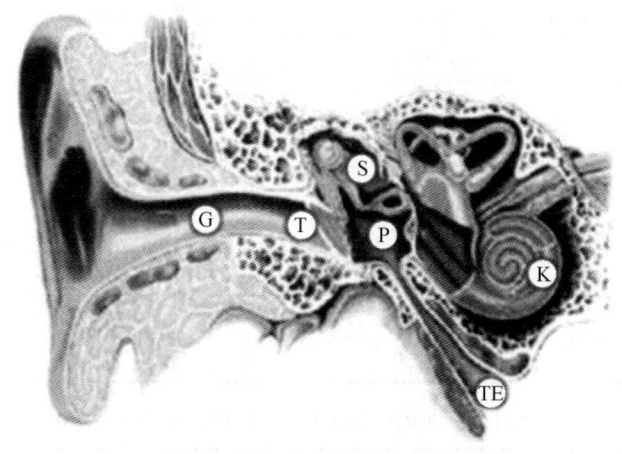

G—耳道；T—耳膜；TE—耳咽管。

图 3-30　人耳构造

20 世纪 90 年代在研究京沪高速铁路隧道设计参数时，考虑京沪高速铁路的隧道比较小，从经济、技术的合理性出发，采用了较为宽容的舒适度准则 3 kPa/3 s（英国 British Railway Board，1976），迫使对车辆密封性的要求降低。与此同时，根据国外高速铁路隧道设计参数的发展趋势，采用了相对比较富余的净空有效面积（$A_t = 100\ m^2$、$A_t = 70\ m^2$），预留了远期通过车辆密封进一步提高乘车舒适度的余地。

但对隧道密集的山区线路应如何确定舒适度准则，是一个亟待解决的问题。

遂渝铁路实验段长 48.695 km，其中隧道 18 座，隧线比超过 25%。在长白山号动车组上进行了旅客耳膜不适情况调查，将旅客不适度分为无感觉、略有不适、相当不适、非常不适、难以忍受等 5 级。调查数据及统计情况见表 3-23、图 3-31 和图 3-32。

表 3-23　旅客耳膜不适情况统计数据（累计百分数）

速度/ (km/h)	文字描述	无感觉	略有不适	相当不适	非常不适	难以忍受	Δp/ (kPa/3 s)	不适度均值 *η
	折算不舒适度	1	3	5	6	7		
	旅客总数/人	累计百分数/%						
160	111	100	91.9	20.7	3.6	0	1.41	3.29
180	97	100	96.9	27.8	3.1	0	1.60	3.53
190	80	100	98.9	29.0	2.5	0	1.81	3.60
200	119	100	98.3	43.7	4.2	0	1.88	3.88
210	96	100	98.0	61.5	6.3	0	2.11	4.25
220	83	100	98.8	66.3	14.5	0	2.18	4.45

注：*折算为 Gawthorpe 七分法指数。

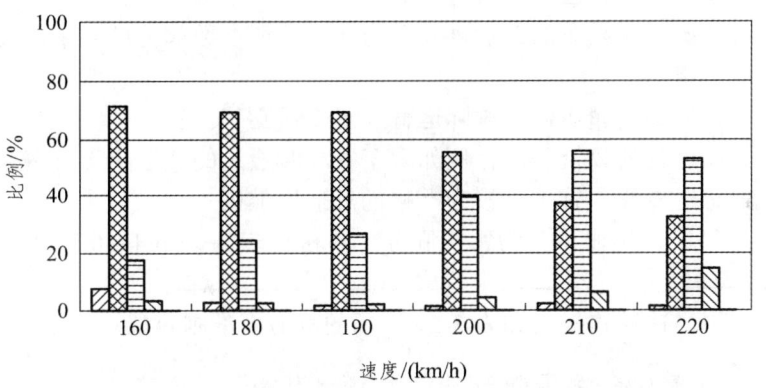

图 3-31　旅客耳膜不适情况调查数据

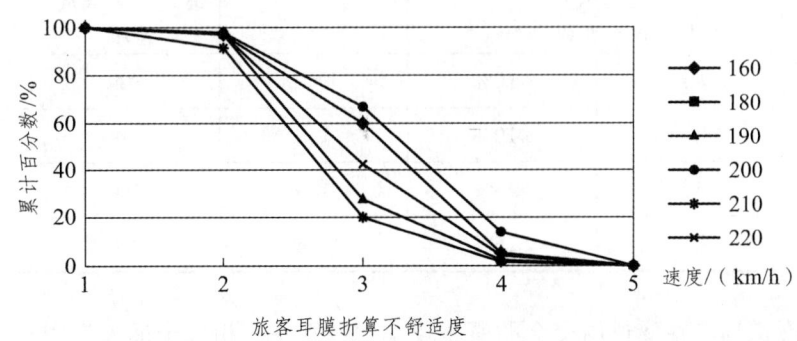

图 3-32　旅客耳膜折算不舒适度耳膜不适情况统计数据（累计百分数）

如表 3-23 所示，当列车车速为 160 km/h 时，20.7% 的旅客认为不适度在"相当不适"以上，而此时列车内 3 s 间隔压力波动变化值为 1.41 kPa/3 s 左右；当列车车速为 200 km/h 时，43.7% 的旅客认为不适度在"相当不适"以上，而此时列车内 3 s 间隔压力波动变化值为 1.88 kPa/3 s 左右。

R.G.Gawthorpe（1991）认为，对于隧道密度大于 25% 的情况，为满足乘车舒适度，要求 η<2.5（按七分法），相当于 Δp = 0.8 kPa/4 s（正常场合）或 Δp = 1.25 kPa/4 s（极端场合），如表 3-24。

表 3-24　R.G.Gawthorpe 舒适度准则

旅行类型	压力变化阈值		不适率 η
	极端场合	正常场合	
A.常规，隧道占 10%，不密封车辆	4.0 kPa/4 s	2.5 kPa/4 s	4.5
B.常规，隧道占 25% 以上，不密封车辆	3.0 kPa/4 s	2.0 kPa/4 s	3.5
C.高舒适度服务，隧道占 25% 以上，密封车辆	1.25 kPa/4 s	0.8 kPa/4 s	2.5
D.地铁，隧道占 50% 以上，不密封车辆	1.0 kPa/4 s	0.7 kPa/4 s	2

因此，以前针对京沪高速铁路提出的舒适度标准 3 kPa/3 s，对山区隧道密集的线路过于宽容，应该提高。目前，车辆的密封性能也有待提高。

对于客运专线的一般情况，对乘车的舒适度及压力波动特征参数阈值的要求应随具体情况的不同而各异，这主要是指：

（1）运输服务的类型，例如长途运输、城际运输、短途通勤等。

（2）旅途经历压力波动过程的频繁程度，例如乘车每小时通过的隧道小于 4 座或大于 4 座。对于隧道密集的快速客运专线，宜采用较为严格的舒适度准则。

（3）运输服务舒适度等级，例如可分为常规服务（不密封车辆 τ = 0.4~0.8 s）及高标准服务（密封车辆 τ = 8.0 s 及以上）。

参照国外经验，对我国高速铁路提出如表 3-25 所示的舒适度准则建议。

表 3-25　我国高速铁路舒适度准则建议

铁路类型	隧道长度（占线路长度的比率）		隧道密集程度/（座/h）	瞬变力/（kPa/3 s）
A（平原）	单线	<10%	而且 <4	2.0
B（平原）	双线	<10%	而且 <4	3.0
C（山丘）	单线	>25%	或者 >4	0.8
D（山丘）	双线	>25%	或者 >4	1.25

由于双线隧道列车在隧道内交会的概率较小，特别是在相应于最大瞬变压力情况的最不利位置处会车的概率更小，因此，考虑会车情况时可采用较宽容值（3.0 kPa/3 s 及

1.25 kPa/3 s），相当于国外准则中的"极端场合"。而对于单线隧道，则须采用较严格的阈值（2.0 kPa/3 s 及 0.8 kPa/3 s），相当于国外准则中的"正常场合"。表 3-21 所示荷兰采用的准则就是这样规定的。

3.2 降低空气动力效应的工程措施

3.2.1 辅助坑道对缓解瞬变压力的作用

合理设置的辅助坑道（斜井、竖井和横洞）能缓解压力波动的程度。

计算表明，竖井位置对减压效果的影响很大，并不是设置在任何位置的竖井都能有很好的效果。根据压力波叠加的情况，可以理论地得到竖井的最佳位置：

$$\frac{X}{L_t} = \frac{2M_a}{1 + M_a}$$

式中 X——竖井距隧道进口距离；

L_t——隧道长度；

M_a——Mach 数，$M_a = \dfrac{v}{C}$，其中 v 为车速，C 为声速。

以 $L_t = 1\,140$ m、$L_v = 110$ m、$v = 250$ km/h、$A_t = 82$ m^2 为例，将竖井位置和个数对瞬变压力的影响计算结果示于表 3-26。

表 3-26 竖井位置和个数对缓解瞬变压力的影响（竖井净空面积为 5 m^2）

竖井位置	无竖井	隧道中部	最佳位置（距隧道口 380 m）	
			1 个竖井	2 个竖井
列车头部（Δp/3 s）	1.88	1.50	1.18	0.69
列车尾部（Δp/3 s）	1.83	1.31	1.04	0.61

除了竖井位置外，竖井横断面积也存在最佳值。无端加大竖井横断面积并不能取得理想的效果（表 3-27）。

表 3-27 竖井横断面积对缓解瞬变压力的影响（竖井位置在隧道中部）

竖井净空面积/m^2	5	10	15	25
列车头部（Δp/3 s）	1.5	1.38	1.44	1.68
列车尾部（Δp/3 s）	1.31	1.21	1.06	1.11

荷兰高速铁路隧道设计中提供了利用辅助坑道缓解瞬变压力的例子。图 3-33 所示的水下隧道从防灾要求出发，用隔墙将结构分成两个单线隧道空间。为了缓解瞬变压力，不但在隧道两端修建了竖井，而且在隔墙上开设小孔，开孔面积为 0.01 m^2/m。研究表明，通过这两个

措施,在满足同等旅客乘车舒适度的情况下,净空有效面积可以减小(图 3-33、表 3-28),这就使工程造价大为降低。

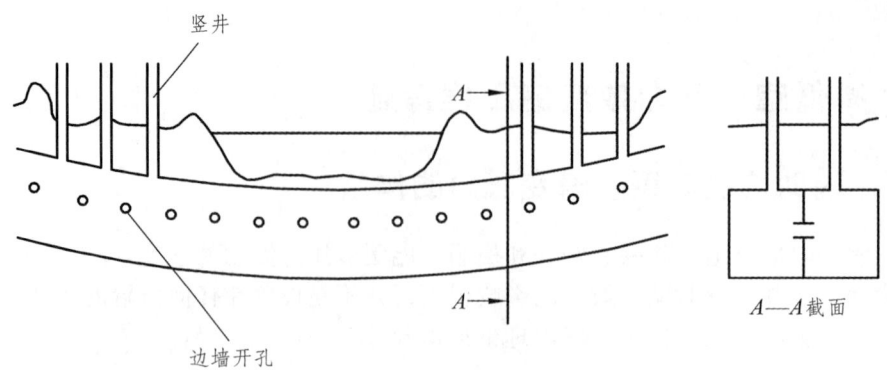

图 3-33 竖井和带孔隔墙

表 3-28 竖井和带孔隔墙的作用

隧道名称	设计车速/(km/h)	隧道长度/m	净空有效面积/m²		
			无竖井隔墙不开孔	有竖井隔墙不开孔	有竖井隔墙开孔
Groene Hart	300	7200	2×80	2×60	2×50
Oudemaas	300	1 369	2×59	2×49	2×45

3.2.2 缓冲结构物的设计

在隧道入口设置净空断面积大于隧道净空有效面积的缓冲结构物(如棚洞),是消减微压波的主要措施。可以通过数值计算和模型实验来探讨缓冲结构的合理参数和形式。

1. 缓冲结构设置基准

是否需要设置缓冲结构物,可根据洞口微压波峰值的大小来确定。缓冲结构物设置基准如表 3-29。

表 3-29 缓冲结构设置基准

条件		微压波峰值 p_{max}		
		日本	DB	京沪暂规
洞口有建筑物	建筑物无特殊环境要求	建筑物处 $p_{max}<20$ Pa	最近住宅处 $p_{max}<20$ Pa	建筑物处 $p_{max}<20$ Pa
	建筑物有特殊环境要求	按要求		按要求
洞口无建筑物(或住宅距洞口大于 50 m)		距洞口 20 m 处 $p_{max}<50$ Pa	距洞口 50 m 处 $p_{max}<20$ Pa	建筑物有特殊环境要求	距洞口 20 m 处 $p_{max}<50$ Pa
				建筑物无特殊环境要求	不设

2. 缓冲结构的形式

列车从无边界的空间骤然进入被隧道轮廓所限定的有限空间，致使前方空气受到挤压，这是产生微气压波的根本原因。设置净空断面积大于隧道净空断面积的缓冲棚，可以缓解列车运行空间骤变的程度，从而起到消减微气压波的作用。

缓冲结构的形式按断面变化的规律可分为两类：断面渐变的喇叭形以及断面突变的阶梯形。从理论上说，断面渐变的喇叭形缓冲结构应该具有较好的效果。M.S.Hmvc 从理论上论证了"优化"的缓冲结构，其净空断面随长度的变化应有以下规律：

$$A(x) = \frac{A_t}{\left[\frac{A_t}{A_h} - \frac{x}{l}\left(1 - \frac{A_t}{A_h}\right)\right]}, -l \leqslant x \leqslant 0$$

式中　A_h、A_t——缓冲棚和隧道的净空有效面积。

然而，三维数值分析和模型实验表明，与阶梯形缓冲结构相比，喇叭形缓冲结构的优越性并不明显。

（1）三维数值分析。

数值计算采用的计算参数：$A_t = 48.6 \text{ m}^2$、$L_t = 540 \text{ m}$、$v = 200 \text{ km/h}$、$A_h = 1.55A_t$，中华之星机车 $\beta = 0.26$，列车长度取 100 m。

以 $L_h = 2d = 16 \text{ m}$（d 为隧道直径）和开口率 $A_s/A_t = 0.25$ 为例，对喇叭形、圆柱形和方形缓冲结构进行计算，结果如表 3-30 所示。

表 3-30　不同形式缓冲结构的效果

形　状	开口形式	压缩波梯度/（kPa/s）	相对值	微压波峰值
不　设		10.848	100%	
喇叭形	封闭	6.2	57%	34.8
圆柱形	封闭	6.3	58%	35.5
方　形	封闭	6.6	61%	37.2
圆柱形	顶部	4.7	43%	26.2
圆柱形	侧面	4.8	44%	26.8
方　形	侧面	4.9	45%	27.5

注：相对值为与不设缓冲结构相比；微压波峰值是指距洞口 20 m 处的微压波峰值。

结论：

① 不同形状的缓冲结构对缓解微压波的效果差别不显著。

② 在缓冲结构上开口能显著改善或缓解微压波的作用。

（2）模型实验。

下面分别就 $\beta = 0.2$ 及 $\beta = 0.13$ 的情况对缓冲结构的效果进行模拟实验。

图 3-34 所示为 $\beta = 0.2$ 时不同形状缓冲结构的效果。从图中可知，当 $L_h = 2d$ 时，喇叭形

缓冲结构的减压效果与圆柱形（阶梯形）相差无几；当 $L_h = 1d$ 时，喇叭形的减压效果不如圆柱形。因此，缓冲结构的形状对减压效果的影响不大。

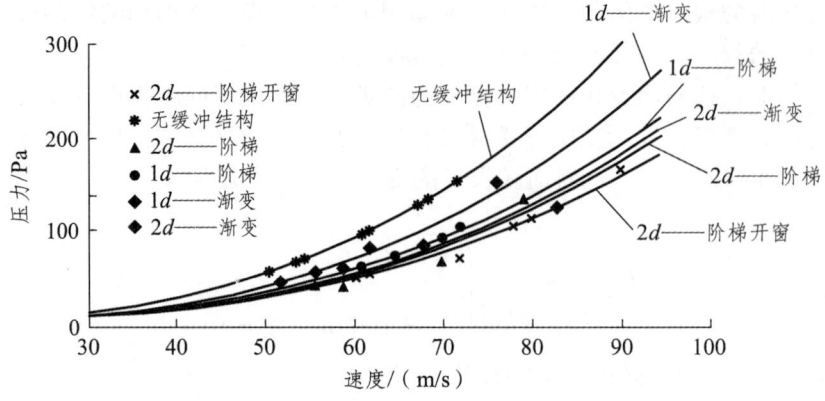

图 3-34　不同形式缓冲结构的减压效果

3. 缓冲结构开口的影响

（1）数值计算。

以 $L_h = 1d$ 为例，对缓冲结构开口率数值的计算结果如表 3-31。

表 3-31　缓冲结构开口的影响

	开口率		0.2	0.25	0.3	0.33	0.41	0.5	0.6
两侧开口	最大压力梯度	kPa/s	6.78	6.7	6.34	6.37	6.45	6.49	6.99
		相对值	0.625	0.618	0.584	0.587	0.595	0.598	0.644
	微压波峰值/Pa		38.1	37.6	35.6	35.8	36.3	36.5	39.3
顶部开口	最大压力梯度	kPa/s	6.4	6.26	5.99	5.9			
		相对值	0.59	0.577	0.552	0.544			
	微压波峰值/Pa		36	34.8	33.7	33.27			

注：相对值为与不设缓冲结构相比。

结论：最佳开口率为 0.3 左右（图 3-35）。

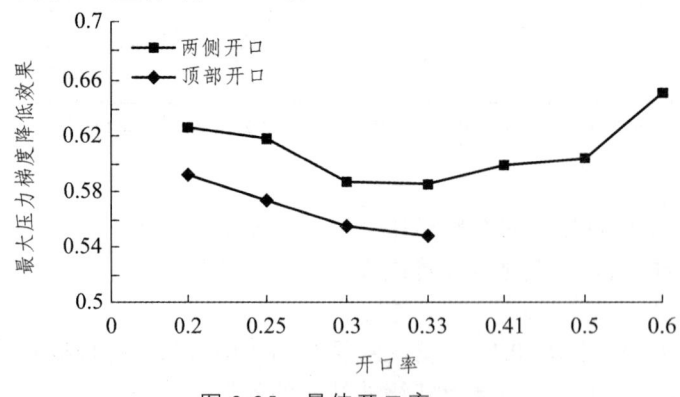

图 3-35　最佳开口率

（2）模型实验。

在缓冲结构两侧开窗，尺寸各为 12.5 cm×1.2 cm（8.25 m×8 m），开窗率为 0.25。测试结果表明，其减压效果有所改善。

4. 缓冲结构的净空断面积 A_h

列车进入带阶梯式缓冲结构的隧道时会经历周围空间情况的两次骤变，相应地会产生两个压力波峰值。

根据日本模型实验资料（备后隧道，长 8 900 m，板式轨道，$A_t = 60.4$ m²），当 $A_h = 1.55A_t$ 时，两峰值相等。因此，对不开口的阶梯式缓冲结构取 $A_h = 1.55A_t$ 时为最佳值。通过三维数值仿真，对开口式缓冲结构亦得出了类似结论。

以方形结构为例，假定 $v = 350$ km/h、$A_t = 100$ m²、$A_v = 10.3$ m²、开窗率 $A_s/A_t = 0.3$，对不同断面积缓冲结构的效果进行了计算（表 3-32）。

计算表明：$A_h/A_t = 1.6$ 时效果最佳，这同日本备后隧道模型实验资料（当 $A_h = 1.55A_t$ 时，不开口的阶梯式缓冲结构效果最佳）的结论基本一致。根据计算结果，当 $A_h/A_t = 1.3$ 时，开窗的缓冲结构有显著效果（同最佳效果相差 11% 左右）。

表 3-32　缓冲结构入口面积对压力梯度的影响

项　目	无缓冲结构	A_h/A_t				
		1.3	1.4	1.5	1.6	1.7
压力梯度/(kPa/s)	12.6	8.6	8.5	8.3	8.06	8.23
距隧道出口 20 m 处微压波/Pa	118	80	81	77	75	77
微压波降低率/%	0	32.9	33.7	35.2	37.1	35.2

5. 缓冲结构的长度

（1）经验公式。

日本新干线采用以下经验公式计算阶梯式缓冲结构长度：

$$L_h \approx d\left[\left(\frac{v}{v^*}\right)^3 - 1\right], d < L_h < 50 \text{ m}$$

式中：L_h——缓冲结构长；

d——隧道换算直径；

v——列车速度；

v^*——列车视在速度，即相应于无缓冲结构情况的微压波峰值为允许值（例如距洞口 20 m 处、$p_{max} = 50$Pa）时的列车速度。

（2）三维数值分析。

分析结果如表 3-33 所示。结论：对不开口的封闭型缓冲结构，当长度超过 2d 时，缓解效果不再有进一步的改善，这与日本新干线备后隧道模型试验的结果 d 略有差别。

表 3-33 封闭型缓冲结构长度的影响

形状	长度	压缩波梯度	相对值	微压波峰值
喇叭形	d	7.6	70%	42.7
	$2d$	6.2	57%	34.8
	$3d$	6.0	55%	33.6
圆柱形	d	7.8	72%	43.9
	$2d$	6.3	58%	35.4
	$3d$	6.0	55%	33.6
方形	d	8.2	76%	46.1
	$2d$	6.6	61%	37.2
	$3d$	6.2	57%	34.8

（3）模型实验。

图 3-36 所示为 $\beta = 0.13$ 时不同长度喇叭形缓冲结构的减压效果。当 $L_h = d$、$2d$、$3d$ 时，减压效果不断改善，这与数值分析当 $L_h = 2d$ 以后减压效果无显著改善有少许不同。

对于我国高速铁路的几种情况，相关单位提出缓冲结构的设计长度如表 3-34。值得指出的是，表 3-34 仅适用于碎石道床的情况。对于板式轨道，要考虑隧道长度增加时对微气压波的激化作用。

表 3-34 适用于碎石道床的缓冲结构长度

列车速度 v_0/(km/h)	200		250		300		350	
隧道净空有效面积 A_t/m²	52	80	52	80	70	100	70	100
缓冲结构计算长度 L_{hj}/m	—	—	2.6	—	7.9	5.3	18	15
缓冲结构设计长度 L_{hd}/m	—	—	d	—	d	d	20	20

注：d 为隧道直径。

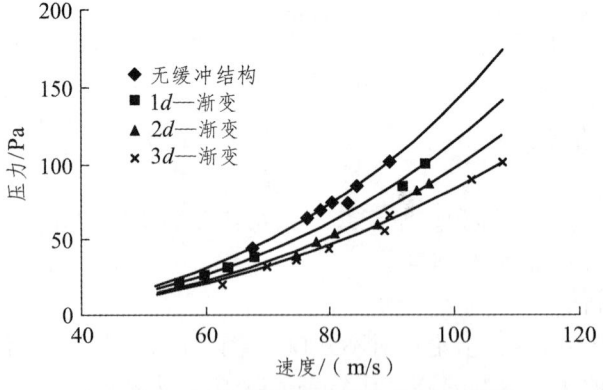

图 3-36 不同长度缓冲结构的减压效果

3.2.3 列车空气阻力

对于高速铁路，空气阻力是总阻力的主要组成部分。在隧道中，这种阻力又将比在明线运行时有明显的增加，这是在线路设计时需要考虑的。列车空气阻力的计算模型有两类，即恒定流模型和非恒定流模型。

1. 恒定流模型平均空气阻力计算

在考虑恒定流计算模型时，可利用经典的流体力学理论，把方程建立在连续方程、动量方程和能量方程的基础上，进而计算列车表面摩擦阻力和形状阻力。

图 3-37 和图 3-38 是在设定的隧道断面情况下，列车在隧道内单车运行和有会车情况下的空气阻力恒定流计算结果（取列车截面积 10 m^2、列车长度 360 m）。从图中可以看出，随着隧道长度的增加，列车空气阻力值增加幅度越来越小，时速 200 km 的阻力计算值曲线更趋于平缓。

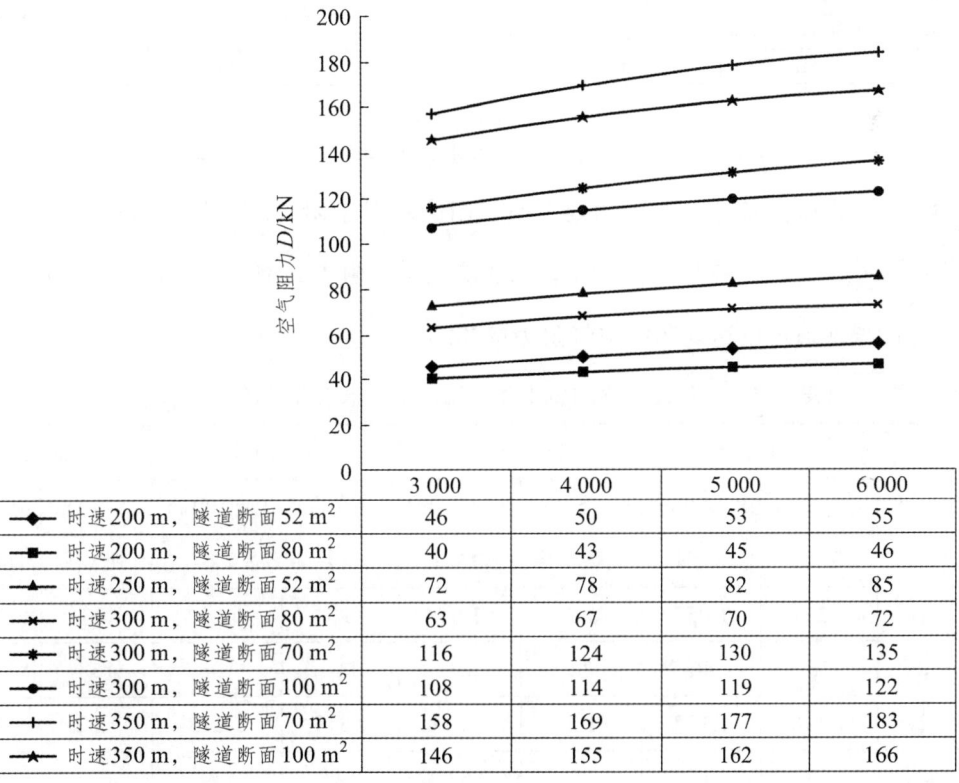

	3 000	4 000	5 000	6 000
时速 200 m，隧道断面 52 m^2	46	50	53	55
时速 200 m，隧道断面 80 m^2	40	43	45	46
时速 250 m，隧道断面 52 m^2	72	78	82	85
时速 300 m，隧道断面 80 m^2	63	67	70	72
时速 300 m，隧道断面 70 m^2	116	124	130	135
时速 300 m，隧道断面 100 m^2	108	114	119	122
时速 350 m，隧道断面 70 m^2	158	169	177	183
时速 350 m，隧道断面 100 m^2	146	155	162	166

隧道长度 L_t/m

图 3-37　隧道长度与平均空气阻力（恒定流，不考虑会车）

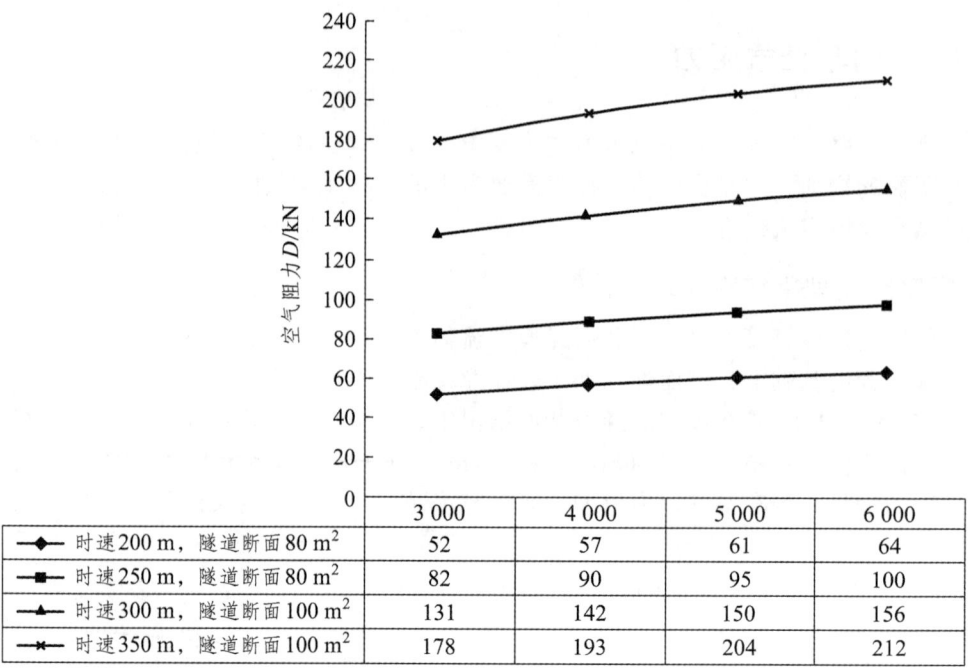

图 3-38 隧道空气与平均空气阻力（恒定流，考虑会车）

表 3-35 为隧道内各种工况下的列车空气阻力相对于明线的空气阻力增加值。设 $T_f = \dfrac{\text{隧道中空气阻力}}{\text{明线中空气阻力}}$，从表 3-35 中可以看出，双线隧道空气阻力的增加值都在 30% 以内，单线隧道空气阻力的增加值可以达到明线空气阻力的 44.7%。

表 3-35 空气阻力平均值（恒定流，不考虑双线隧道内会车）

隧道长度/m		200 km/h		250 km/h		300 km/h		350 km/h	
		$A_t = 52\ m^2$	$A_t = 80\ m^2$	$A_t = 52\ m^2$	$A_t = 80\ m^2$	$A_t = 70\ m^2$	$A_t = 100\ m^2$	$A_t = 70\ m^2$	$A_t = 100\ m^2$
		明线阻力 38 kN		明线阻力 60 kN		明线阻力 94 kN		明线阻力 128 kN	
3 000	T_f	1.211	1.053	1.2	1.05	1.234	1.149	1.234	1.141
	kN	46	40	72	63	116	108	158	146
4 000	T_f	1.316	1.132	1.3	1.117	1.319	1.213	1.32	1.211
	kN	50	43	78	67	124	114	169	155
5 000	T_f	1.395	1.184	1.367	1.167	1.383	1.266	1.383	1.266
	kN	53	45	82	70	130	119	177	162
6 000	T_f	1.447	1.211	1.417	1.2	1.436	1.298	1.43	1.297
	kN	55	46	85	72	135	122	183	166

2. 非恒定流模型空气阻力计算

高速列车在隧道中引起的空气动力学问题,实际上是一个随时间而变化的非恒定流问题。考虑非恒定流计算模型时,可将列车空气阻力计算分为三种情况:① 部分列车进洞;② 全部列车在洞中;③ 部分列车出洞。

图 3-39 为在设定的隧道断面情况下,非恒定流计算模型计算得到的隧道长度与空气阻力最大值的关系。计算表明:在同一计算工况下,非恒定流空气阻力最大值,在隧道长度为 3 000~6 000 m 的计算域中,随隧道长度变化不明显,随隧道断面减小而快速增加。

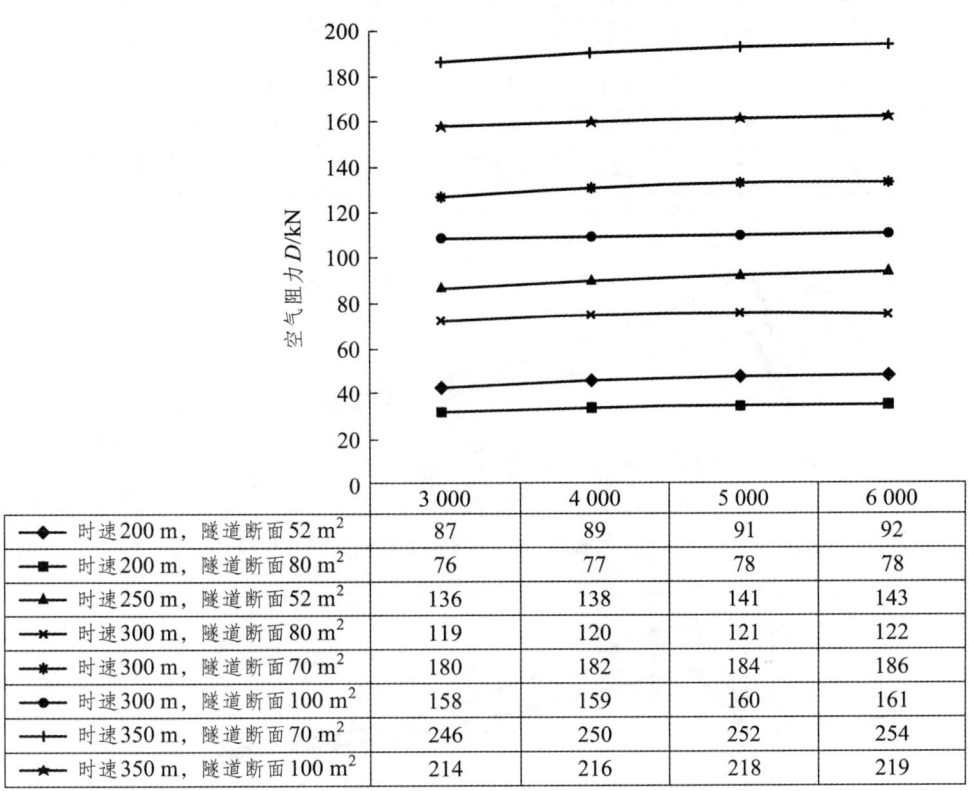

图 3-39 隧道长度与最大空气阻力(非恒定流)

由表 3-36 可以看出,在隧道内,空气阻力的最大值可达到明线阻力的 2.05 倍(双线)和 2.42 倍(单线)。

图 3-40 和图 3-41 分别为时速 350 km、隧道长度 3 000 m 和 6 000 m 的空气阻力时程曲线;图 3-42 和图 3-43 分别为时速 200 km、隧道长度 3 000 m 和 6 000 m 的空气阻力时程曲线。在其他计算条件不变的情况下,列车速度越大,空气阻力最大值越大;隧道断面越大,对降低空气阻力的作用越大;时程曲线呈 π 形分布,空气阻力最大值出现在列车尾部进洞时刻。

应该指出,在上述各种工况下列车空气阻力的计算值都是基于简化假定的估算值。必要时,应通过实验核实。

表 3-36 空气阻力最大值（非恒定流）

隧道长度/m		200 km/h		250 km/h		300 km/h		350 km/h	
		$A_t = 52\ m^2$	$A_t = 80\ m^2$	$A_t = 52\ m^2$	$A_t = 80\ m^2$	$A_t = 70\ m^2$	$A_t = 100\ m^2$	$A_t = 70\ m^2$	$A_t = 100\ m^2$
		明线阻力 38 kN		明线阻力 60 kN		明线阻力 94 kN		明线阻力 128 kN	
3 000	T_f	2.29	2	2.27	1.98	1.91	1.68	1.92	1.67
	kN	87	76	136	119	180	158	246	214
4 000	T_f	2.34	2.03	2.32	2	1.93	1.69	1.95	1.69
	kN	89	77	139	120	182	159	250	216
5 000	T_f	2.39	2.05	2.35	2.02	1.96	1.7	1.97	1.7
	kN	91	78	141	121	184	160	252	218
6 000	T_f	2.42	2.05	2.38	2.03	1.98	1.71	1.98	1.71
	kN	92	78	143	122	186	161	254	219

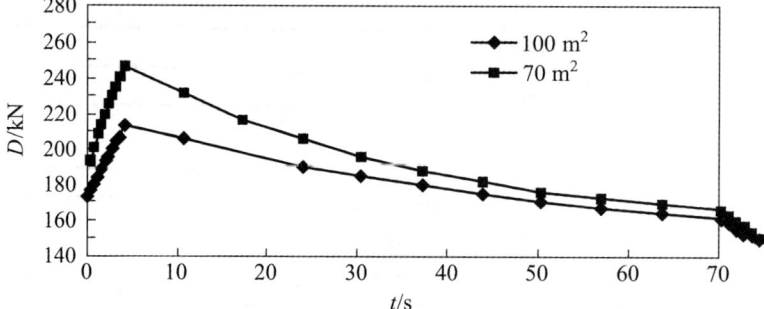

图 3-40　压力过程曲线（$v_0 = 350$ km/h, $L_t = 6\ 000$ m）

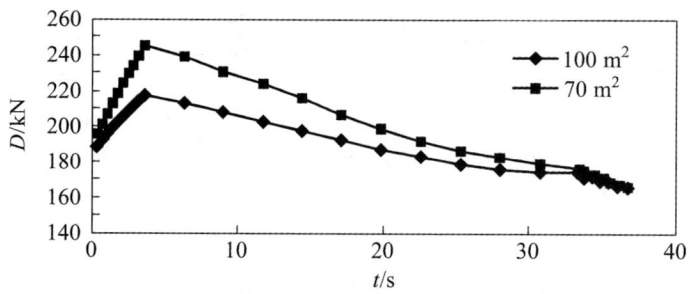

图 3-41　压力过程曲线（$v_0 = 200$ km/h, $L_t = 3\ 000$ m）

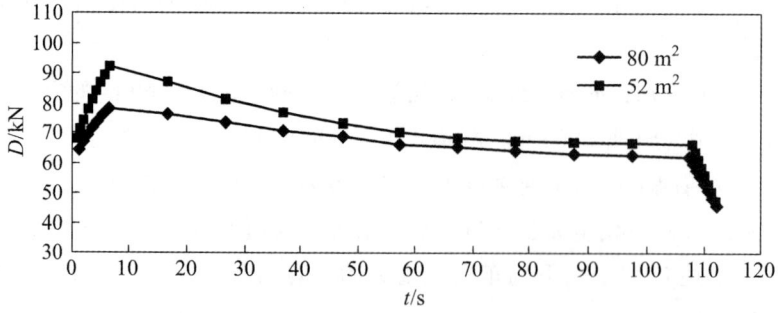

图 3-42　压力过程曲线（$v_0 = 200$ km/h, $L_t = 6\ 000$ m）

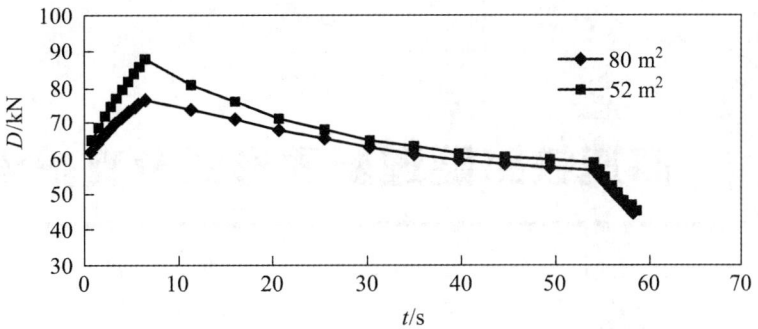

图 3-43 压力过程曲线（$v_0 = 200$ km/h，$L_t = 3\,000$ m）

Part 4 高速铁路隧道断面形式及支护设计

4.1 隧道净空断面大小及形式

在常速铁路隧道的设计中,由于列车速度较低,可不考虑列车在隧道内引起的空气动力学效应问题。所以常速铁路隧道断面形式及尺寸主要是根据隧道建筑限界、衬砌结构受力的合理性,并考虑施工与养护维修的方便及工程投资的经济等因素综合确定的。

通常情况下,高速铁路隧道考虑空气动力学效应,多采用单洞双线断面,较少采用双洞单线断面。在特殊条件下,如隧道很长,考虑养护维修、防灾救援等需要,有时也采用双洞单线断面。综合比较,采用双线断面比采用单线断面有利。

根据高速铁路隧道建筑限界和隧道内必须配置的各功能空间的要求,结合隧道空气动力学研究有关成果,我国统一制定了200 km/h、250 km/h、350 km/h不同行车速度条件下的隧道衬砌内轮廓,并编制了相应的双线隧道衬砌通用参考图。

4.1.1 200 km/h 铁路隧道衬砌内轮廓

根据开行列车的性质,200 km/h 铁路隧道衬砌内轮廓,有客货共线铁路单双线隧道衬砌内轮廓和客货共线铁路兼顾双层集装箱运输的单双线隧道衬砌内轮廓两类。

1. 客货共线铁路隧道衬砌内轮廓

客货共线铁路隧道衬砌内轮廓又分单、双线隧道,分别见图4-1、图4-2所示。

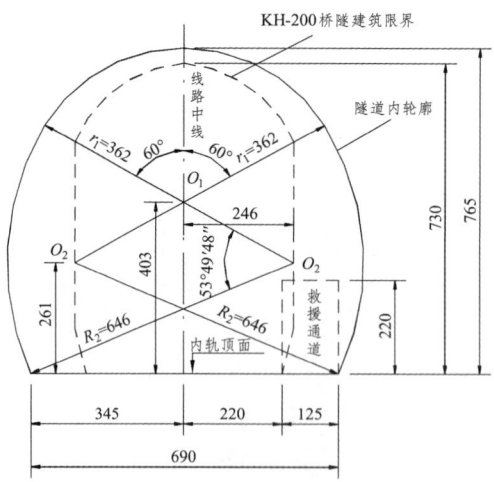

图4-1 200 km/h 客货共线铁路单线隧道内轮廓(单位:cm)

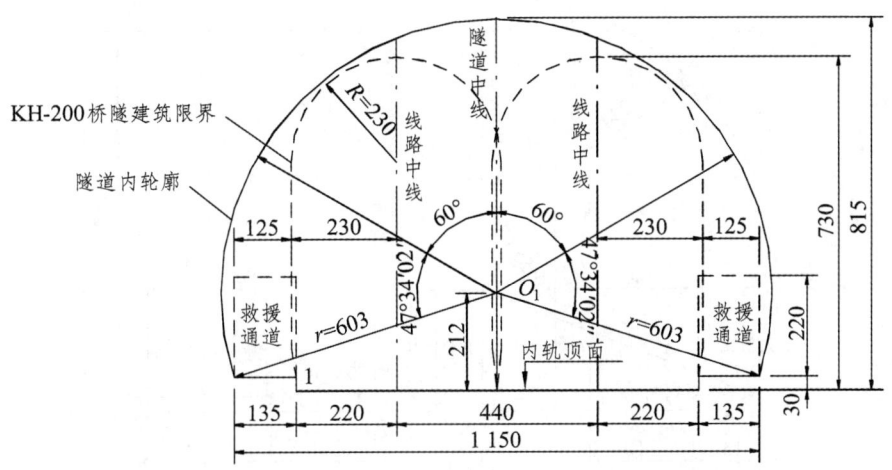

图 4-2 200 km/h 客货共线铁路双线隧道内轮廓（单位：cm）

2. 客货共线铁路兼顾双层集装箱运输的隧道衬砌内轮廓

兼顾双层集装箱运输与否的衬砌内轮廓，主要区别在于采用的建筑限界不同，水沟、电缆槽的布置则基本相同。其内轮廓形状如图 4-3 和图 4-4 所示。

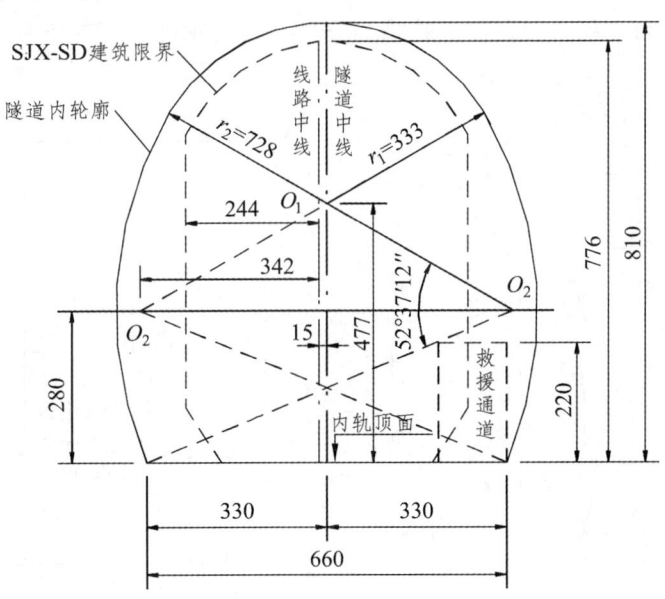

图 4-3 200 km/h 客货共线铁路兼顾双箱运输的单线隧道内轮廓（单位：cm）

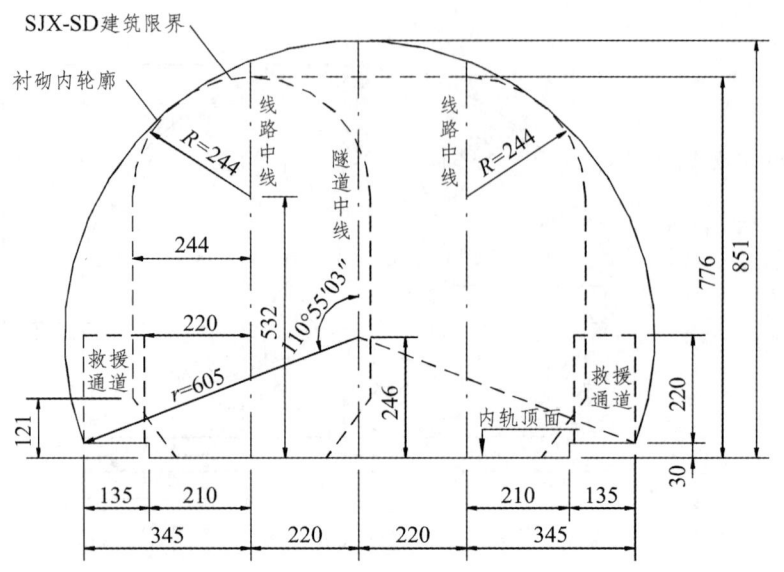

图 4-4 200 km/h 客货共线铁路兼顾双箱运输的双线隧道内轮廓（单位：cm）

4.1.2 250 km/h 铁路隧道衬砌内轮廓

1. 单线隧道衬砌内轮廓

250 km/h 单线隧道衬砌内轮廓采用三心圆，隧道单侧设置救援通道宽 1.5 m、高 2.2 m，外侧距线路中线 2.3 m，救援通道与内轨顶面齐平，其内轮廓形状如图 4-5 所示。

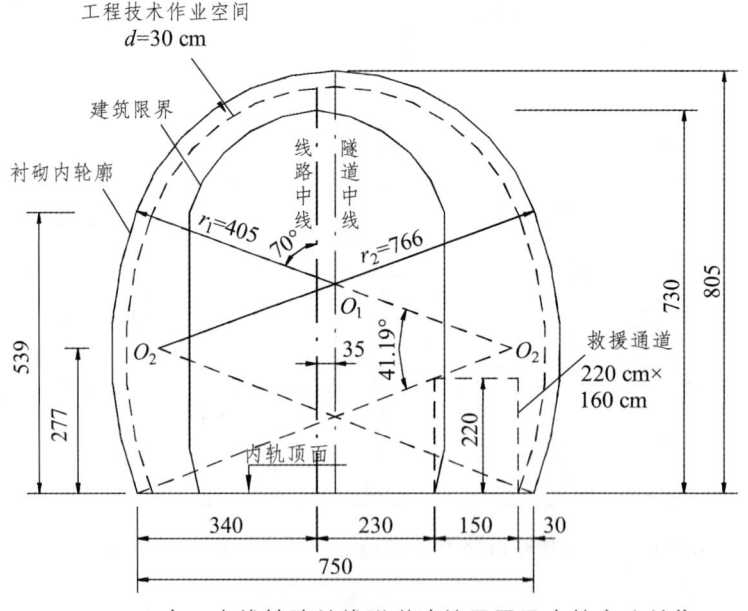

图 4-5 250 km/h 客运专线铁路单线隧道建筑界限及内轮廓（单位：cm）

2. 双线隧道衬砌内轮廓

双线隧道衬砌内轮廓按满足 250 km/h 行车速度的客车和普通货物、双层集装箱运输条件拟定,采用单心圆,半径为 641 cm,线间距 4.6 m。隧道双侧设置救援通道,宽 1.5 m、高 2.2 m,外侧距线路中线 2.3 m,救援通道底面高出内轨顶面 30 cm。其内轮廓形状如图 4-6 所示。隧道底部结构根据隧道长度和地质条件分别按有砟道床和无砟道床设计。隧道采用曲墙衬砌形式,Ⅱ级围岩隧道设置钢筋混凝土底板,Ⅱ级以下围岩设置仰拱。隧道两侧各设置两槽一沟,电缆槽宽分别为 35 cm、30 cm,水沟宽 30 cm。两侧排水沟的功能主要是集水,间隔适当距离与中心排水沟(管)连通。在隧道中线处仰拱填充内设置中心排水沟(管)。

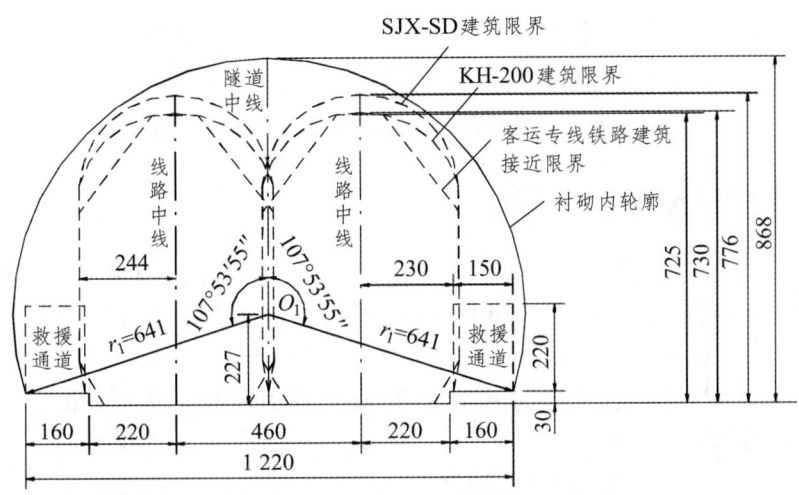

图 4-6　250 km/h 客运专线铁路双线隧道建筑界限及内轮廓(单位:cm)

4.1.3　300~350 km/h 铁路隧道衬砌内轮廓

1. 单线隧道衬砌内轮廓

由于 350 km/h 单线隧道衬砌内轮廓净空有效面积达到 70 m²,隧道两侧均可设置宽为 1.5 m 的救援通道。

2. 双线隧道衬砌内轮廓

隧道内轮廓采用单心圆,半径为 665 cm,线间距为 5.0 m。隧道双侧设置救援通道宽 1.5 m、高 2.2 m,外侧距线路中线 2.3 m,救援通道底面高出内轨顶面 30 cm,其内轮廓形状如图 4-7 所示。隧道底部结构按无砟道床设计。隧道采用曲墙衬砌形式,Ⅱ级围岩设置钢筋混凝土底板,Ⅱ级以下围岩设置仰拱。隧道内轮廓内考虑了 30 cm 的技术作业空间。隧道两侧各设置两槽一沟,电缆槽宽分别为 35 cm、30 cm,水沟宽 30 cm。两侧排水沟的功能主要是集水,间隔适当距离与中心排水沟(管)连通。在隧道中线处仰拱填充内设置中心排水沟(管)。

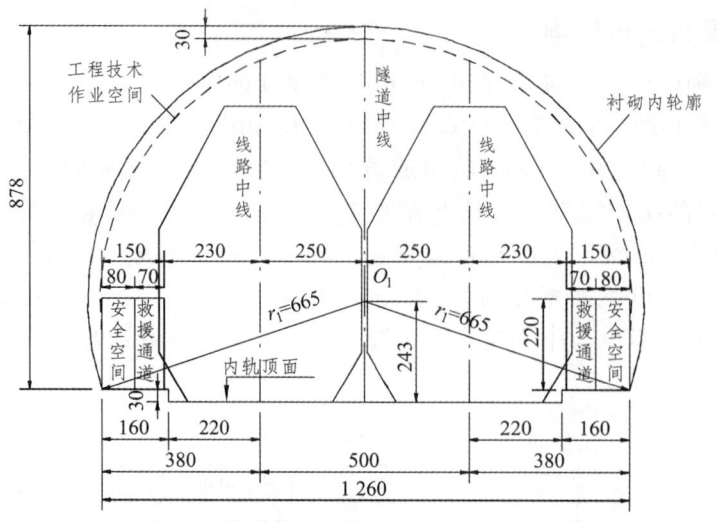

图 4-7 350 km/h 客运专线铁路双线隧道建筑界限及内轮廓（单位：cm）

4.1.4 圆形隧道断面内轮廓

采用隧道掘进机（或盾构）施工的隧道一般采用圆形断面，隧道采用双洞单线圆形结构，单线隧道净空有效面积采用 66 m²。图 4-8 为位于广深港客运专线东涌站—虎门站区间的狮子洋隧道，净空断面内设置：两个通信信号电缆槽，宽 35 cm、深 58 cm；一个电力电缆槽，宽 30 cm、深 43 cm；DN400 排水管和水喷雾 DN300 水管用管槽及消火栓箱的布置、变压器箱室空间等；救援通道宽 150 cm。

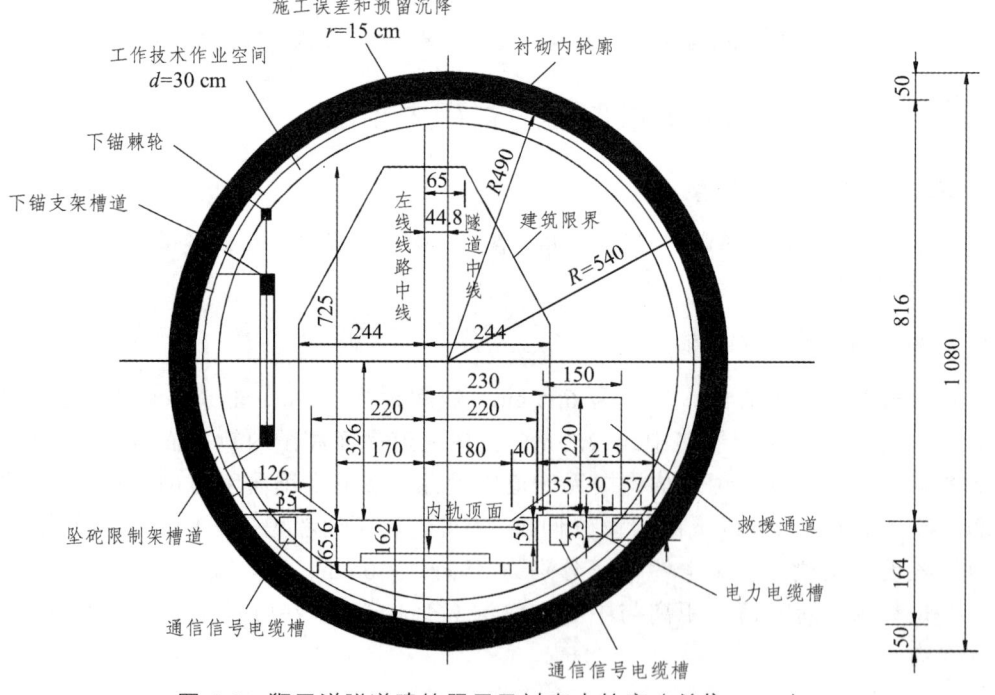

图 4-8 狮子洋隧道建筑限界及衬砌内轮廓（单位：cm）

4.2 衬砌支护参数

1. 衬砌结构类型和功能

目前,高速铁路隧道可用的衬砌结构类型有单层衬砌(模筑混凝土衬砌)、复合式衬砌、拼装式衬砌等。隧道衬砌结构类型的选择应综合考虑地质及埋深等环境条件、断面形状与大小、防水要求、使用功能、施工方法与施工措施等因素,而这些因素之间又是互相联系的。不同类衬砌结构采用的设计方法不同。

衬砌结构必须满足使用功能要求。

(1)运营安全要求。

高速铁路隧道运营安全要求包括衬砌强度、变形和耐久性三个方面,也就是在其使用年限内,隧道衬砌应能可靠地承受各种可能的作用而不致破坏,且不应出现影响正常使用的变形、裂缝等。此外,隧道内运行的是高速列车,其振动作用大,列车风力大,空气压力波动频繁,在长期的运营过程中局部细微的裂缝可能出现疲劳破坏,进而引起混凝土掉块,对行车安全构成威胁,因此,结构的抗裂性能尤其重要。

(2)防水要求。

高速铁路隧道防水等级要求达到国家标准规定的一级,即隧道内不允许渗水,衬砌表面无湿渍。为保证隧道的防水效果,衬砌自身应具有一定的防水能力。

(3)美观要求。

衬砌表面应平整、光滑,整体形状应满足"牢固、安全"的表观感觉。

2. 衬砌结构类型选择

目前,隧道断面的划分采用国际隧道协会建议的标准,如表 4-1 所示。

表 4-1 国际隧道协会建议的隧道断面划分标准

断面划分	净空有效面积/m^2
超小断面	<3.0
小断面	3.0 ~ 10.0
中等断面	10.0 ~ 50.0
大断面	50.0 ~ 100.0
超大断面	>100.0

满足时速 350 km 的高速铁路双线隧道,要求净空有效面积为 100 m^2,断面开挖面积有仰拱时约为 160 m^2,无仰拱时约为 130 m^2;满足时速 250 ~ 300 km 的高速铁路双线隧道,要求净空有效面积为 92 m^2,断面开挖面积有仰拱时约为 150 m^2,无仰拱时约为 120 m^2:它们均属超大断面隧道。

与常速铁路隧道相比,高速铁路道由于断面开挖面积增大,大断面开挖时围岩自稳能力变差,变形加快,松弛范围加大,要求支护和衬砌必须及时施作,能与围岩大面积牢固接触,必要时增加预支护措施，保证衬砌与围岩作为一个整体共同工作。

目前，对于钻爆法施工的隧道，最有效的快速支护手段是采用喷锚支护和复合式衬砌。当然在围岩自稳能力好的地段，也可直接采用模筑混凝土单层衬砌。

对于盾构掘进机法施工的隧道，可采用拼装式衬砌。

（1）复合式衬砌。

复合式衬砌结构一般由中间设置隔离（防水）层的内、外两层结构组成，内层结构与外层结构之间可以传递压力，但一般不传递剪力。外层结构一般采用喷锚支护，内层结构一般采用模筑混凝土（或钢筋混凝土）衬砌。复合式衬砌结构具有以下优点：

① 防水性能好，从工程实践经验看，在地下水发育地段，复合式衬砌结构的防水性能明显优于单层衬砌；

② 外层结构采用喷锚支护，能适应围岩变形和充分发挥围岩自身的承载能力，具有良好的经济性；

③ 内层结构采用模筑混凝土，既可以保证隧道内表面光滑平整，也进一步提高了结构的安全性。

目前，复合式衬砌已成为世界各国及地区高速铁路山岭隧道衬砌结构的主流。我国的客运专线铁路隧道衬砌结构，在围岩稳定性差、地下水发育的地段，推荐采用复合式衬砌。采用复合式衬砌时，二次衬砌可根据设计要求和围岩稳定情况及时施作。

（2）单层衬砌。

单层衬砌一般是由单层或多层混凝土构成的承载结构，其支护层与衬砌层是一体的，共同组成支护体系，各层间能够充分传递剪力。单层衬砌基本概念示于图4-9。

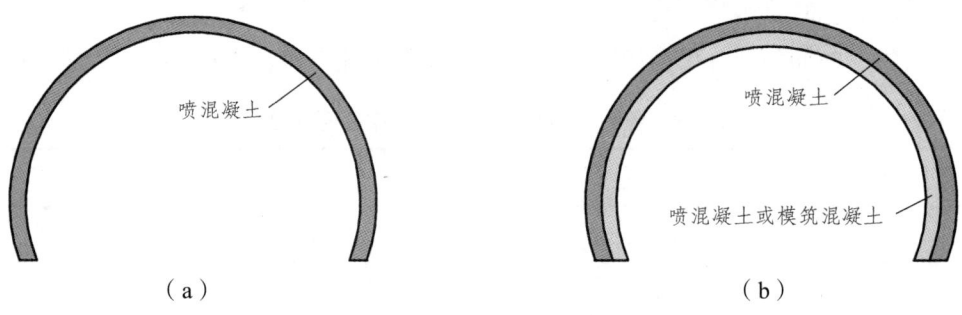

图4-9 单层衬砌概念

需说明的是，单层衬砌不等同于喷锚衬砌，喷锚衬砌仅是单层衬砌的一种。单层衬砌可以是单层的，也可以是多层的；可以是模筑混凝土，也可以是喷混凝土或喷纤维混凝土；其组合形态多种多样。单层衬砌与复合式衬砌的本质区别就是各支护层间不设置隔离层（防水板）。其承载机理是：支护层与衬砌层的力学动态是一体的，各层间能够充分传递剪力，组成共同承载体系。

单层衬砌多用于围岩稳定性较好的隧道，应用由来已久。近年来，单层衬砌在瑞士、法国、美国、巴西、加拿大、芬兰、南非、日本、比利时和西班牙等国都有不同程度的应用，而且一些国家还制定了相应的设计和施工规范。在国内，应用历史悠久的整体式衬砌即为模筑混凝土单层衬砌。20世纪60年代在成昆铁路围岩较好的短隧道中，我国还成功地采用了喷射混凝土加锚杆的单层衬砌，使用至今，情况基本良好。国内外部分隧道采用单层衬砌的实例如表 4-2 所示。

表 4-2 国内外部分隧道使用单层衬砌情况

序号	国家	隧道或地下工程名称	建成年份	规模/m	单层衬砌结构形式
1	挪威	Gjolasvik 地下冰球场	1991	宽61、高91、长91	按挪威法 Q 系统支护设计
2	德国	慕尼黑地铁试验段	1992	不详	外层喷混凝土 15 cm+内层喷防水混凝±10 cm
3	巴西	某隧道	1992	长 1699	外层干喷混凝土（有钢支撑）+内层湿喷混凝土 21 cm
4	瑞士	费尔艾那隧道	1997	长 19058	GFK 锚杆+内外两层喷混凝土 25～35 cm
5	中国	汕头液化石油气储气工程	2000	宽18、高2、长456	按挪威法 Q 系统支护设计
6	中国	昆石公路小团山隧道行车横洞	2002	长 30	中空注浆锚杆+ C45 湿喷钢纤维硅粉混凝土 20 cm
7	中国	大朝山水电站	2001	宽26.4、高63、长234	按挪威法 Q 系统支护设计，喷钢纤维混凝土 20 cm

综合考虑国内外单层衬砌应用经验，在围岩稳定性较好、地下水较少地段的高速铁路隧道，可以采用单层衬砌。目前，模筑混凝土单层衬砌、喷射混凝土加模筑混凝土单层衬砌已在合肥至武汉客运专线大别山隧道中得到应用。

（3）拼装式衬砌。

拼装式衬砌一般用于盾构掘进机法施工隧道，隧道开挖后，利用管片拼装机将预制好的管片按规定的形状拼装成隧道衬砌结构。管片的类型有钢筋混凝土管片、钢管片、铸铁管片、钢-混凝土复合管片等，目前最常用的是钢筋混凝土管片。各管片接缝面设有可以防水的橡胶垫。

拼装式衬砌结构断面形状一般为圆形，也有矩形、单拱形、连拱形等形式。

在国外高速铁路隧道中采用拼装式衬砌的例子较多，著名的有英法海峡隧道、荷兰绿色心脏隧道、西班牙瓜达腊马隧道等。我国在建的广深港客运专线脚子洋水下隧道用盾构法施工，也采用钢筋混凝土管片拼装式衬砌。

4.2.1 复合式衬砌结构设计

高速铁路隧道复合式衬砌由围岩+初期支护+二次衬砌构成，在初期支护和二次衬砌之间设置防水层，复合式衬砌形式根据围岩级别、地下水状态等确定。目前，隧道衬砌结构设计仍以工程类比法为主。为了解结构设计参数的可靠性、安全性，本章对各种衬砌结构采用相应的理论计算方法进行了分析。

1. 复合式衬砌设计参数

时速 350 km 双线铁路隧道排水型复合式衬砌设计参数见表 4-3，代表性衬砌结构断面见

图 4-10 和图 4-11。时速 250～300 km 双线铁路隧道排水型复合式衬砌设计参数见表 4-4。设计参数拟定的原则是：初期支护承担施工阶段全部荷载，二次衬砌承担由于初期支护可能劣化而作用于二次衬砌上的荷载或由于软岩蠕变、环境条件变化等引起的附加荷载以及作为安全储备。

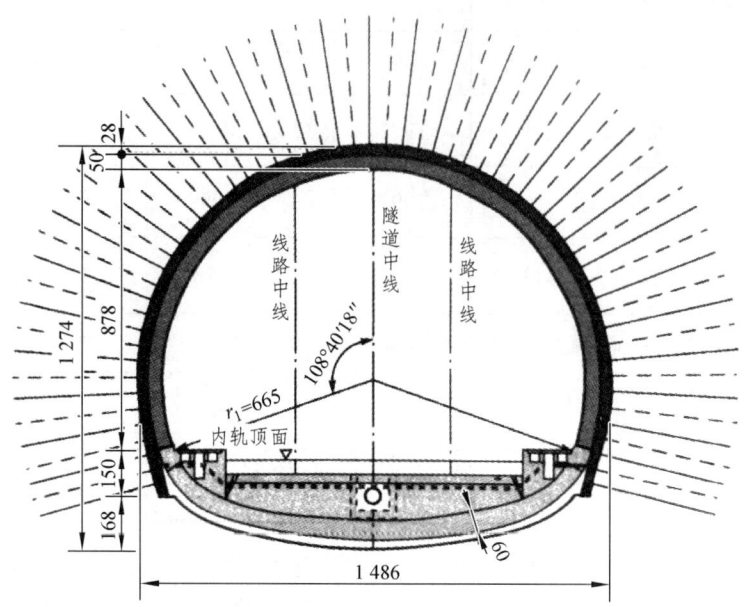

图 4-10　时速 350 km 双线铁路隧道代表性衬砌结构断面（Ⅴ级围岩）（单位：cm）

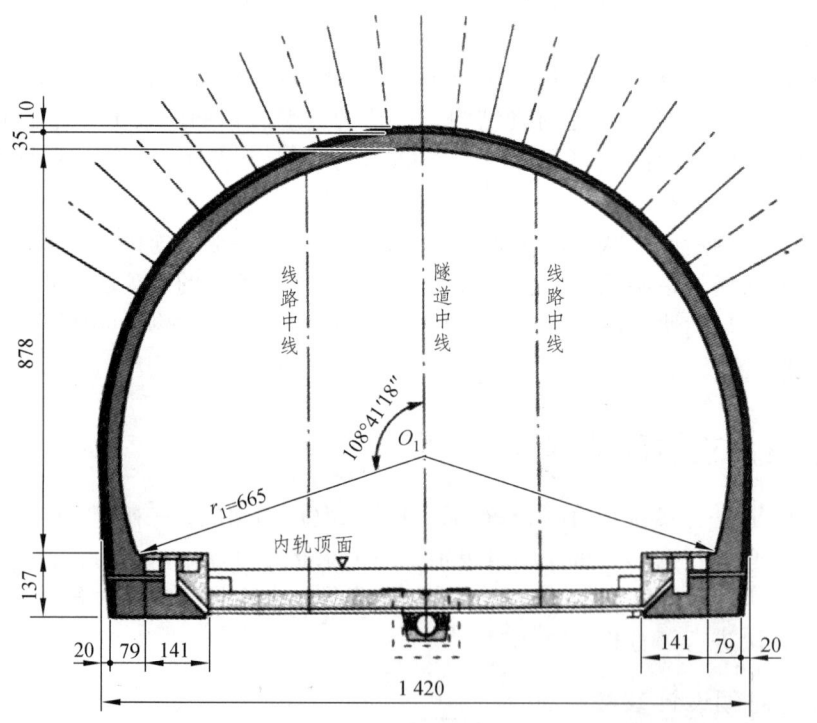

图 4-11　时速 350 km 双线铁路隧道代表性衬砌结构断面（Ⅱ级围岩）（单位：cm）

表 4-3 时速 350 km 双线铁路隧道排水型复合式衬砌设计参数

衬砌类型	初期支护 喷混凝土 部位/(厚度/cm)	钢筋网(8 mm) 网格间距/cm	钢筋网(8 mm) 设置部位	锚杆 长度/m	锚杆 间距(环×纵)	钢架 规格	钢架 间距/m	二次衬砌 拱墙/cm	二次衬砌 (仰拱/底板)/cm	预留变形量/cm
Ⅱ(无仰拱)	拱墙/8	—	—	2.5	局部	—	—	35	/30*	3~5
Ⅱ(有仰拱)	拱墙/10	—	—	2.5	1.5×1	—	—	35	35/	3~5
Ⅲ	拱墙/15	25×25	拱部	3.0	1.2×1	—	—	40	55/	5~8
Ⅲ偏压	拱墙/18	20×20	拱部	3	1.2×1	型钢	1.0(拱墙)	40*	55*/	5~8
Ⅳ	拱墙/25 仰拱/15	20×20	拱墙	3.5	1.0×1	格栅	1.0(拱墙)	40*	55*/	8~10
Ⅳ加强	全环/25	20×20	拱墙	3.5	1.0×1	格栅或型钢	1.0(全环)	45*	55*/	8~10
Ⅳ偏压	全环/25	20×20	拱墙	3.5	1.0×1	型钢	0.8(全环)	45*	60*/	8~10
Ⅴ	全环/28	20×20	拱墙	4	1.0×0.8	格栅或型钢	0.6~0.8(全环)	50*	60*/	10~15
Ⅴ加强	全环/28	20×20	拱墙	4	0.8×1.0	型钢	0.6(全环)	50*	60*/	10~15
Ⅴ偏压	全环/28	20×20	拱墙	4	0.8×1.0	型钢	0.5(全环)	55*	60*/	10~15

注：① 表中带*者为钢筋混凝土；
② 所有拱墙喷射混凝土中均掺加合成纤维；
③ 加强衬砌用于浅埋隧道段；
④ 喷射混凝土强度等级为 C25，素混凝土强度等级为 C30，钢筋混凝土强度等级为 C35。

表 4-4 时速 250~300 km 双线铁路隧道排水型复合式衬砌设计参数

衬砌类型	初期支护 喷混凝土 部位/(厚度/cm)	钢筋网(8 mm) 网格间距/cm	钢筋网(8 mm) 设置部位	锚杆 长度/m	锚杆 间距(环×纵)	钢架 规格	钢架 间距/m	二次衬砌 拱墙/cm	二次衬砌 (仰拱/底板)/cm	预留变形量/cm
Ⅱ(无仰拱)	拱墙/5	—	—	2.5	局部	—	—	35	/30*	3~5
Ⅲ	拱墙/15	25×25	拱部	3.0	1.2×1	—	—	40	55/	5~8
Ⅲ偏压	拱墙/18	20×20	拱部	3.0	1.2×1	型钢	1.0(拱墙)	40*	55*/	5~8
Ⅳ	拱墙/25 仰拱/15	20×20	拱墙	3.5	1.0×1	格栅	1.0(拱墙)	45*	55*/	8~10

续表

衬砌类型	初期支护							二次衬砌		预留变形量/cm
	喷混凝土	钢筋网（8 mm）		锚杆		钢架		拱墙/cm	（仰拱/底板）/cm	
	部位/(厚度/cm)	网格间距/cm	设置部位	长度/m	间距（环×纵）/m	规格	间距/m			
IV加强	全环/25	20×20	拱墙	3.5	1.0×1	格栅或型钢	1.0（全环）	45*	55*/	8~10
IV偏压	全环/25	20×20	拱墙	3.5	1.0×1	型钢	0.8（全环）	50*	60*/	8~10
V	全环/28	20×20	拱墙	4.0	1.0×0.8	格栅或型钢	0.6~0.8（全环）	50*	60*/	10~15
V加强	全环/28	20×20	拱墙	4.0	0.8×1.0	型钢	0.6（全环）	50*	60*/	10~15
V偏压	全环/28	20×20	拱墙	4.0	0.8×1.0	型钢	0.5（全环）	55*	65*/	10~15

注：① 表中带*者为钢筋混凝土；
② 所有拱墙喷射混凝土中均掺加合成纤维；
③ 加强衬砌用于浅埋隧道段；
④ 喷射混凝土强度等级为C25，素混凝土强度等级为C25，钢筋混凝土强度等级为C30。

2. 衬砌结构的设计特点

（1）根据围岩级别、深埋、偏压等具体条件对围岩自稳能力和结构受力的影响，适当细化了衬砌类型。以往的习惯做法是浅埋段按降低一级围岩级别设计，这难以反映工程的实际特性，也不够经济，因为高速铁路隧道跨度大，对应的浅埋段覆土厚度也增大，同时从环保要求出发，隧道洞口位置一般较以往习惯做法外延较多，致使浅埋段长度较长，因此有必要专门设计用于浅埋段的加强衬砌。

（2）突出"加强基底"和注重"刚度变化"的原则：

① 针对以往隧道底部易发生病害和高速铁路运行要求，加强了基地设计，Ⅲ~Ⅴ级围岩衬砌均采用有仰拱结构，且仰拱厚度较拱墙大。

② 时速350 km双线隧道Ⅱ级围岩衬砌设计了有仰拱和无仰拱两种结构，根据地下水及岩性等具体情况选用。

（3）Ⅳ、Ⅴ级围岩和Ⅲ级围岩偏压段二次衬砌均采用钢筋混凝土结构，主要缘由是： ① 考虑列车长期的震动作用；② 可增加软弱围岩大跨隧道衬砌承载能力，满足有时需及时施作二次衬砌的要求；③ 减少大跨混凝土结构的收缩裂缝。

（4）喷射混凝土中掺加合成纤维，既可减少回弹量，也可减少喷射混凝土硬化过程中的早期裂缝，有利于防水和耐久性。

4.2.2 单层衬砌结构设计

1. 单层衬砌结构形式

单层衬砌结构形式是随着喷混凝土技术的出现和发展而不断发展和完善起来的，特别是湿喷技术的出现以及纤维混凝土在隧道工程中的应用，使得隧道工程师们成功地解决了混凝土衬砌的防裂和耐久性问题，因此单层衬砌的发展出现了两层或多层的喷射混凝土和模筑混凝土构造。瑞士费尔艾那隧道的第二工区，就采用了三层喷射混凝土的合成构造。表4-5为德国建议的单层衬砌构造形式，表4-6为挪威法的单层衬砌类型。

表4-5 德国建议的单层衬砌构造形式

构造形式	第一层	第二层
1	喷钢纤维混凝土	喷钢纤维混凝土
2	喷钢纤维混凝土	模筑钢纤维混凝土
3	喷钢纤维混凝土	钢筋喷混凝土
4	喷钢纤维混凝土	模筑钢筋混凝土
5	钢筋喷混凝土	喷钢纤维混凝土
6	钢筋喷混凝土	模筑钢纤维混凝土

表4-6 挪威法的单层衬砌类型

编号	永久支护类型
1	无支护
2	局部锚杆
3	系统锚杆
4	系统锚杆+喷混凝土（4~5 cm）
5	喷钢纤维混凝土+系统锚杆+喷混凝土（5~9 cm）
6	喷钢纤维混凝土+系统锚杆+喷混凝土（9~12 cm）
7	喷钢纤维混凝土+系统锚杆+喷混凝土（12~15 cm）
8	喷钢纤维混凝土+格栅喷钢纤维混凝土（15~25 cm）+系统锚杆
9	模筑混凝土（厚度大于25 cm）

可以看出，国外单层衬砌的构成，多数采用喷钢纤维混凝土，它可以适应一定范围的不同地质条件。单层衬砌设计方法后来主要是针对喷钢纤维混凝土支护结构而展开的，目前有基于挪威法的Q系统支护设计法、极限状态设计法及基于能量守恒的能量原理设计法。

2. 单层衬砌的设计

目前，我国高速铁路隧道单层衬砌的设计方法正在研究之中，实验研究工点选择在合武铁路大别山隧道 2 号斜井与正洞。该隧道全长 13.256 km，是合武铁路最长的隧道。工程地质条件主要为二长花岗岩、中细粒花岗岩，岩体较完整，局部节理发育。地下水为基岩裂缝水，不发育。

（1）斜井单层衬砌设计。

斜井为双车道无轨运输斜井，衬砌内轮廓底宽 7.6 m、净高 5.88 m。由于斜井作为运营期的旅客疏散救援通道，因此采用的单层衬砌也属于永久性结构物，必须满足耐久性要求。针对大别山隧道 2 号斜井的工程地质及地下水情况，Ⅱ～Ⅴ级围岩单层衬砌采用的设计参数见表 4-7。

表 4-7 斜井衬砌设计参数

序号	衬砌类型	衬砌设计参数	备注
1	Ⅱ-1	喷 C25 硅粉混凝土 4 cm+喷 C25 混凝土 4 cm+局部锚杆	Ⅱ级围岩一般地段
2	Ⅱ-2	喷 C25 聚丙烯硅粉混凝土 4 cm+模筑 C25 混凝土 30 cm+系统锚杆	Ⅱ级围岩、斜井与正洞交叉段
3	Ⅲ	喷 C25 聚丙烯硅粉混凝土 5 cm+喷 C25 混凝土 10 cm+系统锚杆	Ⅲ级围岩地段
4	Ⅳ-1	喷 C25 钢纤维硅粉混凝土 10 cm+喷 C25 聚合物混凝土 5 cm+喷 C25 钢纤维硅粉混凝土 10 cm+系统锚杆	Ⅳ级围岩地下水发育地段
5	Ⅳ-2	喷 C25 钢纤维硅粉混凝土 8 cm+喷 C25 聚合物混凝土 4 cm+模筑 C25 混凝土 30 cm+系统锚杆	Ⅳ级围岩地下水发育地段
6	Ⅳ-3	喷 C25 钢纤维硅粉混凝土 12 cm+模筑 C25 混凝土 30 cm+系统锚杆	Ⅳ级围岩地下水不发育地段
7	Ⅴ	喷 C25 钢纤维硅粉混凝土 8 cm+喷 C25 聚合物混凝土 8 cm+模筑 C25 混凝土 30 cm+系统锚杆	Ⅴ级围岩地段

（2）正洞单层衬砌设计。

鉴于高速铁路隧道内列车空气动力学作用对衬砌结构的影响，为确保运营安全，正洞中的单层衬砌全设计在Ⅱ级围岩地段，且采用以模筑混凝土为主的结构。根据工程地质和地下水情况，所用单层衬砌有以下两种：

① 喷射 C25 混凝土 5 cm+模筑 C30 混凝土 35 cm；

② 局部锚杆+模筑 C30 混凝土 35 cm。

由于取消了防水板，为减少模筑混凝土开裂、提高防水性，在混凝土内掺杂合成纤维，掺量为 1.5 kg/m^3。

4.2.3 管片衬砌结构设计

以圆形隧道为例，管片衬砌设计的主要参数有衬砌环类型、环宽、楔形量、衬砌环分块方式、拼装方式、管片厚度等。

1. 衬砌环类型

常用的衬砌环类型有直线环、楔形环（楔形环又可分为左、右转弯环和通用楔形环），也有螺旋等形式。衬砌环类型的选择应根据线路曲线分布、衬砌断面大小、模板数量及施工单位的习惯等因素综合比选确定。

2. 环　宽

衬砌环的宽度主要依据线路曲线、断面大小、盾构设备、施工进度及造价等因素确定。高速铁路隧道断面较大，曲线段半径大，不影响施工。从降低衬砌制造成本、减少接缝和漏水、加快施工进度等方面考虑，希望管片宽度大一点好。常用的管片宽度一般为 1.5 ~ 1.8 m。目前，在大直径盾构中，管片宽度有增大的趋势。

3. 楔形量

楔形量根据线路曲线、断面大小、围岩条件、施工纠偏、管片制造等条件确定。一般管片环径在 10 ~ 12 m 时，楔形量约为 35 ~ 38 m。

4. 衬砌环分块方式

衬砌环一般由几块 A 型管片、2 块 B 型管片和一块 K 型（封顶块）管片组成。一般直径 10 m 左右的隧道由 8 块管片组成，直径 14 m 左右的隧道由 10 块管片组成。

5. 拼装方式

管片拼接方式有通缝和错缝两种。通缝拼装的施工工艺相对简单，管片的制作精度要求较低，当制作精度不高时，引起的顶碎比错缝少。错缝拼装在控制结构变形方面比通缝好，在拼装质量有保证的情况下，接缝防水丁字封闭比十字缝容易，但在拼接质量不高的情况下可能导致管片被顶碎。

6. 管片厚度

管片厚度根据结构受力及使用要求确定。按经验，管片厚度一般为隧道外径的 4% ~ 6%。

4.2.4　明洞结构类型及设计参数

1. 明洞结构类型

为减少施工对洞口环境的影响或受隧道洞口段地形、覆土厚度等方面因素的制约，高速铁路隧道洞口段一般均设有明洞。明洞是高速铁路隧道的重要组成部分。参考以往铁路明洞的设计、施工经验，高速铁路拱形明洞结构设计了以下几种类型：

（1）对称路堑式。

对称路堑式明洞适用于地面横坡较为平缓、明洞两侧地形基本对称的情况。根据洞顶填土厚度的不同，对称路堑式明洞又分为浅埋式和深埋式。浅埋式明洞洞顶填土厚度小于 3 m，深埋式明洞洞顶填土厚度为 3 ~ 10 m。设计深埋式明洞主要是考虑在慢坡地段暗挖施工困难，而明挖后如填土不足又对环境影响较大，此外在上软下硬地层中也经常需采用深埋式明洞。明洞断面见图 4-12。

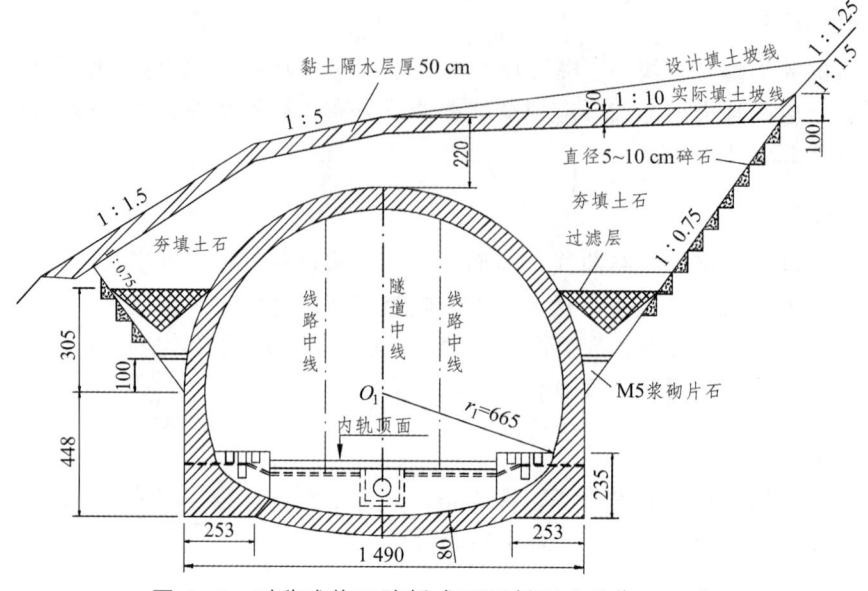

图 4-12 对称或偏压路堑式明洞断面（单位：cm）

（2）偏压路堑式。

偏压路堑式明洞适用于地面横坡较大，但明洞外墙未露出地面，且外墙侧地层稳定的情况，明洞顶填土厚度一般小于 5 m，偏压路堑式明洞断面形状及结构厚度一般设计成与对称路堑式明洞相同，仅配筋量不同。

（3）单压路堑式。

单压路堑式明洞适用于地面横坡较陡、明洞外墙露出地面，或外墙虽未露出地面但外墙侧地层不稳定的情况，明洞顶填土厚度一般小于 3 m。其断面见图 4-13。

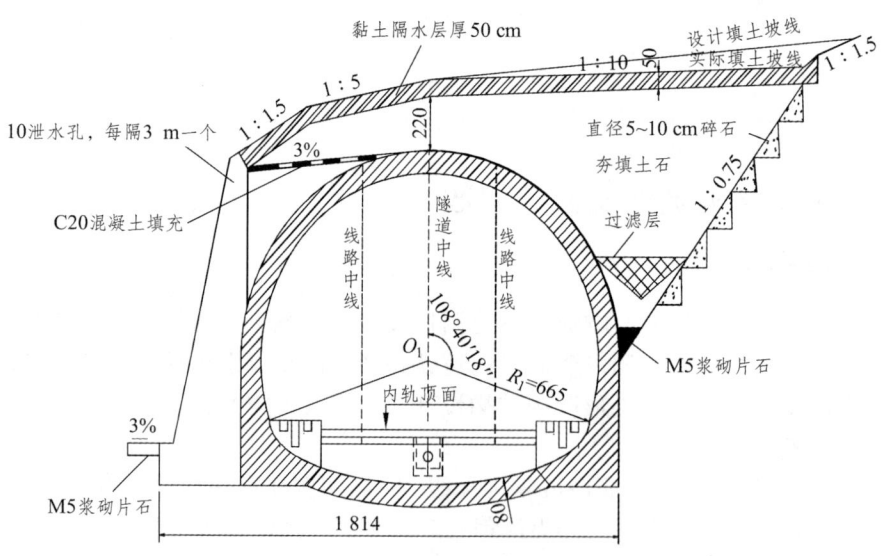

图 4-13 单压路堑式明洞断面（单位：cm）

2. 拱形明洞结构设计参数

拱形明洞采用曲墙全环 C35 钢筋混凝土整体式结构，其内轮廓与隧道衬砌内轮廓尺寸完全相同。根据明洞结构类型及洞口段地质条件，明洞结构设计参数见表 4-8。

表 4-8　双线铁路拱形明洞结构设计参数

围岩级别	明洞结构类型	拱墙厚度/cm	仰拱厚度/cm
V	对称路堑式（浅埋）	80	80
	对称路堑式（深埋）	90	90
	偏压路堑式	80	80
	单压路堑式	85	85

Part 5 高速铁路隧道底部结构及防排水设计

5.1 高速铁路隧道底部结构

高速铁路隧道底部结构的两种基本形式为有砟轨道和无砟轨道。有砟轨道是用散体材料碎石组成道床的传统轨道形式，也叫普通轨道。有砟轨道弹性条件好，在一定的维修质量条件下具有较好的轮轨接触效应，减振、降噪效果较好，维修较方便，造价相对较低，但有砟轨道的线路状态保持能力较差，在列车动荷载作用下，轨道的平顺性容易受到破坏，道砟粉化严重，养护维修工作量较大，高速行车时车轮横向压力较大而道床横向阻力较小，对无缝线路的稳定性较为不利。

与有砟轨道相比，无砟轨道结构具有稳定性好、平顺性高、轨道状态可长期保持、维修工作量可显著减少等突出优点，已成为世界高速铁路轨道结构的发展方向。日本自东海道以后的新干线均以铺设无砟轨道为主；德国在经历过多年有砟轨道的高速运营后，自20世纪90年代后，时速250 km以上的新建高速线中全面推广应用无砟轨道结构得到了更多的肯定。

我国高速铁路主要覆盖在人口稠密、经济发达的大、中城市沿线。高速铁路列车运行速度将达350 km/h及以上；其旅客列车开行对数近期在120对、远期在160对以上；高速铁路网东—西、南—北绵延数千公里，高速度、高密度、列车长距离运行是我国高速铁路的主要运营特点。为保证行车安全，提高舒适性，适应高速度、高密度、长距离行车的运营要求，高速铁路必须具有良好的平顺性、稳定性和耐久性，尤其是为了便于旅客列车开行方案的设置及其运行，线路综合维修天窗设置时间越短越好。我国高速铁路采用无砟轨道结构将为列车的高速度、高密度、长距离运行提供重要保证——根据无砟轨道结构特点及其对线下基础的设计要求，根据我国的国情和路情，在确保高速铁路隧道基础稳定的条件下，宜采用无砟轨道结构。

结合我国高速铁路的工程特点和环境条件，目前应用的无砟轨道结构类型主要有以下四种：CRTS Ⅰ型板式无砟轨道结构、CRTS Ⅱ型板式无砟轨道结构、CRTS Ⅰ型双块式无砟轨道结构以及CRTS Ⅱ型双块式无砟轨道结构。其应用情况如表5-1所示，下面分别进行阐述。

表 5-1 我国无砟轨道结构的应用情况

轨道结构类型	应用线路
CRTS Ⅰ 型板式	遂渝试验段、石太、广州新客站、广深港、广珠、沪宁城际等
CRTS Ⅱ 型板式	京津城际、京沪、京广、石武、津秦、沪杭、合蚌等
CRTS Ⅰ 型双块式	武广客专、合武、温福、福厦、襄渝、太中银等
CRTS Ⅱ 型双块式	郑西客专、兰渝等

5.1.1 CRTS Ⅰ 型板式无砟轨道结构

CRTS Ⅰ 型板式无砟轨道结构是将预制轨道板通过水泥沥青砂浆调整层，铺设在现浇的具有凸形挡台的钢筋混凝土底座上，并适应 ZPW-2000 轨道电路的单元轨道板无砟轨道结构形式。其特点是：单元板、板与板之间不纵连，不设横向挡块，是一种引进自日本的无砟轨道技术。

1. 结构及形式尺寸

（1）轨道结构由钢轨、弹性扣件、轨道板、水泥乳化沥青砂浆充填层、底座、凸形挡台及其周围填充树脂组成，如图 5-1 所示。

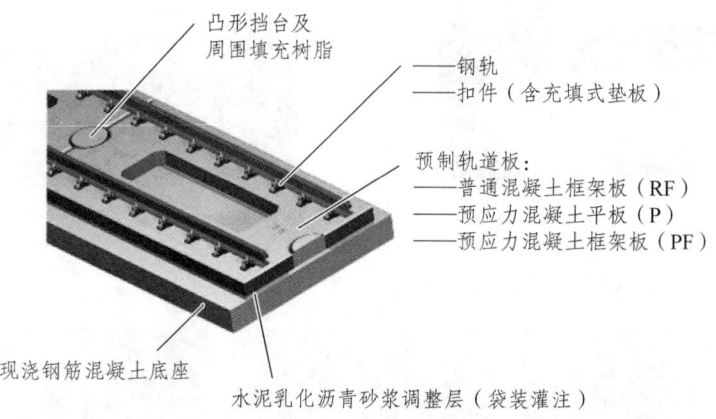

图 5-1 CRTS Ⅰ 型板式无砟轨道结构

（2）轨道板结构类型可分为预应力混凝土板、预应力混凝土框架板与钢筋混凝土框架板。标准轨道板长度宜为 4962 mm，轨道板宽度宜为 2400 mm；轨道板两端设置半圆形缺口，半径宜为 300 mm。

（3）底座采用钢筋混凝土结构，混凝土强度等级为 C40，在隧道仰拱回填层构筑，厚度不得小于 100 mm；凸形挡台设置于底座两端的中部，在底座端部为半圆形，在底座中部均为圆形，其半径为 300 mm，高度为 250 mm。其用于限制轨道板的纵、横向移动，直接承受由钢轨传递到轨下基础的纵向力和横向力。施工过程中及施工完成的底座及凸形挡台见图 5-2 所示。

图 5-2 施工过程中及施工完成的底座及凸形挡台

（4）水泥乳化沥青砂浆充填层厚度为 50 mm，对于减震型板式轨道，厚度为 40 mm。

（5）凸形挡台周围树脂的灌注：填充树脂采用袋装灌注法施工，施工适宜温度为 5～30 ℃，灌注前检查凸形挡台与轨道板的缝隙不小于 30 mm（标准设计为 40 mm），填充树脂低于轨道板顶面为 5～10 mm。凸形挡台周围树脂灌注完成后如图 5-3 所示。

图 5-3 凸形挡台周围树脂灌注完成后的图片

（6）凸形挡台施工常见问题如图 5-4 所示。

图 5-4 凸形挡台施工常见问题图片

2. 隧道地段 CRTS I 型板式无砟轨道结构要求

隧道地段 CRTS I 型板式无砟轨道结构如图 5-5 所示，应符合下列要求：

（1）在有仰拱隧道内，底座在仰拱回填层上方构筑。沿线路纵向，底座每隔一定长度，对应凸形挡台中心位置，设置横向伸缩缝。底座在隧道沉降缝位置，设置伸缩缝。在底座宽度范围内，仰拱回填层表面进行拉毛处理。

（2）在无仰拱隧道内，底座与隧道底板合并设置并连续铺设。当位于曲线地段时，超高一般在底座面上设置。

（3）在距隧道洞口 100 m 范围内，仰拱回填层设置钢筋与底座连接。

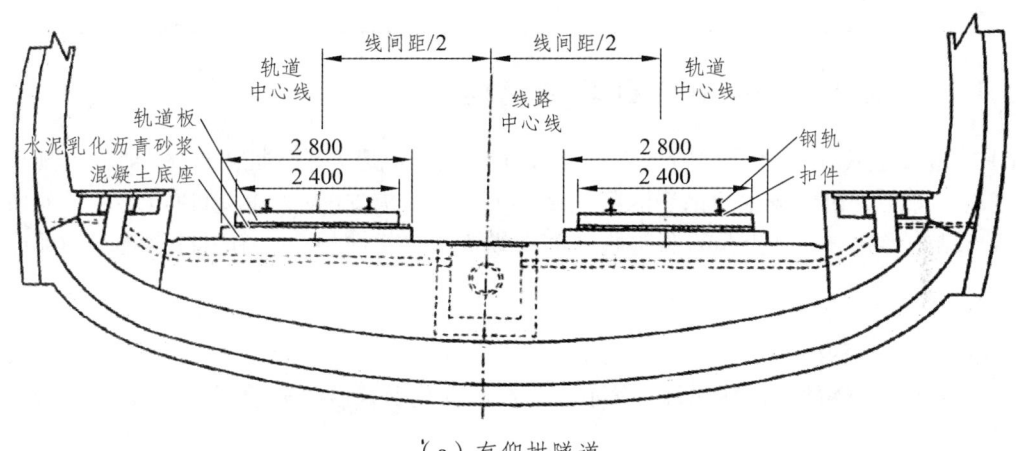

（a）有仰拱隧道

（b）无仰拱隧道

图 5-5　隧道地段 CRTS I 型板式无砟轨道结构标准横断面示意（单位：mm）

3. CRTS I 型板式无砟轨道结构优缺点

CRTS I 型板式无砟轨道结构优缺点见表 5-2 所示。

表 5-2　CRTS I 型板式无砟轨道结构优缺点

优　　点	缺　　点
1. 桥上、隧道和路基上的轨道结构形式基本相同，利于轨道结构与线下工程的标准化设计。 2. 现场混凝土施工量少；水泥沥青砂浆袋装灌注法施工工效高、进度快。 3. 轨道板为工厂预制，质量易于保证；可采用框架结构，经济性好；现场设制造厂灵活，建厂投资相对较少。 4. 可修复性较好，水泥沥青砂浆可实现上下部结构分离	1. 钢轨铺设后，轨道精细调整工作量大。 2. 水泥乳化沥青砂浆、凸形挡台填充树脂、充填式垫板材料的生产、施工专业性强

5.1.2　CRTS Ⅱ 型板式无砟轨道结构

CRTS Ⅱ 型板式无砟轨道结构是将预制轨道板通过水泥沥青砂浆调整层，铺设在现场摊铺的混凝土支撑层或现场浇注的钢筋混凝土底座上，并适应 ZPW-2000 轨道电路的单元轨道板无砟轨道结构形式。其特点是：板与板之间要纵连，设横向挡块，为引进自德国的无砟轨道技术。

1. 结构及形式尺寸

轨道板组成：钢轨、弹性扣件、轨道板、水泥乳化沥青砂浆充填层、支承层等，如图 5-6 所示。

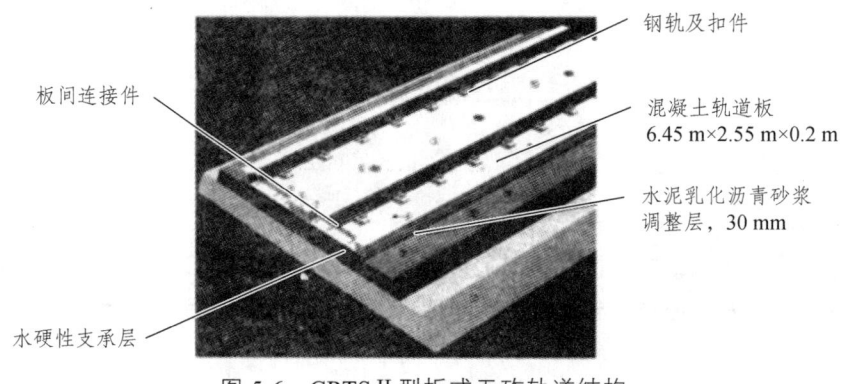

图 5-6　CRTS Ⅱ 型板式无砟轨道结构

2. 隧道地段 CRTS Ⅱ 型板式无砟轨道结构要求

隧道地段 CRTS Ⅱ 型板式无砟轨道结构如图 5-7 所示，应符合下列要求：

① 当支承层采用低塑性水泥混凝土时，曲线超高在支承层设置。当支承层采用水硬性混合料时，曲线超高在仰拱回填层（有仰拱隧道）或底板（无仰拱隧道）上设置。

② 支承层顶面宽度为 2 950 mm，底面宽度为 3 250 mm，厚度为 300 mm。沿线路纵向，每隔不大于 5 m 切一横向预裂缝，缝深为厚度的 1/3。轨道板宽度范围内的支承层表面进行拉毛处理。

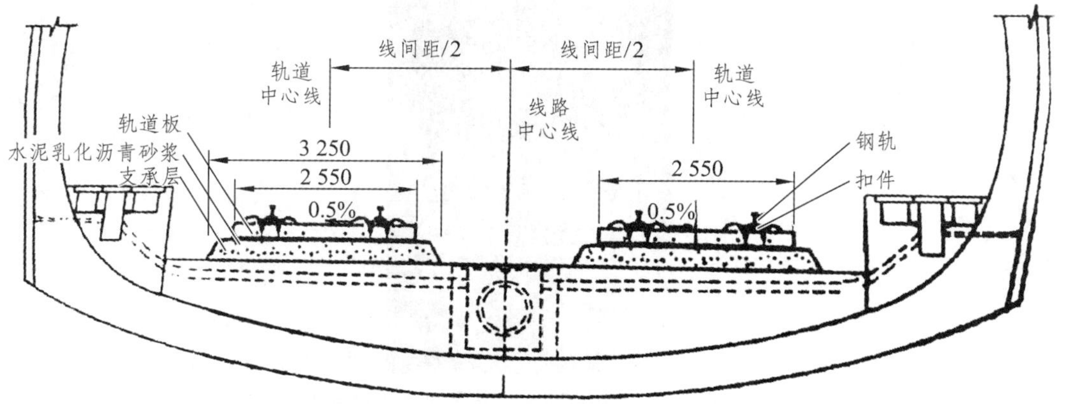

（a）有仰拱隧道

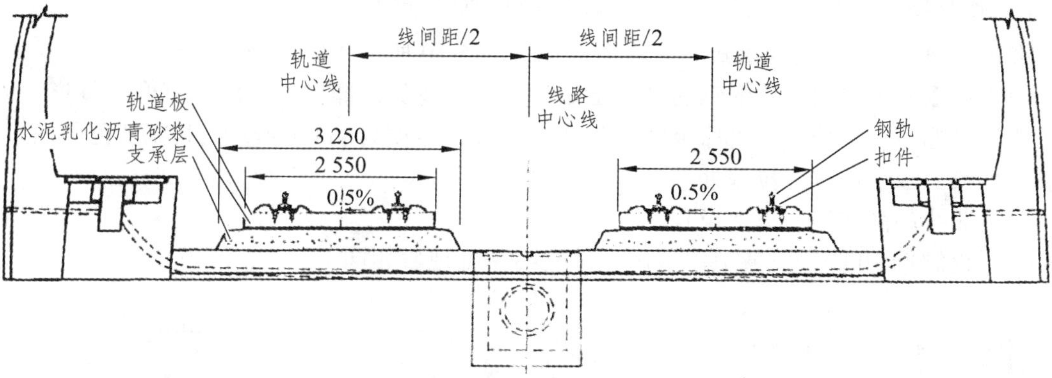

（b）无仰拱隧道

图 5-7　隧道地段 CRTS Ⅱ 型板式无砟轨道结构标准横断面示意（单位：mm）

5.1.3　CRTS Ⅰ 型双块式无砟轨道结构

CRTS Ⅰ 型双块式无砟轨道结构是将预制的双块式轨枕组装成轨排，以现场浇注混凝土方式将轨枕浇入均匀连续的钢筋混凝土道床内，并适应 ZPW-2000 轨道电路的单元轨道板无砟轨道结构形式。其特点是：埋入式结构形式，为引进自德国的雷达 2000（Rheda）无砟轨道技术。

1. 结构及形式尺寸

轨道结构由钢轨、弹性扣件、双块式轨枕、道床板、支承层等组成，如图 5-8 所示。浇注好的观音岩隧道 CRTS Ⅰ 型双块式无砟轨道结构如图 5-9 所示。

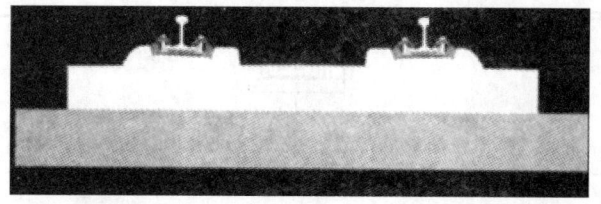

图 5-8　CRTS Ⅰ 型双块式无砟轨道结构

图 5-9 观音岩隧道 CRTS I 型双块式无砟轨道结构

2. 隧道地段 CRTS I 型双块式无砟轨道结构要求

隧道地段 CRTS I 型双块式无砟轨道结构如图 5-10 所示，应符合下列要求：

（1）道床板为纵向连续的钢筋混凝土结构，直接在隧道仰拱回填层（有仰拱隧道）或底板（无仰拱隧道）上构筑。道床板宽度为 2 800 mm，厚度为 260 mm，在其宽度范围内，仰拱回填层或底板表面进行拉毛处理。

（2）曲线超高在道床板上设置。

（3）距洞口 200 mm，隧道内道床板结构与路基地段相同。

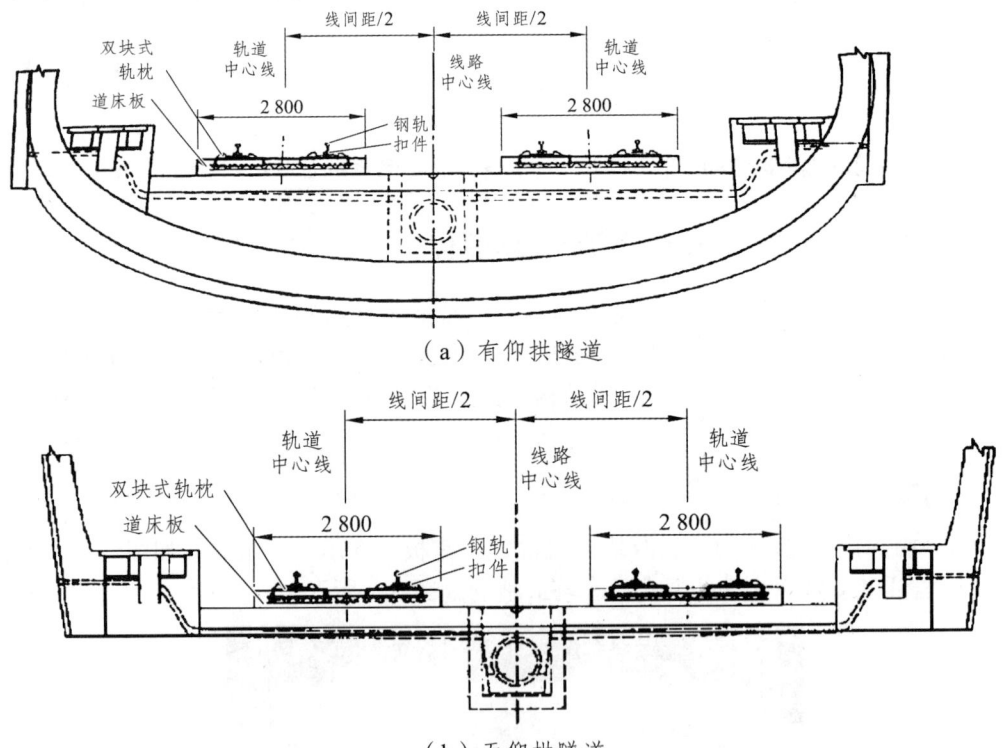

（a）有仰拱隧道

（b）无仰拱隧道

图 5-10 隧道地段 CRTS I 型双块式无砟轨道结构标准横断面示意（单位：mm）

5.1.4 CRTSⅡ型双块式无砟轨道结构

CRTSⅡ型双块式无砟轨道结构是以现场浇注混凝土方式,将预制的双块式轨枕组通过振动嵌入均匀连续的钢筋混凝土道床内,并适应 ZPW-2000 轨道电路的单元轨道板无砟轨道结构形式。其特点是:振动压入式,为引进自德国的旭普林无砟轨道技术。

CRTSⅡ型双块式无砟轨道结构系统在路基、桥梁和隧道内的结构设计与 CRTSⅠ型双块式无砟轨道结构无本质区别。其系统研发的出发点是:CRTSⅡ型双块式无砟轨道结构改变传统的施工方法,提高现浇混凝土结构的施工效率。其与 CRTSⅠ型双块式无砟轨道的主要不同点如下:

(1)为适应其施工方法,双块式轨枕外形和配筋不同。
(2)桥上道床板限位采用底座端部设凹槽限位方式。
(3)为适应其振动压入式施工方法,道床混凝土的水灰比较大。
(4)采用专用施工成套设备,用固定架替代钢轨支撑架,将轨排振动压入预先浇筑的混凝土中,其施工机械化程度高。
(5)施工不需组装轨排,受环境影响小。

隧道地段中 CRTSⅡ型双块式无砟轨道结构系统如图 5-11、图 5-12 所示。

图 5-11 兰渝铁路兰广段隧道地段 CRTSⅡ型双块式无砟轨道结构

图 5-12 某隧道 CRTSⅡ型双块式无砟轨道结构

5.1.5 无砟轨道与有砟轨道过渡段

由于无砟轨道与有砟轨道的刚度和变形差异，必须设置过渡段。过渡段是高速铁路的一个薄弱环节，直接影响列车运行的舒适性和线路的养护维修工作。

1. 无砟—有砟轨道结构过渡段设计的一般要求

（1）过渡段范围的线下基础刚度均匀。

（2）过渡段范围不应设置联合接头和绝缘接头。

（3）设置 20 m 辅助轨（有砟轨道 15 m，无砟轨道 5 m），与基本轨间距不影响大机养修作业。

（4）无砟轨道下部基础（如支承层、底座）向有砟轨道延伸至少 10 m。

（5）过渡段有砟轨道范围，扣件胶垫刚度至少分 3 级过渡。

（6）过渡段约 45 m 有砟轨道范围，采用道砟胶分段（各 15 m）黏结方式，稳定道床。

2. 无砟—有砟轨道结构过渡段实例

图 5-13 为韩国无砟轨道与有砟轨道路基过渡段结构。洞外有砟轨道侧 33.6 m 范围内碎石按照不同的密实度捣固，形成不同的刚度梯度。无砟轨道的素混凝土基础延伸到有砟轨道约 60 m 长度范围内，形成刚度的渐进过渡。

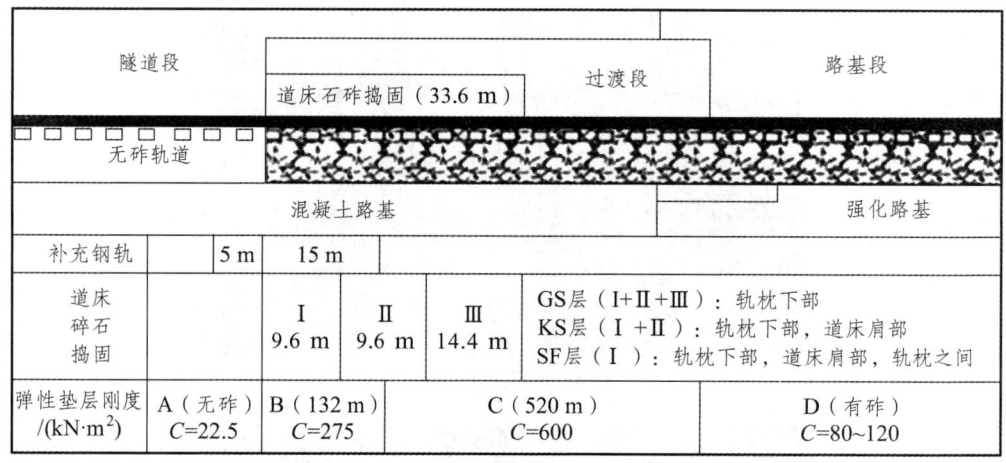

图 5-13 韩国某隧道无砟轨道与有砟轨道路基过渡段结构

图 5-14 为德国某隧道无砟轨道路隧过渡段，在隧道出口铺设 5 cm 厚的硬泡沫板，从隧道出口按照 5.75% 的坡度填筑楔形水泥土，逐步向普通填筑路基过渡。

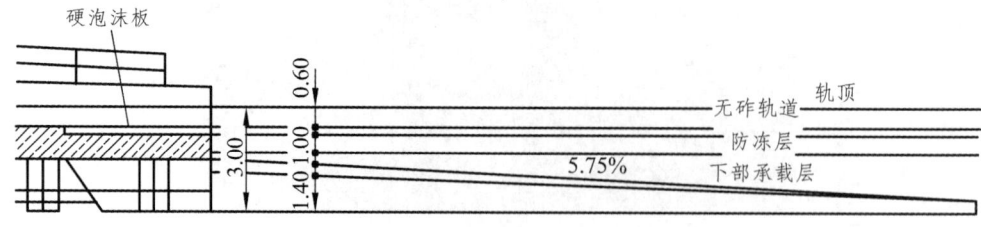

图 5-14 德国某隧道无砟轨道路隧过渡段（单位：m）

5.2 高速铁路隧道防排水设计

高速铁路隧道的防排水质量对隧道使用寿命以及铁路安全运营有着重要的影响。因此，在隧道的设计、施工时应对地表水和地下水做妥善处理，使洞内外形成一个完整的防排水系统，保障结构物和设备的正常使用和行车安全。

5.2.1 防水标准

根据《地下工程防水技术规范》(GB 50108—2008)，地下工程的防水等级为四级，各等级防水标准如表5-3所示。

表5-3 地下工程防水标准

防水等级	防水标准
一级	不允许渗水，结构表面无湿渍
二级	不允许渗水，结构表面可有少量湿渍 工业与民用建筑：总湿渍面积不应大于总防水面积(包括顶板、墙面、地面)的1/1000；任意100 m²防水面积上的湿渍不超过2处，单个湿渍的最大面积不超过0.1 m²； 其他地下工程：总湿渍面积不应大于总防水面积的2/1000；任意100 m²防水面积上的湿渍不超过3处，单个湿渍的最大面积不超过0.2 m²；其中隧道工程还要求平均渗水量不大于0.05L/(m²·d)，任意100 m²防水面积上的水量不大于0.15 L/(m²·d)
三级	有少量漏水点，不得有线流和漏泥砂； 任意100 m²防水面积上的漏水或湿渍点数不超过7处，单个漏水点的最大漏水量不大于2.5 L/d，单个湿渍的最大面积不大于0.3 m²
四级	有漏水点，不得有线流和漏泥砂； 整个工程平均漏水量不大于2 L/(m²·d)；任意100 m²防水面积上的平均漏水量不大于4 L/(m²·d)

根据工程的重要性和使用中对防水的要求，地下工程不同防水等级的使用范围如表5-4所示。

表5-4 不同防水等级的使用范围

防水等级	适用范围
一级	人员长期停留的场所；有少量湿渍会使物品变质、失效的贮物场所及严重影响设备正常运转和危及工程安全运营的部位；极重要的战备工程、地铁车站
二级	人员经常活动的场所；在少量湿渍的情况下不会使物品变质、失效的贮物场所及基本不影响设备正常运转和工程安全运营的部位；重要的战备工程
三级	人员临时活动的场所；一般战备工程
四级	对渗漏水无严格要求的工程

5.2.2 我国客运专线铁路隧道防水标准

为了保证高速铁路安全运行和设备正常运转,根据《客运专线铁路隧道工程施工技术指南》(TZ 214—2005)和《客运专线铁路隧道工程施工质量验收暂行标准》(铁建设〔2005〕160号),隧道衬砌和设备洞室衬砌的防水等级应达到《地下工程防水技术规范》(GB 50108—2008)规定的一级防水标准,即二次衬砌不允许渗水、二次衬砌表面无湿渍。

按照我国《铁路隧道设计规范》(TB 10003—2016)的要求,铁路隧道防排水应采取"防、排、截、堵结合,因地制宜,综合治理"的原则,采取切实可靠的设计、施工措施,保障结构物和设备的正常使用和行车安全。我国的铁路隧道绝大部分为山岭隧道,具有较大埋深,以往多采用"排水型"的设计理念,即通过设置在衬砌背后的盲沟和透水垫层将地下水引入隧道水沟后排出,在确定衬砌荷载时不考虑衬砌受水压力。目前采取的"防、排、截、堵结合,因地制宜,综合治理"的原则,和我国铁路隧道所处的环境状况和地下水发育状况是相适应的,是合理的。

对于修建于城市的地铁隧道,《地铁设计规范》(GB 50157—2013)要求地下结构防水应遵循"以防为主、刚柔结合、多道防线、因地制宜、综合治理"的原则,采取与其适应的防水措施。当采用盾构法修建地铁隧道时,一般采用全包防水。有专家指出:"从保护地下水资源和生态环境出发,浅埋矿山法地铁隧道也应同盾构法隧道,采用全封堵防水衬砌结构,设置'全包'防水层,不设盲沟和透水垫层。"

因此,隧道就分为排水型隧道和防水型隧道两类。在排水对地面生态环境影响不是很大的地区,一般不必控制排水,采用排水型隧道,利用衬砌背后的盲沟等排水设施,让水流入隧道内排水沟排出洞外,但必须保证初期支护和二次衬砌的排水系统畅通。但在下列条件下,需优先使用防水型隧道:

(1)地面生态和社会环境敏感,要求严格限制排水以免对其造成影响,特别是在隧道地区居民分布密集或存在地下水供水水源,大量排放会对环境等造成重大影响的场合。

(2)地表下沉影响较大,从而危及结构物正常使用及周边环境的场合。

(3)地下水具有腐蚀性,需要将地下水与混凝土隔离的场合。

5.2.3 防水工程措施

隧道防水工程措施包括围岩注浆堵水,初期支护喷射混凝土防渗、防水层,施工缝、变形缝防水,衬砌混凝土自防水,衬砌背后回填注浆,等。围岩注浆堵水内容在辅助工法中已介绍,这里不再重复。

1. 喷混凝土防水

喷混凝土作为防水层是被国际隧协所提倡的,但这种观点在国内尚未被广泛接受。喷射混凝土层施作质量和防水效果受围岩开挖、施作工艺及目前业内施工现状影响很大,要在初期支护阶段把防水做好很难实现,但作为复合式衬砌的最外层支护及第一道防水屏障,其在整个隧道防水体系中起着重要的作用。作为防水设计,在今后的工作中应考虑对喷混凝土施工提出具体要求,以提高其防水质量,主要有以下几点:

（1）对围岩基面进行处理：包括对松散危石清理加固和对围岩渗漏水的注浆堵漏、引排等。

（2）对喷混凝土和围岩不完全密贴的处理：主要存在于钢架密集地段，对此主要应依托于施工工艺和现场施工管理，必要时可通过围岩补注浆措施解决。

（3）对突出的锚杆、钢筋头的处理：为确保施作下一道防水工序的顺利进行，应在喷混凝土前对其进行切割处理。

（4）改变喷射混凝土施工工艺：采用湿喷工艺代替干喷或者潮喷工艺。

（5）对喷混凝土材料本身的要求：包括在喷射混凝土的水泥基材中加入粉煤灰、硅粉、磨细的矿渣等或者掺入适量的纤维，包括钢纤维和化学纤维，提高喷混凝土本身的抗渗性和减少裂纹，并在出现裂纹后及时进行补喷或注浆封闭。

2. 防水层

采用复合式衬砌的隧道，在初期支护与二次衬砌之间宜用分离式防水层。分离式防水层由防水板和缓冲层组成，是隧道防水技术的核心，也是保证隧道防水功能的重要措施。

（1）缓冲层。

缓冲层一般采用土工布，应具有良好的导水性、化学稳定性和耐久性，能抵抗地下水或混凝土、水泥砂浆析出水的侵蚀，单位面积质量≥300 g/m2，其技术性能指标见表5-5所示。

表5-5 土工布主要技术性能

项 目	单位	技术指标	备注
断裂能力	$kN \cdot m^{-1}$	≥10（纵横向）	规定按单位面积质量，实际规格基于表中相邻规格之间时，采用内插值法计算相应考核指标 $K=1.0 \sim 9.9$
断裂延伸率		≥20%（纵横向）	
CBR顶破强力	kN	≥2.1	
垂直渗透系数	$cm \cdot s^{-1}$	$K \times (10^{-1} \sim 10^{-3})$	
撕破强力	kN	≥0.33（纵横向）	
化学稳定性		强度下降不小于20%	
生物稳定性		强度下降不小于5%	
可燃性等级		V或Ⅳ	

（2）防水板。

防水板宜选用高分子材料，在规格确定的长度内部允许有接头；防水板表面应平整、边缘整齐，无裂纹、机械损伤、折痕、孔洞、气泡及异常黏着部分等影响使用的缺陷；防水板除特殊要求外，外观颜色应为材料本色，不得添加颜料和填料；在不影响使用的条件下，防水板表面凹痕深度不得超过厚度的5%，防水板的规格尺寸及允许偏差见表5-6。防水板应具备耐刺穿性好、柔性好、耐久性好等特点，并具备一定的阻燃性，其物理力学性能指标见表5-7。

表 5-6　防水板的规格尺寸及允许偏差

项目	厚度/mm	宽度/m	长度/m
规格	1.5、2.0、2.5、3.0	2.0、3.0、4.0	20 以上
平均偏差	不允许出现负值	不允许出现负值	不允许出现负值
极限偏差	−5	−1	—

表 5-7　防水板的物理力学性能

序号	项目		指标		
			EVA	ECB	PE
1	断裂拉伸强度/MPa		≥18	≥17	≥18
2	拉断伸长率/%		≥650	≥600	≥600
3	撕裂强度/(kN/m)		≥100	≥95	≥95
4	不透水性（0.3 MPa/24 h）		无渗透	无渗透	无渗透
5	低温弯折性/℃		≤−35	≤−35	≤−35
6	加热伸缩量/mm	延伸	≤2	≤2	≤2
		收缩	≤6	≤6	≤6
7	热空气老化（80℃×168 h）	断裂拉伸强度/MPa	≥16	≥14	≥15
		扯断伸长率/%	≥600	≥550	≥550
8	耐碱性[Ca(OH)$_2$饱和溶液×168 h]	断裂拉伸强度/MPa	≥17	≥16	≥16
		扯断伸长率/%	≥600	≥600	≥550
9	人工候化	断裂拉伸强度保持率/%	≥80	≥80	≥80
		扯断伸长保持率/%	≥70	≥70	≥70
10	刺破强度/N	防水板厚度/mm 1.5	300	300	300
		2.0	400	400	400
		2.5	500	500	500
		3.0	600	600	600

（3）防水层铺设工艺。

防水层铺设包括铺设准备、缓冲层铺设、防水板铺设、防水板焊接等环节。其施工工艺流程如图 5-15。

3. 施工缝、变形缝防水

施工缝是由于隧道衬砌混凝土施工产生的冷接缝，是防水薄弱环节之一，也是隧道中最易发生渗漏的地方。隧道衬砌施工缝处理不好，不仅造成衬砌混凝土裂缝及洞内漏水，严重影响隧道的正常使用和行车安全，而且还会降低结构的强度和耐久性。为防止由于衬砌不均匀下沉而引起裂损，在地质条件变化显著、衬砌受力不均匀地段，应设置沉降缝；为防止由于温度变化剧烈或混凝土凝结时的收缩影响而引起衬砌开裂，应设置伸缩缝：这两种缝统称变形缝。变形缝应采用柔性材料做防水处理。

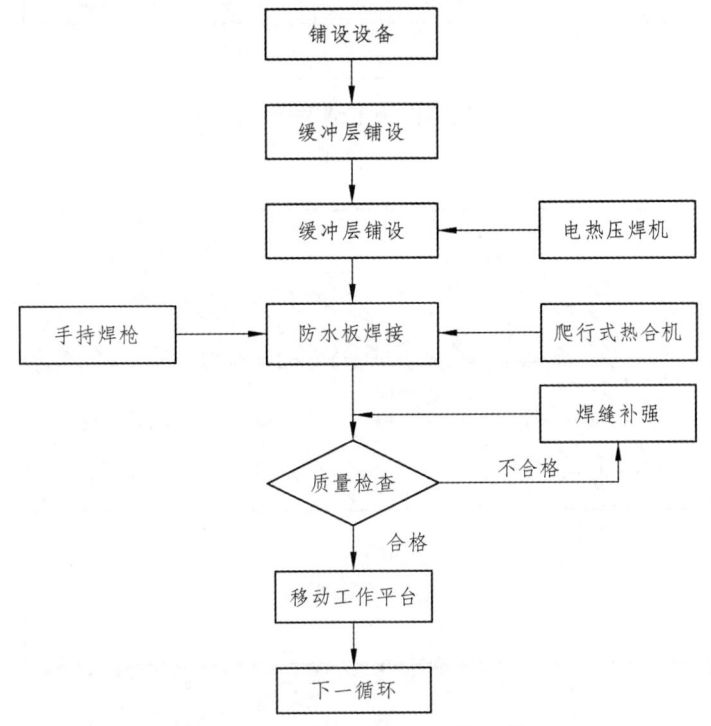

图 5-15　防水层施工工艺流程

（1）施工缝。

拱墙环向施工缝中设置中埋式橡胶止水带及排水管，排水管采用孔径 50 mm 波纹管（外包土工布），如图 5-16；仰拱环向施工缝设置中埋式橡胶止水带，如图 5-17 所示；纵向施工缝处混凝土接触面涂以混凝土界面剂处理，如图 5-18。

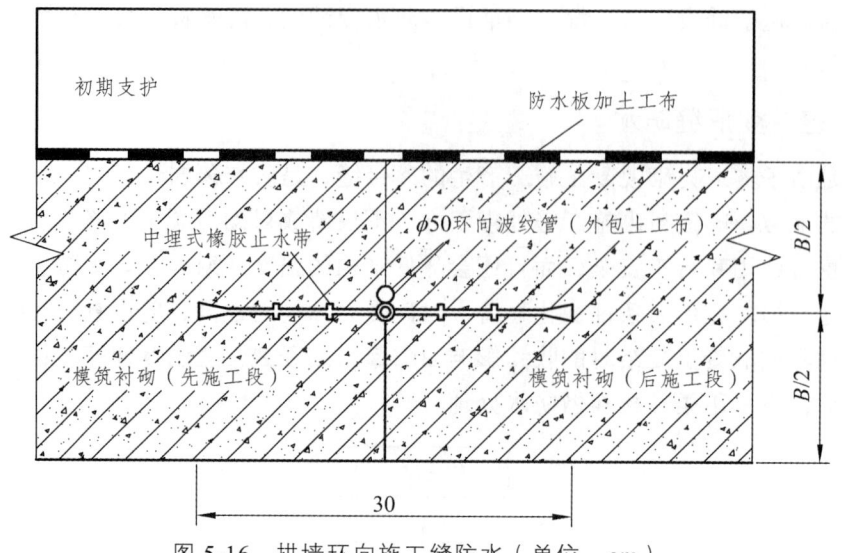

图 5-16 拱墙环向施工缝防水（单位：cm）

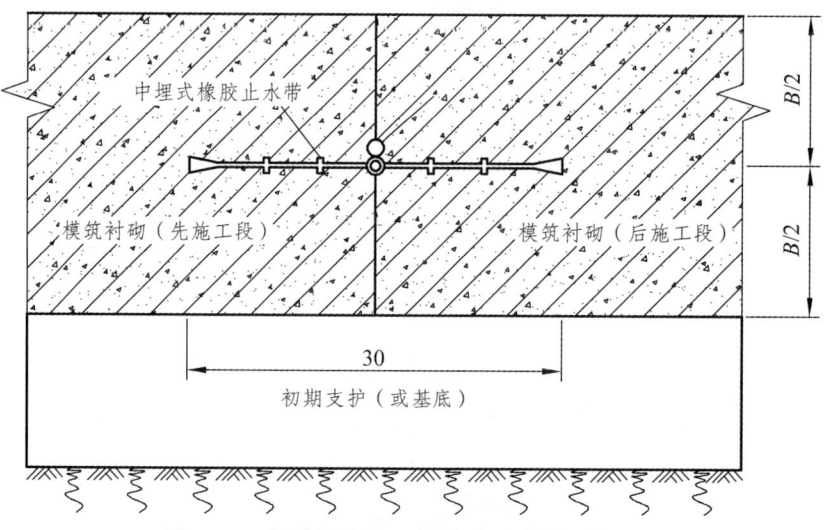

图 5-17 仰拱环向施工缝防水（单位：cm）

（2）变形缝。

变形缝中设置中埋式橡胶止水带。拱墙变形缝处衬砌内缘设置钢板接水盒、内缘 3 cm 范围内以聚硫密封胶封堵，其余空隙采用填缝料填塞密实，如图 5-19。为减少仰拱变形缝两侧沉降，仰拱部位二次衬砌内设直径 50 mm 双层抗剪钢筋，钢筋环向间距 50 cm，仰拱变形缝空隙采用填缝料填塞密实，如图 5-20。

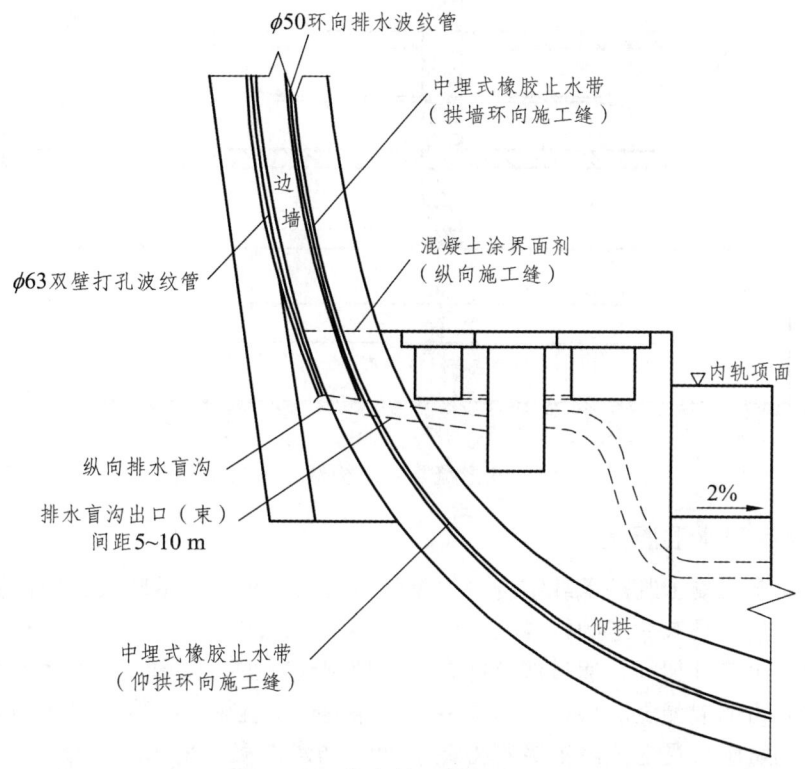

图 5-18 纵向施工缝防水示意

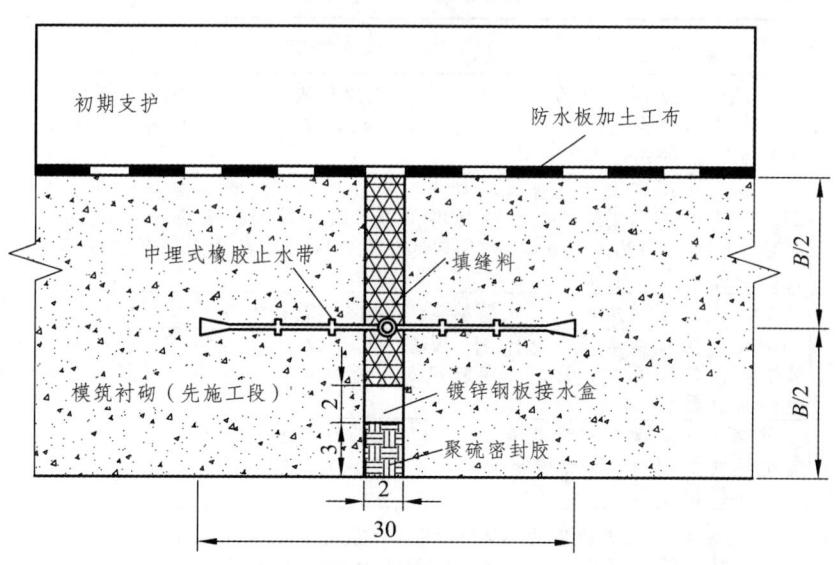

图 5-19 拱墙变形缝防水（单位：cm）

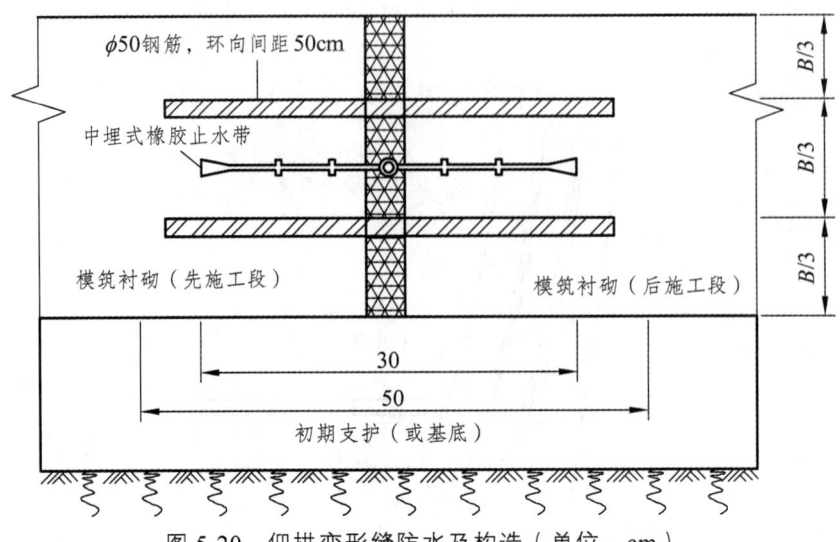

图 5-20 仰拱变形缝防水及构造（单位：cm）

4. 二次衬砌防水混凝土

隧道二次衬砌混凝土既是承载结构，也是隧道防水的最后一道防线，因此要求衬砌既要有足够的强度，还要具有一定的抗渗性。防水混凝土是以水泥、砂、石为原料，通过规定的级配比，并掺入少量外加剂，通过调整配合比，抑制或减少孔隙率，增加密实性，配置成的具有一定抗渗能力的混凝土。根据《客运专线铁路隧道工程施工技术指南》（TZ 214—2205）要求，二次衬砌防水混凝土抗渗等级不得低于 P8。防水混凝土采用应符合表 5-8 的规定，防水混凝土施工应符合《地下工程防水设计规范》（GB 50108—2008）的有关规定。

表 5-8 防水混凝土原材料技术要求

材料名称	技术要求
水泥	水泥的强度等级宜为 42.5 级；在受侵蚀介质作用时，应按介质的性质选用相应的水泥；在受冻融作用时，应优先选用普通硅酸盐水泥，不宜用火山灰质硅酸盐水泥和粉煤灰硅酸盐水泥
砂、石	除应符合国家现行《普通混凝土用碎石或卵石质量标准及检验方法》（JGJ 53）的规定外，不得使用碱活性粗、细骨料，石子最大粒径不宜大于 40 mm，且级配连续，含泥量不得大于 1%，泥块含量不得大于 0.25%；砂宜采用中砂，含泥量不得大于 3%，泥块含量不得大于 1%
水	拌制混凝土所用的水，应符合国家现行《混凝土拌合用水标准》（JGJ 63）的规定
外加剂	可根据工程需要掺入减水剂、膨胀剂、防水剂、密实剂、引气剂、复合型外加剂等外加剂，其品种和掺量应经实验确定。所有外加剂应符合国家或行业标准一等品及以上的质量要求
掺合料	可掺入一定数量的粉煤灰、磨细矿渣粉、硅粉等。粉煤灰的级别不应低于二级，掺量不宜大于 20%；硅粉掺量不应大于 3%；所有外加剂应符合国家或行业标准一等品及以上的质量要求
总碱量	每立方米防水混凝土中各类材料的总碱量（Na2O）应符合国家现行《铁路混凝土工程预防碱－骨料反应技术条件》（TB/T 3054）的规定
氯离子含量	混凝土中氯离子含量应符合国家现行标准《混凝土结构设计规范》（GB 50010）的相应规定

5. 衬砌背后注浆

回填注浆是二次衬砌完成后，为了填充二次衬砌与防水板之间的空隙而进行的注浆。纵向注浆管设于拱顶模注衬砌外缘、防水板内侧，纵向注浆管孔径 20 mm，采用聚乙烯管；在防水板敷设完成后，采用胶黏于防水板内侧，结合施工缝布置，注浆管 8~10 m 一段，两端分别与预设的直径 20 mm 镀锌钢管注浆口连接；镀锌钢管注浆口突出衬砌内缘 3~5 cm，以便于连接，如图 5-21 和图 5-22。

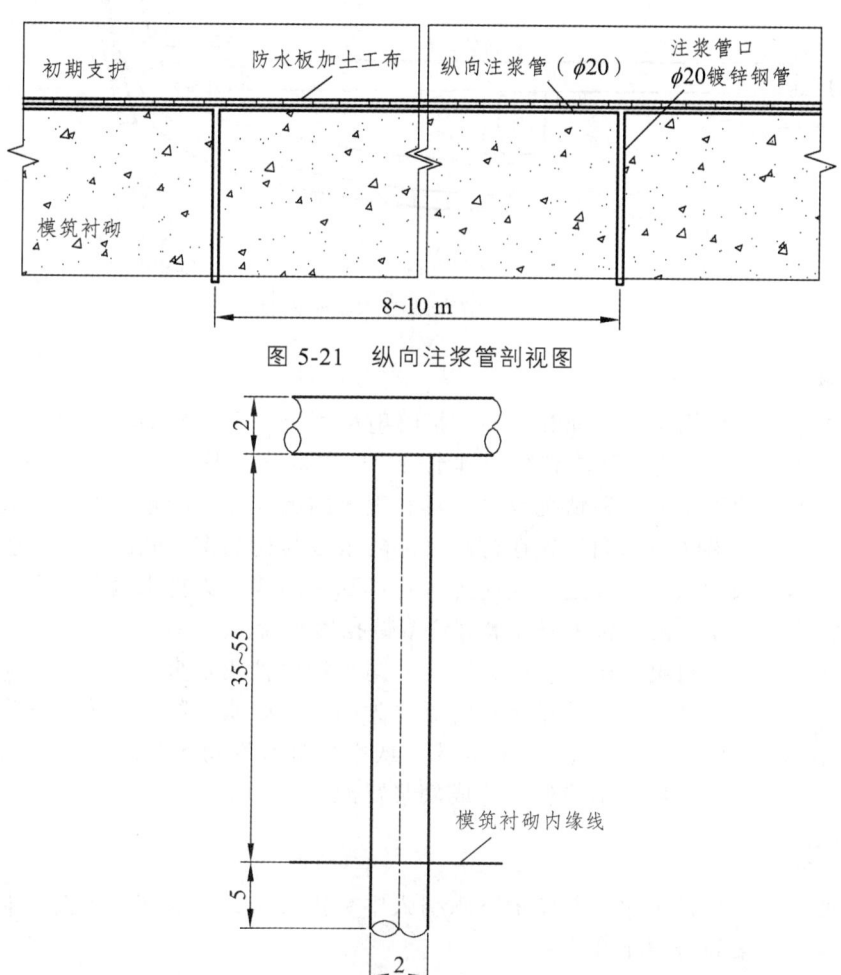

图 5-21 纵向注浆管剖视图

图 5-22 注浆口结构示意（单位：cm）

回填注浆材料一般采用 1:1 水泥浆液，有时候根据注浆目的、注浆工艺也会选用水泥砂浆，或掺有石灰、黏土、膨润土、粉煤灰的水泥浆液；回填注浆应在衬砌混凝土达到设计强度的 70%后进行，注浆压力控制在 0.05~0.1 MPa 之间。

5.2.4 排水工程措施

在排水型隧道中，必须做好衬砌背后的排水系统，使水能够通畅排除。隧道排水系统主要包括环向排水盲管、纵向排水盲管、侧沟、横向排水盲管和中央排水沟这一体系。图 5-23 是高速铁路隧道综合防排水系统断面示意。

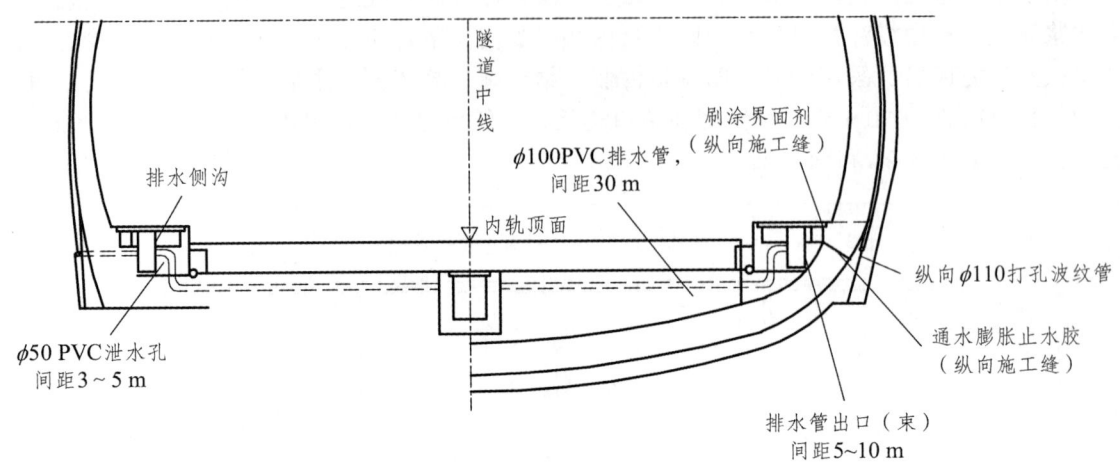

图 5-23　综合防排水系统断面

1. 排水盲管

环向排水盲管的作用是在岩面和初期支护喷射混凝土之间、初期支护喷射混凝土与防水板之间提供过水通道，并使之下渗到纵向排水管。环向盲管一般选用直径为 50 mm 软式透水管，其视施工期间地下水的渗漏情况设置，具有很大的灵活性，间距一般不应大于 10 m。

纵向排水盲管是沿隧道纵向设置在衬砌底部防水板与初期支护间的透水盲管，作用是将环向排水管等排下来的水汇集并通过横向排水管排到侧沟或中央排水沟中。目前常用的纵向排水管是直径为 80~150 mm 的弹簧排水盲管或带孔透水管。

横向排水盲管位于衬砌基础的下部，布设方向与隧道轴线垂直，是连接纵向排水管与侧沟或中央排水沟的水流通道。横向排水盲管通常为高强度硬质塑料管，施工中先在纵向盲管上预留接头。接头要牢靠，保证纵向盲管与侧沟或中央排水沟间水路通畅，严禁接头处断裂，致使纵向盲管排出水在基床面下漫流，造成翻浆冒泥。

2. 侧　沟

侧沟主要用于汇集地下水，并将地下水引入中央排水沟，同时起到沉淀和兼顾部分排水的作用。侧沟设置要符合以下要求：

（1）侧沟坡度应与线路坡度一致。

（2）水沟断面应根据水量大小确定，要保证有足够的过水能力，且便于清理和检查。单线隧道水沟断面不得小于 25 cm × 40 cm（高 × 宽），双线隧道断面一般不应小于 30 cm × 40 cm（高 × 宽）。

（3）洞内水沟均应铺设盖板。

（4）根据地下水情况，于衬砌墙脚紧靠盖板底面高程处，每隔一定距离设置一个 10 cm × 10 cm 的泄水孔。

（5）中央排水沟。

中央排水沟是主要排水沟，能同时汇集道床顶部积水，疏干底板下积水。

Part 6 高速铁路隧道洞门缓冲结构及景观设计

6.1 新型洞门形式

相对于传统的铁路隧道洞门，高速铁路隧道洞门结构的设计本着简洁大方、美观实用、保护环境的原则，以不刷坡或少刷坡施作的突出山体的切削式洞门为主要建筑形式。除个别需要的工点（靠近城市、旅游景区等）外，不做更多的建筑装饰，体现自然美的环境意识。根据切削方式的不同及一些功能上的要求，铁路隧道洞口及新型洞门的基本类型包括：直切式、倒切式、正切式以及弧形挡墙切削式等。现分述如下。

6.1.1 直切式洞门

直切式洞门适用于洞口山体坡度较陡或距离城市较近或有风景要求的隧道，如图6-1所示。

图6-1 直切式洞门

6.1.2 正切式洞门

正切式洞门适用于洞口山体坡度较缓，或距离城市较近，或有风景要求，或桥隧相连地段的隧道，如图6-2所示。

6.1.3 倒切式洞门

倒切式洞门适用于洞口岩层稳定、整体性好、洞口山体坡度很陡，或峭壁岩体处的隧道，如图6-3所示。

图 6-2　正切式洞门

图 6-3　倒切式洞门

6.1.4　弧形挡墙加切削式洞门

如果洞口山体坡度很缓，且洞口外有路堑边坡时，可以考虑采用弧形挡墙式，使弧形挡墙与路堑边坡有机连接，如图 6-4 所示。

图 6-4　弧形挡墙加切削式洞门

不同的洞口形式可以采用不用的排水形式。直切、正切式隧道洞门采用加檐型或喇叭口型排水形式，倒切式隧道洞口最好采用喇叭口型排水形式，弧形挡墙式隧道门采用加檐型排水形式。计算机虚拟技术的发展，方便了方案的比选。新型洞门可以采用计算机静动态效果图，在隧道洞口三维地形模型的基础上，进行隧道洞口段的建筑设计。设计中要注意洞口与地形、地貌的紧密结合及与隧道周边自然环境的完美协调，进行方案的比选。

6.2 洞口缓冲结构设计

对于高速铁路隧道，当高速列车进入隧道后，由于空气动力学效应在洞口产生的微气压波在有些条件下会产生极大的爆炸声，严重的可使建筑物的玻璃破碎，对环境造成污染，采用较大的隧道断面（单线 70 m²，双线 100 m²）基本上可消除这种爆炸声。但是，当车速达到或超过 300 km/h 时，洞口噪声会明显增大，对洞口附近居民或建筑物就会产生更大的影响。现有的研究结果表明，如前面章节所述，缓冲结构，尤其是开孔型缓冲结构，大大消减了微气压波的高频成分（尤其是频率高于 20 Hz 的人耳可以听到的那一部分）能量，从而消除了洞口的声爆问题。同时，设置缓冲结构使得隧道附近房屋轻型结构如窗户、百叶窗等产生突然移动的低频部分也得到了有效消减。因而，通过在隧道增设适当的缓冲结构，能够有效地消除隧道出口的微压波现象。隧道洞口缓冲结构设置应考虑列车类型及长度、隧道长度、隧道净空有效面积、隧道轨道类型、隧道洞口附近地形和居民情况等因素。表 6-1 为洞口缓冲结构的设置要求。

表 6-1 缓冲结构设置要求

建筑物距洞口距离	特殊环境要求	基准点	微气压波峰值
<50 m	有	建筑物	按要求
<50 m	无	建筑物	≤20 Pa
≥50 m	有	距洞口 20 m	<50 Pa

6.2.1 设计规定

我国现行高速铁路设计规范，对隧道洞口缓冲结构设计做如下规定：

（1）缓冲结构形式应从实用美观角度出发，结合洞口附近的地形环境条件确定，宜采用与隧道衬砌内轮廓形状相似的开孔式结构，也可采用其他结构形式。

（2）缓冲结构当横断面不变时，侧面或顶面应开减压孔，减压孔面积可根据实际情况确定，宜为隧道净空有效面积的 1/5 ~ 1/3。

（3）缓冲结构宜采用钢筋混凝土结构。

（4）预留设置缓冲结构条件的洞口，当有路基挡土墙时，其位置应在缓冲结构之外。

另外应注意的是：当隧道洞口上方有公路跨越时，公路应设置防撞护栏及监测设备；两座隧道洞口距离小于 30 m 时，宜采用明洞形式将两座隧道连接，以提高列车安全性和旅客舒适性。

6.2.2 设置原则和结构形式

一般情况下，列车速度越高，隧道阻塞比越大，所需要的缓冲结构越长，在缓冲结构周壁上的开孔设置也越复杂。但是，为建造方便，通常采用断面积不变，侧面或顶部开孔的开孔型缓冲结构作为缓冲结构的标准型。下面以合（肥）福（州）铁路隧道为例，对缓冲结构的设置原则和结构形式进行阐述。

合福铁路隧道缓冲结构形式采取在隧道顶部开孔方式，开孔大小为 3 m（纵向）× 3.2 m（横向），根据隧道的具体情况，一般隧道洞口的缓冲结构设置原则及结构形式如表 6-2 所示。

表 6-2 缓冲结构设置原则及结构形式

序号	隧道长度	适用缓冲结构形式	开孔个数	备注
1	<500 m	帽檐斜切开孔式缓冲结构（L-19 m），如图 6-5 喇叭口倒开孔式缓冲结构（L-10 m），如图 6-6	1	洞口有环境敏感点设置
2	500～1 000 m	帽檐斜切开孔式缓冲结构（L-19 m），如图 6-5 喇叭口倒开孔式缓冲结构（L-10 m），如图 6-6	1	
3	1 000～3 000 m	帽檐斜切开孔式缓冲结构（L-24 m），如图 6-7 喇叭口倒开孔式缓冲结构（L-15 m），如图 6-8	2	
4	3 000～5 000 m	帽檐斜切开孔式缓冲结构（L-29 m），如图 6-9 喇叭口倒开孔式缓冲结构（L-20 m），如图 6-10	3	
5	5 000 m 以上	帽檐斜切开孔式缓冲结构（L-34 m），如图 6-11 喇叭口倒开孔式缓冲结构（L-25 m），如图 6-12	4	

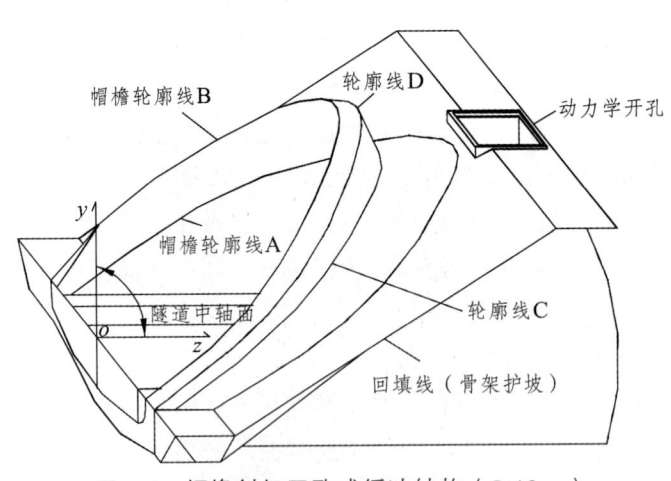

图 6-5 帽檐斜切开孔式缓冲结构（L-19 m）

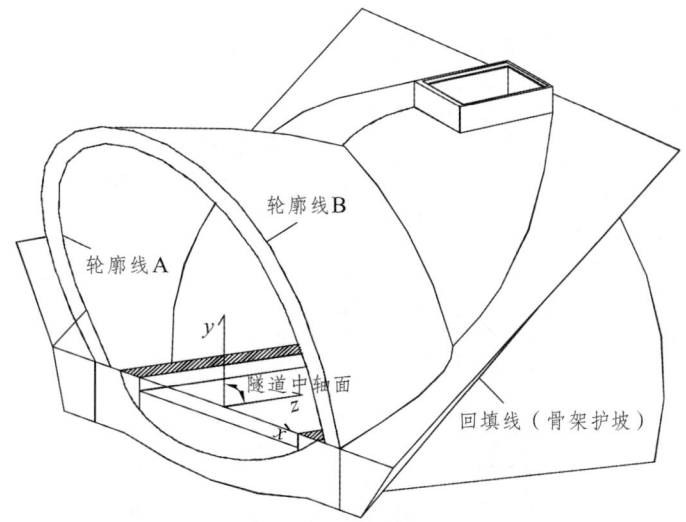

图 6-6　喇叭口倒开孔式缓冲结构（L-10 m）

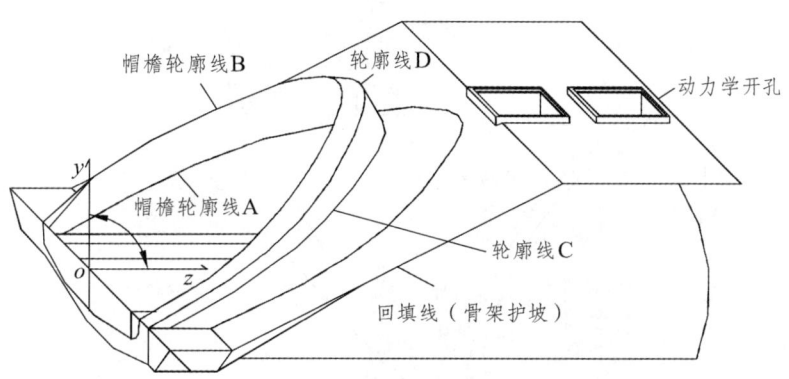

图 6-7　帽檐斜切开孔式缓冲结构（L-24 m）

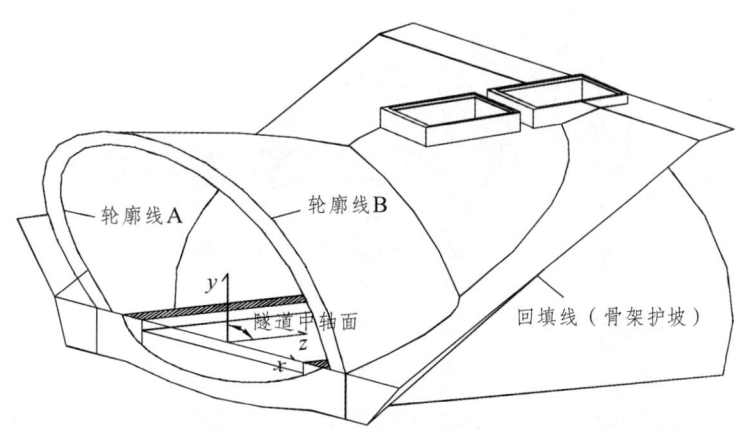

图 6-8　喇叭口倒开孔式缓冲结构（L-15 m）

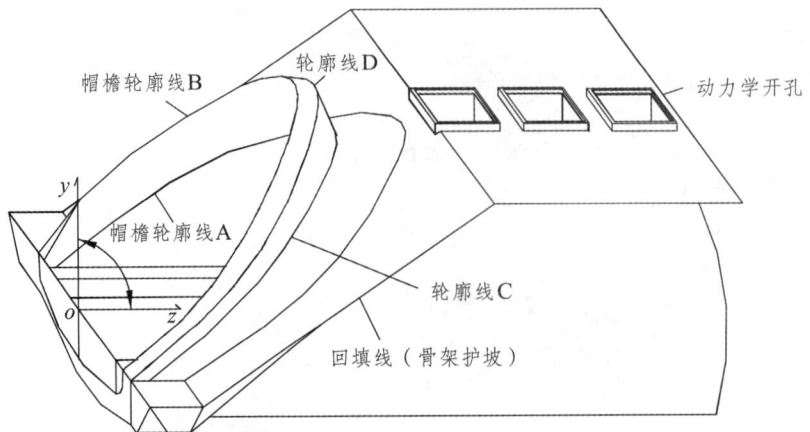

图 6-9 帽檐斜切开孔式缓冲结构（L-29 m）

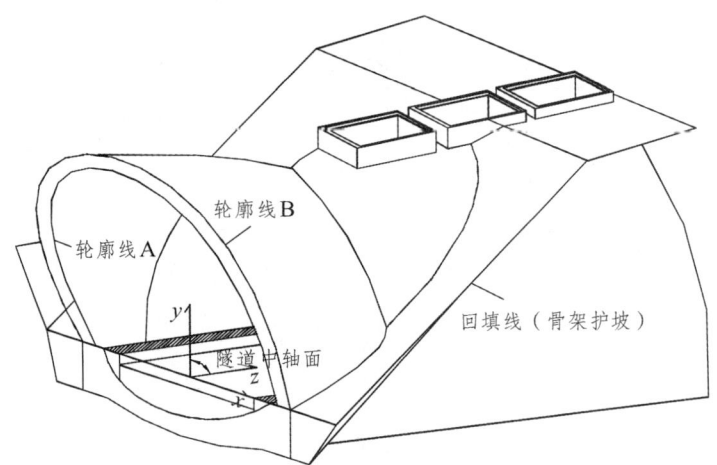

图 6-10 喇叭口倒开孔式缓冲结构（L-20 m）

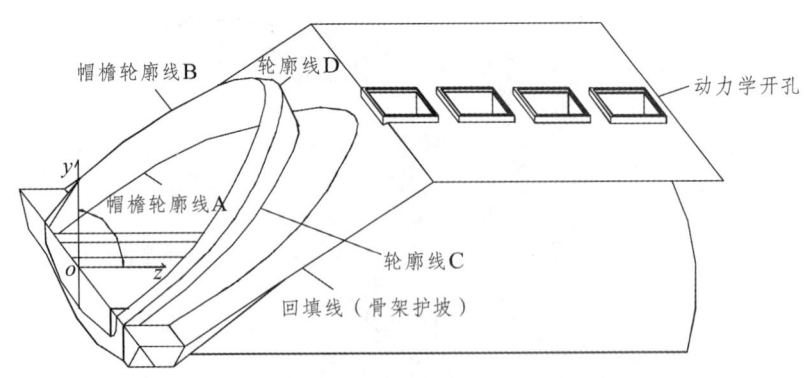

图 6-11 帽檐斜切开孔式缓冲结构（L-34 m）

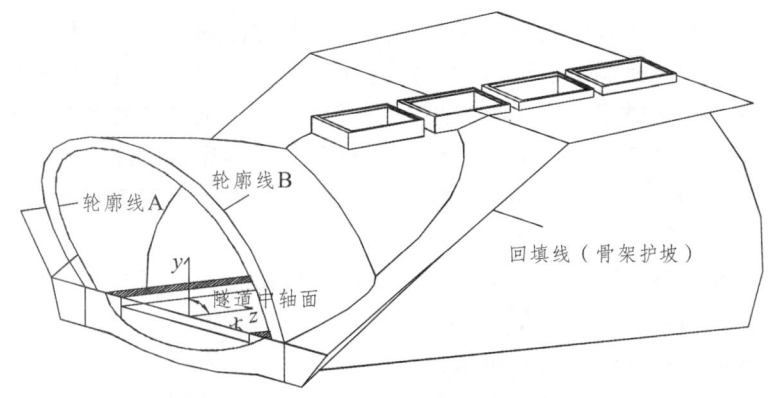

图 6-12 喇叭口倒开孔式缓冲结构（L-25 m）

因地形、地质条件等因素影响选用标准型存在困难时，可因地制宜，采用其他形式的缓冲结构。武汉—广州客运专线部分隧道的缓冲结构形式采用了矩形截面顶部开孔型（图 6-13）、扩大断面开孔型（图 6-14）。

图 6-13 矩形截面顶部开孔型缓冲结构

图 6-14 扩大断面开孔型缓冲结构

6.3 洞口建筑设计实用方法

目前，隧道洞口建筑设计方法还处于研究阶段，没有也不可能有统一的模式，但从实用角度出发，隧道洞口的建筑设计，一般可以按以下步骤和方法进行：

（1）在选定的洞口位置，用地表测绘或数码相机进行多方位的摄影，作为洞口背景和洞口形式合成的景观模拟基础资料。

（2）在室内对照片进行画像处理，包括地形、地貌、植被、坡体形状等。

（3）洞口类型及形式的定性选择。目前，洞口的形式主要有贴壁式和突出式两大类，应首先在这两大类中取舍，当洞口的基本形式确定后，再对其进行细部建筑的研究。

（4）从隧道洞口数据库中，选择合适的洞口类型和形式，进行建筑样本的比较研究。

（5）研究之前，应确定洞口建筑的评价方法、评价体系和评价指标。

（6）把初步选定的几个比较方案，在一定层次人员中，如司机、乘务人员、大学生、专业人员、领导层人员等，对各组的建筑样本，按照评价指标进行评价。

（7）根据评价结果，确定设计方案，进行包括景观、细部结构和建筑设计。设计方法主要是经验性的，通过类似工程的对比决定与周边环境条件协调的洞口结构。

上述设计方法的关键是洞口景观数据库的建立和完善，应该尽可能地将国内外已经得到较好评价的洞口建筑实例收集起来，作为进一步研究洞口建筑设计的参考样本。从建筑设计的个性化角度看，这些样本只能作为参考。真正符合实际的建筑设计，还要依靠工程师和建筑师的共同创造。目前已经建立的洞口建筑设计数据库，大约有近200多个样本，可以作为设计中的重要参考依据。

数据库中的主要内容是隧道洞口信息表。隧道洞口信息表中选用的字段有序号、所在国家、用途、线形、洞口形式、切削形式、其他形式、洞口图形等8个，包含基本信息、设计信息和相关信息3类，体现隧道的基本情况、洞口图片的主要设计要素及相关设计要素的情况。数据库为洞口景观理论研究提供了大量生动、现实的隧道洞口样本，是隧道洞口理论研究中经验学派的研究基础，也为隧道洞口评价提供了大量的样本。

另外，数据库对日常设计工作提供了现实的指导作用，数据库的实际应用主要表现在查询方面。按照限定的条件等都可以进行查询，筛选出具有指导意义的洞口设计方案。从查询的图片中，可分析出满足特定条件的一类洞口设计的设计规律和与环境的协调程度，甚至包括不足之处，从而指导新的洞口建筑设计。

6.4 洞口景观设计

6.4.1 景观设计的原则和设计要素

景观设计是一种能够表达当前科学、技术和人类意识活动的形式语言。景观是一个综合的整体，它是在一定的经济条件下实现的，必须满足社会的功能，也要符合自然的规律，遵循生态原则，同时它还属于艺术的范畴，缺少了其中任何一方面，设计就存在缺陷。

景观设计应突出工程与自然的和谐，第一条原则就是要尊重自然，尊重自然的山、自然的地形地貌、自然的水。此外，景观设计还应遵循以下基本原则：

1. 适用性

建筑景观的设计主要是以使用者的需求为对象来考虑的，各种设施、设备、配置及动线均须符合人性化的要求，并综合考虑各项因素的影响，这样才能作出更合适的设计，以发挥所设计的结构物及其景观的最大功效。

2. 经济性

在设计上要做到对费用、空间和时间的合理利用，达到"省本多利"的目的。
（1）合理花费。
（2）尽可能地使用当地现有的材料，或对不同品质、不同价格的建筑材料多加比较、衡量。
（3）力求使设计简单化。
（4）对建筑景观设计分步骤、有次序地进行，减少建设初期的一次性投资，以时间换取金钱。
（5）合理利用空间，使空间利用率达到最大的效果。

（6）运用空间经济方法：选择节省空间的材料；设施的布置简明有力，达到每种设施均有其独到的功能与目的，不显多余；利用借景（将远近景物引入景观设计的空间中，有效地增加景观的特色并拓展空间；好的景色加以借引，不好的景色则遮蔽之），使有限的空间扩展到无限；利用错觉使空间感觉大一些；寻求被浪费或未被注意的额外空间，充分发挥景观设计扩大空间感觉的效能。

（7）缩短成景时间，可以节约造价，并使施工和维护管理的时间减少。

3. 美观性

景观设计的美包括视觉、嗅觉、听觉、味觉等多方面，但目前多偏重于视觉上的美观。景观设计应在注重设计的社会性、群众性及经济实用性之后再论及美。景观设计的美实际上是指自然美加以人工化的人工模拟的自然美，因而可以由美的种类、美的表现方式及美的造型组合法则来表达。

（1）美的种类。

① 柔美：优雅可爱的组合。

② 刚美：有个性力量的组合，使人看到后内心激动。

（2）美的表现方式。

① 形象美。

② 意境美：意境美是意义与境界的表达，为一种内涵美，它需要所见者依经验、情感、灵性、修养去感觉和体会，它表现出的特色，因人、因时、因地的感受不同而不同。意境美不易表达，须有感触才能创作出意境美。

（3）美的造型组合法则。

① 美是抽象的，各人感受不同。

② 遵循调和、对比、均衡、比例、韵律等法则。

③ 组合方式应于统一中求变化，表现出设计的独特风格。

隧道洞口景观设计主要应考虑自然景观要素与人工景观要素相结合。

自然景观要素主要包括地形和地貌两个因素。地形因素是洞门景观要素必须考虑的内容之一。植被有无、植被组成发育程度、秃山岩石形态等是隧道洞口景观设计要考虑的地貌因素。

人工景观要素主要包括：

（1）当地地理、历史、文化（建筑符号）。

（2）隧道洞门造型——几何图形、体的选择和组合。

（3）相关工程——洞口相连工程（如桥隧相连、路隧相连），洞口设风机及辅助用房，双线水平之间有开阔地带可造园，双线高低、前后、错落等。

（4）装饰材料（材质）——条纹、色彩、光线（照明）等。

（5）铭牌形式——墙顶嵌入式、侧墙嵌入式、洞身侧壁镶嵌式、洞口架立式、洞口山体刻字、洞口建筑雕刻小品（孤石）。

在进行人工景观设计（造景）的同时，要注意与自然景观的和谐一致（借景），主张天人合一；各种人工景观（相邻工程）之间也应考虑相互之间的协调关系；除此之外，硬质景观（隧道洞门结构）与软质景观（洞口及周边的装饰、绿化、植被等）的协调一致也是不容忽视的。以上"三协调"要综合地加以分析，同时考虑费用上与需求之间的关系，才能做出合理科学的方案选择。图 6-15～图 6-17 所示是一些比较成功的案例。

图 6-15　我国台湾高速铁路某隧道洞口

图 6-16　韩国高速铁路某隧道洞口

图 6-17　我国台湾高速铁路某隧道洞口

6.4.2　国内外洞口工程实例

铁路隧道洞口的设计应本着简洁大方、美观实用，以不刷坡或少刷坡、保护洞口环境、体现自然美为原则。现代型铁路隧道洞口应尽量不用支挡。洞口段要全部采用天然植被或人工植被恢复成施工前状态（图 6-18）。有些地段由于稳定性的要求，需要护坡，则可以采取局部支挡措施。局部支挡的形成可以是下半部用混凝土支护，上半部恢复植被（图 6-19），也可以采用格栅或网格护坡，然后在网格中恢复植被，等到植被茂盛时，格栅或网格被遮盖，达到比较好的效果（图 6-20）；如果局部支挡还达不到稳定要求时，则可全部支挡，不过也没有必要完全封闭洞口段仰坡，可采取阶梯型支护，每一个阶梯侧面支挡，顶面恢复植被，支护植被交替出现，融为一体（图 6-21）。

以上洞口都是先开挖洞口段少部分，施作明洞，再回填土形成的。回填土也是有文章可作的，比较自然的回填可以使人感觉不到开挖过的痕迹（图 6-22）。

随着经济的发展和社会的进步，开挖深路堑已经越来越少被采用，取而代之的是修建明洞再回填恢复植被，往日的一连串路堑被今日的隧道群取代，这也是今后环保日益受到重视的一种发展趋势（图 6-23、图 6-24）。

图 6-18　不采取支挡的完全绿化洞口

图 6-19　局部支挡的完全绿化洞口

图 6-20　局部支挡（格栅）的绿化洞口

图 6-21　阶梯型护坡的绿化洞口

图 6-22　比较自然回填的绿化洞口

图 6-23　鸟瞰隧道群

图 6-24　我国台湾高速铁路隧道群

尽管铁路景观的要求比公路低，主要以满足环保要求为标准，简洁大方，不做太多的装饰，不过在靠近城市或风景区的隧道洞口则需考虑进行一定的美化装饰。图 6-25 所示洞口虽然还未完全恢复植被，但读者也许已经发现一双眼睛在注视着你，整体呈现出脸谱形状；图 6-26 所示为日本一公路隧道洞口，值得借鉴。

图 6-25　德国高速铁路某隧道洞口

图 6-26　日本一公路隧道洞口

切削式洞口不仅建筑形式简洁、美观，符合环保、生态和景观设计的潮流，而且同时也是一种与缓冲结构的有机结合，可以说是达到了建筑学、景观学和力学的统一。

图 6-27 为我国台湾高速铁路上的某座隧道洞口，洞口的扩大口和洞口顶部的两个天窗起到了为缓解空气动力学效应修建的缓冲结构的作用，避免了旅客乘坐高速列车经过隧道时诱发的压力波动造成的耳膜不适。

图 6-27　我国台湾高速铁路某隧道洞口

图 6-28 和图 6-29 分别为韩国和德国的高速铁路隧道洞口，两者的洞口形式相似，都是在正切洞口的基础上加了帽檐，帽檐的形式可以多种多样。

图 6-28　韩国高速铁路某隧道洞口　　　图 6-29　德国高速铁路某隧道洞口

以上的洞口景观设计实例体现的思想在我国高速铁路隧道洞口工程设计中得到体现，如前文 6.2 所述。

高速铁路隧道结构耐久性设计

7.1 耐久性的概念

隧道结构耐久性是指隧道结构在自然环境、使用环境及材料内部因素的作用下，在设计要求的目标试用期内，在预期的少维修、可维修但不大修的条件下而保持其安全、使用功能和外观要求的能力。

传统的隧道结构设计往往忽视了结构的耐久性设计，使得隧道结构在要求的时间内难以满足安全性和适用性的要求。隧道结构应能在规定的时间内承受可能出现的各种作用，必须具有足够的安全性。在满足结构安全性的情况下，隧道结构还应该在结构的变形、裂缝、位移、振动等方面满足结构正常使用的功能和适用性要求。同时，在环境作用、正常维修的使用条件下，隧道结构还必须具有保持结构安全性和适用性的能力，以满足结构耐久性的要求。

通过进一步的分析可以发现，隧道结构耐久性与其所处环境、结构材料和结构本身等诸多方面有关。同时，引起隧道结构耐久性失效的原因存在于结构的设计、施工及维护的各个环节。一般来说，结构物随使用年限的增加，由于外部条件的变化和养护维修管理不善，结构物会慢慢劣化，其性能要降低。其劣化程度，视各种条件有很大的差异，这种结构物性能的历时变化，可用图7-1的劣化曲线表示，图的横轴表示经历年限，纵轴表示性能。

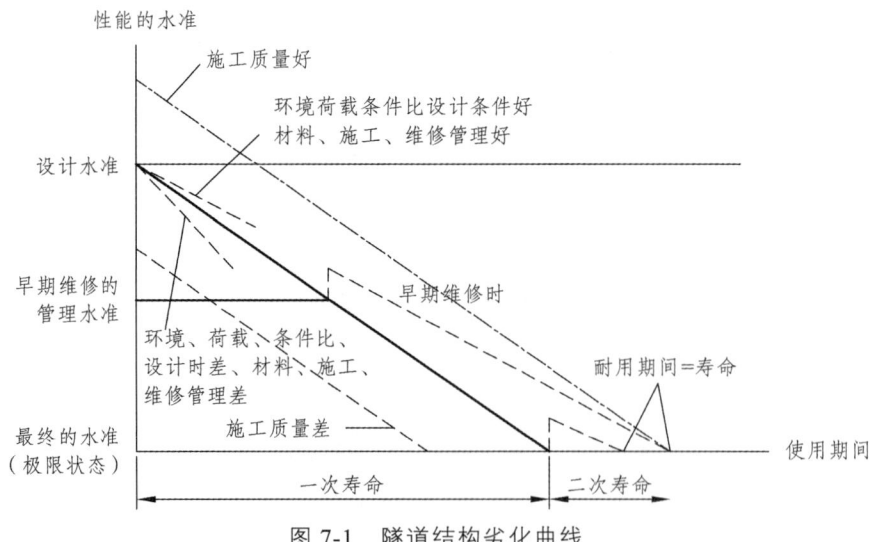

图 7-1 隧道结构劣化曲线

7.2 不重视耐久性设计引起的工程病害

7.2.1 "三阶段说"告诉我们进入第二阶段耐久性问题突显

发达国家基本建设的历史经验告诉我们,修建历程大致分为三个阶段:
(1)第一阶段为大规模新建。
(2)第二阶段为新建与维修改造并重。
(3)第三阶段重点逐渐转向既有建筑物的维修改造。

世界各国在第一阶段高速发展时往往重建设轻维护,加之设计标准低且质量问题也比较突出,所以当进入第二阶段时,既有建筑物耐久性不足,维修费用猛增,问题突显,苦不堪言。不仅桥梁、房屋等地上结构如此,隧道结构也不例外。部分隧道数据见表7-1所示。目前,我国铁路隧道有4 200多千米,在建4 700多千米,拟建5 000多千米,开始进入第二阶段。耐久性严重不足,安全事故时有发生,维修费用不断增长,给我国的建设带来了相当大的压力。

表7-1 各国维修费用、结构物劣化情况

国家	维修费用增加情况	结构物劣化情况
美国	1975年由于腐蚀引起的损失达700亿美元,1985年则达1 680亿美元,目前整个混凝土工程的价值约为6万亿美元,今后每年用于维修或重建的费用预计将高达3 000亿美元,在未来五年内需投入16 000亿美元改善基础设施安全性不良的状态	对于1950—1960年代以后才大力修建的隧道结构来说,接近1/3的隧道在使用过程中出现了功能性问题和结构损伤
日本	日本预计结构物维护费和改建费仅建设省就超过2兆亿日元,是2003年的3倍,维护费用将成为日本财政的巨大负担	日本建设省对全国3 529座公路隧道进行了检查,发现60%以上的隧道都存在着不同程度的病害。铁路隧道病害也相当严重,其中高速铁路隧道曾相继发生三起掉块事件
中国	据中国铁路成都局集团有限公司统计,目前铁路隧道每年维修费用需求量达5亿元人民币左右,但实际仅能到位1亿元人民币,预计今后维修费增长速度会更高	1997年铁路隧道技术状态检查统计:既有隧道5000余座,总延长2 500 km左右,大部分存在不同程度的病害,有的还相当严重,病害隧道3270座,占隧道总数的65%。其中:严重漏水的1 502座,占失格隧道的46%;严重腐蚀裂损的710座,占22%;仰拱或铺底变形损坏的318座,占9.8%;坍拱掉块的404座,占12.4%。 1998年底统计:铁路隧道受腐蚀而裂损的有734座,占隧道总数的23.2%

7.2.2 "5倍定律"告诉我们如何做

国外学者曾用"5倍定律"形象地描述了混凝土结构耐久性设计的重要性,即设计阶段对钢筋防护方面少花1美元,那么就意味着:发现钢筋锈蚀时再采取措施将追加维修费5美元，到混凝土表面顺筋开裂时再采取措施将追加维修费 25 美元，到严重破坏时再采取措施将追加维修费 125 美元。

因此，从结构寿命阶段的源头抓起，越早越好。我们应该从提高设计水平和标准、控制施工质量、早期维护方面工程建设应加强隧道耐久性的设计。

7.2.3 "为时未晚说"

我国铁路隧道建设飞速发展，隧道建设数量和运营数量对比如图 7-2 所示：

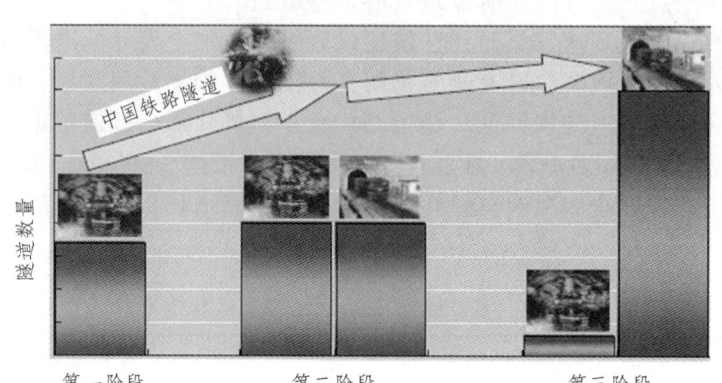

图 7-2　我国隧道发展阶段

前车之鉴告诫我们不要重蹈覆辙。亡羊补牢，为时未晚。

抢救已进入维修期的既有隧道的后期维修养护；

抓好未进入维修期的新建隧道的早期维修养护；

狠抓在建隧道的施工质量和运营期的早期维护；

对拟建隧道从头抓起，适当提高设计基准、严格控制施工质量、强化早期维修养护——开展全寿命期的耐久性设计。

功在当代，利在千秋。留下遗产，不留遗憾！

7.3　影响隧道结构耐久性的因素

影响高速铁路隧道结构耐久性的主要因素就是结构物所处的环境和空气压缩波以及列车振动。

7.3.1　环　境

铁路隧道混凝土结构处于多种环境的共同作用下，因此应对结构所处的不同环境作用分别进行确定，所采用的耐久性技术措施应同时满足每种环境作用的要求。

1. 环境类别

现行《铁路混凝土结构耐久性设计规范》（TB 10005—2010）将混凝土结构所处环境分为六类，分别为碳化环境、氯盐环境、化学侵蚀环境、盐类结晶破坏环境、冻融破坏环境和磨蚀环境，各类环境的腐蚀机理如表 7-2 所示。对于高速铁路隧道，一般不考虑腐蚀环境。

2. 环境作用等级

碳化环境的作用等级按表 7-3 确定，氯盐环境的作用等级按表 7-4 确定。

表 7-2　环境类别和腐蚀机理

环境类别	腐蚀机理
碳化环境	保护层混凝土碳化导致钢筋腐蚀
氯盐环境	氯盐渗入混凝土内部导致钢筋腐蚀
化学侵蚀环境	碳酸盐等化合物与水泥水化产物发生化学反应导致混凝土损伤
盐类结晶环境	碳酸盐等化合物在混凝土孔中结晶膨胀导致混凝土损伤
冻融破坏环境	反复冻融作用导致混凝土损伤
腐蚀环境	风沙、河水、泥砂或流冰在混凝土表面高速流动导致混凝土表面损伤

表 7-3　碳化环境作用等级

环境作用等级	环境条件特征
T1	室内年平均相对湿度<60%
T1	长期在水下（不包括海水）或土中
T2	室内年平均相对湿度≥60%
T2	室外环境
T3	处于水位变动区
T3	处于干湿交替区

注：薄型结构的一侧干燥而另一侧湿润或饱水时，其干燥的一侧混凝土的碳化作用等级应按T3考虑。

表 7-4　氯盐环境的作用等级

环境作用等级	环境条件
L1	长期在海水、盐湖水的水下或土中
L1	高于平均水位 15 cm 的海上大气压
L1	离涨潮岸线 100～300 m 的陆上近海区
L1	水中氯离子浓度≥100 mg/L 且≤500 mg/L，并有干湿交替
L1	土中氯离子浓度≥150 mg/L 且≤750 mg/L，并有干湿交替

续表

环境作用等级	环境条件
L2	平均水位 15 m 以内（含 15 m）的海上大气压
	离涨潮岸线 100 m 以内（含 100 m）的陆上近海区
	海水潮汐区和浪溅区（非炎热地区）。
	水中氯离子浓度>500 mg/L 且 ≤5 000 mg/L，并有干湿交替
	土中氯离子浓度>750 mg/L 且 ≤7 500 mg/L，并有干湿交替
L3	海水潮汐区和浪溅区（南方炎热地区）
	盐渍土地区露出地表的毛细吸附区
	水中氯离子浓度>5 000 mg/L，并有干湿交替
	土中氯离子浓度>7 500 mg/L，并有干湿交替

注：① 氯离子浓度的测定方法应符合现行《铁路工程水质分子规程》(TB 10104)和《铁路工程岩土化学分析规程》(TB 10103)的规定。
② 炎热地区是指平均气温高于 20℃ 的地区。

化学侵蚀环境的作用等级按表 7-5 确定。

表 7-5 化学侵蚀环境的作用等级

环境作用等级	环境条件					
	水中 SO_4^{2-} /(mg/L)	强透水性土中 SO_4^{2-}（水溶值，mg/kg）	弱透水性土中 SO_4^{2-}（水溶值，mg/kg）	酸性水（pH 值）	水中侵蚀性 CO_2 /(mg/L)	水中侵蚀性 Mg^{2+} /(mg/L)
H1	≥200 ≤1 000	≥300 ≤1 500	>1500 ≤6 000	≤6.5 ≥5.5	≥15 ≤40	>30 ≤1 000
H2	>1 000 ≤4 000	>1 500 ≤6 000	>6 000 ≤15 000	<5.5 ≥4.5	>40 ≤100	>1 000 ≤3 000
H3	>4 000 ≤10 000	>6 000 ≤15 000	>15 000	<4.5 ≥4.0	>100	>3 000
H4	>10 000 ≤20 000	>15 000 ≤30 000				

注：① 强渗水性土是指碎石土和砂土，弱渗水性土是指粉土和黏性土。
② 当混凝土结构处于硫酸盐含量很高（水中 SO_4^{2-} 含量大于 20 000 mg/L、土中 SO_4^{2-} 含量大于 30 000 mg/kg）的环境时，其耐久技术措施应进行专门研究和论证。
③ 当环境中存在酸雨时，按酸性水侵蚀考虑，但相应作用等级可降一级。
④ 水和土中侵蚀性离子浓度的测定方法应符合现行行业标准《铁路工程水质分析规程》(TB 10104)和《铁路工程岩土化学分析规程》(TB 10103)的规定。

盐类结晶破坏环境的等级按表7-6确定。

表7-6 盐类结晶破坏环境的等级

环境作用等级	环境条件	
	水中SO_4^{2-}/(mg/L)	土中SO_4^{2-}（水溶值，mg/kg）
Y1	≥200，≤500	≥300，≤750
Y2	>500，≤2 000	>750，≤3 000
Y3	>2 000，≤5 000	>3 000，≤7 500
Y4	>5 000，≤10 000	>7 500，≤15 000

注：① 对于盐渍土地区的混凝土结构，埋入土中的混凝土按遭受化学侵蚀环境作用考虑；当大气环境多风干燥时，露出地表的毛细吸附区内的混凝土按照受盐类结晶破坏环境作用考虑。
② 对于一面接触含盐环境水（或土）而另一面临空且处于大气干燥或多风环境中的薄壁混凝土结构（如隧道衬砌），接触含盐环境水（或土）的混凝土按照受化学侵蚀作用环境考虑，临空面的混凝土按照受盐类结晶环境作用考虑。
③ 当混凝土结构处于硫酸盐含量很高（环境水中SO_4^{2-}含量大于10 000 mg/L或环境土中SO_4^{2-}含量大于15 000 mg/kg）的地区，其耐久性技术措施应进行专门研究和论证。
④ 水和土中硫酸盐离子浓度的测定方法应符合现行行业标准《铁路工程水质分析规程》（TB 10104）和《铁路工程岩土化学分析规程》（TB 10103）的规定。

盐类结晶破坏环境的等级按表7-7确定。

表7-7 盐类结晶破坏环境的等级

环境作用等级	环境条件特征
D1	微冻条件，且混凝土频繁接触水
D2	微冻条件，且混凝土处于水位变动区
	严寒和寒冷条件，且混凝土频繁接触水
	微冻条件，且混凝土频繁接触含氯盐水体
D3	严寒和寒冷条件，且混凝土处于水位变动区
	微冻条件，且混凝土处于含氯盐水体的水位变动区
	严寒和寒冷条件，且混凝土频繁接触含氯水体
D4	严寒和寒冷条件，且混凝土处于含氯盐水体的水位变动区

注：① 严寒条件、寒冷条件和微冻条件下年最冷月的平均气温t分别为：$t≤-8℃$、$-8℃<t<-3℃$和$-3℃≤t≤2.5℃$。
② 含氯盐水体包括海水、含有氯盐的地下水或盐湖水等。

7.3.2 空气压缩波以及列车振动

除了环境因素对高速铁路隧道耐久性影响以外，空气压缩波以及列车振动作用也是对其影响的主要因素。有初始裂纹的衬砌结构，在气动压力波正压、负压的反复作用下，衬砌结构将产生疲劳，裂纹不断扩展，直到断裂破坏。同时，衬砌结构底部在列车振动荷载的作用下，也容易出现疲劳性破坏。

下面以日本山阳新干线福冈隧道的混凝土掉块事件来加以分析说明。

福冈隧道长 8 488 m，于 1970 年开始修建，1975 年 3 月竣工，采用下导坑法施工。地质条件是绿色片岩，埋深约 120 m，衬砌采用素混凝土。1999 年 6 月 27 日 9 时 24 分，福冈隧道内发生停电，列车停在洞内，同时发现在列车顶棚上有衬砌混凝土块剥落。福冈隧道衬砌混凝土掉块如图 7-3 所示。

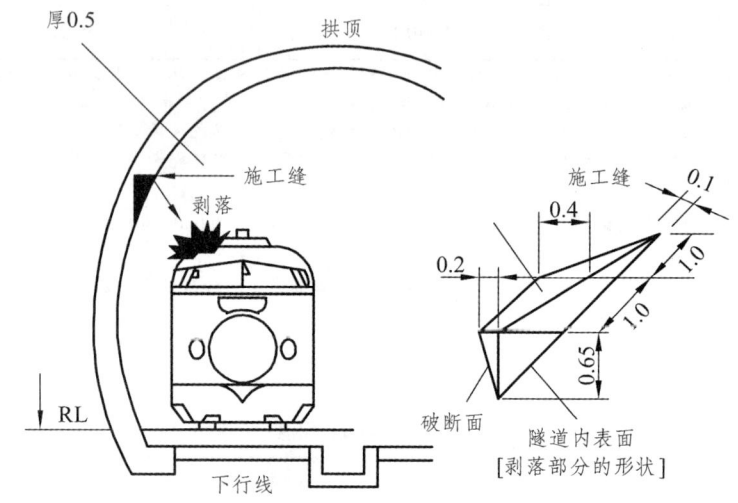

图 7-3　福冈隧道衬砌混凝土掉块事故（单位：m）

为了推定原因（包括外部原因和内部原因），日本相关部门进行了调查和实验。

（1）外部原因。

根据调查结果，外部原因中否定了地压和水压作用、地震、近接施工、冻胀压力的影响。针对列车振动和空气压变动，在事故发生地点对列车运行时衬砌混凝土的动态进行了种种量测。其结果如下：

① 列车振动：最大 0.3 cm/s（衬砌表面切线方向），最大 0.1 cm/s（衬砌表面法线方向）；

② 空气压变动：最大 6 kPa（列车尾部通过时的压力下降）；

③ 应变：最大 12 με（衬砌表面切线方向）。

一般来说，使衬砌开裂的振动速度是 20～30 cm/s，使混凝土开裂的拉应变一般是 200 με 左右，因此列车振动、空气压变动、应变不会成为剥落的主要原因。但是，空气压变动和列车振动的反复作用，对开裂的发展是有影响的。因此，进行了空气压反复变动影响的实验，其结果是：

① 随着荷载的反复作用，开裂端部的混凝土发生疲劳，微细的开裂徐徐发生；

② 最终是开裂急剧发展而剥落；

③ 开裂的深度越深，使其破坏的循环次数越少。

根据这个结果，预计实际的剥落形状、荷载的形式、荷载的水平（5 kPa）和反复次数（剥落发生预计 120 万次），认为疲劳破坏是造成剥落的主要原因。

（2）内部原因。

通过对衬砌材料特性的研究，证实混凝土的强度是 28.7 MPa，没有问题。

但剥落处的上部施工缝出现了碳酸钙，同时粗骨料（绿色片岩）的表面也有典型的碱性骨料反应的生成物，但也没有达到造成问题的程度。此外，还进行了混凝土膨胀实验，膨胀率极小，因此可能是碱性骨料反应所致。

施工原因主要是施工缝的存在，灌注中断所致。

（3）原因推定。

根据以上所述，事故原因推定如下（图 7-4）：

① 施工缝的形成（混凝土灌注中断）；
② 施工缝下侧的内部有很大范围的开裂发生（灌注时支撑振动或模板脱模时的影响）；
③ 结合面徐徐开裂的发展（长时间漏水、温度变化、空气压变动和列车振动等的影响）；
④ 最终因空气压变动、列车振动而剥落。

另外，高速铁路隧道是修建在自然地层中的一种地下结构，在其使用过程中，作用于衬砌结构上的外力不断演变，有时会产生预料不到的外力，这也是影响隧道结构耐久性的一个重要因素，在耐久性设计中应引起足够重视。

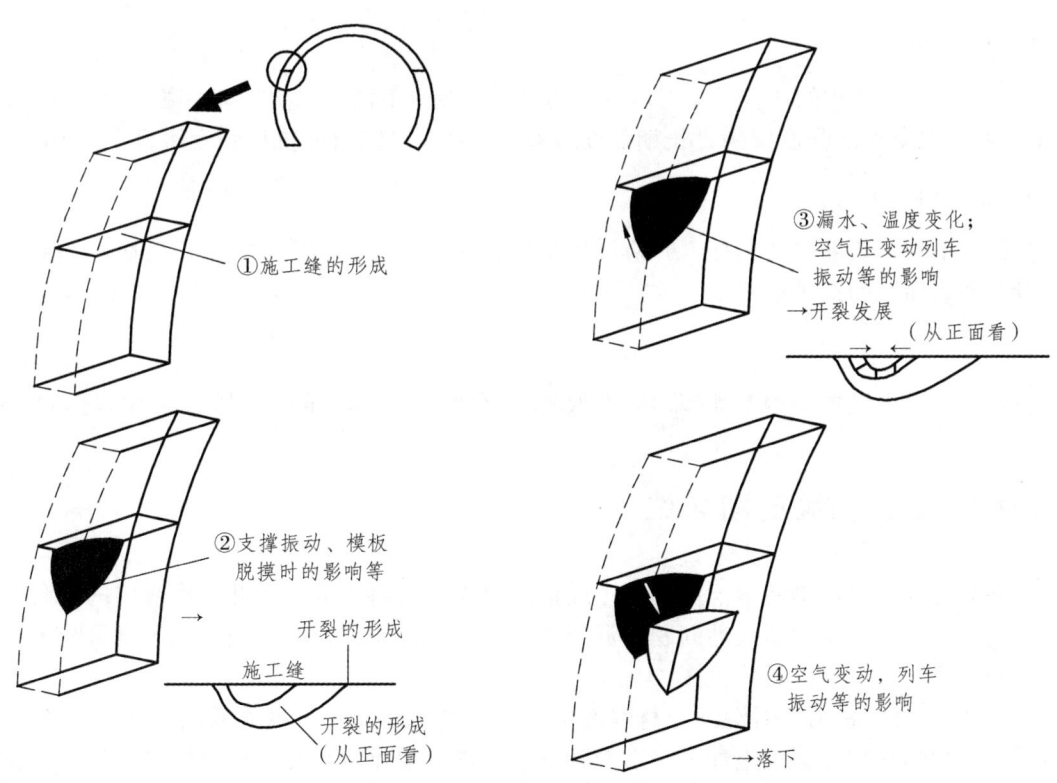

图 7-4 福冈隧道事故分析机理

7.4 复合式衬砌结构耐久性设计

在目前我国的高速铁路隧道中,支护结构多数都采用复合式衬砌,复合式衬砌包括初期支护和二次衬砌两部分,所以在隧道结构耐久性设计中,要分别考虑初期支护和二次衬砌的耐久性。在复合式衬砌结构耐久性设计中,要包括以下主要内容:

(1)明确混凝土结构的使用环境类别与环境作用等级。
(2)提出混凝土结构的设计使用年限。
(3)设计与结构耐久性有关的结构构造措施。
(4)提出混凝土原材料品质要求、配合比主要参数及耐久性的具体指标。
(5)提出确保混凝土耐久性的施工质量关键控制要求与措施。
(6)确定钢筋混凝土保护层厚度。
(7)提出对结构应采取的防腐蚀附加措施。
(8)明确结构使用过程中的检测、养护、维修或局部更换的要求。

7.4.1 初期支护的耐久性

对于铁路隧道结构来说,初期支护一般包括喷射混凝土、锚杆、钢架等,所以对每一种支护措施都应进行耐久性设计。

1. 喷混凝土

(1)在腐蚀性严重的场合,喷射混凝土的强度等级应不低于二次衬砌混凝土的强度等级。
(2)喷射混凝土的强度要满足长期强度(28 d)的要求,且 1 d 的抗压强度不宜小于 10 MPa。

2. 锚　杆

锚杆宜采用全长灌浆式锚杆,并应设置垫板。在腐蚀性环境中,应采用防腐蚀的灌浆材料或者采用耐腐蚀的纤维锚杆。

3. 钢　架

喷射混凝土内设置的钢架靠围岩侧的保护层厚度不小于 40 mm,靠另一侧不小于 30 mm。

7.4.2 二次衬砌的耐久性

铁路隧道的二次衬砌基本上由混凝土或钢筋混凝土材料构成,因此二次衬砌的耐久性问题归根到底还是混凝土的耐久性问题。混凝土结构耐久性研究按学科及影响因素可分为:材料学科和结构工程学科,具体见图 7-5。

从图 7-5 可以看出,对混凝土材料产生影响的主要因素有:钢筋锈蚀、冻融循环、碱-骨料反应、化学作用和混凝土配比,以及物理、化学、生化过程和环境侵蚀等。所以,材料学科对混凝土结构耐久性研究的目的主要在于解决混凝土结构设计、施工和使用维修中的构造措施，如设计中的防水、裂缝限值指标，施工中的水灰比大小，外加剂类型，使用维修中的补强措施，等。

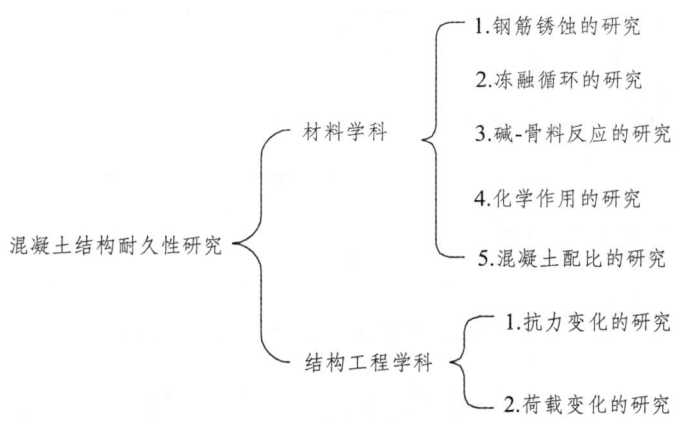

图 7-5 混凝土结构耐久性研究分类

结构工程学科对混凝土结构耐久性研究分为抗力与荷载变化的研究，抗力变化的研究与材料学科的研究应协调一致，荷载变化的研究是结构工程学科独有的对混凝土结构耐久性的研究方法。所以，结构工程学科对混凝土结构耐久性研究的目的主要在于解决新建混凝土结构设计中的耐久性计算和已建混凝土结构的耐久性评估问题，同时对于不同耐久性等级的混凝土结构给出不同的构造措施（如不同的钢筋用量和混凝土保护层厚度等），在保证混凝土结构可靠、耐久的前提下，使工程造价降到最低。

现行《铁路混凝土结构耐久性设计规范》（TB 10005—2010）对隧道混凝土结构钢筋混凝土保护层厚度的规定如表 7-8。

表 7-8 隧道混凝土结构钢筋混凝土保护层厚度

环境类别	作用等级	保护层厚度/mm
碳化环境	T1	35
	T2	35
	T3	40
氯盐环境	L1	40
	L2	45
	L3	55
化学侵蚀环境	H1	35
	H2	40
	H3	45
	H4	55

续表

环境类别	作用等级	保护层厚度/mm
盐类结晶破坏环境	Y1	35
	Y2	40
	Y3	45
	Y4	55
冻融破坏环境	D1	35
	D2	40
	D3	45
	D4	55

注：① 当隧道衬砌采用钢筋混凝土结构时，其迎水面钢筋的保护层最小厚度不应小于 50 mm。
② 当条件许可时，盐类结晶环境和严重腐蚀环境下，混凝土结构中钢筋的最小保护层厚度应适量增加。

7.4.3 复合式衬砌结构耐久性设计原则及方法

高速铁路隧道复合式衬砌的结构耐久性设计应考虑环境因素的影响，分别进行设计。

（1）当环境对衬砌结构侵蚀作用很小或无侵蚀作用时，可考虑初期支护和二次衬砌共同承担荷载。

（2）当环境对衬砌结构的侵蚀作用明显时，可不考虑初期支护的长期耐久性，只在构造上采取一些综合措施进行防范，而二次衬砌考虑承担全部荷载。

Part 8 高速铁路隧道防灾救援设计

8.1 高速铁路隧道灾害概述

8.1.1 高速铁路隧道灾害种类

隧道内列车发生灾害主要可分为脱轨翻车、隧道内列车火灾两类。

脱轨翻车是列车由于各种原因在隧道内脱离轨道、发生翻车,脱轨的列车与隧道或地面发生剧烈碰撞造成人员、设施以及建筑物损坏的灾害事故。

隧道内列车火灾的主要特点是:火灾时会产生烟囱效应,火势发展迅猛;烟雾不易排出,隧道空间内能见度低;有害烟气积聚,致死率高;空间狭小,逃生救援困难。火灾造成的危害一般较严重,所造成的损失往往也是巨大的,中断行车的时间也很长。

有关资料表明,在这两类灾害事故中,以火灾发生的概率为最高,脱轨翻车次之。因此,在发生脱轨翻车事故时,应尽量采取有效措施防止造成隧道火灾。

本章所述防灾救援主要针对以列车火灾为主的灾害。

8.1.2 列车火灾灾害原因分析

随着高速铁路的不断建设,隧道长度与数量逐年增加,要减少隧道内灾害事故发生的可能性和事故发生后造成的危害,就必须采取更有效的安全措施。因此,掌握灾害事故的实际情况,对灾害发生的种类及其发生原因进行分析研究,是采取有效防范措施的重要前提。

1. 过去发生火灾灾害的分析

近几十年间国内外发生在隧道中的列车火灾简况如表 8-1 所示。

表 8-1 国内外隧道列车火灾事故一览

序号	隧道名称	列车类型	火灾原因		时间	中断行车时间	伤(亡)人数
			人为原因	物的原因			
1	中国丰沙线46号隧道	0211次货物列车	隧底清筛作业违章等	线路水平超限,脱轨后摩擦起火等	1976-3-23	54 h34 min	无
2	中国宝成线140号隧道	1111次货物列车	超速制动过猛	油罐破裂起火燃爆	1976-10-18	382 h15 min	23(75)
3	中国陇海线十里山2号隧道	1818次货物列车	人孔盖未盖紧	线路/鱼尾板与钢轨断裂,脱轨后撞击起火	1987-8-23	201 h56 min	2
4	中国襄渝线梨子园隧道	0201次货物列车	人孔盖大部分未盖紧	有油气团,接触网悬挂点绝缘子表面放电	1990-7-3	550 h54 min	14(4)

续表

序号	隧道名称	列车类型	火灾原因		时间	中断行车时间	伤（亡）人数
			人为原因	物的原因			
5	中国京广复线大瑶山隧道	247次旅客列车	17号车旅客吸烟起火		1991-7-18	不详	20（12）
6	中国青藏线18号隧道	084次货物列车	人孔盖未盖紧	线路变形；原油洒出；脱轨后导致起火	1992-9-15	82 h19 min	无
7	中国西延线澜家川隧道	3161次货物列车	原油未作稳定处理等	油气外溢；减速制动摩擦产生火灾	1993-6-12	579 h17 min	10（8）
8	日本生驹山隧道	1452次旅客列车		主变阻器过热起火	1947-4-16	不详	73（28）
9	日本18号隧道	旅客列车		断路器故障；主变阻器过热起火	1956-3	不详	12（1）
10	日本奥白瀑布石北隧道	旅客列车		电动机起火	1961-1	不详	不详
11	日本北陆隧道	501次旅客列车		电气设备漏电	1972-11-6	21 h32 min	715（30）
12	日本生驹山隧道	旅客列车		高压线断裂	1987-9-21	不详	48（1）
13	英国萨米特隧道	6 M08次货物列车		有油气团；撞击起火	1984-12-20	不详	
14	美国赫德森河河底隧道	通勤车		主变阻器电流过大起火	1969-5	不详	8（1）
15	美国谈贸斯隧道	货物列车		脱轨后撞击起火	1974-6-6	不详	不详
16	美国旧金山海湾海底隧道	117次旅客列车		电器短路产生强电弧	1979-1-17	7 h24 min	17（1）

由表 8-1 可以看出，在国内的 7 起铁路隧道列车火灾事故中，6 起为货物列车火灾（包括油罐车在内），1 起为旅客列车火灾。火灾发生前大都发生脱轨、颠覆，有的引起爆炸事故。而国外的 9 起铁路隧道列车火灾中，有 6 起属于旅客列车火灾，3 起为货物列车火灾。此外，将表 8-1 中各种火灾原因统一归纳为 5 个因素，包括：线路质量、隧道内电网线路问题、列车电气设备问题、人为因素和不明因素等。针对不同火灾事故原因发生的次数、各种原因所占事故比例和造成的人员伤亡以及火灾的发展趋势进行统计分析，结果见图 8-1～图 8-4。

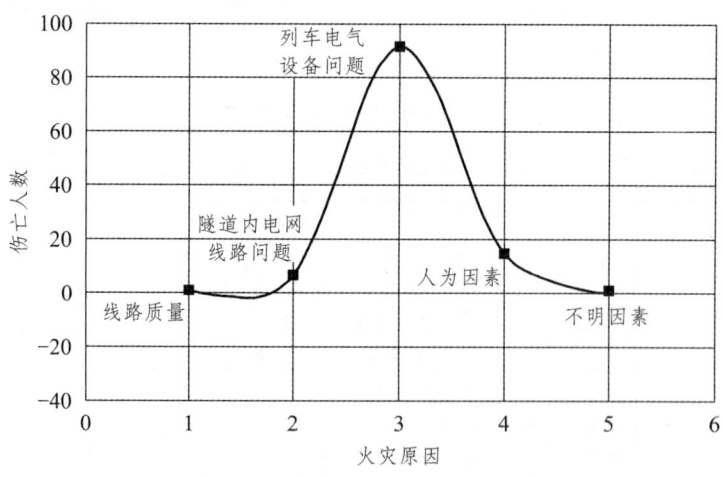

图 8-1 火灾伤亡人数与火灾原因的关系

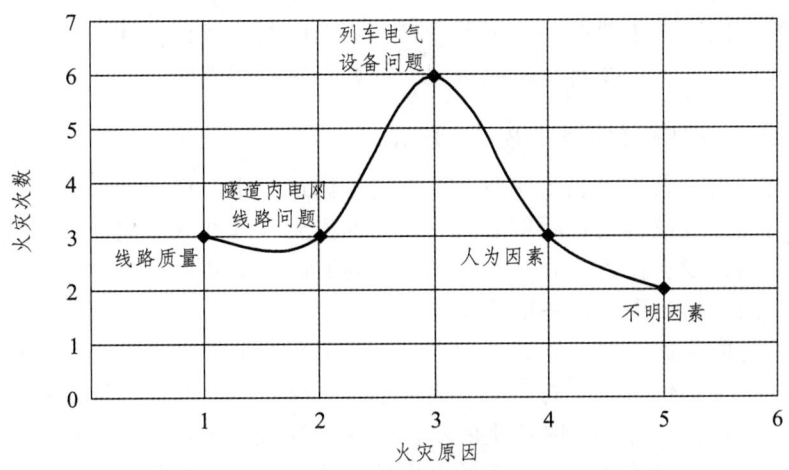

图 8-2 火灾次数与火灾原因的关系

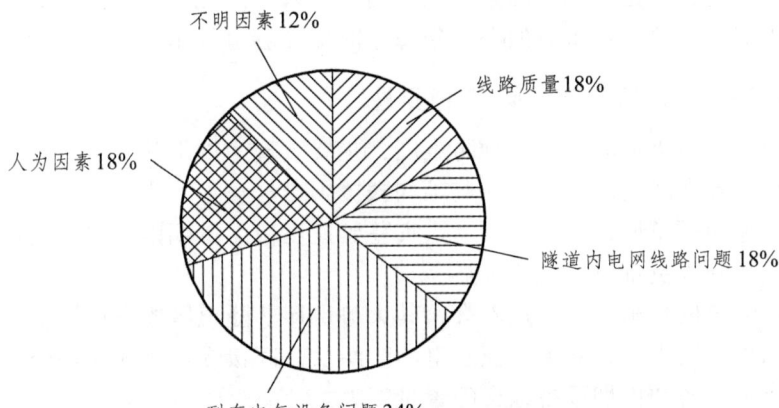

图 8-3 火灾事故原因的比例分布

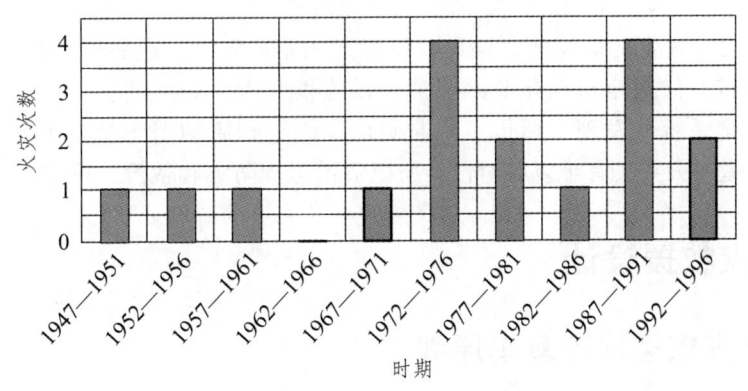

图 8-4 火灾事故的发展趋势

显然,在 5 种火灾原因中,由列车电气设备问题所引发的火灾所占的比例极大,且所造成的伤亡人数也最多,不明因素火灾所占比例最小,造成的损失也最少。其他三种原因则居于上述二者之间。

总体来讲,隧道内列车火灾事故的原因分为如下两种:

（1）运输管理因素，主要有制度不严、确认不及时及司机误操作。

（2）设备环境因素，主要有故障或破损、易燃货物、引燃源。

2. 高速铁路隧道内可能发生火灾的原因分析

高速铁路隧道内的火灾可能出现在列车和隧道内运营维修设备两个方面。就运营维修设备自身而言，可能出现设备老化后不能承受负荷而发生爆炸起火、电缆短路起火等。这些灾害都是局部发生的，没有扩散的介质，灾害的时间有限，一般不会造成人员伤亡，可能引起短时间的行车中断，通过更新设备即可恢复使用。

高速铁路隧道内火灾灾源主体是列车本身，而列车又分为高速动车组、机车牵引的快速客车和普速客车。无论任何速度的列车，火灾均有可能发生，其灾害原因集中在列车本身起火和列车与隧道内设备物理接触时产生的不良变化。这也是防灾救援的重点所在。

实际上，造成火灾事故的原因是多种多样的，情况往往比较复杂，一般来说都不是一种简单的原因所造成的，而是由多种因素相互作用的结果。因此，隧道火灾的预防必须从多个方面入手，着力解决导致火灾事故的潜在隐患才能保证隧道行车运营的安全。

3. 列车火灾的特点和预防设计的必要性

列车在隧道内发生火灾的处理和预防难度，主要表现为以下几方面：

（1）着火列车停在隧道内时，乘客避难和救援困难。

（2）铁路隧道为长条形，空间狭小、火灾蔓延速度快、排烟困难、洞内可视性差、路面不平，且救援设备和人员难以接近着火点。

（3）列车在隧道内行车时，一旦着火，其火势也比非隧道区段发展迅猛。

（4）隧道内火灾发生后，灭火、恢复整治时间长，间接损失远大于洞外火灾。

（5）固定灭火设备和排烟设备综合配置难度大。

（6）隧道内环境差，固定的火灾监控和自动化消防设施维护困难，很难保证火灾发生时能完好工作。

（7）隧道内火灾发生的概率小，且具有位置上的不确定性，在隧道短且较分散的情况下，在全线隧道上维持有效的全自动化监测和消防设施投入大、难度高。

（8）整个安全系统从发现、通报、判断确认、停车到启动消防及救援系统的时间较长。

（9）由于隧道内火灾具有难以应对性，所以隧道工程防灾和救援、疏散设计是非常必要的。

8.2　防灾救援设计

8.2.1　防灾救援设计基本原则

（1）针对高速铁路的营运特点，消防设计应贯彻"以防为主，以消为辅，防消结合，立足自救"的消防工作方针，要充分体现"以人为本"的设计理念。

（2）要采取经济、可靠的防火措施和消防手段，做到安全可靠、经济合理、使用维修方便。

（3）当列车在隧道内发生火灾时，凡能继续运行时，均应遵循"先将列车拉出洞外再进行列车解体及火灾事故处理"的基本原则。但一旦列车失去动力不能运行或因隧道太长无法及时拉出洞外时，必须考虑在洞内实施快速疏散和消防救援。

（4）隧道内应设置贯通的救援通道和必要的紧急出口。

（5）总长大于 20 km 的特长隧道或隧道群的防灾救援方案应优先采用"定点"模式，"定点"附近应设置紧急出口。

（6）需要防灾救援设计的隧道内应设置必要的监控系统、防灾报警系统、消防灭火系统、防排烟系统等。

8.2.2 防灾及消防系统设计

防灾包括两层内容，即防止火灾的发生和控制灾害的发展。其中防止灾害发生是主体，是通过一系列运营维修管理程序的规范运行来保障的。消防是正常规范运行中因某些特殊因素的出现而发生灾情时，为控制灾害扩大而采用的手段。

1. 隧道灾害防范系统

隧道灾害防范涉及隧道结构、轨道、行车、机车车辆、电力、接触网、通信、信号、环控及公共安全等多方面，属于跨越多领域的综合技术。

为了达到灾害防范，首先必须充分研究分析各种条件下的灾害发生因素，建立综合防灾管理体系，包含应急联动、防灾协调、专家决策咨询等系统，并针对潜在灾害的防治加速立法，建设防灾管理大型数据库，制定防范工作规范。

以防范工作规范为指导，设计、运营部门结合具体的隧道工程条件，将具体隧道的灾害防范工作贯穿到设计、建设及运营管理之中，保证隧道内正常运营，处于可靠的防灾技术条件下。

2. 隧道消防系统

（1）火灾报警装置。

一旦在隧道内列车发生火灾，应尽快利用列车上的火灾报警按钮或设于隧道内的紧急报警电话将隧道内发生火灾的情报向消防控制中心（室）或相关管理部门报警，以便及时采取有效措施将其扑灭于萌芽状态或控制火势的扩大，获得使乘客及司乘人员安全疏散所必需的宝贵时间。

（2）消火栓系统。

水是最廉价、可靠的灭火剂，消火栓系统无论是在公路隧道的消防设计还是在地铁消防设计中都获得了广泛的使用。高速铁路隧道的灭火系统应以消火栓系统为主，辅以干粉、泡沫系统（灭火器）对付初起的小型火灾。

（3）火灾时的防、排烟系统。

特长隧道作为一狭长的地下有限空间，一旦发生火灾，旅客车厢燃烧生成的有毒烟气将迅速蔓延扩散，除影响人的能见度而迟滞逃生机会外，还会使人因吸入有毒烟气而窒息死亡。在设置运营通风时，应充分考虑到火灾时防、排烟的具体要求。

（4）防灾通信。

隧道采用无线或有线通信系统，一旦有紧急情况，司乘人员可随时与列车控制中心联系。

（5）防灾用电。

防灾用电应按一级负荷及二回路供电考虑，并设置紧急发电设备。

3. 隧道消防设备监控系统

设备监控系统是指监控隧道内防灾设施工作状态的防灾控制中心。

（1）火灾报警控制器。

火灾报警控制器接收火灾自动探测器传来的信号并加以确认（同时要以手动报警和紧急电话或是以两三个不同地址编码的火灾自动探测器同时报警的信号加以印证），以声、光信号进行报警。火灾报警控制器应有巡检功能和故障报警功能。

这种形式的报警控制系统由于隧道内特殊的环境状况及维护工作量大，很难在隧道中发挥较大作用，我国高速铁路隧道设计很少采用。

（2）通风排烟监控系统。

在发生火灾时，监控风机的开启改变风机的运行模式，斜、竖井（如果有的话）的开、闭显示即反馈其工作、故障状态。在平时，该系统能接收瓦斯探测器或有毒气体（如 CO）探测器反馈来的信息，经判断后开、闭风机并对相关设备进行实时监控。

（3）紧急供电监控。

因火灾而引起外部供电停止后，为使有关的消防救援设施得以继续安全运行，消防控制中心（室）应能遥控应急柴油发电机组及时起动投入工作，并对停电至应急供电时段不间断电源的工作情况给予显示。

（4）供水系统监控。

供水系统监控主要用来监控消防水泵的工作状况（在消防控制盘上）。

（5）防火分区或定点监控。

如设有防火分区或定点，应能反映其工作情况，并接收其他有关反馈信息（如自动喷淋系统的报警阀、闸阀或水流指示器等），采取相应的措施。

（6）火灾事故广播。

火灾发生后，开通（人工或自动）有线广播安抚人心，指导人员有秩序疏散。

（7）消防通信。

采用直通电话与相关的单位或处所联系，了解有关情况及通报情况。

（8）其他。

① 监控应急照明与疏散诱导指示灯的工作情况。

② 监控火灾报警系统与铁路列车调度指挥信号系统的联锁情况。

③ 消防设施模拟盘及大尺寸显示屏，将有关监控装置的工作状态呈现在屏幕上，可以一目了然，以便于控制人员操作。

8.2.3 隧道救援与安全疏散设计

1. 救援通道

隧道内应设置贯通的救援通道，单线隧道应单侧设置，双线隧道应双侧设置。救援通道宽 5 m、高 2.2 m。

2. 联络通道

对于双洞单线隧道，隧道间应设置联络通道，其间距可采用 400~500 m，"定点"处应适当加密。

3. 紧急出口

长度大于 1 000 m 的隧道，有条件时宜设置紧急出口，大于 6 000 m 的隧道应考虑设置紧急出口。

紧急出口通道断面最小尺寸应符合下列规定：

（1）宽度不应小于 2.3 m，高度不应小于 2.5 m。

（2）纵向仰角不应大于 30°。

满足以上条件的施工辅助坑道可改造为紧急出口。紧急出口通道内应设置通风排烟系统、照明系统和其他相关设施。

隧道紧急出口外设置一能提供紧急车辆停车和容纳逃出人员的安全区，并有道路与外界公共道路（公路）连接。

在有条件的洞口应设置供救援车辆停放的停车场，如图 8-5 所示。

4. 疏散标识

救援通道每隔 200 m 应设图像、文字标记，指示两个方向分别到下一个洞口或紧急出口的整百米数，并配备灯光显示方向，如图 8-6 所示。

图 8-5　德国某隧道洞口停车场概貌

图 8-6　逃生路线标识牌

5. 隧道消防方案设计

隧道洞内消防方案目前有"消防分区消防""定点消防"和"随机停车消防"三种情况。

（1）消防分区消防。

① 划分消防分区。

当隧道发生火灾时，烟气流有一确定流向，有利于火灾消防、救援和安全疏散工作的进行。根据近、远期列车行车速度、左右线的行车方向和隧道火灾烟气流扩散速度等条件，进行防火分区划分。

防火分区越多，需要做排烟通道的辅助坑道数越多，相应的消防设施、设备也多，消防系统设计和控制难度也增大，消防设施的固定资本投入和维护费用也将增大。设置固定消防段的灭火效果最好，也很安全，但土建工程和消防设施费用很高。

② 消防分区消防方案。

a. 加强辅助坑道中的排烟能力，尽量使隧道中着火时的烟气流在隧道断面 3 m 以上的空间流动，从而使救援疏散不被阻止。

b. 需要列车停止运行而在洞内实施消防时，宜采取如下措施：

• 隧道内着火成灾，必须立即停车，组织旅客下车并向低端洞口方向行走，远离火场，有横通道时经过横通道向邻线疏散，等待救援。

• 司乘人员组织义务消防人员，利用列车上的消防设施和隧道中设置的消火栓系统对着火列车实施灭火。

• 等待消防救援列车进入洞内灭火和救援。

• 着火列车等待消防列车从低端洞口进入隧道并接近着火列车实施灭火。该救援列车应装备较完善的灭火车（如水炮、泡沫炮、高倍数泡沫系统、干粉灭火系统等），还应有水和各种灭火材料的储备和进料接口、医务车、工具车和公务车等。

消防分区的特点是可充分利用隧道自身洞口高差和斜井的烟囱效应，将斜井的排烟能力设计足够或经实验验证，将隧道中大部地段的烟气流集中在隧道 3 m 以上的断面中流动，使隧道下部基本是新鲜空气，便于人员疏散。

（2）定点消防。

考虑列车着火且能继续运行时，参照欧洲对初期着火列车"可以继续运行 20 km"（残余运行能力时间为 15 ~ 20 min 时，按事故情况下时速 80 km 考虑，列车通常可以运行 20 km）或参照日本"可继续运行 15 min"的规定，结合隧道长度、列车运行速度、地形、地质条件等，在特长隧道中部设置"定点"，特长隧道"定点"间距宜为 20 km。定点范围内，应设置消火栓等消防设施。

两座平行的单线可在适当位置以加密横通道的方式实现定点消防，双线单洞隧或单线单洞隧道必须在定点处设置斜井等人员疏散的通道。

列车在"定点"停车后，司乘人员都应先将乘客从联络通道安全疏散到另一隧道的救援通道或在联络通道内待避等待救援列车，然后利用消火栓系统进行灭火。如不能成功灭火，则应先撤离，等待训练有素的消防队员前来灭火。对于货物列车着火，由于司乘人员少、人单力弱，灭火是难以奏效的，他们也应先撤离，等待消防队员前来灭火。

（3）随机停车消防。

如果列车着火且不能继续运行，则可能在隧道的任何一个地点停车。在两座平行单线隧道内，列车停车后，司乘人员应先将乘客从联络通道安全疏散到另一隧道。如果是双线隧道，司乘人员应将旅客沿烟气反方向沿救援通道疏散。

救援列车或消防列车宜面对人员疏散的方向进入隧道进行救援及消防。

8.3 防灾救援设计典型实例

8.3.1 国外特长隧道防灾救援技术现状

1. 日本东北新干线列车火灾对策

日本在修建新干线过程中，非常重视隧道列车火灾对策的研究。东北新干线继上越、北陆新干线之后，提出以下隧道列车火灾救援的对策：

（1）将明线小于 400 m 的相邻隧道设定为一个火灾对策分区，统一设置相应的火灾对策设施和设备。

（2）隧道内发生列车火灾的场合，如能在 15 min 以内驶出隧道，原则上应在洞外停车处理。

（3）万一列车火灾和列车故障同时发生，不得不在隧道内停车时，应考虑相应对策，确保安全。

以上述火灾对策的基本方针为指导，东北新干线如图 8-7 所示，将卷堀隧道群（包括 3 座隧道，长约 10.88 km）、岩手一户隧道群（包括 4 座隧道，长约 28.7 km）和金田隧道群（包括 4 座隧道，长约 21.2 km）作为单独的火灾对策分区处理。

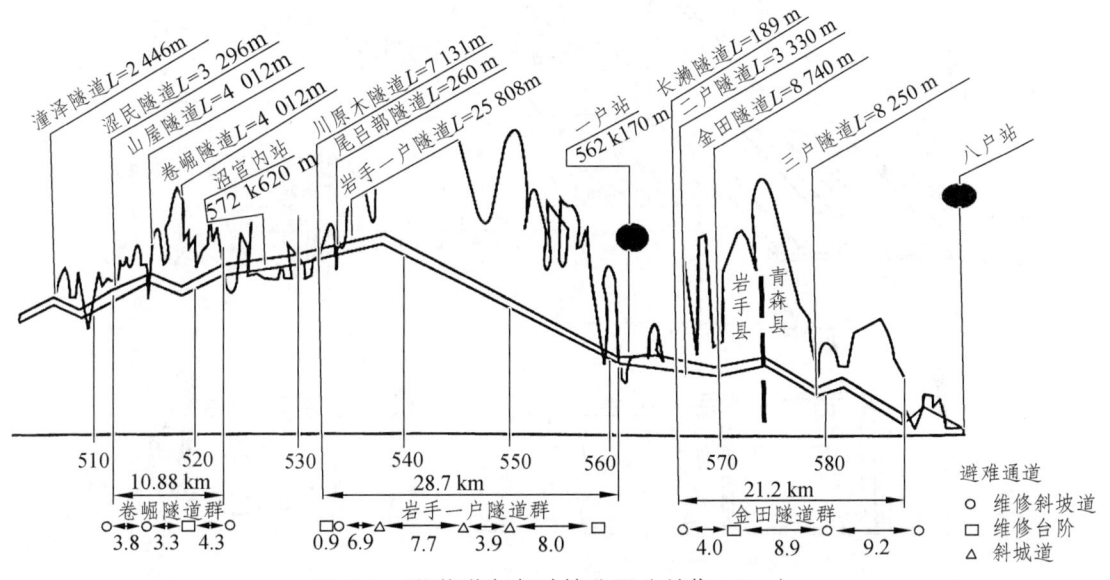

图 8-7 隧道群火灾对策分区（单位：km）

在火灾对策分区中，采取的火灾对策列于表 8-2。

表 8-2 东北新干线（盛冈—八户间）的火灾对策

防灾设备	火灾对策
情报联络设备	（1）综合指令所及无线联络设备 （2）设置沿线电话机
照明设备	（1）隧道内每隔 15 m 设置日光灯及一齐点灯开关。 （2）一齐点灯的远程控制和指令所控制。 （3）在沿线电话机、斜井、横洞等入口处设置照明灯

续表

防灾设备	火灾对策
电气设备	（1）架空线、导线的耐热化。 （2）在 7 km 以上的隧道内，设置远程控制的断路器（TDS）等馈电所
通信电缆	通信电缆的低架设化和支撑夹具的不燃化
列车防护设备	在中央通道内设置列车防护开关
避难诱导设备	设置距离标志板
消火设备	（1）器材洞内设置消火器。 （2）中央排水沟内每隔 100 m 设置利用隧道涌水的消火利用设备

东北新干线摺糠斜坡道、女鹿斜坡道的火灾对策设备状况示于图 8-8。

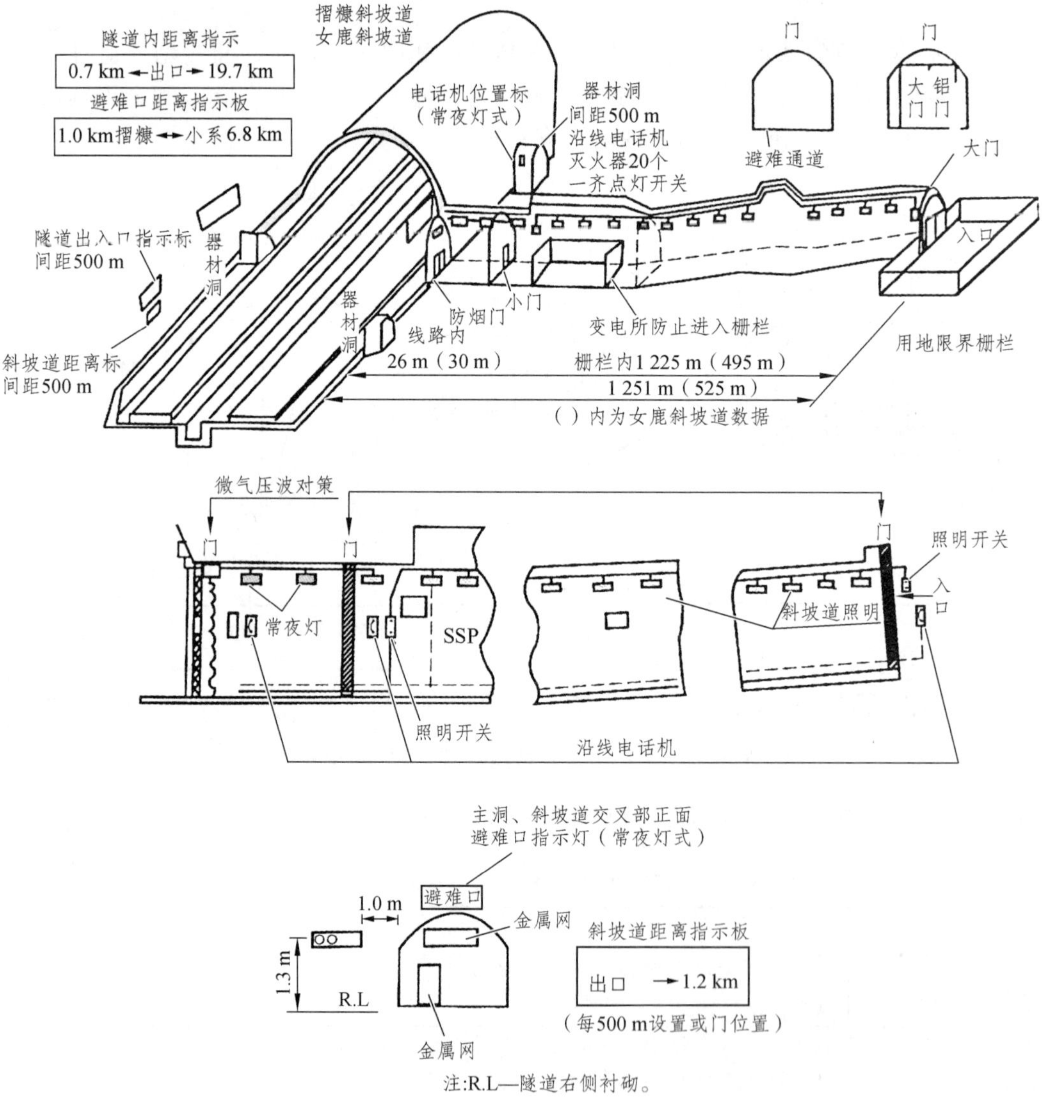

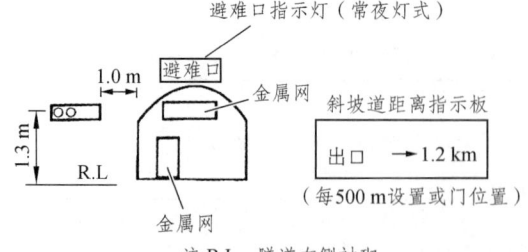

图 8-8 摺糠斜坡道、女鹿斜坡道内的火灾对策设备

东北新干线小系斜坡道内的火灾对策设备概况示于图 8-9。

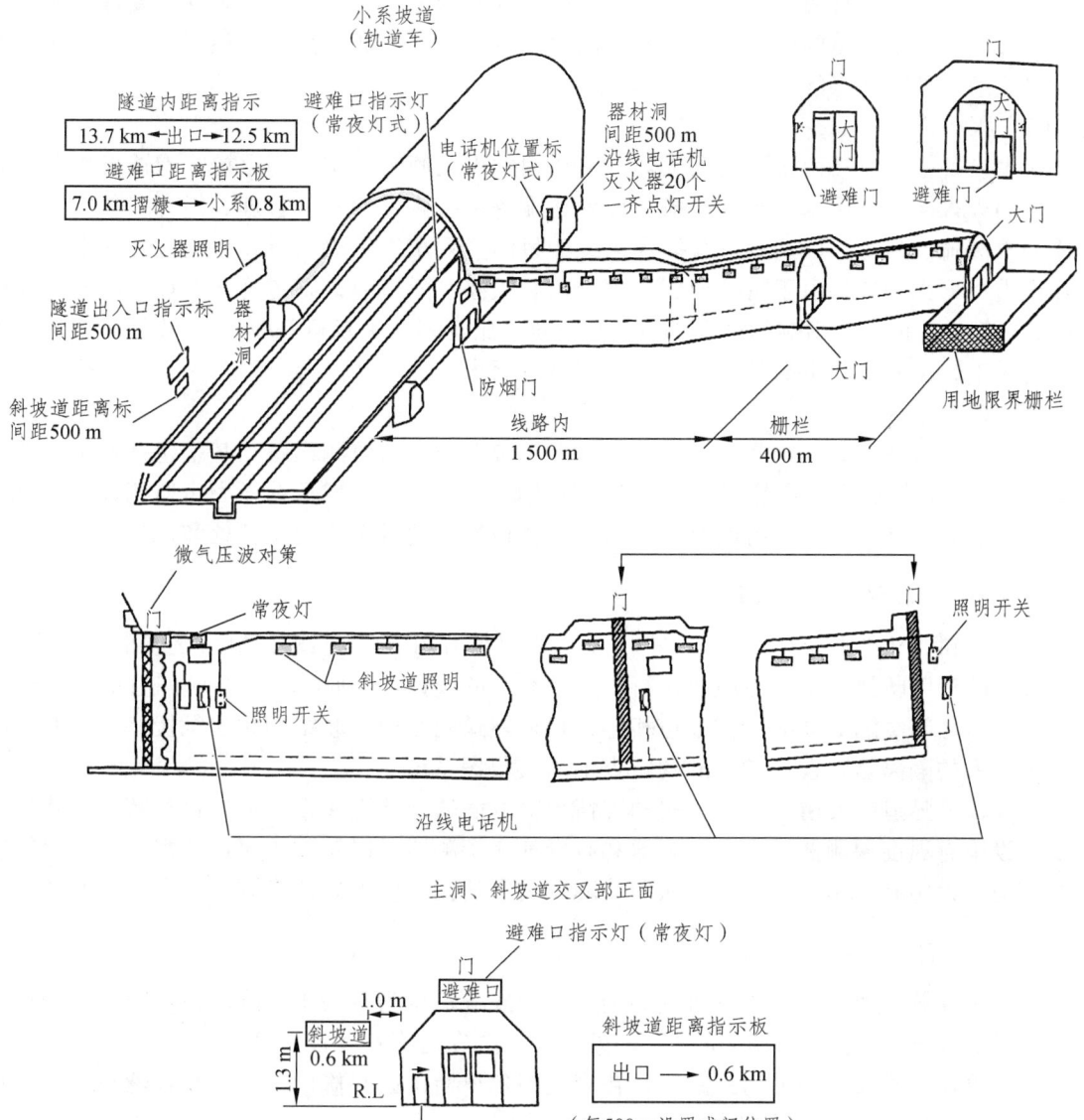

图 8-9 小系斜坡道内的火灾对策设备

2. 英法海峡隧道

在 49.4 km 长的英法海峡隧道防火救灾系统的设计中，也包括了预防、灭火和救援等方面的内容。预防措施主要包括列车车体材料防火性能的要求和安全运输管理制度两方面；在列车上和隧道内均配备有灭火设施，灭火设备主要包括列车上的灭火器、隧道内的灭火洒水系统、消火栓、泡沫灭火器及洞外设置的灭火器和消火栓系统等；救援方案主要是通过横通道与服务隧道相连，并在隧道内设多处渡线。

(1) 预防及报警系统。

预防措施对车体材质防火性能、列车内灭火设施的配备、安全运输管理制度等方面提出了具体要求。通过隧道的列车均采用特殊防火材料制造，即使在高温高热下，也不会立即着火燃烧、产生烟雾和毒气。

(2) 灭火设备。

灭火设备主要包括列车上的灭火器、隧道内的灭火洒水系统、消火栓、泡沫发生器及洞外设置的灭火器和高压水灭火等设备。此外还配备集维修、治安、管理、指挥、救灾消防为一体的救援疏散列车，以达到综合防灾灭火的目的。列车发生火灾时，首先应考虑把列车拉出隧道进行灭火。如果由于特殊原因火灾列车必须停在隧道内，则考虑让燃烧的部分从列车上脱钩分离，并把未受影响的列车部分送回地面（旅客列车由双机头驱动）；或把旅客疏散到服务隧道中，由专门的事故处理人员对列车进行灭火。

(3) 监控系统。

在隧道入口及内部一定间隔（平均 1.7 km）装有固定的监测设备，其中包括离子感烟探测器、紫外线火焰探测器和热度监视器（红外线成像仪）。每座隧道约设固定监测设备 30 处。此外，英法海峡隧道内还设有闭路监视系统。各种探测信号送往列车长处和监控中心。

3. 西班牙瓜达腊马隧道

目前正在修建的西班牙瓜达腊马隧道，是线间距为 30 m、长 28.227 km 的双洞单线隧道，它对隧道的消防救援方案及措施也进行了全面充分的设计。它利用双洞单线隧道的有利条件，在两座隧道之间每隔 250 m 用横通道相连，形成隧道间互救、联络的防灾救援格局，并在两座隧道中央的隔离墙内设置 500 m 的定点消防及救援系统。

此外，该隧道在灾情监测、探察和灾情预警方面的设计也非常全面，很有特点。其具体的防灾设施有温度探测器、烟雾探测器和有毒气体探测器，以及 TV 摄像监视系统、报警装置等，消防设施有专用消火栓等，从而使隧道灾害的预报监控防范措施更加完善、有效。

4. 其 他

目前正在施工建设的瑞士圣哥达和列奇堡山底隧道均为双洞单线隧道，其防灾救援设计的特点是在隧道内每隔 8~10 km 设有一处渡线，并在适当位置设置"定点"。

法国里昂—意大利都灵的铁路线，在穿越阿尔卑斯山区时修建了多座特长隧道，也同样采取了多种相应的防灾救援措施。

8.3.2 国内长大隧道防灾救援现状

由于国内铁路隧道的数量在不断增多，特别是特长隧道的增多使铁路的防灾和救援的设计（设置）日趋重要。结合国情，从实际出发，我国防灾和救援的设计基本按"以防为主，以消为辅，防消结合，立足自救"的原则进行。

1. 西康线秦岭铁路隧道

西康线秦岭铁路隧道是我国第一座双洞单线特长山岭隧道，其消防及救援方案的设计主要以防止旅客列车的火灾事故为目的。

由于该隧道为两座平行单线铁路隧道,长度为 18.456 km,线间距为 30 m,双洞间的横通道间距为 420 m,所以两隧道可作为互救的避难、救援通道。在隧道内设置两条专给消火栓供水的消防干管和运营消防通风系统,以及中继站、紧急电话、指示灯和简单的控制系统等,隧道内的消防设施采用阻燃材料,以避免灾害的蔓延和扩大。为确保灭火水源充足,在洞外设置专用抽水井、消防水池和通道,使该系统在处理灾害事故时能及时、有效地运作。

(1)隧道报警及监控。

① 洞外报警及监测。

在秦岭特长隧道两端的青岔车站和营盘车站设红外轴温探测装置,以阻止火灾隐患列车或带火列车继续运行。在隧道进出口设置火灾警告信号,并通过无线电地面信标传入列车驾驶室,避免后续列车进入已发生火灾的隧道而造成次生灾害。做好经常性的机车车辆、洞内电气设备、轨道等的检修工作;制定阻止火灾隐患列车进入隧道的安全运输管理办法,尽量消除火灾隐患。

② 洞内报警及监测。

秦岭隧道火灾报警采用手动报警按钮。手动报警按钮设于横通道处,间距为 420 m。在横通道口、变配电洞室口部、紧急报警电话机箱室等处设置指示照明。在横通道内、变配电洞室内设应急照明。在隧道内,由进口至出口方向每隔 500 m 在边墙上涂设荧光涂料以显示距离,并在每个横通道口部标示里程及横通道序号,以便尽快判断疏散路线。

(2)消防设施。

隧道发生火灾后,消防方案应包括列车脱离隧道时的洞外灭火措施和列车不能脱离隧道的紧急救援、乘客避难和消防设施。秦岭隧道设置的固定式消防设施主要包括手动报警系统、通信系统、贮水供水系统及消防供电与照明系统等。

① 洞内消火栓灭火。

秦岭隧道采用的消火栓灭火系统由洞外消防水池、洞内主水管、消火栓箱组成,消火栓箱间距为 60~70 m,箱内安装两支水枪,并配备尼龙衬胶水带。

在隧道出口建产水量为 280 m^3/d 的消防水源井,井内安装潜水泵,水泵的启闭由液位自动控制系统控制。在隧道出口附近建容量为 300 m^3 的消防蓄水池。

对隧道内发生火灾且能继续运行的列车,原则上尽量拉出洞外扑救,故在青岔、营盘车站最外侧股道设消火栓箱,拉出洞外的着火列车停在洞外两端车站最外侧到发线上灭火。消防水源及管路利用车站给水设备,为防灾另设置地下式消火栓。消火栓布置间距为 60 m,每站设 10 个。

秦岭特长隧道火灾排烟通风利用运营通风设备完成。为兼顾火灾排烟通风,建议运营通风风速大于 2.4 m/s,且风机选用可反转、耐温性能较高的机型。

② 洞内列车灭火的设想。

秦岭特长隧道综合防灾的重点为防止旅客列车的火灾,兼顾货物列车(主要是油罐列车)火灾。

列车灭火由隧道中设置的固定式消防设备、服务于该地区的铁路火灾救援列车（待研制）和武警消防设备及矿山消防救护大队的设备相结合进行。列车一次着火按 4 节客车车厢同时燃烧、火灾持续 3 h 考虑。一座隧道内发生火灾时，另一座隧道运营状态正常，作为人员疏散和救援隧道考虑。

2. 乌鞘岭隧道

乌鞘岭隧道位于兰新铁路兰（兰州）武（武威）段内打柴沟站与龙沟站之间，设计为长 200 50 m 的双洞单线隧道，从隧道进口至出口是 11‰ 的连续下坡，旅客列车设计最高行车速度为 160 km/h。

乌鞘岭隧道防灾救援以消防报警疏散为主进行设计。

（1）消防报警与疏散系统。

旅客列车发生火灾，并被迫在隧道内停车时，首要任务是尽快将车厢内的旅客疏散到安全地点，疏散通道主要依靠隧道间的横通道。火灾报警采用区间通话柱及无线列调系统。旅客引导疏散工作由消防控制室通过紧急自动广播系统统一指挥，以便旅客安全、有序地快速转移。

① 火灾报警系统——采用增设隧道内区间电话柱的方式构成，在紧急情况下实现隧道火灾报警。

② 信号系统——发生事故时，通过设在洞口的信号机显示，防止后续列车进入事故隧道。

③ 红外监测系统——隧道两端车站各设红外线车辆温度监测系统，车体温度异常时声光报警，行车调度阻止超温列车进入隧道。

④ 疏散指示照明及标志照明系统：

为有序疏散乘客，隧道内设置疏散指示灯。

采用集中应急电源，隧道内设指示照明干线，指示灯具接于指示照明干线上。

隧道内设置紧急呼叫电话处指示灯，灯具接于隧道照明干线上，自带蓄电池。

（2）车站消防设备系统。

① 消防方案。

当一般货车（不包括油罐车）在隧道内发生火灾时，应本着将着火列车拉出洞外至最近的车站进行消防的原则。

隧道消防措施由相邻打柴沟、龙沟车站的消火栓系统及隧道进、出口的消防水池构成，并考虑在隧道内配置灭火器。

系统方案选择采用临时高压消防系统。

② 隧道两端车站消防系统设计。

隧道外消火栓系统进口设在打柴沟站，出口设在龙沟站，两个消防点均利用站内水源。

隧道进出口、大避车洞和部分小避车洞配置灭火器和防毒面具。

③ 隧道内"定点"消防系统。

在乌鞘岭隧道中部地质条件较好地段设置"定点"消防，"定点"的长度按 500 m 设计；联络引导通道间距约 50 m 设一个（每个联络通道与左右线隧道的平面关系如图 8-10）。为了确保失火列车准确停在"定点"部位，在全隧道内间隔一定距离设置"定点"位置指示牌，在"定点"前后1 000 m设置开始制动位置指示灯,在停车之前设置停车位置指示灯。在"定点"前后分界里程处设置指示灯,以便司机判断是前进还是后退。乌鞘岭隧道"定点"平面见图8-11。

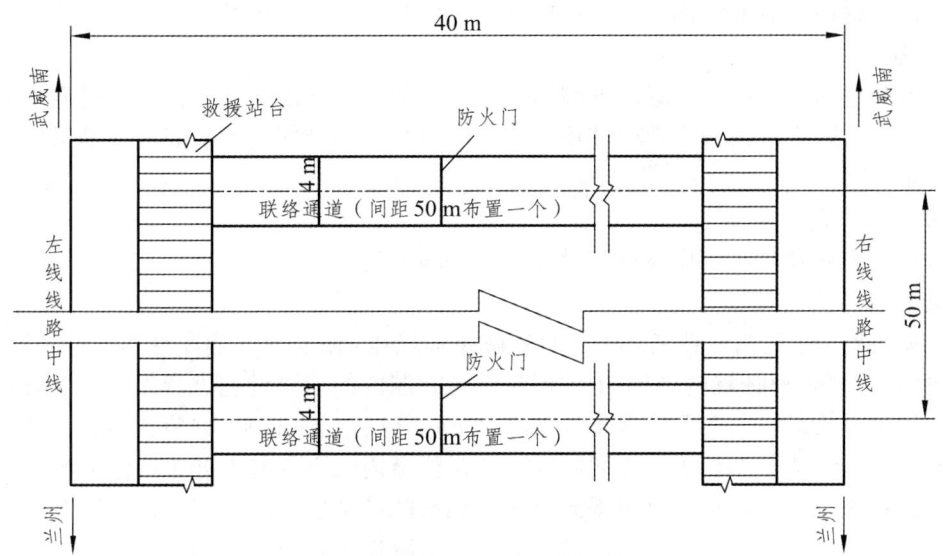

图8-10 乌鞘岭隧道"定点"平面

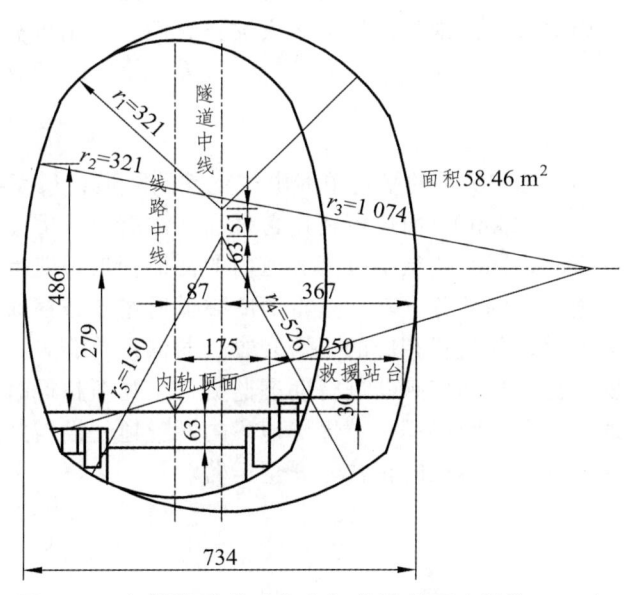

图8-11 乌鞘岭隧道"定点"处横断面(单位:cm)

为保证旅客安全下车,在"定点"处隧道边墙上设置站台。站台宽度为2.5 m,比内轨顶面高3 m,边缘距离线路中线约1.75 m。

a. 给水及消防设施。

隧道内"定点"消防处的水源来自隧道进口。

"定点"处固定灭火设备有灭火栓(为对付列车初期火灾,每个联络引导通道设一个灭火栓）和给水栓（为与其他消防设备配套，应在每个联络引导通道设一个给水栓）。

b. 通信。

根据长隧道左、右线拟设的紧急疏散站台方案（站台长 500 m，每间隔 50 m 设一个横通道），在横通道内增设隧道内紧急呼叫电话柱，实现隧道灾害报警。

c. 电力。

定点消防电力专业配套设置诱导照明和消防照明。诱导照明用于指示逃逸避难通道，消防照明主要为消防人员消防作业时使用，同时它也可为诱导照明增加亮度，确保旅客更安全地疏散避难。

d. 双向防火门。

为防止火灾蔓延，联络横通道门设计为双向防火门。

e. 防灾通风。

在火灾情况下，利用运营通风设备进行隧道通风排烟。当客、货车在隧道内发生火灾时，在隧道内临时停车，利用客、货车上的消防设备和洞内的消防设施进行灭火。为防止回流，根据秦岭隧道科研成果，要求运营通风风速大于临界风速 2.4 m/s，并使隧道内机械风速与自然风速或活塞风风速基本相等、方向相反。此时隧道内的空气基本处于不流动状态，火灾的氧气得不到补充，由于缺氧，火势得到控制，烟雾的扩散速度减慢，可以采用有效的方法和措施进行灭火。火灾扑灭后，再采用机械通风，对隧道进行全面的换气。

当油罐列车在隧道内发生火灾时，如不能及时扑灭，首先应采用上述手段控制火势，并及时封堵，从而使隧道内的火灾因缺氧而熄火。火灾扑灭后，再用机械通风及时对隧道进行全面换气。

3. 云台山隧道

云台山隧道为两座间距为 30 m 的平行单线电气化铁路隧道，长度约为 8.2 km。由于隧道通过地下煤系地层（长约 2 km），而煤层瓦斯含量高、浓度大，因此其消防设计既要防范列车可能会发生的灾害事故，同时还须防范因隧道内的瓦斯积聚可能带来的燃烧爆炸事故。

为此，防灾救援设施分为两部分：其一是将两座隧道通过 5 条横通道相连接，作为互救避难、消防灭火的防灾通道，并设置相应的报警装置、通信系统、灭火设施等。其二是在煤层地层处的隧道顶部安装瓦斯检测传感器进行动态监测，当瓦斯超标时可及时报警，并能立即启动通风设备进行通风，即在距侯马一端煤层地段的两隧道处设斜井通风道，安装风机进行压入式强制通风，从而保证该隧道的正常、安全运营。

Part 9 高速铁路隧道施工

9.1 隧道施工概述

9.1.1 基本概念

隧道及地下工程施工是修建隧道及地下洞室的施工方法、施工技术和施工管理的总称。隧道及地下工程施工过程通常包括：在地层内挖出土石，形成符合设计断面的坑道，进行必要的支护和衬砌，控制围岩变形，保证隧道施工安全和长期安全使用。隧道与地下工程的类型很多，工程特点各异，相应的施工方法和技术也各不相同，但无论是何种特定的施工方法，都应包括最基本的开挖技术、支护技术和相应的辅助技术（如地层预支护技术、超前地质预报与监控量测技术等）。

9.1.2 隧道及地下工程施工的特点

概括地说，隧道及地下工程施工具有以下特性：

1. 隐蔽性大

地下结构物竣工后，我们只能看到外观，而其内部及结构物背后的状态是隐蔽的。因此，工程地质和水文地质条件勘测得充分与否对隧道施工的成败起着重要的甚至是决定性的作用。不仅要在勘测阶段做好详细的地质调查和勘探，尽可能准确地掌握隧道工程范围内的岩层性质、岩体强度、完整程度、地应力场、自稳能力、地下水状态、有害气体和地温状况等资料，并根据这些原始材料，初步选定合适的施工方法，确定相应的施工措施和配套的施工机具；而且，由于地质条件的复杂性和勘探手段的局限性，在施工中出现前所未料的情况仍不可避免，因此，在长大隧道的施工中，还应采取试验导坑（如日本青函隧道）、水平超前钻孔、声波探测、导坑领先等技术措施，进一步查清掘进前方的地质条件，及时掌握变化的情况，以便尽快地修改施工方法和技术措施。严格意义上说，地下工程就是一个隐蔽工程，一旦建成就难以更改，所以，除了事先必须审慎规划和设计外，施工中还要做到不留后患。

2. 作业的循环性强

一般的地下结构物都是纵长的，施工是严格地按照一定的顺序循环作业的。如开挖就是按照"钻孔→装药→爆破→通风→出渣"的循环，一步一步地循环开挖，直到最后隧道贯通。这种循环性是地下施工最具特色的一点，也是组织施工的基本原则。隧道断面较小，一些施工工序只能顺序作业，而另一些工序又可以沿隧道纵向展开，平行作业。因此，要求施工中加强管理、合理组织，避免相互干扰。

3. 作业空间有限

地下结构物通常都是在地下一定深度修筑的，结构物的尺寸就受到极大限制，这也就决定了施工空间的尺寸和形状。在有限的空间内施工，投入的人力和机械，都不能够"畅所欲为"，要考虑有限空间这个特点。因此，像地面工程中使用的大型机械，是很难在地下工程中发挥其作用的，必须采用适合地下工程有限空间的施工机械和施工方法。正常情况下隧道只有进、出口两个工作面，相对于桥梁、线路工程来说，隧道的施工速度比较慢，工期也比较长，这往往使一些长大隧道成为控制新建铁路通车的关键工程。为此，需要附加开挖竖井、斜井、横洞等辅助工程来增加工作面，加快隧道施工速度。

4. 作业的综合性

地下施工是由多种作业构成的，开挖、支护、出渣运输、通风及除尘、防水及排水、供电、供风、供水等作业缺一不可。每一项作业施作得不好都会影响全局。因此，地下施工的综合性很强。这就要求我们必须有良好的施工管理和施工组织经验，才能使工程有序快速地进展。

5. 施工是动态的

施工过程的力学状态是变化的，围岩的物理力学性质也是变化的。地下结构的力学状态是极为复杂的，其复杂程度直到目前，还有许多不清楚的地方。我们只能在修筑地下结构物的整个过程中，逐渐地去认识和了解它的力学状态变化，并通过各种手段尽力控制和调整结构的力学状态变化。施工过程，从力学角度看，就是控制和调整这个力学状态变化的过程，施工技术也就是控制和调整这个力学状态的手段和方法，理解这一点是极为重要的。

6. 作业环境恶劣

地下施工的作业环境比较差，黑暗、潮湿、粉尘多，在恶劣的地质条件下，还有安全的问题。因此，如何创造一个安全、舒适和工厂化的作业环境，就成为地下施工技术要解决的重要课题。必须采取有效措施加以改善，如人工通风、照明、防尘、消音、隔音、排水等，使施工场地合乎卫生条件，并有足够的照度，以保证施工人员的身体健康，提高劳动生产率。

7. 作业的风险性大

风险性与隐蔽性是关联的，施工人员必须经常关注隧道施工的风险性，特别是在不良地质条件下，更要有风险意识和应变意识。

8. 气候影响小

隧道施工可以不受或少受昼夜更替、季节变换、气候变化等自然条件改变的影响，可以竟日终年、稳定地安排施工。

9.1.3　高速铁路隧道施工难点

1. 隧道断面大，结构受力特性复杂

高速铁路隧道不同于一般的铁路隧道，当高速列车在隧道中运行时要遇到空气动力学问题，主要表现为空气动力效应所产生的新特点及现象。为了降低及缓解空气动力学效应，除了采用密封车辆及减小车辆横断面积外，必须采取有力的结构工程措施，增大隧道有效净空面积及在洞口增设缓冲结构；另外还有其他辅助措施，如在复线上双孔单线隧道设置一系列横通道，以及在隧道内适当位置修建通风竖井、斜井或横洞。

由于增大隧道有效净空面积使得隧道结构受力特性不利，尤以隧道底部较为复杂，隧道拱脚和边墙脚处的应力集中更严重，因此为降低隧道的空气动力效应，需要对边墙底与仰拱连接处、底板厚度和仰拱、底板混凝土强度等进行加强与提高，并要求有更高的围岩强度或更好的地基承载力。

2. 隧道结构强度及稳定性要求高

围岩工程地质性质对高速铁路大断面隧道施工方法的确定、隧道的稳定与安全有较大影响。开挖后，隧道周边围岩出现更大范围的塑性化和更大的变形，围岩自稳所要求的围岩强度更高；产生承载拱作用所要求的埋深更深，浅埋隧道的松弛压力更大，浅埋隧道的辅助施工措施要求更强；隧道拱顶更不稳定，拱顶围岩存在拉应力区，拱顶岩块崩塌的可能性更大。因此，要慎重选择适宜的施工方法与支护结构。复合衬砌和整体式衬砌比喷锚衬砌安全，且永久性好，故永久性衬砌一般不采用喷锚衬砌。

3. 对耐久性及养护维修的要求高

高速铁路因列车运行速度较高，隧道维修有一定的时间限制，对隧道衬砌的安全性、耐久性和抗渗防水性、抗冻性要求提高。

隧道渗漏水的危害主要会引起洞内金属设备及钢轨锈蚀、隧道衬砌丧失承载力、隧底翻浆冒泥破坏道床或使整体道床下沉开裂、有冻害地区的隧道衬砌背后积水引起衬砌冻胀开裂、衬砌漏水会引起衬砌挂冰而侵入净空，从运营安全上对隧道防排水要求提高。隧底结构由于在长期列车重载作用及地下水侵蚀的影响下极易产生破坏，从而引起基底沉陷、道床翻浆冒泥等病害，不但增加养护维修工作量，而且严重影响运营安全。因此，高速铁路对隧道底部的强度较普通铁路要求更高。

9.2　高速铁路隧道施工方法

9.2.1　隧道与地下工程施工方法分类

目前，国内外隧道与地下工程施工已经具有能够适应各种围岩地质条件和工程结构形式的施工方法，可简要按图 9-1 所示的方式进行分类。

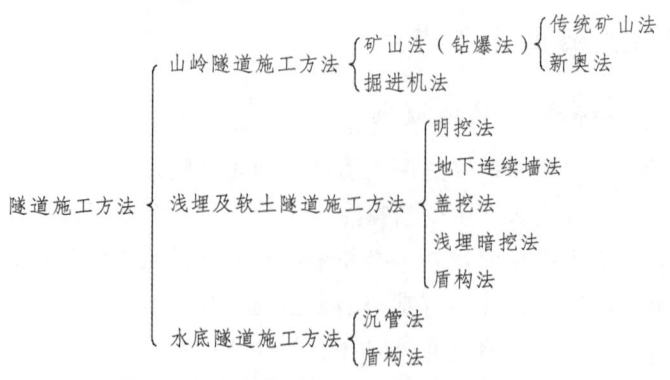

图 9-1 隧道与地下工程施工方法分类

在隧道施工中最重要的是选择合理的施工方法。隧道及地下工程施工方法的选择主要依据工程地质与水文地质条件、环境条件等，并结合隧道长度、断面大小、埋深、设备条件、工期要求、场地条件和施工技术水平等因素综合确定。

在长期的工程实践中，我国已经积累了相当丰富的经验和理论，逐渐形成了具有中国特色的隧道施工方法体系。在高速铁路隧道施工方法中，较为常用的有钻爆法、掘进机法（TBM）、盾构法和明挖法等。其施工方法选择的一般原则是：

（1）采用钻爆法施工时，视围岩级别及断面大小等因素可选用全断面法、台阶法、中隔壁法、双侧壁导坑法等，宜优先选用全断面法或台阶法开挖。

（2）围岩条件以岩石为主的长及特长隧道可采用掘进机（TBM）法。

（3）越江、海底、城市浅埋及对周边环境控制要求高的隧道可采用盾构法，而浅埋隧道具备明挖条件时宜采用明挖法施工。

总之，施工方法的选择应该体现技术可行、安全可靠、经济合理、环境友好的理念。

以下将分别简要介绍当前国内高速铁路隧道建设中常用的一些施工方法与技术要点，对其中相关的、更详细的内容可进一步参阅相关专著及技术规程。

9.2.2 新奥法

1. 方法原理

矿山法因最早应用于矿石开采而得名，它包括上面已经提到的传统方法和新奥法。这种方法由于在多数情况下都需要采用钻眼爆破进行开挖，故又称为钻爆法。有时候为了强调新奥法与传统矿山法的区别，而将新奥法从矿山法中分出另立系统。我国有些工程技术人员将新奥法和矿山法混为一谈，认为新奥法不过是矿山法的改进而已，其实二者有着本质的区别。矿山法认为在地层中开挖坑道必然要引起围岩坍塌掉落，开挖的断面越大，坍塌的范围也越大。而新奥法则是应用现代岩体力学的理论，以充分维护和利用围岩的自承能力为出发点。

新奥法（New Austrian Tunneling Method，缩写为 NATM）是新奥地利隧道施工方法的简称。新奥法是 1958 年奥地利人总结前人的隧道工程实践经验后提出的一套隧道设计、施工的新技术，光面爆破、喷锚支护和信息反馈是新奥法的三大支柱。其中，喷锚支护是新奥法的基础，围岩变形量测是新奥法的灵魂，没有围岩变形量测的喷锚支护不是新奥法。其由于理论上的合理性，在世界各地得到了广泛应用。新奥法是20世纪60年代进入我国的，以其快速、节省、安全及很高的灵活性与优越性越来越受到学者和工程人员的青睐，现在几乎所有重点难点工程都离不开新奥法，是我国当前应用最为广泛的施工方法之一。

2. 类型与技术特点

归纳起来，施工中不管采用哪种方法，都必须遵循的基本技术原则是：

（1）因为围岩是隧道的主要承载单元，所以要在施工中充分保护和爱护围岩。避免过度破坏和损伤遗留围岩的强度，使暴露的围岩尽量保留既有的质量，是最重要最基本的原则。这在任何施工方法中都是一样的，像古老的黄土窑洞、无衬砌的岩石洞室等的修建就完全遵守了这个原则。为此，施工中断面分块不宜过多，开挖应当采用光面爆破、预裂爆破或机械掘进。

（2）为了充分发挥围岩的结构作用，应容许围岩有可控制的变形。一方面容许变形达到不在围岩中形成松弛的量级，一方面必须限制它，使围岩不会过度松弛而丧失或大大降低承载能力；而在浅埋或地表下沉受到控制的条件下，及时控制变形和松弛及其发展是异常重要的。

（3）变形的控制主要是通过支护阻力（即各种支护结构）的效应达到的。因此，在施工中必须合理地确定支护结构的类型、支护结构参与工作的时间、各种支护手段的相互配合、断面封闭时间、一次掘进长度等。

（4）在施工中，必须进行实地量测监控，及时总结可靠的、足够数量的量测信息，以指导施工和设计。这是"新奥法"的重要组成部分。实际上，在新奥法之前，量测监控的技术早已存在，例如，量测木支撑的横梁弯曲（挠度），用锤击法判定支柱的受力状况等。即使从今天的眼光看，这些技术仍然有其实用价值。

（5）在选择支护手段时，一般应选择能大面积、牢固地与围岩紧密接触的，能及时施设和应变能力强的支护手段。因此，多采用喷混凝土并与锚杆、金属网联合使用的方式，有时也要与钢支撑或格栅等配合使用；临时仰拱也是重要的、不容忽视的支护手段。

（6）要特别注意，隧道施工过程是围岩力学状态不断变化的过程。减少开挖分部，也就有可能减少因分部过多而引起的围岩内的应力变化和围岩松弛。因此，在有可能的条件下，应尽量采用全断面或大断面分部的开挖方法。

（7）在任何情况下，使隧道断面能在较短时间内闭合是极为重要的。在岩石隧道中，围岩因其结构作用，能够"自封闭"。而在软弱围岩中，则必须改变"重视上部、忽视底部"的观点，应尽量采用能先修筑仰拱（或临时仰拱）或底板的施工方法，使断面及早封闭。

（8）在隧道施工过程中，必须建立设计→施工检验→地质预测→量测反馈→修正设计的一体化的施工管理系统，以不断地提高和完善隧道施工技术。

上述隧道施工的基本原则可扼要地概括为："少扰动、早喷锚、勤量测、紧封闭"。

在实际施工过程中，这些原则也不是一成不变的，应该结合实际情况进行完善和提高。新奥法的施工工序如图9-2所示。

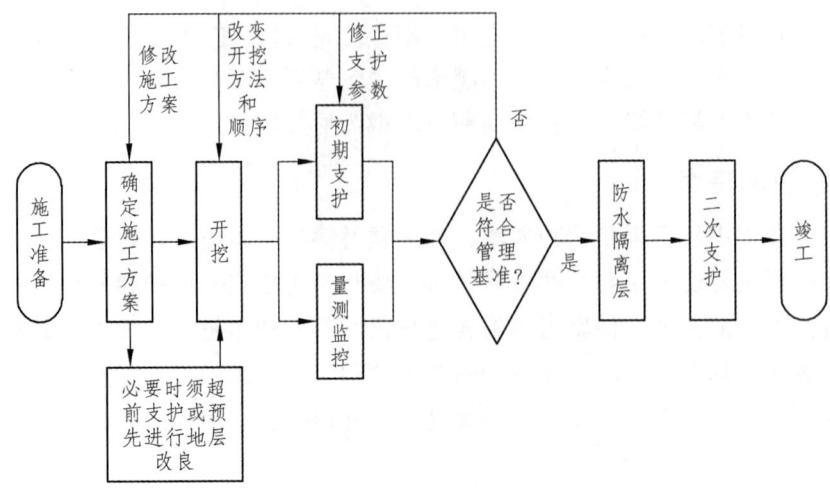

图 9-2 新奥法施工程序

新奥法主要类型有：全断面法、台阶法（长台阶法、短台阶法、超短台阶法）和分部开挖法（单侧壁导坑法、双侧壁导坑法、三台阶七步流水法等）。根据国内外的经验，新奥法主要开挖方法的特点和适用范围见表 9-1。

表 9-1 新奥法基本施工方法适应性评价

比较项目	台阶法 短台阶法和上半断面临时封闭台阶法	中壁法 CD 法或 CRD 法	侧导坑开挖法 双侧导坑超前开挖法（眼镜法）
掌子面的稳定性	可采用可靠性强的超前支护，能确保掌子面的稳定	因纵向分割断面，开挖跨度小，能确保掌子面的稳定	开挖断面分割细，可确保掌子面的稳定
隧道周边松弛的控制效果	超前支护作为支护结构的效果不十分清楚，但从改善开挖地层的角度考虑，可以在一定程度上控制拱顶范围的松弛	因开挖断面小，半端面开挖支护及时，可防止隧道周边松弛的扩大	因分割断面细，及时支护，能控制隧道周边松弛的扩大
地质变化的适应性	在超前支护、辅助工法的效果不明显或不经济时，可改变为 CD 法施工	根据地质状况的变化，可改变为 CRD 法、上半断面超前工法	地质变好时，改变工法困难。超前导坑能确认前方的地质状况，对不良地质可在施工前采取措施
施工条件	因开挖断面大，可采用大型机械快速施工	拆除中壁作业复杂，施工条件差，不宜采用大型机械快速施工	因开挖断面小，大型机械使用困难，施工条件差
适应性评价	在超前支护辅助工法配合施工的基础上，能适应各类围岩条件下的施工，并能形成有效的支护体系，是一个适应性较广的工法	属于大断面分割施工，在埋深浅的情况下能控制地表沉降，施工安全，在地质不良地段也可应用	同上。但和上半断面台阶法和中壁法互换困难。隧道全长均采用一种施工法，开挖效率低

《客运专线铁路隧道工程施工技术指南》(TZ 214—2005)建议的高速铁路隧道施工方法及适用条件如表 9-2 和 9-3 所示。

表 9-2 客运专线隧道主要施工(开挖、支护)方法

施工方法	开挖方法		开挖、支护顺序	
	横断面示意	纵断面示意	图例	说明
全断面法				1.全断面开挖; Ⅱ.初期支护; Ⅲ.全断面二次衬砌
下导洞超前法				1.下导洞开挖; Ⅱ.下导洞初期支护; 3.全断面扩挖; Ⅳ.初期支护; Ⅴ.全断面二次衬砌
台阶法				1.上台阶开挖; Ⅱ.上台阶初期支护; 3.下台阶开挖; Ⅳ.下台阶初期支护; Ⅴ.全断面二次衬砌
环形开挖预留核心土法				1.上弧形导坑开挖; Ⅱ.拱部初期支护; 3.预留核心土开挖; 4.下台阶中部开挖; 5.下台阶侧壁部开挖; Ⅵ.仰拱超前浇注; Ⅶ.全断面二次衬砌
双侧壁导坑法				1.左(右)导坑开挖; Ⅱ.左(右)导坑初期支护; 3.右(左)导坑开挖; Ⅳ.右(左)导坑初期支护; 5.上台阶开挖; Ⅵ.上台阶初期支护,导坑隔壁拆除; 7.下台阶开挖; Ⅷ.仰拱初期支护; Ⅸ.仰拱超前浇注; Ⅹ.全断面二次衬砌

续表

施工方法	开挖方法		开挖、支护顺序	
	横断面示意	纵断面示意	图例	说明
中洞法				1.开挖中导洞； Ⅱ.施作中导洞初期支护； Ⅲ.施作中隔墙并做防护； 4.开挖左洞侧导洞； Ⅴ.施作左洞侧导洞初期支护； 6.开挖左洞上台阶； Ⅶ.施作左洞上部初期支护； 8.开挖左洞下台阶； Ⅸ.左洞仰拱； Ⅹ.左洞二次衬砌； 11.开挖右洞侧导坑； Ⅻ.开挖右洞侧导坑初期支护； 13.开挖右洞上台阶； ⅩⅣ.施作右洞上部初期支护； 15.开挖右洞下台阶； ⅩⅥ.右洞仰拱； ⅩⅦ.右洞二次衬砌
中隔壁法（CD法）				1.先行导坑上部开挖； Ⅱ.先行导坑上部初期支护； 3.先行导坑中部开挖； Ⅳ.先行导坑中部初期支护； 5.先行导坑下部开挖； Ⅵ.先行导坑下部初期支护； 7.后行导坑上部开挖； Ⅷ.后行导坑上部初期支护； 9.后行导坑中部开挖； Ⅹ.后行导坑中部初期支护； 11.后行导坑下部开挖； Ⅻ.后行导坑下部初期支护； ⅩⅢ.仰拱超前浇筑； ⅩⅣ.全断面二次衬砌
交叉中隔壁法（CRD法）				1. 左侧上部开挖； Ⅱ.左侧上部初期支护； 3. 左侧中部开挖； Ⅳ.左侧中部初期支护； 5. 右侧上部开挖； Ⅵ.右侧上部初期支护； 7. 右侧中部开挖； Ⅷ.右侧中部初期支护； 9. 左侧下部开挖； Ⅹ.左侧下部初期支护； 11. 右侧下部开挖； Ⅻ.右侧下部初期支护； ⅩⅢ.仰拱超前浇筑； ⅩⅣ.全断面二次衬砌

表 9-3　客运专线隧道各类施工（开挖）方法适用条件

开挖方法	适用围岩级别及说明	备注
全断面法	1. 单线隧道Ⅰ、Ⅱ、Ⅲ级围岩； 2. 双线隧道Ⅰ、Ⅱ级围岩； 3. 地下水状态：干燥或潮湿	循环进尺宜控制在 3.0~4.0 m
下导洞 超前法	1. 单线隧道Ⅲ、Ⅳ级围岩； 2. 双线隧道Ⅱ、Ⅲ级围岩； 3. 地下水状态：有渗水或股水	
台阶法	1. 单线Ⅲ级、Ⅳ级围岩； 2. 双线隧道Ⅲ级围岩； 3. 地下水状态：干燥或潮湿	台阶长度应有利于施工操作和机械设备效率的发挥，同时应利于支护尽早封闭成环
环形开挖预留核心土法	1. 单线Ⅳ、Ⅴ、Ⅵ级围岩； 2. 双线隧道Ⅲ、Ⅳ、Ⅴ、Ⅵ级围岩； 3. 地下水状态：有渗水或股水	
双侧壁 导坑法	1. 单线Ⅴ、Ⅵ级围岩； 2. 双线隧道Ⅳ、Ⅴ、Ⅵ级围岩； 3. 地下水状态：有渗水或股水	施工中应尽量减少开挖分部，采用大断面分部
中洞法	双联拱隧道	
中隔壁法（CD法）	单、双线隧道Ⅴ、Ⅵ级围岩、浅埋隧道、三线隧道	
交叉中隔壁法 （CRD法）	双线、三线隧道Ⅳ、Ⅴ、Ⅵ级围岩、浅埋隧道	

3. 三台阶七步流水法

三台阶七步开挖法是我国工程技术人员创新发展的一种新形式的分部开挖法，适用于Ⅴ~Ⅵ级围岩双线或多线大跨度隧道掘进。该法要求分台阶、分部位，纵向位置错开，同时开挖，同时支护，尽早闭合成环，对软弱围岩地质变化适应性强，安全可靠。

（1）三台阶七步流水作业法基本原理。

该法是在隧道开挖过程中，在三个台阶上分七个开挖面，如图 9-3 所示，以前后七个不同的位置相互错开同时开挖，然后分步同时支护，形成支护整体，缩小作业循环时间，逐步向纵深推进的作业方法。

① 开挖掘进以三个台阶七个工作面同时进行。
② 初期支护先上后下，分步实施，然后连成整体形成一个承载拱。
③ 依据围岩量测结果，调整支护参数，循环进尺 0.7~1.5 m。
④ 大型装运机械在中层爬坡道进出，集中并快速完成三个台阶的出渣任务。

（2）三台阶七步流水作业法施工步骤。

七步作业法开挖要求在隧道全断面划分的七个部位同时开挖，由于七个部位分别处于七个里程，从而使一个开挖断面处的围岩暴露的面积减到最小。

第 1 步：拱顶在超前小导管的保护下将传统的矩形上导坑改为弧形导坑，开挖结束后架设工字钢架，设注浆锚管，在钢架每侧拱脚设锁脚锚管，喷混凝土，形成较稳定的承载拱。

第2、3步：在拱顶承载拱的支护下，分段扩大拱脚，以一定的时间差先后按同样方法进行支护，使同一断面处暴露的开挖面仅限于一侧。

第4步：拱部支护完成后中部拉槽。

第5、6步：在已完成拱部支护后，分段左右开挖马口，以一定时间差做边墙支护。

第7步：下台阶核心土挖除后落底并施作仰拱混凝土，二次衬砌紧跟。

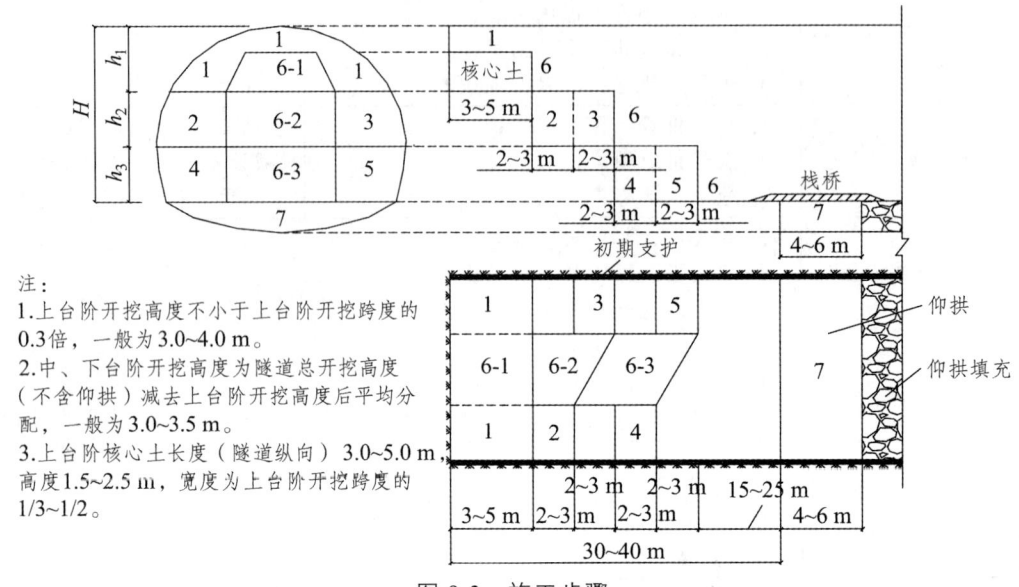

图 9-3 施工步骤

（3）工法特点。

① 施工空间大，方便机械化施工，可以多作业面平行作业。部分软岩或土质地段可以采用挖掘机直接开挖，工效较高。

② 在地质条件发生变化时，便于灵活、及时地转换施工工序，调整施工方法。

③ 适应不同跨度和多种断面形式，初期支护工序操作便捷。

④ 在台阶法开挖的基础上，预留核心土，左右错开开挖，利于开挖工作面稳定。

⑤ 当围岩变形较大或突变时，在保证安全和满足净空要求的前提下，可尽快调整闭合时间。

（4）三台阶七步开挖法施工注意事项。

① 采用三台阶七步开挖法施工的隧道，应将超前地质预报纳入施工工序，并根据工程水文地质变化情况，及时调整各部台阶长度或施工方法，采取相应的技术措施，及早封闭成环，保证施工安全。

② 采用三台阶七步开挖法施工的隧道，应根据工程水文地质条件，按设计要求做好超前支护，防止围岩松弛，保证隧道开挖安全。在断层、破碎带、浅埋段等自稳性较差或富水地层中，超前支护应按设计要求进行加强。

③ 三台阶七步开挖法施工应符合下列要求：

i. 以机械开挖为主，必要时辅以弱爆破；

ii. 弧形导坑应沿开挖轮廓线环向开挖，预留核心土，开挖后及时支护；

iii. 其他分部平行开挖，平行施作初期支护，各分部初期支护衔接紧密，及时封闭成环；

iv. 仰拱紧跟下台阶，及时闭合构成稳固的支护体系；

v. 施工过程通过监控量测，掌握围岩和支护的变形情况，及时调整支护参数和预留变形量，保证施工安全；

vi. 完善洞内临时防排水系统，防止地下水浸泡拱墙脚基础。

4. 软弱围岩及不良地质条件下的施工技术要点

中国铁路总公司（原铁道部）于2010年7月27日发布铁建设〔2010〕120号文件，对软弱围岩及不良地质铁路隧道设计施工提出了针对上述施工方法的具体要求，对确保软弱围岩及不良地质铁路隧道施工安全具有重要意义，可以看作我国铁路隧道与高铁隧道建设的工程实践的经验总结。其相关的技术要点摘录如下：

一、洞口工程

1. 隧道洞口应严格执行"早进晚出"原则。加强洞口段超前支护和边仰坡防护设计，埋深较浅的隧道洞口段应采用明洞或半明半暗法进洞。

2. 隧道洞口边仰坡工程应自上而下逐级开挖支护，及时完成洞口边仰坡加固、防护及防排水工程。

3. 隧道洞口应按设计完成超前支护后，方可开始正洞的施工。洞口段应及时形成封闭结构，严禁采用长台阶施工。

二、超前地质预报

4. 施工图阶段经评估为高风险和极高风险的软弱围岩及不良地质隧道，超前地质预报的责任主体单位为设计单位，其超前地质预报工作由设计单位负责组织实施。其他隧道超前地质预报的责任主体单位为施工单位，超前地质预报由施工单位专业人员实施。

5. 岩溶及富水破碎断层隧道，超前地质预报应采用以水平钻探为主的综合方法。

6. 软弱围岩及不良地质隧道应由设计单位进行专项超前地质预报设计，及时收集分析预报资料，完善设计方案并指导施工。

三、隧道开挖

7. 隧道Ⅳ、Ⅴ、Ⅵ级围岩地段、隧道浅埋、下穿建筑物及邻近既有线地段施工开挖应按照《爆破安全规程》采用控制爆破，或采用非爆破方法。

8. 软弱围岩隧道Ⅳ、Ⅴ、Ⅵ级地段采用台阶法施工时，应符合以下规定：

（1）上台阶每循环开挖支护进尺Ⅴ、Ⅵ级围岩不应大于1榀钢架间距，Ⅳ级围岩不得大于2榀钢架间距。

（2）边墙每循环开挖支护进尺不得大于2榀。

（3）仰拱开挖前必须完成钢架锁脚锚杆，每循环开挖进尺不得大于3 m。

（4）隧道开挖后初期支护应及时施作并封闭成环，Ⅳ、Ⅴ、Ⅵ级围岩封闭位置距离掌子面不得大于35 m。

四、初期支护

9. 双线Ⅳ、Ⅴ级围岩隧道采用台阶法施工时，必须设置锁脚锚杆（管）等控制拱（墙）脚位移的措施。双线Ⅴ级围岩隧道采用台阶法施工时应设置横向临时支撑或临时仰拱，临时支撑采用型钢，纵向每2榀设1处。

10. 初期支护钢架应工厂化制造，出场前必须进行检验、试拼装。当采用格栅钢拱架时，应采用八字结格栅拱架。

11. 喷混凝土应采用湿喷工艺，特殊地质条件下可另行设计。

五、监控量测

12. 隧道监控量测应按照现行《铁路隧道监控量测技术规程》（TB 10121—2007）的规定建立等级管理、信息反馈和报告制度。

13. 隧道监控量测应作为关键工序纳入现场施工组织。监控量测必须设置专职人员并进培训后上岗。对周边建筑物可能产生严重影响的城市铁路隧道，应实施第三方监测。

14. 隧道拱顶下沉和净空变化的量测断面间距：Ⅳ级围岩不得大于 10 m，Ⅴ级围岩不得大于 5 m。

15. 隧道浅埋、下穿建筑物地段，地表必须设置监测网点并实施监测。

16. 当拱顶下沉、水平收敛速率达 5 mm/d 或位移累计达 100 mm 时，应暂停掘进，并及时分析原因，采取处理措施。

17. 当采用接触量测时，测点挂钩应做成闭合三角形，保证牢固不变形。

六、二次初砌

18. 软弱围岩及不良地质铁路隧道的二次衬砌应及时施作，二次衬砌距掌子面的距离：Ⅳ级围岩不得大于 90 m，Ⅴ、Ⅵ级围岩不得大于 70 m。

9.2.3 新意法

1. 新意法概述

20 世纪 70 年代中期，意大利的 Pietro Lunardi 教授开始对数百座隧道进行理论和现场实验研究，并逐步创立了岩土控制变形分析法（ADECO-RS 法）。ADECO-RS 法是通过对隧道掌子面前方超前核心土的勘察、量测，预报围岩的应力-应变形态，并依据隧道开挖后围岩稳定、暂时稳定、不稳定将其划分为 A、B、C 三种类型，在此基础上进行信息化设计和施工，确保隧道安全穿越各种地层（尤其是复杂不良地层）和实现全断面开挖的一种隧道设计、施工方法，是一种国外新兴的隧道设计施工理念。

ADECO-RS 法在过去十多年间，广泛应用于意大利的公路和铁路领域，并已纳入意大利的隧道设计和施工规范。ADECO-RS 法还应用于欧洲其他一些国家的隧道项目。2006 年 7 月，铁道部有关领导考察了意大利佛罗伦萨—博罗尼亚高速铁路采用 ADECO-RS 法施工的 Raticosa 隧道的施工现场。2006 年 10 月，持有 ADECO-RS 法的意大利特莱维集团（Trevi Group）组团来中国，考察了郑西客运专线黄土隧道施工现场，并与中国同行进行了学术交流。同年 11 月，在北京召开的中国高速铁路隧道国际学术研讨会上，意大利特莱维集团对 ADECO-RS 法作了专题报告，并将其用中文解释为"新意法"。国际岩石力学学会（ISRM）的 Frederic L. Pellet 教授在 2006 年中国巡回讲学中也称岩土控制变形分析法（ADECO-RS 法）为"新意大利隧道施工法"（New Italian Tunneling Method，NITM）。后文中，对 ADECO-RS 法统一简称为新意法。

2. 相关概念

（1）超前核心土。

超前核心土是隧道掌子面前方一定体积的土体，呈圆柱形，圆柱体的高度和直径大致等于隧道直径。

（2）掌子面挤出变形。

掌子面挤出变形是开挖介质对隧道开挖产生的变形反应的主要表现形式，主要发生在超前核心土内；挤出变形的大小取决于超前核心土的强度、变形特性及其所处的原始应力场；挤出变形发生在隧道掌子面的表面，沿隧道水平轴线方向发展，其几何形状大概呈轴对称（掌子面鼓出），或在掌子面形成螺旋状突出。

（3）隧道预收敛。

隧道预收敛是隧道掌子面前方的理论轮廓线的收敛变形，完全取决于超前核心土的强度及变形特性与其原始应力状态之间的关系。

3. 新意法隧道设计施工程序

新意法隧道设计施工按图 9-4 所示的基本步骤进行。

4. 新意法与新奥法的比较

（1）新意法与新奥法的不同之处。

① 地层变形反应的分析方式不同。

新奥法对地层变形反应的分析仅限于掌子面的后方，仅对隧道收敛进行分析；新意法不仅对掌子面后方的地层变形反应（收敛）进行分析，而且更注重对掌子面及掌子面前方地层的变形反应（掌子面挤出变形和预收敛）进行分析。

② 地层变形反应的控制方式不同。

由于对地层变形反应的分析方式不同，新奥法与新意法对地层变形反应的控制方式也不同。新奥法采用锚杆、喷射混凝土、钢拱架、施作仰拱等手段，仅对掌子面后方的隧道施加约束作用；新意法不仅要求隧道的支护措施（包括二次衬砌和仰拱）要与掌子面保持适当距离，不能落后掌子面太远，对隧道提供连续的约束作用，而且要求对超前核心土采取适当的防护和加固措施，提高其强度和变形特性，对隧道提供超前约束作用。

（2）新意法的优点。

新意法重视隧道加固措施，把隧道加固措施视为控制和调节隧道变形不可缺少的工具，从而把隧道加固措施视为保证隧道最终稳定的结构的一部分（关注隧道的变形量，隧道工程的造价与其变形量成正比）。在这一方面，值得注意的是，在地下工程的总造价中，隧道加固措施和地层改良措施的造价变化幅度很大；而隧道开挖和衬砌的造价相对较为稳定，对于所有地层，其变化幅度都不大。

采用新意法，可以对隧道进行完整的、可靠的设计，从而使主承包商可以在各种地层中，甚至在最困难的地层条件下，都可以进行机械化全断面隧道施工。

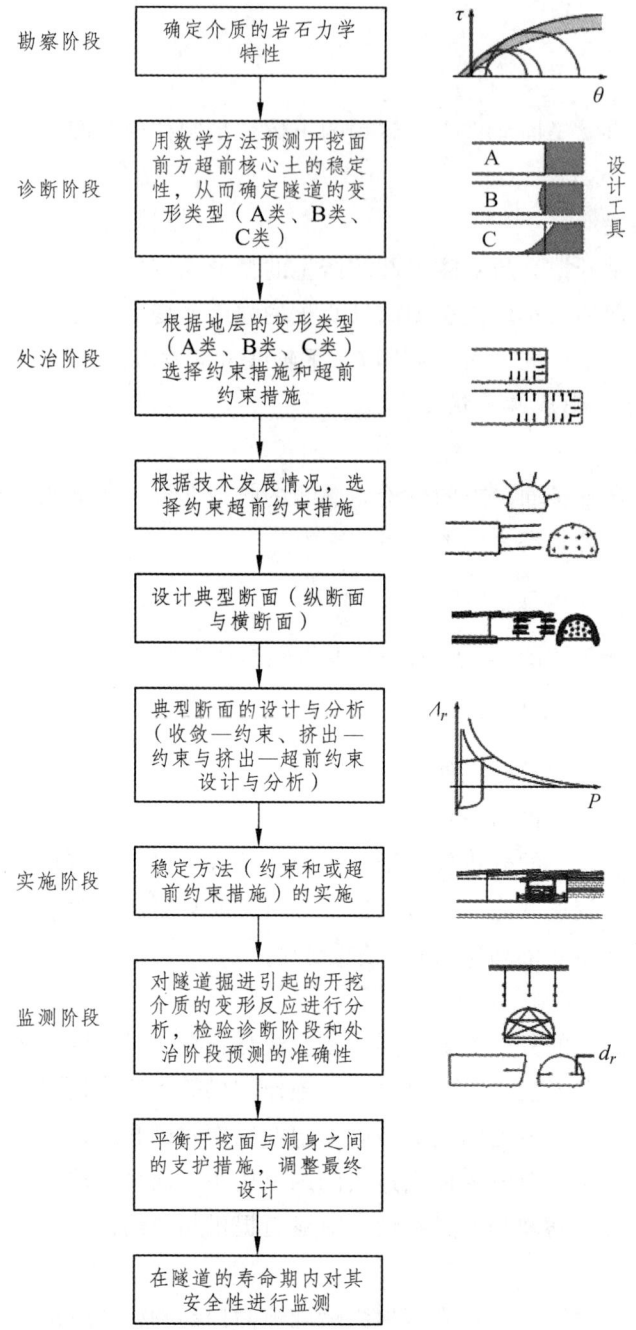

图 9-4 新意法隧道设计施工流程

采用新意法，可以估计出工程的工期和造价，从而可以避免业主与承包商之间的各种纠纷。采用新意法，可以在隧道施工期间很容易地、客观地量测出掌子面-超前核心土体系的应力-应变状态，从而有效克服了以前的围岩分类方法的缺陷（以前的围岩分类方法对地质力学类别与地层的变形反应进行比较）。

9.2.4 浅埋暗挖法

1. 浅埋暗挖法概述

1986—1987年，北京地铁复兴门折返线施工时，采用王梦恕院士提出的方案，首次应用从军都山铁路隧道黄土段施工总结出的浅埋暗挖法。该法在开挖宽度14.5 m、拱顶覆土5.9 m的第四纪冲洪砂砾层中获得成功，其成果通过了北京市和铁道部的科学成果鉴定，经过讨论正式取名为"浅埋暗挖法"。浅埋暗挖法作为隧道及地下工程修建方法之一，从此载入地下工程的修建史册。后来，王梦恕院士又在多年工程实践和理论研究的基础上，著成我国第一部全面系统论述"浅埋暗挖法"理论、设计、施工的专著——《地下工程浅埋暗挖技术通论》，对浅埋暗挖技术的理论基础、工程理念、设计与施工方法进行了全面论述。

浅埋暗挖法的理论不同于新奥法，新奥法的核心是以维护和利用围岩的自承能力为基点，使围岩成为支护体系的组成部分。而作用于浅埋地下工程上的地层压力是覆盖层的全部或部分土柱重，作用在支护上的地层压力和支护的刚、柔关系不大，从减少地表沉陷的角度出发，还要求初期支护有一定的刚度，并且没有充分考虑利用围岩的自承能力，因此浅埋暗挖技术不同于新奥法。但是，浅埋暗挖施工技术仍应用了新奥法的主要原理，即尽量使围岩保持稳定，不产生或少产生松动压力。此外，浅埋暗挖技术是应用于松散的第四纪地层，在浅埋、有地下水、开挖断面复杂多变等条件下的方法，要绝对防止塌方，严格控制地表沉陷（一般要求不超过30 mm）。

浅埋暗挖技术包括相适应的开挖方法和配套技术，其关键技术是加固和改造地层，以保证施工安全和地表建筑物的安全，因此，它是在新奥法原理的基础上结合中国国情和浅埋的特点发展起来的一种设计、施工方法，其特点是运用量测信息，反馈设计和施工，同时采取超前支护、改良地层、注浆加固等配套技术来完成隧道及地下工程的设计与施工。

浅埋暗挖法作为隧道与地下工程修建的方法之一，从创建以来，经过近20年的研究、应用、推广、发展和完善，已形成一套完整的新的浅埋、超浅埋隧道与地下工程设计、施工理论体系。工程实践证明，这种方法安全可靠、技术先进、经济易行、符合中国国情，目前，已经被广泛应用于城市地铁、城市过街道、地下停车场、热力管线、电力管道、给水管道、燃气管道、雨污水管道以及地下空间等其他浅埋地下结构物的工程设计与施工中。

2. 深埋、浅埋、超浅埋的判定

通常深埋隧道荷载按塌落拱计算，可按新奥法原则设计，可利用围岩自身承载力，主要问题是隧道本身的施工安全；浅埋隧道按松散荷载计算，超浅埋隧道则按全土柱加地面动、静换算荷载计算，主要问题是控制地层位移，环境保护。对深埋、浅埋和超浅类型的界定按如下方法进行。

（1）应用埋深等于坍方统计平均高度两倍的方法。

因围岩变形过大时隧道上方会形成塌落拱（压力拱），见图9-5，而塌方是围岩失稳破坏最直观的形式。大量统计资料证明，当埋深大于两倍塌方高度时，才能用塌落拱公式计算。塌落拱高度与围岩类别有很大关系，根据我国铁路隧道调查资料，Ⅲ级以上围岩岩体强度较高，一般未出现由于浅埋而失稳破坏的情况，因此，通常在Ⅲ~Ⅵ级围岩中才考虑浅埋隧道的设计问题。铁路隧道新奥法指南规定当埋深大于Ⅵ级围岩 $4D$~$6D$、Ⅴ级围岩 $2.0D$~$3.0D$、

Ⅳ级围岩1.0D～2.0D、Ⅲ级围岩0.5D～1.0D,《铁路隧道设计规范》(TB 10003—2016)规定当埋深大于Ⅵ级围岩35～40 m、Ⅴ级围岩18～25 m、Ⅳ级围岩10～12 m、Ⅲ级围岩5～6 m为深埋隧道,反之为浅埋隧道。

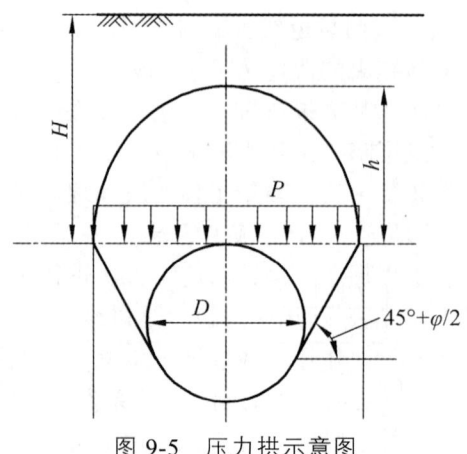

图9-5 压力拱示意图

(2)应用实测压力P和垂直土柱重量γH之比来确定深埋、浅埋、超浅埋的判别方法。

根据国内外近50个实验段资料得出：当$P/\gamma H \leq 0.4$为深埋；$P/\gamma H > 0.4 \sim 0.6$为浅埋；$P/\gamma H > 0.6 \sim 1.0$为超浅埋。例如北京复兴门折返线隧道,在双线隧道处应用机械式支柱压力计进行拱脚径向压力量测,得出$P/\gamma H > 0.43 \sim 0.46$,按以上判式属于浅埋,见图9-6。

(3)在初期支护作用下,围岩塑性区达到地表(图9-6),地中围岩变形和地表下沉值相等时,即覆盖整体位移下沉时为超浅埋,荷载除按γH计算全部土柱外,还应计算地面交通冲击荷载。

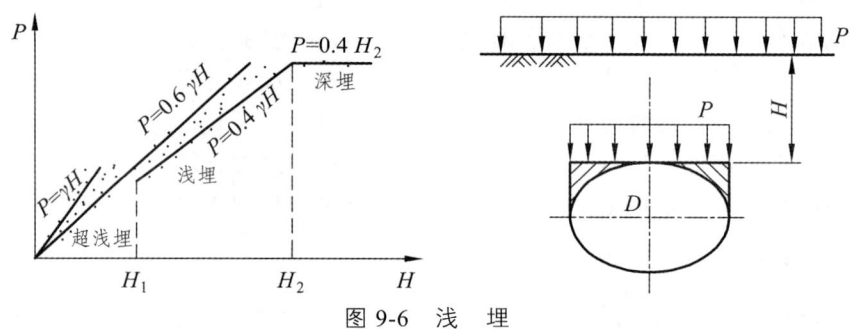

图9-6 浅 埋

3. 浅埋暗挖法的机理与施工要点

(1)浅埋暗挖法的原理及特点。

浅埋暗挖法理论源于新奥法,但强调预支护,及时支护,控制地面沉降,保证施工和地面地下建筑物的安全,十八字方针"管超前,严注浆,短开挖,强支护,快封闭,勤量测"是其精髓。浅埋暗挖法机械化程度低,主要靠人工施工,机动灵活,对工程的适应性强,可做成各种结构形式,在地质情况较差的情况下要采取辅助施工措施。

(2)浅埋暗挖法的支护。

由于该法多在松软第四纪地层中修建,所以围岩自身承载能力很差,为避免对地表建筑物和地中构筑物造成破坏,地表沉降量要严格控制,为此要求一次支护刚度要大、支护要及时。从图9-7的围岩和支护的刚度曲线中可以看出,交点C(稳定点)应尽量靠近A点工作,尽量避免较大的地层损失。

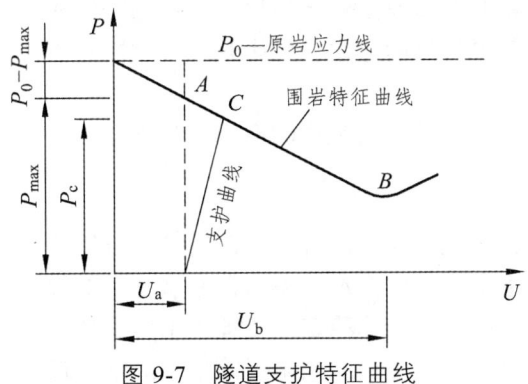

图 9-7 隧道支护特征曲线

(3)浅埋暗挖法支护设计方法。

根据有关设计规范和工程实际情况,目前浅埋暗挖法支护结构设计仍以工程类比法为主,辅以量测为手段的现场监控设计法和计算为依据的理论分析设计法。

4. 浅埋暗挖法的适用条件

(1)掌子面能够自稳,如不能自稳则创造条件自稳,主要措施有冷冻、注浆加固、水平旋喷。

(2)无水,如有水则要采取相应的防排水措施,如降水(洞内轻型井点、地表深井)、堵水、排水等。

5. 浅埋暗挖法关键技术

浅埋暗挖法的关键技术汇总如表9-4。

表 9-4 浅埋暗挖法的关键技术

关键技术	关键技术内容
管超前、严注浆	本意是超前管棚注浆加固;发展到现在还包括地面超前注浆加固、降水固结加固、冻结法加固等
短进尺	本意是指每节短开挖;现在施工开挖还发展了导坑眼镜法、洞柱法、中洞法等开挖方法
强支护、早封闭	本意是指浅埋暗挖法施工的初衬要采用强刚度的衬砌,并尽早封闭成环;开挖方法的多样化使得衬砌在每一部分开挖都要求尽早封闭成环,特别是在上海和广州的软土地区,更是如此
勤测量	这里指的不仅仅是测量,而是要根据测量的结果及时地调整施工参数。现在把信息化施工提得比较高,对测量结果不仅仅是停留在研究上,在应用上现在也显得尤为现实
辅助施工技术	不同的地层需要的相应辅助工法也不一样
管理技术	浅埋暗挖法牵涉人员多,要求互相配合严格,那么就要求施工有一整套的管理技术
防水技术	浅埋暗挖法作为城市地下施工技术的一种,为保护城市地下水资源,其防水技术与山岭隧道不同,要求像盾构法防水一样采用全封闭技术

9.2.5 明挖法

明挖法是从地表面向下开挖，形成露天的基坑，然后在基坑中修筑衬砌，敷设外贴式防水层，最后用土回填。铁路明洞以及隧道洞口段不能用暗挖法时，都采用明挖法施工。在城市地下工程中，明挖法也获得广泛的应用，特别是在浅埋的地下工程中。其关键技术在于基坑开挖方法和支护稳定技术。

在明挖法施工中，基坑的开挖方式常用的有如下几种：

1. 放坡开挖法

放坡开挖法适用于隧道埋深较浅，地势、地面空旷，土质稳定，地下水位较低的情况。此法机械化程度高，施工速度快，质量也易得到保证。施工对周围环境影响较小，基坑开挖仅仅依靠适当坡率的边坡即可保持土体稳定。受地下水影响的工程，可采用井点降水法提高边坡的稳定性及改善基坑内施工环境。此法施工简单，成本较低，但占地面积大，开挖和回填土方量也大，如图 9-8。

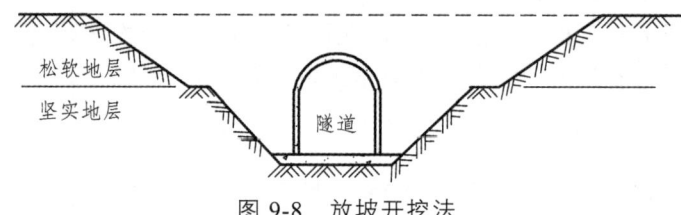

图 9-8 放坡开挖法

2. 支护开挖法

基坑的支护开挖法是将基坑围护结构插入基坑底部以下，开挖到设计标高后，再进行主体结构施工。视边坡的稳定性，基坑内既可设置支撑，也可不设。

（1）基坑内无支撑。

基坑内无支撑也叫悬臂开挖法，如图 9-9 所示。围护结构常由木桩、钢桩、挖孔桩、灌注桩、钢筋混凝土预制桩或连续墙等组成。

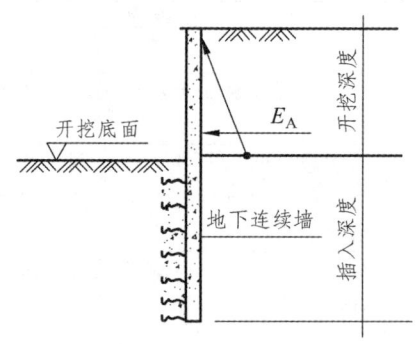

图 9-9 悬臂支护开挖法

该法由于基坑内无支撑，施工时便于基础开挖和主体结构施工的机械化，也易保证工程质量。其缺点是围护结构较复杂，增加了造价及施工难度。此法有时也用在有支撑开挖基坑的上部。

（2）围护结构有支撑。

当基坑深度较大，开挖时除采用围护结构外，还常采用支撑加强围护结构以抵抗较大的侧压力。支撑分为水平支撑、斜支撑以及采用锚杆加固围护结构等。

① 水平支撑。

水平支撑常用的形式有横撑和角撑（图 9-10），基坑拐角或断面变化处用角撑，其他一般用横撑。采用水平支撑的优点是：墙体水平位移小；安全可靠，开挖深度不受限制；但要求围护结构的平面形状比较规则，以矩形为最佳。开挖基坑宽度较大时，支撑应加设中间支柱来保持其稳定性。中间支柱应在开挖前按设计位置作好。

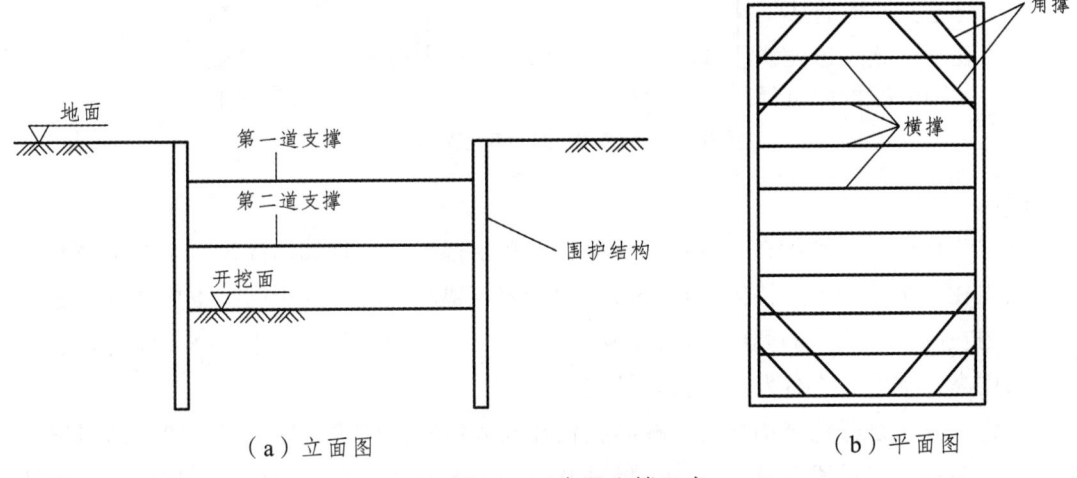

图 9-10 水平支撑示意

围护结构施工完毕，一般情况下可开挖至第一道支撑所需的标高，及时安装支撑并施加预应力。再采用挖槽法，先开挖支撑设计位置处土体（保留其两侧土体），挖至第二道支撑标高时，安装第二道支撑，并施加预应力，然后由上向下开挖土体至适当高度，继续用挖槽法安装下道支撑。重复以上方法，最后开挖至基底标高，再依次浇筑底板—下层侧墙—中板—上层侧墙—顶板。按要求的时序拆除支撑，完成结构体系转换。

② 斜支撑。

斜支撑[图 9-11(a)]是在基坑横向宽度较大或形状不规则，不便使用水平支撑时采用的支撑形式。采用斜支撑时，围护结构上部水平位移比较大，易引起基坑外地面及附近建筑物下沉，对沉降要求严格的地段应十分慎重，因此基坑开挖深度也受到一定限制。并且斜支撑基础及结构底板需分批施工，工序交错复杂，施工难度大。

斜支撑的施工常采用中心挖槽法开挖基坑内土体至斜支撑基础底标高，浇筑基础，及时安装斜支撑，使支撑一端支承在围护结构上，另一端支承在已浇筑的基础上，并施加预应力，然后开挖其余土体。设有两道或多道斜支撑时，先安装外侧的长支撑，后安装内侧的支撑，并把所有斜支撑基础连为整体，形成结构底板。最后依次浇筑下层侧墙—中板—上层侧墙—顶板，并按要求的时序拆除支撑，完成结构体系转换。

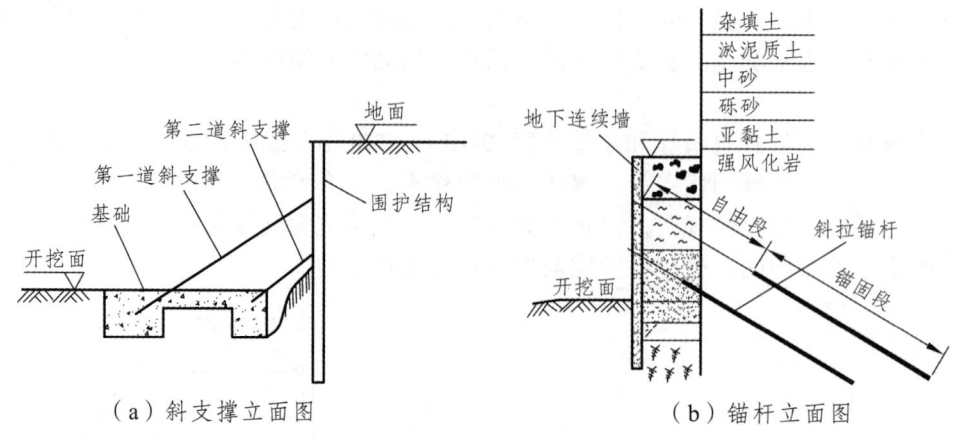

图 9-11 斜支撑和锚杆立面图

③ 锚杆。

锚杆[图 9-11(b)]是一种设在基坑外的支撑,一般由锚头、拉杆和锚固体三个基本部分组成。锚头锚固在围护结构上。锚固体在岩石中的为岩石锚杆,在土层中的为土层锚杆。基坑开挖时,作用在围护结构上的侧应力可由锚杆与岩土之间产生的作用力来平衡。锚杆是受拉杆件,可采用高强钢索,充分发挥其抗拉性能。

锚杆的施工方法是开挖至锚杆所需标高,钻孔插入钢索后注浆,注浆 7~10 d 后对锚杆施加预应力。锚杆由于设置在基坑外,可提供宽敞的施工空间,有利于机械开挖坑内土体及组织结构主体施工。锚杆易于施加预应力,可更好地控制围护结构的水平位移,减小地面及建筑物的沉降量,并能适用于各种形状的围护结构。锚杆可设成单层或多层,开挖深度不受限制;在大面积的基坑中,应用锚杆的经济效益更为显著。

锚杆的缺点是工艺复杂,锚杆不易回收,造价较高。当围护结构四周建筑物有密集的深基础时,不宜采用。锚杆的蠕变会降低其承载力。在流砂地层中,当锚头预留孔口与锚杆套筒之间的空隙过大时,易发生涌水涌砂,引起坑外地面和建筑物沉降。

3. 地下连续墙法

地下连续墙分为现浇地下连续墙、预制地下连续墙、排桩地下连续墙,目前广泛应用于地下工程作为基坑开挖的围护结构,也可作为地下结构物的一部分。地下连续墙法可在狭窄场地施工,适用于含水的松软地层,但又不能采用人工降水或基坑深度较大的情况。

地下连续墙法的优缺点:施工时不产生大量噪声和震动,墙体刚度大、防渗性能好,能适应软土地质条件,工程施工对周围土体扰动小,灌注混凝土无须模板,节省木板和劳力;但须随地质条件选用不同的挖槽机械,成本高,泥浆等措施稳定槽壁处理麻烦。

(1) 现浇地下连续墙。

在地下挖一段狭长的深槽,在槽内放入钢筋笼,浇筑成一段钢筋混凝土墙体,把这些墙体逐一连接起来形成一道连续的地下墙壁,就是一般所称的地下连续墙(图 9-12)。

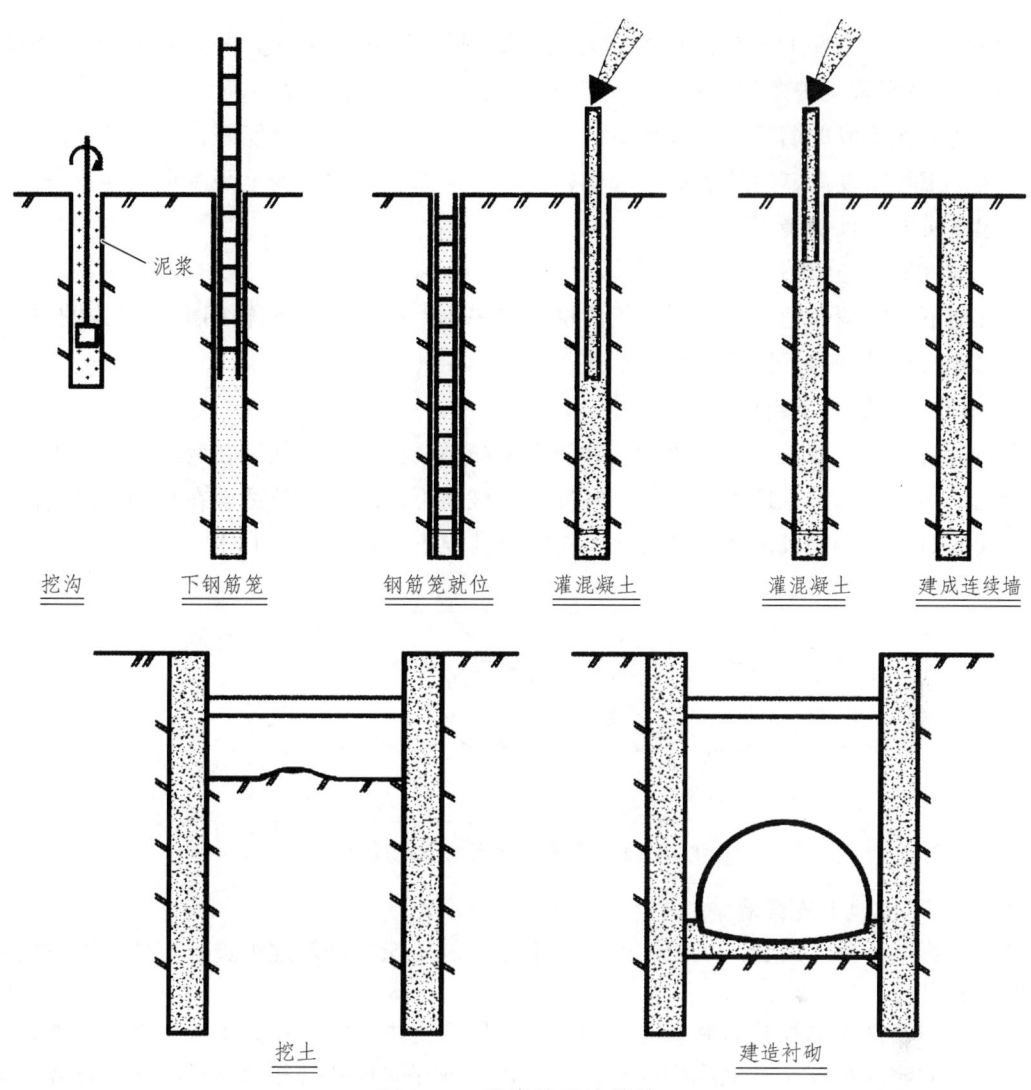

图 9-12 现浇地下连续墙

此法的要点是：首先用专门的挖槽设备（如抓斗、挖掘机等），沿着基坑两侧，采用泥浆护壁的方法，开挖出有一定宽度和深度的沟槽。然后将沟槽分成长为 6 m 左右的单元，向槽内吊放钢筋笼，用导管由下而上灌注混凝土，同时将泥浆挤出，构成一个单元的墙段。依此跳跃式或连续式施工，由各单元墙段连接成为一道连续的地下钢筋混凝土墙，作为基坑壁支撑，然后进行挖土，并按设计要求架设横撑。

连续墙在成槽过程中开挖几十米深而不塌，不涌水，是靠泥浆护壁。泥浆是用膨润土调制而成，比重较大，当其充满槽内时所形成的泥浆压力足以平衡地下水压和土压，而成为一种槽壁土体的液态支撑。

（2）预制地下连续墙。

预制地下连续墙是挖槽后用预制的墙板组拼并经水泥浆固化后形成的地下连续墙。预制地下连续墙施工的主要工序有：① 导墙施工；② 制备护壁泥浆；③ 挖槽；④ 清底和刷壁；⑤ 用锚固水泥浆替换护壁泥浆；⑥ 吊装预制墙板；⑦ 接缝处理。

预制地下连续墙的墙板生产效率高，施工速度快；墙的防水性能好，平面平整；墙的位置较准确，工程精度高，后续表面处理也较简单。但需要较大的场地预制和贮存及需要较大吨位的起重机安装预制墙板。

（3）排桩地下连续墙。

排桩地下连续墙是把各个独立施工的桩连成一体，组成的地下连续墙，有钻冲孔排桩地下连续墙和挖孔排桩地下连续墙两种形式。

① 钻冲孔排桩地下连续墙。

采用两钻一冲，即按一定桩距钻孔并浇筑钢筋混凝土成桩，然后在两桩间冲孔再浇筑钢筋混凝土，即可形成排桩地下连续墙。钻冲孔排桩地下连续墙比较适合在狭窄、净空高度受限制、大卵石等障碍物较多地段和无大型挖槽机情况下使用（图9-13）。

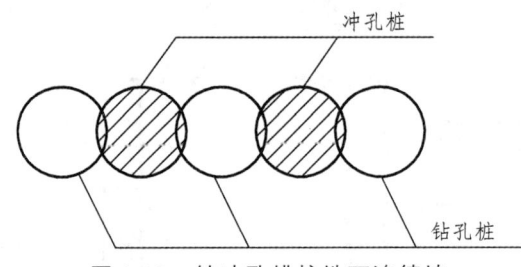

图9-13 钻冲孔排桩地下连续墙

② 挖孔排桩地下连续墙。

地下水影响不大、适合人工挖孔的地下工程可采用挖孔排桩地下连续墙作为围护结构或主体结构一部分。

根据地质条件间隔挖孔，并及时施作护壁，保持土体稳定；挖到桩底标高，吊装桩身钢筋笼就位，并浇筑混凝土，完成挖孔桩；然后在已做好的挖孔桩相邻桩位挖土，凿除已成桩护壁的混凝土，将钢筋与新桩护壁钢筋相接，浇筑护壁混凝土，挖到新桩底标高，吊装钢筋笼就位，浇筑混凝土，新旧桩连为一体；这样就形成了地下连续墙（图9-14）。

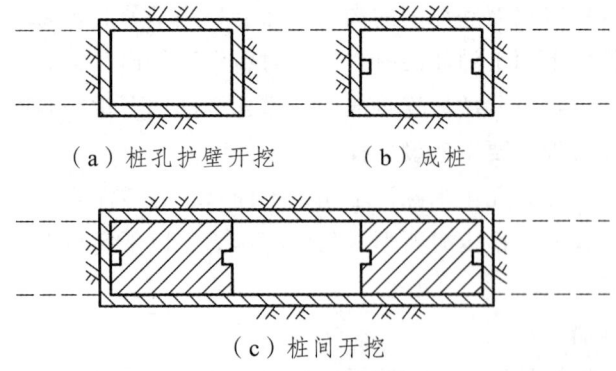

图9-14 挖孔排桩地下连续墙施工平面简图

9.2.6　掘进机（TBM）法

掘进机法包括隧道掘进机（Tunnel Boring Machine，TBM）法和盾构掘进机法。按照地层条件和具体施工方法的不同，一般将隧道掘进机分为三类，即盾构掘进机（Shield Machine）、岩石掘进机（Tunnel BoringMachine，TBM）和顶管掘进机（Pipe Jacking Machine）。因此，上述盾构法隧道即采用盾构掘进机施工，但对此概念，应区别对待，许多资料称盾构机械（Shield Machine）为盾构掘进机（Shield Tunneling Machine），因为盾构与掘进机之间难于严格界定。应该指出，两者作业于不同的地层或围岩之中，而就掘进机而言，又有开式与护盾之分。因此，为避免混淆，还是分开较好。有主支撑的，无论有无护盾，有无推进千斤顶，均为掘进机；只利用液压千斤顶顶向衬砌环实现推进的，为盾构。从地层条件来理解，盾构法适应于土体，而 TBM 法则偏重于岩体。

隧道掘进机（Tunnel Boring Machine，TBM）通常是指岩石隧道全断面掘进机，是一种集掘进、出渣、支护和通风防尘等多功能于一体的高效隧道施工机械，是目前世界长大隧道施工最有效、最先进的大型综合性施工机械之一。1851 年由美国工程师 Charles Wilson 发明的隧道掘进机，通常被认为是第一台成功地在岩石中连续掘进的机器。另一个著名的探索是 Colonel Beaumont 在 1881 年发明的压缩空气驱动的隧道掘进机，曾用于英吉利海峡的一条探测隧道，我国的秦岭铁路隧道有 10.85 km（全长 18.456 km）同样也是采用隧道掘进机法施工的。而兰渝铁路西秦岭隧道采用开挖直径达 10.23 m 的 TBM 并结合钻爆法进行施工，曾创造单月进尺 727.7 m 的记录。作为一种专门用于开挖地下通道工程的大型高科技施工装备，TBM 具有开挖速度快、优质、安全、经济、有利于环境保护和降低劳动强度的优点。掘进机技术体现了计算机、新材料、自动化、信息化、系统科学、管理科学等高新技术的综合和密集，反映了一个国家的综合国力和科技水平。

掘进机同盾构法一样，优先采用隧道掘进机（TBM）进行快速开挖已成为总的发展趋势。近代掘进机的最大特点是广泛使用电子、信息技术对全部作业进行制导和监控，使掘进过程始终处于最佳状态。其速度一般为常规钻爆法的 8~10 倍，最佳日进尺可达 150 m。掘进机的不足之处，在于对地质条件的适应程度不如钻爆法。应根据不同的水文地质、工程地质、岩体力学条件来研制、使用不同类型的掘进机。此外，掘进机一次性投资较大，对工作人员的素质要求较高，在使用过程中，不够灵活机动，如轴承太大、机身太重，只能在有限范围内变换刀盘以适应不同的洞径。

TBM 法的优点是：采用掘进机开挖隧道，具有一次成洞，洞壁光滑，施工质量好，速度快，劳动条件好，对围岩的损伤小，几乎不产生松弛、掉块、崩塌的危险小，支护的工作量小，超挖小、衬砌也省，震动、噪声小，对周围的居民和结构物的影响小等一系列优越性。

TBM 法的缺点：机械的购置费和运输、组装解体等的费用高，机械的设计制造时间长，初期投资高；施工途中不能改变开挖直径；掘进机施工方式一经确定，就不可能像钻爆法施工那样自由变更施工方法，难以适应复杂的地质变化情况，对断层、破碎带和软弱层，掘进困难。开挖断面的大小、形状变更困难。

目前使用的 TBM 有敞开式、护棚式、护盾式等类型，在地质条件较好时，多采用敞开式。隧道掘进机主要构成要素大体上可分为：

（1）开挖部分：刀盘及其主轴和驱动装置。

（2）开挖反力支承部：支承靴。
（3）推进部：推进千斤顶。

图 9-15 所示为一种典型的岩石隧道掘进机。切削头是焊接钢结构，通常向前呈弧面凸出，在凸面上按最佳切削作用和根据不同区域要求的间距布置切削刀具，它可以承受巨大的推力和扭矩。在切削头的边缘有一系列铲斗，破岩后的石渣由铲斗铲起，旋转至顶部导入输送机系统，再运出洞外。机体内有驱动电机、其他电气和液压设备以及附属设备。驱动电机提供转动切削头所得的扭矩。液压设备主要为推力千斤顶、踏撑千斤顶和支承千斤顶。推力千斤顶提供掘进机所需的推力；踏撑千斤顶是为了在掘进机钻进时撑紧岩壁，使机身固定。图 9-16 为隧道掘进机施工场面示意。

图 9-15　岩石隧道掘进机

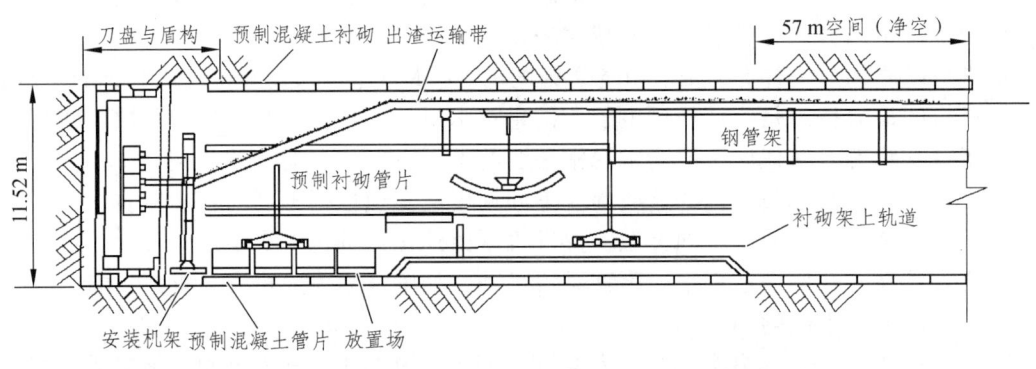

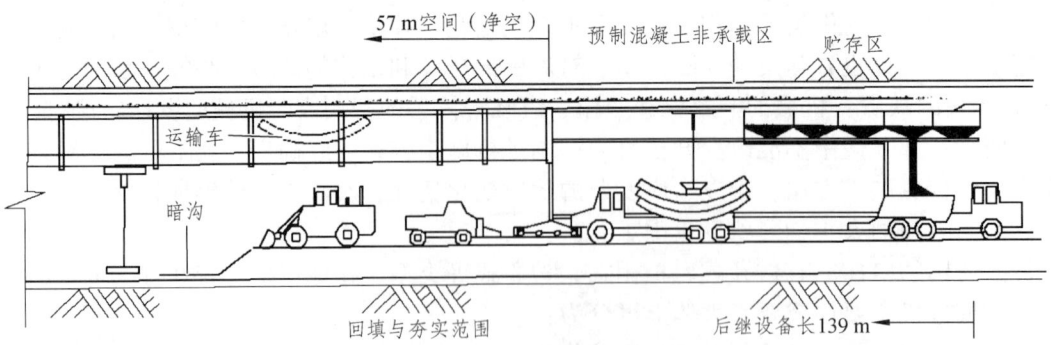

图 9-16　隧道掘进机施工场面示意

9.3 隧道支护与衬砌

9.3.1 隧道支护与衬砌概述

隧道的支护与衬砌，是使隧道开挖后固定成型的主要手段。为施工而进行的支护，称为施工支护。衬砌是固定围岩以保证隧道行车安全的重要工程措施，也是隧道建设的主要工序。只为施工而进行的支护，常称为临时支护。衬砌是对围岩的最后支护，也叫永久支护。

隧道衬砌的基本作用是加固围岩并与围岩一起组成一个有足够安全度的隧道结构体系，防止岩体质量的进一步恶化，共同承受可能出现的各种荷载，保持隧道断面的使用净空，提供空气流通的光滑表面。因此，任何一种类型的支护结构都应具有与上述作用相适应的构造、力学特性和可施工性。因此，隧道支护衬砌应具备如下技术要求：

首先，必须能与周围岩体大面积牢固接触，即保证支护-围岩体系作为一个统一的整体工作。接触状态的好坏，不仅改变了荷载的分布图形，也改变了两者之间相互作用的性质。

其次，重视早期支护的作用，应能够分期施工，并使得早期支护与永久支护相互配合，"主动"控制变形，协调一致地工作。因为围压变形是随时间而逐渐发展的，因此衬砌的施作也要适应围岩的变形规律，才可做到经济、合理。

第三，要允许围岩-支护体系产生有限制的变形，以充分协调地发挥两者的共同作用。这就要求对支护结构的刚度、构造给予充分的注意，即要求支护结构有一定的柔性或可缩性。

第四，必须保证支护结构架设及时。支护过晚会使得围岩暴露、产生过度位移而濒临破坏（极限平衡），因此，支护应在隧道围岩达到极限平衡前开始发挥作用。

第五，衬砌最好设计成封闭式，尽量接近圆形，从而具有最佳的抵抗变形的能力，且一般都应有仰拱。

最后，作为支护结构，要能够根据隧道围岩的动态（位移、应力……），及时进行调整和修改，以适应不断变化的围岩状态。就当前的施工技术水平，可以通过分次喷射，增设锚杆或调整其参数（间距、锚杆直径和长度）等方法来实现。同时，还应满足易于施作、构件可互换、断面类型单一、便于改变刚度等施工技术要求。

从衬砌施工工艺方面将隧道衬砌的形式分为以下几类：

1. 整体式模筑混凝土衬砌（整体式衬砌）

整体式衬砌是传统衬砌结构形式，在新奥法（NATM）闻世前，广泛地应用于隧道工程中，目前在山岭隧道中还有不少工程实例。该方法不考虑围岩的承载作用，主要通过衬砌的结构刚度抵御地层的变形，承受围岩的压力。

整体式衬砌采用就地灌筑混凝土衬砌，也称模筑混凝土衬砌。其工艺流程为：立模—灌筑—养生—拆模。模筑衬砌的特点是：对地质条件的适应性较强，易于按需成型，整体性好，抗渗性强，且适合多种施工方法，如可用木模板、钢模板或衬砌模板台车等。整体式衬砌适应性强，几乎能用于一切地质条件，因此，在我国隧道工程中使用广泛。

整体式衬砌在大多数情况下不可能与围岩密贴，而且因工艺和防火要求，衬砌厚度都不小于 20～40 cm，所以刚度大、强度高、表面光滑。但现浇混凝土需要一定的结硬时间（不小于 8 h），不能立即承受荷载，故这种衬砌常用于矿山法施工，或新奥法施工的后期支护。

2．装配式衬砌

整体式混凝土衬砌虽然在我国被广泛地采用，但其在灌注以后不能立即承受荷载，必须经过一个养护的过程，因而施工进度受到一定的限制。随着社会不断地向工业化和机械化发展，隧道施工也提出向工业化和机械化改进的号召，于是随着隧道施工机械化的发展，出现了装配式隧道衬砌。这种衬砌是将若干在工厂或现场预制的构件运入坑道内，用机械拼装而成，一经装配，即可承受围岩压力。国外早在 19 世纪就已开始试用，尤其在盾构法施工的城市地下铁道中采用较多。

这种衬砌具备下列优点：

（1）一经装配成环，不需养生时间，即可承受围岩压力。

（2）大量构件可以在工厂成批生产，在洞内进行机械化拼装，从而改善了劳动条件，节省了劳动力。

（3）拼装时，不需要临时支护如拱架、模板等，从而节省了大量的支撑材料及劳动力。

（4）拼装速度因采用了机械化而提高，缩短了工期，还可能降低造价。

我国在宝兰线上曾使用过半圆形拱部的拼装式衬砌，在黔桂线上试用过"T"字形镶嵌式拼装衬砌。但它们还存在着一些缺点，如：需要坑道内有足够的拼装空间；制备构件尺寸上要求一定的精度；接缝多，防水较困难等。由于以上的原因，装配式衬砌在我国铁路上未能推广使用。相信在科学技术发展的将来，克服了上述的缺点后，拼装式衬砌是一个有前途的衬砌形式。

在用盾构法施工的圆形隧道中，装配式管片衬砌运用广泛，如图 9-17、图 9-18 所示。其在施工阶段作为临时支撑使用，并承受盾构千斤顶顶力和其他施工荷载；竣工后则作为永久性承重结构，并防止泥水渗入。装配式衬砌的构造应满足下列条件：① 强度足够而且耐久；② 能立即承受荷载；③ 装配简便，构件类型少，形式简单，尺寸统一，便于工业化制作和机械化拼装；④ 构件尺寸大小和重量适合拼装机械的能力；⑤ 有防水的设施。

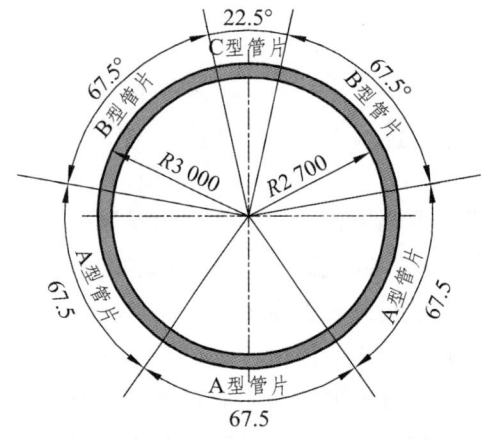

图 9-17 盾构管片分片示意

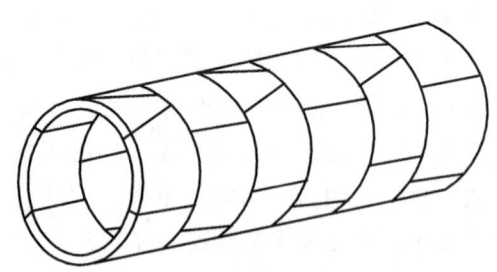

图 9-18 盾构管片错缝拼装示意

3. 喷锚支护

喷射混凝土是以压缩空气为动力,将掺有速凝剂的混凝土拌和料与水汇合成为浆状,喷射到坑道的岩壁上凝结而成的。当岩壁不够稳定时,可加设锚杆、金属网和钢架,这样构成的一种支护形式,简称"喷锚支护",如图 9-19 所示。

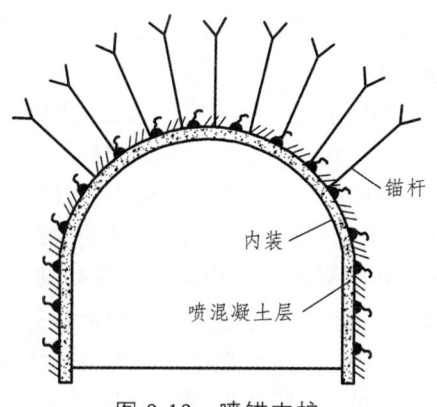

图 9-19 喷锚支护

喷锚支护是一种符合岩体力学原理的支护方法,它与围岩密贴、支护及时、柔性好,同时封闭了围岩壁面防止风化,并能封闭围岩的张性裂隙和节理,提高围岩的固有强度,控制围岩的变形。它能充分调动围岩本身的自稳能力,从而更好地起到支护作用。另外,喷锚支护有效地利用了洞内净空,提高了作业的安全性和作业效率,并能适应软弱和膨胀性地层中的隧道开挖,还能用于整治塌方和隧道衬砌的裂损。目前,对喷锚支护作用原理的研究还不完善,有待进一步探索和改进。

喷锚支护包括锚杆支护、喷射混凝土支护、喷射混凝土锚杆联合支护、喷射混凝土钢筋网联合支护、喷射混凝土与锚杆及钢筋网联合支护、喷射钢纤维混凝土支护、喷射钢纤维混凝土锚杆联合支护以及上述几种类型加设型钢支撑(或格栅支撑)而成的联合支护等等。

喷锚支护是目前常用的一种围岩支护手段,适用于各种围岩地质条件,但是若作为永久衬砌,一般考虑在Ⅰ、Ⅱ级等围岩良好、完整、稳定的地段中采用。

在某些不良地质、大面积涌水地段和特殊地段,不宜采用喷锚支护作为永久衬砌。地下水发育或大面积淋水地段,喷射混凝土很难成型,且即使成型,其强度及与围岩的黏结力无法保证,锚杆与围岩的黏结或锚固力也极难保证,难于发挥喷锚支护所应有的作用。膨胀性围岩和不良地质围岩,如黏土质胶结的砂岩、粉砂岩、泥砂岩、泥岩等软岩,开挖后极易风化、潮解,遇水泥化、软化、膨胀,造成大的围岩压力,稳定性极差,甚至流坍。堆积层、破碎带等不良地质,往往有水,施工时缺乏足够的自稳能力和一定的稳定时间。这样,锚杆无法同膨胀性围岩和有水堆积层、破碎带形成可靠的黏结,喷射混凝土与围岩面也很难形成良好的黏结。因此,喷锚支护就难于阻止围岩的迅速变形和通过喷锚支护形成可靠、稳定的承载圈。

不宜采用喷锚支护单独作为永久衬砌的情况有:对衬砌有特殊要求的隧道或地段,如洞口地段,要求衬砌内轮廓很整齐、平整;辅助坑道或其他隧道与主隧道的连接处及附近地段;有很高的防水要求的隧道;围岩及覆盖太薄,且其上已有建筑物,不能沉落或拆除者等;地下水有侵蚀性，可能造成喷射混凝土和锚杆材料腐蚀的地段；最冷月平均气温低于 $-5\ ℃$ 地区的冻害地段。

4. 复合式衬砌

复合式衬砌是目前隧道工程常采用的衬砌形式。这种衬砌不同于单层厚壁的模筑混凝土衬砌，它把衬砌分成两层或两层以上，可以是同一种形式、方法和材料施作的，也可以是不同形式、方法、时间和材料施作的。目前实践的都是外衬和内衬两层，所以也有人叫它为"双层衬砌"。按内、外衬的组合情况可分为：① 喷锚支护与混凝土衬砌；② 喷锚支护与喷射混凝土衬砌；③ 可缩性钢拱架（或格栅刚构拱架）喷射混凝土与混凝土衬砌；④ 装配式衬砌与混凝土衬砌。目前最通用的是外衬喷锚支护，内衬为整体式混凝土衬砌。

复合式衬砌是先在开挖好的洞壁表面喷射一层早强的混凝土（有时也同时施作锚杆、钢筋网或局部钢筋网），凝固后形成薄层柔性支护结构（称初期支护）。它可以满足初期支护施作及时、刚度小、易变形的要求，且与围岩密贴，从而能保护围岩和加固围岩，促进围岩的应力调整，充分发挥围岩的自承作用。它既能容许围岩有一定的变形，又能限制围岩产生有害变形，其厚度多在 5~20 cm 之间。一般待初期支护与围岩变形基本稳定后再施作内衬，通常为就地灌筑混凝土衬砌（称二次衬砌）。二次衬砌完成后，衬砌内表面光滑平整，可以防止外层风化，装修内壁，增强安全感。为了防止地下水流入或渗入隧道内，可以在外衬和内衬之间设防水层，其材料可采用软聚氯乙烯薄膜、聚氯乙烯片、聚乙烯等防水卷材，或用喷涂乳化沥青及"881"等防水剂。总之，复合式衬砌是一种较为合理的结构形式，适用于多种围岩地质条件，有其广阔的发展前途。

5. 特殊条件下的衬砌

特殊条件是指因为各种复杂地质和环境条件因素影响，使得隧道支护衬砌的设计与施作应具有专门的相应措施与方法，例如：

（1）松散堆积层、流砂层。其特点是松散、稳定性极差，稍有变形就会坍塌，在含水情况下还会发生岩土流失。在这些地层中修建隧道，非但有垂直压力，而且还有较大的侧压力和底压力。

（2）软弱膨胀性围岩。其特点是开挖后变形大，而且随时间而增长。

（3）黄土地层。其特点随黄土类别而异。老黄土（Q_1、Q_2）土质密实、强度较大，稳定性好。新黄土（Q_3、Q_4）土质松散，大孔隙发育，有较严重的湿陷性，强度低。根据现场实测资料，其垂直压力是不均匀的，侧压力也比较大。

（4）岩溶地段。其特点是地层中存在大量溶蚀而成的溶洞，有的溶洞积水，有的被土石充填，有的与地面水沟连通而成为暗河，这些均对隧道衬砌的安全构成威胁。

（5）含瓦斯地层。其特点是地层泄露有害气体，损害人员健康，甚至会引起爆炸。

（6）冻土。其特点是洞口段围岩在冻融循环作用下会产生附加变形和强度衰减，对衬砌的受力不利，需要采用防冻胀的措施。

（7）软岩大变形。其特点是围岩变形量大、变形持续时间长，容易造成支护衬砌变形乃至开裂，要采取防止和控制大变形的施工方法与围岩预支护措施。

处于这些特殊条件下的隧道，均宜采用有仰拱全封闭的曲墙式复合式衬砌。由于复合式衬砌是分期施作的，能适应膨胀性围岩的发生和发展过程。在松散地层中，则可在复合式衬砌的初期支护中采用钢支撑，以迅速抑止围岩变形松弛。复合式衬砌的隔离层可防止瓦斯外泄，有较好的封闭效果。遇到无法或不宜堵塞封闭的溶洞，边墙、仰拱可采用梁、拱等结构跨越。同时，在这些特殊条件下，还必须对地表水和地下水进行妥善处理，采取防、排、截、堵等综合治理措施，才能使复合式衬砌达到预期效果。必要时还可向围岩中注浆进行预加固，以增强其稳定性和密实性。

9.3.2 预支护措施

在隧道施工过程中，当遇到软弱破碎围岩时，其自支护能力是比较弱的，甚至没有自支护能力，开挖时可能引起开挖工作面不能自稳或地面沉陷过大的情况，因此，在软弱围岩中施工最重要的是提高围岩的自支护能力，保证开挖及后续作业的进行。必须采用施工辅助措施对地层进行预支护或预加固。

铁路隧道施工中经常采用的辅助措施有：留核心土，喷射混凝土封闭开挖工作面，超前锚杆、插板或小钢管，管棚，临时仰拱封底，超前小导管注浆，开挖工作面及围岩预注，垂直锚杆，水平高压旋喷，预衬砌，冻结法，等。上述措施的选用应视围岩条件、涌水状况、施工方法、环境要求等而定，一般宜采用几种措施综合治理。其中能够有效提高围岩强度、自稳和止水能力的常用超前支护措施有：预注浆、超前小导管、超前锚杆、超前管棚。下面介绍主要的几种超前预支护方法。

1. 超前锚杆、小钢管

此法的要点是开挖掘进前，在开挖面顶部一定范围内，沿坑道设计轮廓线，向岩体内打入一排纵向锚杆（或型钢，或小钢管），以形成一道顶部加固的岩石棚（图 9-20）。然后，在此棚保护下进行开挖，至一定距离后（在尚未开挖的岩体中必须保留一定的超前长度），重复上述步骤，如此循环前进。超前支护，基本上是借助构件的抗弯刚度发挥作用的，因此，采用抗弯刚度大的构件是有利的。

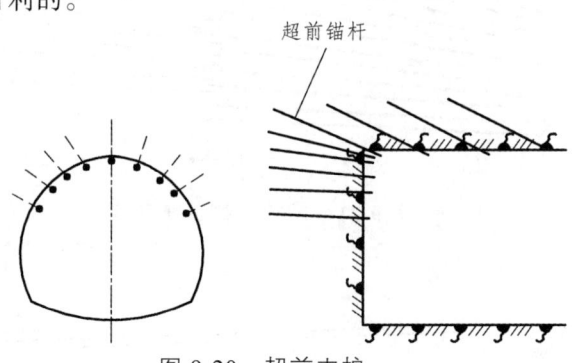

图 9-20 超前支护

一般地，超前长度为循环进尺的 3~5 倍，宜采用 3~5 m 长，环向间距宜采用 0.3~1.0 m；外插角宜用 10~30°；搭接长度宜为超前长度的 40%~60% 左右，即大致形成双层或双排锚杆。

超前锚杆宜采用早强砂浆锚杆。小钢管应平直，尾部焊箍，顶部做成尖锥状。它们的施工过程都是先钻孔，然后用锤击或风钻顶入。锚杆材料可用不小于 $\phi22$ 的螺纹钢筋。对于小钢管来说，其外插角的偏差不应超过 5°，孔位偏差不应超过 100 mm，顶入钻孔的长度不小于管长的 90%。开挖后应及时喷射混凝土，并尽快封闭环形初期支护。

超前锚杆主要适用于地下水较少的软弱破碎围岩的隧道工程中，如土砂质地层、弱膨胀性地层、流变性较小的地层、裂隙发育的岩体、断层破碎带、浅埋无显著偏压的隧道，也适宜于采用中小型机械施工。

2. 管　棚

管棚是在隧道开挖之前沿隧道开挖断面外轮廓，以一定间隔与隧道平行钻孔、插入钢管，再从插入的钢管内压注充填水泥浆或砂浆，来增加钢管外围岩的抗剪切强度，并使钢管与围岩一体化，由管棚和围岩构成棚架体系（图 9-21、图 9-22）。

先行设置的钢管，在掘进时，钢管在掌子面及其后方的支撑支持下，形成梁式结构，以防止围岩的崩塌和松弛。压注水泥浆，增加了钢管周边围岩的强度。

管棚主要适用于围岩压力来得快来得大，对围岩变形及地表下沉有较严格限制要求的软弱破碎围岩隧道工程中，如土砂质地层、强膨胀性地层、强流变性地层、裂隙发育的岩体、断层破碎带、浅埋有显著偏压等围岩的隧道中。此外，在一般无胶结的土及砂质围岩中，采用插板封闭较为有效；在地下水较多时，则可利用钢管注浆堵水和加固围岩。

在浅埋隧道的情况下，地表有结构物存在时，或隧道接近地中结构物、地下埋设物开挖时，为把隧道开挖的影响限制在最小范围内，要尽量防止围岩的松弛，采用管棚是有利的。

在设计中，要充分考虑地质、周边环境、隧道开挖断面、埋深以及开挖方法等，决定管棚的配置、形状、施工范围、管棚间隔及断面等。一般多采用图 9-23 所示的形状。

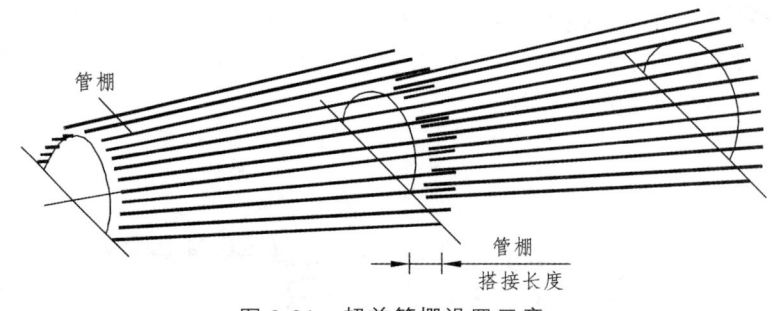

图 9-21　超前管棚设置示意

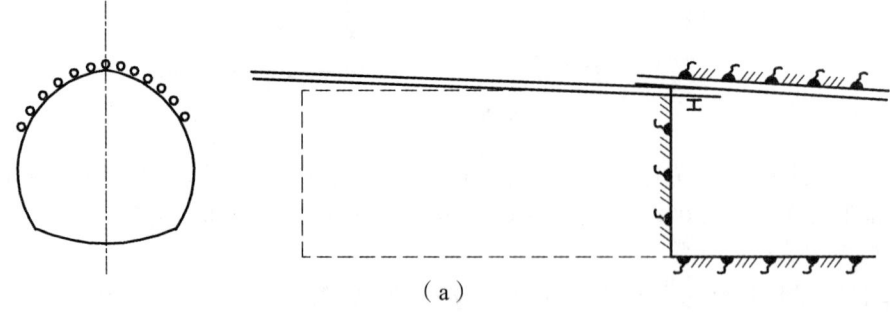

（a）

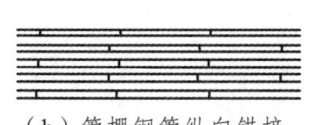
（b）管棚钢管纵向错接

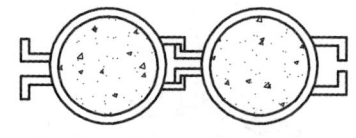
（c）钢管端部横向连接

图 9-22 管棚预支护围岩

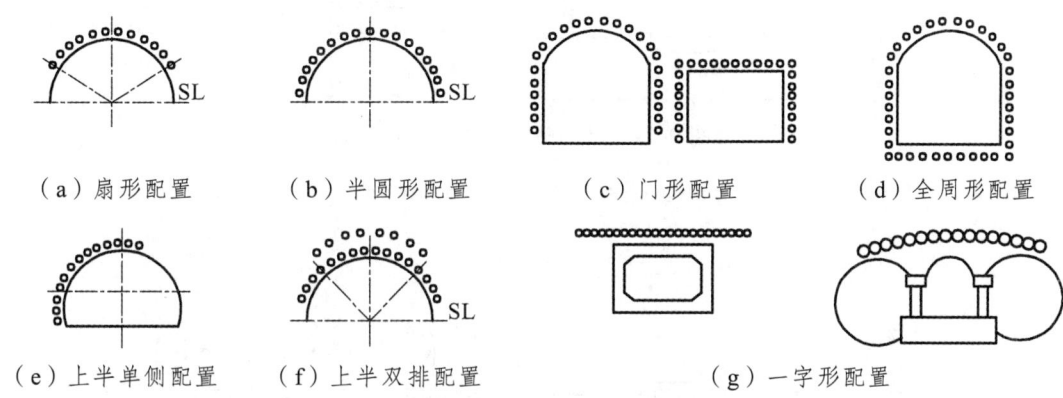

（a）扇形配置　　（b）半圆形配置　　（c）门形配置　　（d）全周形配置

（e）上半单侧配置　　（f）上半双排配置　　（g）一字形配置

图 9-23 管棚的配置和形状

管棚的长度应按地质情况选用，并应保证开挖后管棚仍有足够的超前长度。实践中管棚长度有达几十米的。一般为 10～45 m；管棚钢管壁厚度以 10～30 mm 为宜，管径 80～180 mm，孔径比管径大 20～30 mm，环向间距 0.2～0.8 m；管棚在压入过程中，必须用测斜仪严格控制上仰角度，一般为 1°～2°；两组管棚间的纵向搭接长度不小于 1.5 m；钢拱架常采用工字钢拱架或格栅钢架。

构成管棚的钢管每节长以 4～6 m 为宜，所以，在压入管节的过程中，需要纵向接长，一般以丝扣连接为宜，丝扣长度不应小于 15 cm。

钻孔时如出现卡钻或坍孔，应注浆后再钻，有些土质地层则可直接将钢管顶入。

例 9-1：重庆市向阳公路隧道进口端为弃置的石渣及块石堆积物，最大覆盖厚 22 m，地面有公路和建筑物，隧道施工中要求严格控制地表下沉。采用长 40 m、直径 108 mm、壁厚 6 mm、间距 400 mm 的长导管；钢架采用 15～24 kg/m 钢轨，纵向间距 1 m；导管内灌筑 1∶1∶0.5 水泥砂浆。因而保证了堆积地段隧道施工的安全（图 9-24）。

在施工中，当导管钻进 30 m 时，实测其前端下沉量为 20～30 cm，钻孔左右偏差为 10～20 cm，其施工误差可供设计参考。

例 9-2：衡广复线南岭隧道出口端岩溶流泥地段充满黏性泥流，无自稳能力，采用了管棚预支护措施。其支护主要参数为：导管直径 108 mm，注浆孔间距为 600 mm；安插导管 99 钻孔口位于拱部开挖轮廓线外 35 cm 处，导管内设钢筋笼（4 根直径 22 mm 螺纹钢筋焊接在外径 48 mm、壁厚 8 mm、长 400 mm 的短管环外缘上，起架立钢筋作用。短管环间距一般采用 100～200 cm），并注浆加固。拱部共设置 28 根导管（图 9-25），导管支承于钢管（内灌筑混凝土）钢架上，钢架间距 50 cm。该管棚预支护系统和洞内锚喷支护、复合衬砌相结合，顺利建成了泥流中的隧道工程。

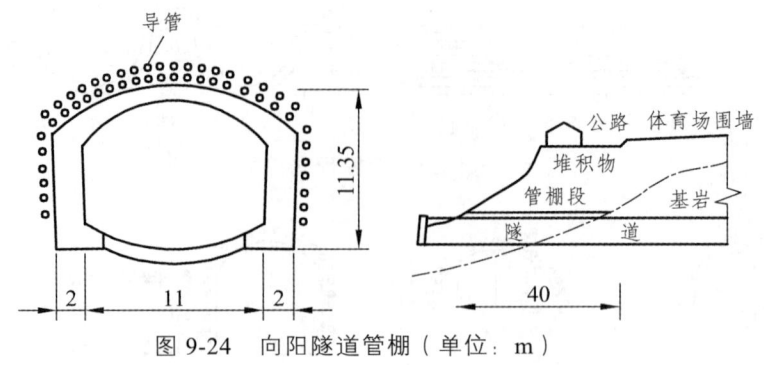

图 9-24　向阳隧道管棚（单位：m）

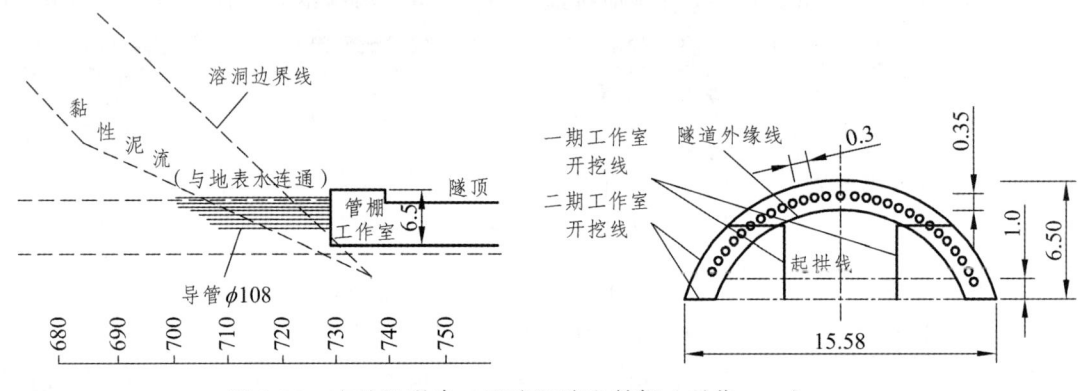

图 9-25　南岭隧道出口岩溶泥流段管棚（单位：m）

3. 超前小导管注浆

此法的要点是在开挖掘进前，先用 5～10 cm 厚的喷混凝土将开挖面和 5 m 范围内的坑道封闭，然后沿坑道周边打入带孔的纵向小导管。由上而下地向小导管内压浆，浆液即由导管渗透到地层中，待浆液硬化后，即在坑道周围形成一个加固了的岩石圈，在此圈的防护下即可安全地进行开挖（图 9-26）。

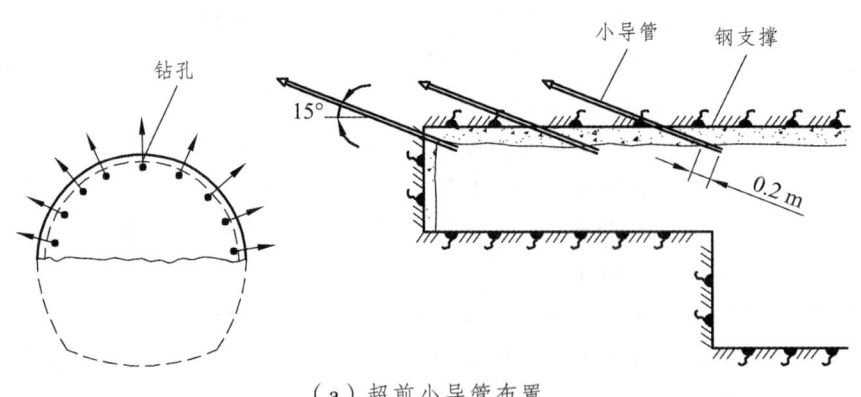

（a）超前小导管布置

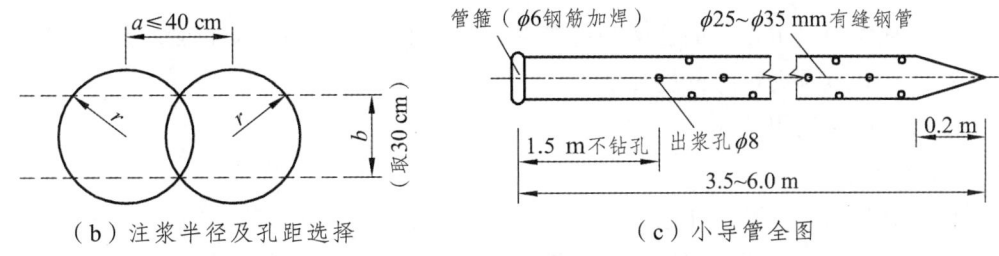

（b）注浆半径及孔距选择　　　　　　（c）小导管全图

图 9-26　超前小导管注浆

小导管一般采用直径 32 mm 的焊接钢管或直径 40 mm 的无缝钢管制作，长度宜为 3～6 m，前端做成尖锥形，前段管壁上每隔 10～20 cm 交错钻眼，眼孔直径宜为 6～8 mm。钻孔直径应较管径大 20 mm 以上。孔距应按地层条件而定，渗透系数大者，孔距亦可相应加大。一般采用 20～50 cm；外插角应控制在 10°～30°之间，一般采用 15°。导管插入钻孔后应外露一定长度，以便连接注浆管，并用塑胶泥（40°Be 水玻璃拌合 P·O 52.5 水泥）将导管周围孔隙封堵。处理塌方时可采用双排管；地下水丰富的松软层，可采用双排以上的多排管。

注浆所用材料应根据地层条件选择：

（1）断层破碎带和砂卵石地层，当裂隙宽度（或粒径）大于 1 mm，或渗透系数 $k \geq 5 \times 10^{-4}$ m/s 时，加固或堵水注浆宜优先选用料源广、价格便宜的单液水泥浆和水泥-水玻璃浆。

（2）断层泥带，当裂隙宽度（或粒径）小于 1 mm，或渗透系数 $k \geq 1 \times 10^{-5}$ m/s 时，加固注浆宜优先选用水玻璃类和木胺类浆液。

（3）中、细、粉砂层及细小裂隙岩层，断层泥段堵水注浆宜选用渗透性好、低毒、遇水膨胀的化学浆液，如聚氨酯类。对于颗粒更小的黏土层，如仍采用水泥、水泥-水玻璃浆液，则须采用周边劈裂注浆。如在水泥浆中加入膨润土、粉煤灰等填料，将使浆液具有触变性能，并能防止材料的分离和水泥颗粒的沉淀。具有触变性能的浆液，将使浆液中的水分不易析出，始终保持很好的流动性，能够有效地扩散到缝隙深处。浆液的配方应根据地层情况和凝胶时间要求经实验而定。

小导管注浆的孔口最高压力应严格控制在允许限值内，以防压裂工作面。注浆压力一般为 0.5～1.0 MPa，止浆塞应能经受注浆压力。注浆压力与地层条件及注浆范围要求有关，一般要求单管注浆能扩散到管周 0.5～1.0 m 的半径范围内。同时，还需控制注入量，即每根导管内已达到规定注入量时，就可结束。若孔口压力已达规定值，但注入量仍不足，亦应停止注浆。注浆结束后，必须钻检查孔，或用声波探测仪检查注浆效果，如未达到要求，应进行补孔注浆。

注浆后，应视浆液种类，等待 4 h（水泥-水玻璃浆）～8 h（水泥浆）方可开挖，开挖循环长度应根据导管长度而定，但必须留下 3～5 m 的止浆墙。

4. 预注浆加固围岩

上述超前小导管注浆，对围岩加固的范围和加固处理的程度是有限的，为了在较大范围内控制围岩的松弛，需要采用特殊的加固地层方法。预注浆方法是先在掌子面前方的围岩中将浆液注入，从而提高了地层的强度和稳定性，降低了渗透性，形成了较大范围的筒状封闭加固区，然后在其范围内进行开挖作业。

（1）注浆机理及适用条件。

① 注浆机理。

注浆机理分为二种：第一种包括"浸透""裂缝"注浆和"空穴"注浆。就是对于破碎岩体，砂卵石层，中、细、粉砂层等有一定渗透性的地层，采用中低压力将浆液压注到地层中的空穴、裂缝、孔隙里，浆液凝固后将岩土或土颗粒胶结为整体。第二种是"劈裂"注浆，它是在黏性土中用高压浆液在钻孔周围土层中先劈裂出缝隙，然后再充填之，从而对黏土层起到了挤压加固和增加强度的作用。

② 注浆方法。

预注浆一般可超前开挖面 30～50 m，可以形成有相当厚度和较长区段的筒状加固区，从而使得堵水的效果更好，也使得注浆作业的次数减少。它更适用于有压地下水及地下水丰富的地层中，也更适用于采用大中型机械化施工的隧道。用预注浆加固围岩的方式，大致有以下三种：在开挖工作面上打超前长导管注浆[图 9-27(a)]；对于浅埋隧道，可以从地表向隧道所在区域打辐射状或平行状钻孔注浆[图 9-27(b)]；如上述两种都有困难，经技术经济比选后，可设置平行导坑，然后由平行导坑向正洞所在区域钻孔注浆[图 9-27(c)]。

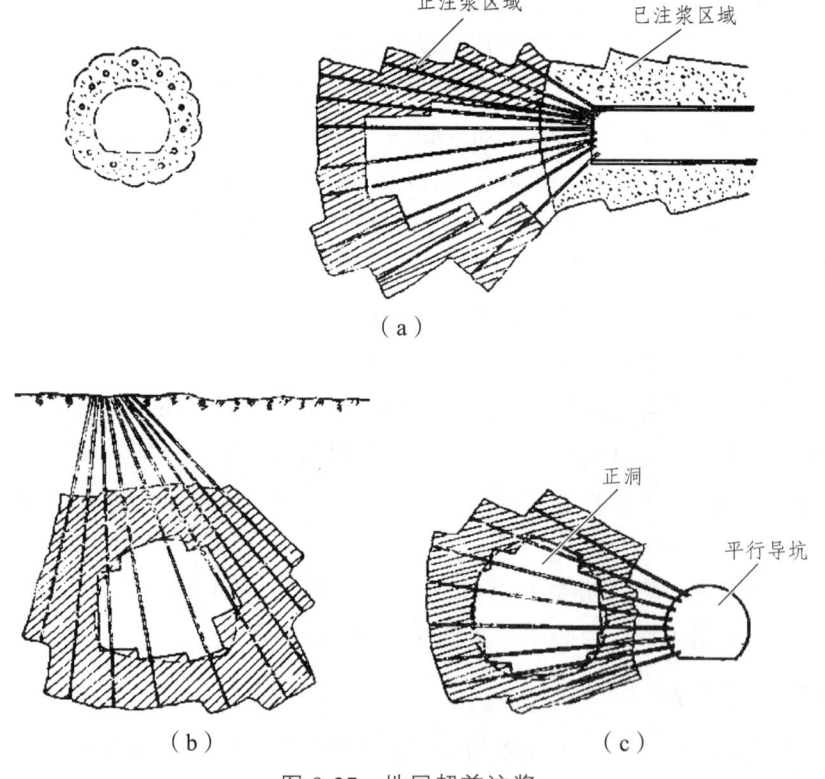

图 9-27 地层超前注浆

③ 注浆孔距和加固范围。

确定注浆孔距的理论公式很多，都是用渗流力学的理论推导出来的，但地层条件十分复杂，理论公式大多不适合实情，根据实践经验最大取 1.5 m。

为了确定加固范围，即确定围岩塑性破坏区的大小，可以按岩体力学和弹塑性理论计算出开挖坑道后围岩的压力重力分布结果，并确定其塑性破坏区的大小（$R_0 \sim r_0$），这也就是应加固区的大小。

④ 注浆数量控制。

注浆数量应根据加固区需充填的地层孔隙数量来确定。一般来讲，不可能也无须将全部孔隙充填密实，就可以达到加固和堵水的目的。

现代注浆技术都是采用定压和定量相结合的方法，也就是注浆的数量基本是固定的。这个数量按浆液需填充的孔隙数量选定，而且常以被处理围岩总体积的百分比数表示。这个百分数在砂层中可高达 40%，而裂隙岩体也许只为 5%，具体计算公式如下：

$$N = Q/A = n \cdot a$$

式中　Q——注浆总数量（m^3）；

　　　A——被加固围岩的体积（m^3）；

　　　n——被加固围岩的孔隙率（%）；

　　　a——过去实践证实了的充填率（%）。

后两项可参见表 9-5。

表 9-5　围岩空隙率和注浆充填率

土质		粉质黏土	黏土	粉砂	砂				砂砾			
注浆目的		堵水加固			堵水		加固		堵水			
孔隙率/%	范围值	65~75	50~70	40~60	46~50	40~48	30~40	46~50	40~48	40~60	28~40	22~40
	标准值	70	60	50	48	44	35	48	44	50	34	26
充填率/%		约10	约30	约20	约60	约60	约50	约50	约40	约60	约60	约60

为了做好预注浆工作，必须事先对被加固围岩进行土力学实验，查清围岩的透水系数、土颗粒组成、孔隙率、饱和度、密度、pH 值、剪切和抗压强度等；必要时还要做现场实验，包括现场注水和抽水试验等。

（2）施工要点。

① 注浆管一般采用带孔眼的焊接钢管或无缝钢管。注浆管壁上有眼部分的长度应根据注浆孔的位置和注浆区域来确定，其余部分不钻眼，并用止浆塞将其隔开，使浆液只注

入到有效区域。常用的堵塞方式有两种：普通堵塞法，就是用铅丝、麻刀、木楔等材料在注浆孔口将缝隙堵塞，适用于浅孔注浆；堵塞器（又称止浆塞）法，是将橡胶制的堵塞器套在灌注管上一起放入钻孔，然后用压缩空气送入堵塞器，使其胀大而堵塞缝隙。还有一种堵塞器是用在套管式注浆管上的，靠灌浆压力使其贴紧孔壁，这种方法多用于深孔注浆或局部注浆。

② 钻孔可用冲击式钻机，或旋转式钻机，应根据地层条件及成孔效果选择。钻孔位置应满足设计要求，孔口位置偏差不超过 5 cm，孔底位置偏差不超过孔深的 1%。钻孔应清洗干净，并作好钻孔检查记录。

③ 注浆顺序应先上方后下方，或先内圈后外圈，先无水孔后有水孔，先上游（地下水）后下游顺序进行。应利用止浆阀保持孔内压力直至浆液完全凝固。

④ 注浆结束条件应根据注浆压力和单孔注浆量两个指标来判断确定。单孔结束条件为：注浆压力达到设计终压；浆液注入量已达到计算值的 80%以上。全段结束条件为：所有注浆孔均已符合单孔结束条件，无漏注。注浆结束后必须对注浆效果进行检查，如未达到设计要求，应进行补孔注浆。

⑤ 注浆检查除在注浆前进行钻孔质量、材料质量检查，注浆后对注浆效果进行检查外，注浆过程中应密切注意注浆压力的变化。采用双液注浆时，应经常测试混合浆液的胶凝时间，发现问题应立即处理。

⑥ 开挖时间注浆后应视浆液种类，等待 4 h（水泥-水玻璃浆）至 8 h（水泥浆）方可开挖，但最后应注意保留止浆墙，并进行下一循环的注浆。若注浆工作在正洞以外进行，则超前时间易于保证。

9.3.3 初期支护

当前在国内铁路和公路隧道初期支护施工中，一般采取如下顺序：初喷混凝土→钻锚杆眼→安设锚杆→注浆（安装止浆塞、垫板）→挂设钢筋网→喷射混凝土到设计厚度。在这种情况下，往往把锚杆作为挂网附属工序，容易使得锚杆出现质量问题，垫板没有紧贴岩石表面、杆体外露过长等，锚杆与喷射混凝土结合效果差，发挥不了应有的支护作用。因此，在最新版的《高速铁路隧道工程施工技术规程》（Q/CR 9604—2015）中，将锚杆施工作为初期支护的最后一道工序，目的就是要求施工作业重视锚杆支护作用，通过调整工序的先后来充分发挥锚杆与混凝土的组合作用。初期支护的施工流程如图 9-28 所示。

1. 喷射混凝土支护

喷射混凝土是利用压缩空气，将按一定配比的混凝土拌和料通过管道输送并高速喷射到受喷面上凝结硬化，从而形成混凝土保护层的支护形式。近年来，喷射混凝土技术以其简单的工艺、独特的效应、经济的造价和快捷的施工速度，在建筑、铁公路隧道施工、矿山井巷建设、边坡加固等领域得到了广泛应用。

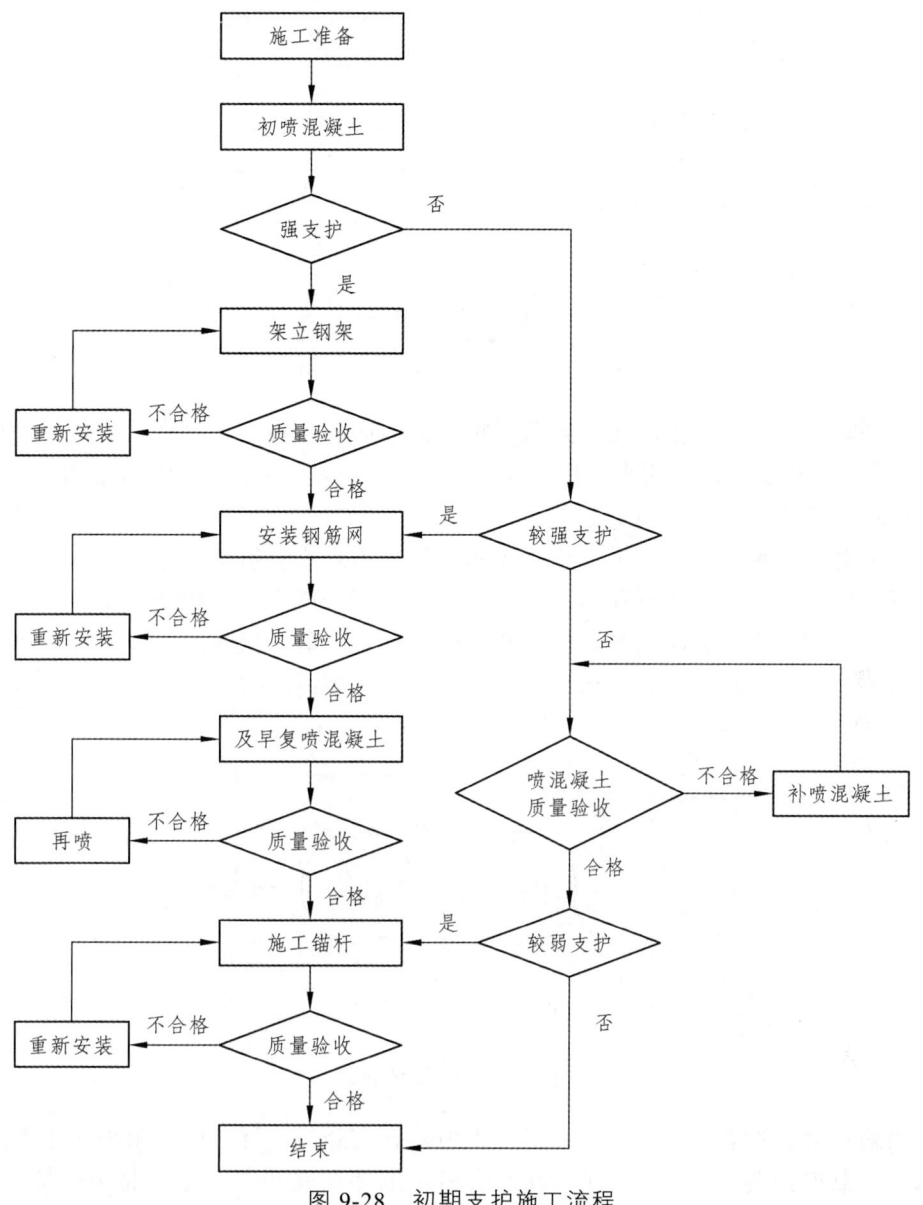

图 9-28　初期支护施工流程

（1）喷射工艺及其特点。

喷射混凝土的工艺流程有干喷、潮喷、湿喷和混合喷四种。它们的主要区别是各工艺的投料程序不同，尤其是加水和速凝剂的时机不同。

干喷：将骨料、水泥和速凝剂按一定的比例干拌均匀，然后装入喷射机，用压缩空气使干集料在软管内呈悬浮状态送到喷枪，再在喷嘴处与高压水混合，以较高速度喷射到片面上，其喷射工艺如图 9-29 所示。干喷的缺点是产生的粉尘量大，回弹量大，加水是由喷嘴处的阀门控制的，水灰比的控制程度与喷射手操作的熟练程度有关。但干喷使用的机械较简单，机械清洗和故障处理容易。

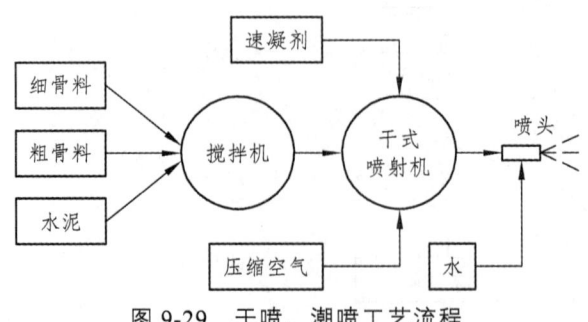

图 9-29　干喷、潮喷工艺流程

潮喷：将骨料预加少量水，使之呈潮湿状，再加水泥拌和，从而降低上料、拌和和喷射时的粉尘。但大量的水仍是在喷头处加入和喷出的，其喷射工艺流程和使用机械同干喷工艺。目前施工现场较多使用的是潮喷工艺。

湿喷：将骨料、水泥和水按设计比例拌和均匀，用湿式喷射机压送到喷头处，再在喷头上添加速凝剂后喷出，其工艺流程如图 9-30。湿喷混凝土质量容易控制，喷射过程中的粉尘和回弹量很少，是应当发展应用的喷射工艺。但湿喷对喷射机械要求较高，机械清洗和故障处理较麻烦。对于喷层较厚的软岩和渗水隧道，则不易使用湿喷。

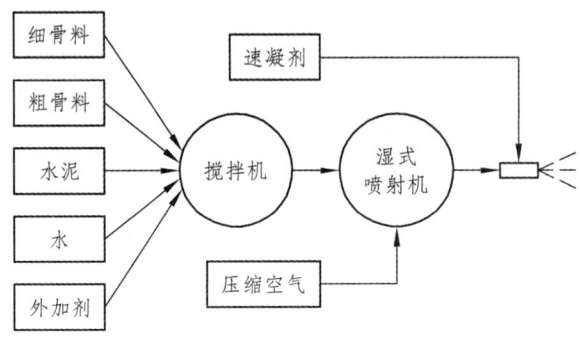

图 9-30　湿喷工艺流程

混合喷射：混合喷射又称水泥裹砂造壳喷射法，它是将一部分砂加第一次水拌混，再投入全部水泥强制搅拌造壳，然后加第二次水和减水剂拌和成 SEC 砂浆；将另一部分砂和石、速凝剂强制搅拌均匀，然后分别用砂浆泵和干式喷射机压送到混合管混合后喷出。混合喷射是分次投料搅拌工艺与喷射工艺的结合，其关键是水泥裹砂（或砂、石）造壳技术。混合喷射工艺使用的主要机械设备与干喷工艺基本相同，但混凝土的质量较干喷混凝土质量好，且粉尘和回弹率有大幅度降低。但混合喷射使用机械数量较多，工艺较复杂，机械清洗和故障处理很麻烦。因此混合喷射工艺一般只用在喷射混凝土量大和大断面隧道工程中。其工艺流程如图 9-31 所示。

由于喷射工艺的不同，喷射混凝土强度不同，干喷和潮喷混凝土强度较低，一般只能达到 C20，而混合喷射和湿喷则可达到 C30~C50。

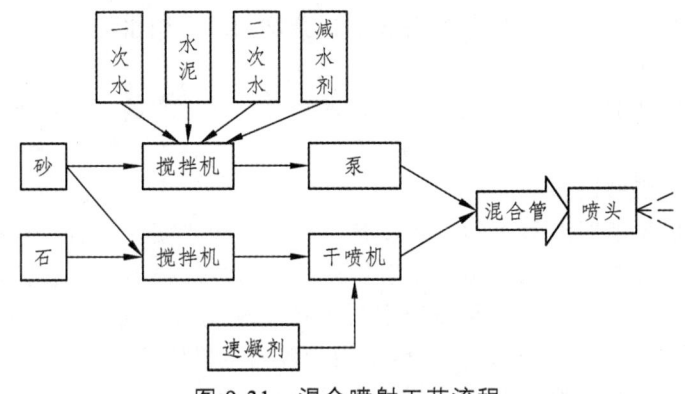

图 9-31 混合喷射工艺流程

(2) 喷射混凝土原料。

水泥：为保证喷射混凝土的凝结时间及其与速凝剂有较好的相容性，应优先采用 32.5 级以上的普通硅酸盐水泥，其次是矿渣硅酸盐水泥和火山灰质硅酸盐水泥。在有专门使用要求时，采用特种水泥。所使用的水泥，其性能应符合国家现行标准。

砂：为保证喷射混凝土的强度和减少施工操作时的粉尘，以及减少硬化时的收缩裂纹，应采用坚硬而耐久的中砂或粗砂，细度模数一般宜大于 2.5。

碎石或卵石（细石）：为防止喷射混凝土过程中的堵管和减少回弹量，应采用坚硬耐久的细石，粒径不宜大于 15 mm，以细卵石较好。

骨料成分和级配：若使用碱性速凝剂，砂、石骨料均不得含有活性二氧化硅，以免产生碱骨料反应，引起混凝土开裂；为使喷射混凝土密实和在输送管道中顺畅，砂石骨料级配应按国家标准控制在表 9-6 的范围之内。

表 9-6 喷射混凝土骨料通过各筛径的累计质量百分数（%）

粒径/mm	0.15	0.30	0.60	0.12	2.50	5.00	10.00	15.00
优	57	10~15	17~22	23~31	35~43	50~60	78~82	100
良	4~8	5~12	13~31	18~41	26~54	40~54	62~90	100

水：为保证喷射混凝土正常凝结、硬化，保证强度和稳定性，饮用水均可用于喷射混凝土；若采用其他水，则不应含有影响水泥正常凝结与硬化的有害物质；不能使用污水以及 pH 值小于 4 的酸性水，也不能使用硫酸盐含量（按 SO_4^{-2} 计算）超过水重 1‰的水。

外加剂：主要是速凝剂，在喷射混凝土中添加速凝剂的目的是使喷射混凝土速凝，以减少回弹和提高早期强度，选用时应做与水泥的相容性实验。

(3) 喷射混凝土配合比。

干集料中水泥与砂石质量比一般为 1∶4~1∶4.5，每立方米干集料中，水泥用量约为 400 kg。这种配比能满足喷射混凝土强度要求，回弹也较少。

砂率一般为 45%~55%。实践证明，砂率低于 45%或高于 55%时，均易造成堵管，且回弹大，强度降低，收缩加大。

水灰比一般为 0.4～0.45，否则强度降低，回弹增大。采用水泥裹砂喷射工艺时，还应实验选择最佳造壳水灰比。

速凝剂和其他外加剂的掺量一定要由实验来确定其最佳产量，并达到各龄期的设计强度要求。

（4）喷射混凝土机械设备。

喷射机：喷射机是喷射混凝土的主要设备。常用的干式喷射机有：双罐式喷射机、转体式喷射机、转盘式喷射机。常见的湿式喷射机有：挤压泵式喷射机、转体活塞系式喷射机、螺杆泵式喷射机。这些泵式喷射机均要求混凝土具有较大的流动性（水灰比大于 0.5，含砂率大于 70%），其机械构造较为复杂，机械使用费较高，机械清洗和故障处理较麻烦。

机械手：喷头的移动和喷射方向、距离的控制，可采用人力直接控制或机械手控制。人力直接控制虽然可以近距离随时观察喷射情况，但劳动强度大，粉尘危害健康，因此劳动保护要求佩戴防尘面具。机械手控制可以避免人力控制的缺点，且方便灵活，工作范围大，可覆盖面积大。

（5）喷射混凝土施工。

喷前应对开挖断面尺寸进行检查，清除松动危岩面，欠挖超标严重的应予处理。当受喷岩面有集中渗水时，应做好排水引流处理，无集中渗水时，应根据岩面潮湿程度，适当调整水灰比。喷射时应分段（不超过 6 m）、分部（先下后上）、分块（2.0 m×2.0 m），严格按先墙后拱、先下后上的顺序进行，以减少混凝土因重力作用而引起的滑动或脱落现象发生。喷射时可以采用 S 形往返移动前进，也可以用螺旋形移动前进。喷射时喷嘴要垂直于受喷面，倾斜角不大于 10°，距离为 0.8～1.2 m。对于岩面凹陷处应先喷多喷，凸出处应后喷少喷。

喷射时一次喷射厚度不得太薄或太厚，若设计喷射混凝土较厚，应分层喷射，一般分 2～3 层喷射；分层喷射的间隔时间不得太短，一般要在初喷混凝土终凝以后再进行复喷；喷射混凝土的终凝时间受水泥品种、施工温度、速凝剂类型及掺量等因素影响。

喷射混凝土的养护应在其终凝 1～2 h 后进行水养护，养护时间一般不少于 7d。冬期施工喷射混凝土作业区的气温不得低于 5℃；若气温低于 5℃，亦不得洒水；混凝土强度未达到设计强度的 50%时，若气温降低到 5℃以下，则应注意采取保温防冻措施。

实测表明，采用干法喷射混凝土时，一般边墙的回弹率为 10%～20%，拱部为 20%～35%，回弹量相当大。除应设法减少回弹外，尚应将回弹物料回收利用。及时回收的洁净而尚未凝结的回弹物，可以按一定比例掺入混合料中重新搅拌后喷射，但掺量不宜大于 15%，也不宜用于喷射拱部；回弹物的另一处理途径是掺进普通混凝土中，但掺量也应加以控制。

我国《高铁隧道施工技术规程》明确要求：软弱围岩及不良地质隧道喷射混凝土应采用湿喷工艺，特殊地质条件下不能湿喷时需另行设计；喷射混凝土应与岩面、钢架、钢筋网密贴，不得留有空洞和间隙，初期支护与围岩应成为整体的支护体系；喷射混凝土必须满足设计的初期强度、长期强度、厚度及其余围岩面黏结力要求。喷射混凝土 3 h 强度应达到 1.5 MPa，24 h 强度应达到 10 MPa；喷射混凝土配合比设计应满足设计强度和喷射工艺的要求，并通过试喷确定。湿喷混凝土水胶比不大于 0.5，水泥（胶凝材料）用量不宜少于 400 kg/m³。

2. 锚杆支护

锚杆类型应根据地质条件、使用要求及锚固特性选择，可选用中空注浆锚杆、树脂锚杆、自钻式锚杆和砂浆锚杆。

（1）全长黏结式砂浆锚杆。

全长黏结式砂浆锚杆杆体采用直径 16~32 mm 的螺纹钢，其质量符合现行国家标准《钢筋混凝土用热轧光圆钢筋》（GB 13013—1991）、《钢筋混凝土用热轧带肋钢筋》（GB 1499.2—2007）和《低碳钢热轧圆盘条》（GB/T 701—2008）等的规定和要求。

砂浆锚杆施工工艺流程：施工准备→布孔→钻孔→清孔→注浆→插入杆体→安装垫板→结束。

锚杆杆体使用前，必须进行矫直、除锈、除油。施工时，测量人员首先根据施工设计图纸要求，在围岩面上标出锚杆位置。在标出位置钻孔，钻孔至设计深度后，用水或高压风清孔。成孔后，先利用注浆机往孔内注入水泥砂浆，然后迅速插入锚杆，水泥砂浆终凝后安设孔口垫板，且终凝前不得任意敲击锚杆。水泥砂浆采用 32.5 级以上的普通硅酸盐水泥，砂粒径不大于 2.5 mm，并掺加 TZ 或 TZS 早强剂。砂浆采用 1∶1 水泥砂浆，水灰比采用 0.38~0.45。待终凝后按规范要求抽样进行锚杆抗拔实验。

（2）中空注浆锚杆。

中空注浆锚杆是集锚杆和注浆管为一体的锚杆，采用植入式施作，锚杆注浆加固快，锚杆为中空结构，外部为螺纹结构，方便于注浆及浆液凝固后水泥砂浆与锚杆充分握裹。其特点是锚杆植入锚孔迅速，端部锚头可迅速作用将锚杆固定于孔中心，杆体螺纹结构可方便于止浆塞安装及施加预应力。自进式中空注浆锚杆示意图如图 9-32 所示。

图 9-32　自进式中空注浆示意

施工时，根据锚杆设计间距及围岩层理、节理分布实际情况，用油漆标出眼位。布眼时对层理及节理发育部位，加密布设。钻孔时钻杆垂直于岩面或层理面，钻孔完成后用加 ϕ18 弯头钢管通入高压风吹净孔中石屑及细小石块，利于浆液与墙壁充分接触，并检查孔深。满足要求后将安装好锚头的 XLM 高强中空注浆锚杆插入锚孔，杆体向左旋转，锚头随即胀开，待锚杆被锚住为止。在锚杆尾部安装止浆塞、垫板、螺母。注浆采用 BW250 灰浆泵注浆，注浆压力 0.1~0.3 MPa，浆液材料为 1∶1.5 水泥砂浆，砂浆采用现场砂浆拌和机，拌和时间不少于 3 min。注浆时匀速注入，若需高压注浆，只需待压力表上指针升至设计压力时即可。

（3）钢筋网片支护。

钢筋网片加工采用 HPB235 级 ϕ6、ϕ8 钢筋焊制，在钢筋加工场内集中加工。先用钢筋调直机把钢筋调直，再截成钢筋条，钢筋网片尺寸根据拱架间距和网片之间搭接长度综合考虑确定。钢筋焊接前要先将钢筋表面的油渍、漆污、水泥浆和用锤敲击能剥落的浮皮、铁锈等清除干净；加工完毕后的钢筋网片应平整，钢筋表面无削弱钢筋截面的伤痕。

按图纸标定的位置挂设加工好的钢筋网片，钢筋片随初喷面的起伏铺设，绑扎固定于先期施工的系统锚杆之上,再把钢筋片焊接成网,网片搭接长度为 1~2 个网格。挂设时利用混凝土块衬垫在钢筋和初喷层之间,以保证钢筋和初喷层之间保持 30~50 mm 的间隙。砂层地段应先加铺钢筋网,沿环向压紧后再喷射混凝土至设计厚度。

(4)钢架支护。

隧道钢架支护分为型钢钢架和格栅钢架两种。型钢钢架主要由工字钢弯制而成,格栅钢架主要由四根 $\phi 22$ 或 $\phi 25$ 主筋和其他钢筋制成。Ⅲ级围岩采用格栅钢架,Ⅳ级、Ⅴ级围岩采用型钢拱架。隧道各部开挖完成初喷混凝土后,分单元及时安装钢架,采用与定位锚杆、径向锚杆以及双侧锁脚锚管固定,纵向采用 $\phi 22$ 钢筋连接,钢架之间铺挂钢筋网,然后复喷混凝土到设计厚度。其施工流程如下:

施工准备→钢筋网、钢架加工→钢筋网铺设→钢架架立→安装纵向连接筋→喷射混凝土→进入下道工序。

① 钢架加工。

钢架加工包括型钢钢架加工和格栅钢架加工。其中型钢钢架加工指:结合隧道开挖方法,采用型钢弯制机对型钢按照隧道断面曲率分节进行弯制。弯制完成后,先在加工场地上进行试拼,要求沿隧道周边轮廓误差不大于 3 cm,连接底板螺栓孔眼中间误差不超过 ±5 mm;型钢钢架平放时,平面翘曲小于 2 cm。格栅钢架加工指:格栅钢架在现场设计的工作台上加工。工作台由厚度 $\delta = 20$ mm 的钢板制成,其上根据不同断面的钢架主筋轮廓放样成钢筋弯曲模型。钢架的焊接在胎模内焊接,控制变形。按设计加工好各单元格栅钢架后,组织试拼,检查钢架尺寸及轮廓是否合格。

② 钢架架立。

为保证钢架置于稳固的地基上,施工中在钢架基脚部位预留 15~20 cm 原地基,架立时挖除就位,如拱脚底面低于设计高度,可先浇筑早强混凝土至设计标高。钢架平面应垂直于隧道中线,其倾斜度不大于 2°。钢架的任何部位偏离铅垂面不大于 5 cm。钢架与围岩应尽量靠近,但留 4 cm 间隙作混凝土保护层。当钢架和围岩之间的间隙过大时应设垫块,垫块间距及数量应符合设计要求。为增强钢架的整体稳定性,将钢架与定位锚杆焊接,锚杆可采用 $\phi 22$ 钢筋,深度不小于 1.5 m,外露 20~25 cm 左右。各种钢架应根据设计要求设立纵向连接筋。采用分部开挖时,在不同分部间钢架接头处应根据设计要求设置锁脚锚杆。

9.3.4 二次衬砌

在永久性的隧道及地下工程中常用的衬砌形式有以下三种:整体式衬砌、复合式衬砌及锚喷衬砌。按照现代支护理论和新奥法施工原则,二次衬砌是在围岩与支护基本稳定后施作的,此时隧道已成型,为保证衬砌质量,衬砌施工按先仰拱、后墙拱,即由下到上的顺序连续灌注。在隧道纵向,则需分段进行,分段长度一般为 9~12 m。当前二次衬砌常用的模板有整体移动式模板台车和拼装式拱架模板两种。

1. 整体移动式模板台车

整体移动式模板台车主要由大块曲模板、机械或液压脱模、背附式振捣设备集装成整体,并在轨道上走行,如图 9-33 所示。模板台车的长度即一次模筑段长度,根据施工进度要求、混凝土生产能力和灌注技术要求以及曲线隧道的曲线半径等确定。

整体移动式模板台车的生产能力大,可配合混凝土输送泵联合作业,是较先进的模板设备,但其尺寸大小比较固定,可调范围较小,影响其适用性,且一次性设备投资较大。

图 9-33　宝兰客专某项目部隧道二衬模板台车

2. 拼装式拱架模板

拼装式拱架模板的拱架可采用型钢制作或现场用钢筋加工成桁架式拱架。为便于安装和运输,常将整榀拱架分解为 2～4 节,进行现场组装,其组装连接方式有夹板连接和端板连接两种形式。为减少安改和拆卸工作量,可以做成简易移动式拱架,即将几榀拱架连成整体,并安设简易滑移轨道。

拼装式拱架模板的一次模筑长度,应与围岩地质条件、施工进度要求、混凝土生产能力以及开挖后围岩的动态等情况相适应。一般分段长度为 2～9 m,松软地段最长不超过 6 m。拼装式拱架模板的灵活性大,适应性强,尤其适用于曲线地段。其初期安装架设较费时费力,故生产能力较模板台车低,在中小型隧道及分部开挖时,使用较多。在传统的施工方法中,因受开挖方法及支护条件的限制,其衬砌施工多采用拼装式拱架模板。

3. 衬砌施工

(1) 施工前准备。

在灌注衬砌混凝土之前,要进行隧道中线和水平测量,检查开挖断面,放线定位,制备和运输混凝土等准备工作。使用拼装式拱架模板时,立模前应在洞外样台上将拱架和模板进行试拼,检查其尺寸、形状,不符合要求的应予修整。使用整体移动式模板台车时,在洞外组装并调试好各机构的工作状态,检查好各部尺寸,保证进洞后能投入正常使用。

(2) 立模。

根据放线位置,架设安装拱架模板或模板台车就位。安装盒就位后,应做好各项检查,包括:位置、尺寸、方向、标高、坡度、稳定性等。

(3) 混凝土制备与运输。

出于洞内空间狭小,混凝土多在洞外拌制好后,用运输工具运送到工作面再灌注。其实际待用时间中主要是运输时间,尤其是长大隧道和运距较远时。因此,运输工具的选择应注意装卸方便，运输快速，保证拌好的混凝土在运输过程中不发生漏浆、离析泌水、坍落度损失和初凝等现象。可结合工程情况，选用各种斗车、罐式混凝土运输车或输送泵等机械。

（4）混凝土的灌注和养护。

在做好上述准备工作后，即可进行混凝土灌注。隧道衬砌混凝土的灌注应注意以下几点：

① 保证捣固密实，使衬砌具有良好的抗渗防水性能，尤其应处理好施工缝。

② 整体模筑时，应注意对称灌注，两侧同时或交替进行，以防止未凝混凝土对拱架模板产生偏压而使衬砌尺寸不合要求。

③ 若因故不能连续灌注，则应按规定进行接茬处理，衬砌接茬应为半径方向。

④ 多数情况下在隧道施工过程中，洞内的湿度能够满足混凝土的养护条件。但在干燥无水的地下条件下，则应注意进行洒水养护。采用普通硅酸盐水泥拌制的混凝土，其养护时间一般不少于 7 d；掺有外加剂或有抗渗要求的混凝土，一般不少于 14 d。养护用水的温度应与环境温度基本相同。

⑤ 混凝土拆模。二次衬砌的拆模时间，应根据混凝土强度增长情况来确定。一般应在混凝土达到规范要求强度时，方可拆模。有承载要求时，应根据具体受力条件来确定。

4. 压　浆

在灌注衬砌混凝土时，虽然要求将超挖部分回填，但由于操作方法方面的原因，其中有些部位并不可能回填得很密实。这种情况在拱顶背后一定范围内较为明显。因此，要求在衬砌混凝土达到设计强度后，向这些部位进行压浆处理，以使衬砌与围岩密贴（全面紧密接触），达到限制围岩后期变形、改善衬砌受力工作状态的目的。压浆浆液材料多采用单液水泥浆。

9.4　超前地质预报

9.4.1　超前地质预报概述

超前地质预报是在分析既有地质资料的基础上，采用地质调查、物探、地质超前钻探、超前导坑等手段，对隧道开挖工作面的工程地质与水文地质条件及不良地质体的工程性质、位置、产状、规模等进行探测，分析判释及预报，并提出技术措施建议。鉴于超前地质预报技术发展的水平，目前还没有一种能解决所有地质问题的预报手段，对地质条件复杂的隧道，应采用多种技术手段相互印证的综合预报方法，以提高预报准确率。因此，如果采用上述两种及两种以上的方法手段进行相互印证的超前地质预报方法，则称为综合超前地质预报。

超前地质预报是保证隧道施工安全的重要环节和重要技术手段，故被列为隧道施工的必要工序。当施工进度与超前地质预报发生矛盾时，施工要为超前地质预报让路，以避免盲目施工，确保超前地质预报工作的实施，并起到指导施工的作用。我国自 20 世纪 80 年代以来，在大秦线军都山隧道、朔黄线长梁山隧道、西康线秦岭隧道、渝怀线圆梁山隧道、大运高速公路雁门关隧道等施工中陆续开展了超前地质预报工作，并贯穿于隧道施工的全过程，取得了较好的效果。通过超前地质预报工作，可以及时掌握和反馈隧道地质条件信息，调整和优化隧道设计参数、防护措施，为优化隧道施工组织、制定隧道施工安全应急预案、控制变更设计提供依据。做好隧道超前地质预报工作，可以预防各类突发性地质灾害，降低地质灾害发生率，有效规避工程建设风险，实现铁路工程安全、质量、工期、环境和投资控制目标，将间接或直接地创造巨大的经济效益和社会效益。

9.4.2 超前地质预报的目的与内容

隧道超前地质预报的目的包括以下几个方面：

（1）进一步查清隧道开挖工作面前方的工程地质与水文地质条件，指导工程施工顺利进行。

（2）降低地质灾害发生的概率和危害程度。

（3）为优化工程设计提供地质依据。

（4）为编制竣工文件提供地质资料。

超前地质预报应包括下列主要内容：

（1）地层岩性预测预报，特别是对软弱夹层、破碎地层、煤层及特殊岩土的预测预报。

（2）地质构造预测预报，特别是对断层、节理密集带、褶皱轴等影响岩体完整性的构造发育情况的预测预报。

（3）不良地质预测预报，特别是对岩溶、人为坑洞、瓦斯等发育情况的预测预报。

（4）地下水预测预报，特别是对岩溶管道水及富水断层、富水褶皱轴、富水地层中的裂隙水等发育情况的预测预报。

9.4.3 超前地质预报的方法

1. 地质条件复杂程度分级

综合考虑隧道工程地质与水文地质条件、可能发生的地质灾害对隧道施工及环境的影响程度，隧道所处地质条件复杂程度可分为复杂、较复杂、中等复杂和简单四级，详见表9-7。从表中的主要地质因素来看，岩溶、断层、涌水、地应力和瓦斯等五个是超前地质预报的重点，也是其中的难点。其复杂程度对施工安全性和环境危害影响是最大的。

表9-7 地质条件复杂程度分级及超前地质预报方法选择建议

影响因素		复杂	较复杂	中等复杂	简单
地质复杂程度（含物探异常）	岩溶发育程度	强烈发育，以大型暗河、廊道、较大规模溶洞、竖井和落水洞为主，地下洞穴系统基本形成	中等发育，沿断层、层面、不整合面等有显著溶蚀，中小型串珠状洞穴发育，地下洞穴系统未形成，有小型暗河或集中径流	弱发育，沿裂隙、层面溶蚀扩大为岩溶化裂隙或小型洞穴，裂隙连通性差，少见集中径流，常有裂隙水流	微弱发育，以裂隙状岩溶或溶孔为主，裂隙不连通，裂隙透水性差
	涌水涌泥程度	特大型涌突水（涌水量>10000 m³/h）、大型涌突水（涌水量>1 000 m³/h～10 000 m³/h）、突泥，高水压	较大型涌突水（涌水量 500～1 000 m³/h）、突泥	中型涌突水（涌水量 100～500 m³/h）、涌泥	小型涌突水（涌水量<100～500 m³/h）、涌突水可能性极小
	断层稳定程度	大型断层破碎带、自稳能力差、富水，可能引起大型失稳坍塌	中型断层带，软弱，中—弱富水，可能引起中型坍塌	中小型断层，若富水，可能引起小型坍塌	中小型断层，无水，掉块

续表

影响因素		复杂	较复杂	中等复杂	简单
地质复杂程度（含物探异常）	地应力影响程度	极高应力（Rc/σmax＜4），在开挖过程中遇硬质岩时有岩爆发生，有岩块弹出；软质岩岩芯常有饼化现象，岩体有剥离，位移极为显著	高应力（Rc/σmax=4~7），在开挖过程中遇硬质岩可能出现岩爆，岩土有剥离和掉块现象；遇软质岩岩芯时有饼化现象，岩体位移显著	—	—
	瓦斯影响程度	瓦斯突出：瓦斯压力 $P \geqslant$ 0.74 MPa，瓦斯放散初速度 $\Delta p \geqslant$ 10，煤的坚固性系数 $f \leqslant 0.5$，煤的破坏类型为Ⅲ类及以上	高瓦斯：全工区的瓦斯涌出量 $\geqslant$ 0.5 m³/min	低瓦斯：全工区的瓦斯涌出量＜0.5 m³/min	无
地质因素对隧道施工的影响程度		危及施工安全，可能造成重大安全事故	存在安全隐患	可能存在安全问题	局部可能存在安全问题
诱发环境问题的程度		可能造成重大环境灾害	施工、防治不当，可能诱发一般环境问题	特殊情况下可能出现一般环境问题	无
超前地质预报方法建议		以地质调查法为基础，以超前钻探法为主，结合多种物探手段进行综合超前地质预报	以地质调查法为基础，以弹性波反射法为主，辅以高分辨直流电法、地质雷达等方法，必要时采用超前钻探验证。工程地质条件复杂的局部地段按地质条件复杂隧道的方案实施	以地质调查法为主，对重要的地质界面、断层或地面物探异常地段采用弹性波反射法进行探测，必要时采用高分辨率直流电法和超前钻探等	

注：R_c 为岩石单轴饱和抗压强度（MPa）；σ_{max} 为最大地应力值（MPa）。

2. 隧道超前地质预报的方法及特点

铁路隧道工程在各设计阶段均应进行相应的超前地质预报设计，预报方法的选择应与施工方法相适应。隧道超前地质预报应根据不同的地质复杂程度分析，针对不同类型的工程地质问题，选择不同的方法和手段进行，并贯穿于施工的全过程。

超前地质预报的方法有：地质调查法、超前钻探法、物探法和超前导坑预报法。超前地质预报根据各种方法的特点和预报长度，可划分为长距离预报（预报长度在 100 m 以上）、中长距离预报（预报长度为 30~100 m）和短距离预报（预报长度在 30 m 以内。）

（1）地质调查法。

地质调查法是一种传统的、实用和基本的超前地质预报方法，具有综合和指导其他预报方法的作用。地质调查法不占用开挖工作面施工时间、不干扰施工、设备简单、操作方便，提交资料及时，可随时掌握隧道开挖工作面的地层、岩性、地质构造、地下水等地质条件的变化，是隧道施工过程中的地质工作，是隧道全过程地质工作的重要一环，是隧道超前地质预报的基础工作，预报效果较好。

地质调查法包括隧道地表补充地质调查和隧道内地质素描等。通过收集和分析地质资料、地表详细调查、隧道内地质编录、素描、数码照相、超前钻孔、涌水量预测等方法，了解隧道所处地段的地质条件。同时，还可以通过对洞内开挖面涌水量动态变化的长期观测记录，掌握地下水初期涌水量、衰减涌水量和稳定涌水量的变化规律，综合分析地层、断层等构造以及基岩裂隙水的运动特点，查明地下水的补给、径流及排泄途径，预报未开挖段水文地质情况。

地质调查法不仅是一种地质预报手段，而且可以补充和完善隧道设计地质资料，也便于施工与设计资料进行对比，积累经验，同时也是竣工资料的一部分，更为隧道运营阶段隧道病害整治提供完整的隧道地质资料。

地质调查法对技术人员的地质基础知识及经验要求较高，故需由专业地质人员来完成。这种方法对与隧道交角较大而又向前倾的结构面容易产生漏报，而对于隧道开挖前涌水量的定量预测，往往与隧道开挖实际涌水量有一定的差距，应进行对比分析和论证推断，总结经验，提高隧道施工前方工程地质、水文地质条件的预报水平。

（2）超前钻探法。

超前钻探法是用钻探设备向开挖面前方进行钻探，主要目的是探明开挖工作面前方有无不良地质和特殊岩土及其发育情况，有无断层破碎带及其发展规模，地下水发育情况，有无发生突泥、突水的可能，及其他特殊目的探测，可以直接揭示隧道开挖面前方几十米的地层岩性、岩体结构、构造、地下水、岩溶洞穴充填物及其性质、岩体完整程度等资料，还可通过岩芯实验获得岩石强度等定量指标。超前地质钻探法适用于各种地质条件下的隧道超前地质预报，富水软弱断层破碎带、富水岩溶发育区、煤层瓦斯发育区、重大物探异常区等地质条件复杂地段必须采用。

超前水平钻孔的方向控制和钻探工艺有一定的技术难度，对施工干扰大，且由于速度慢和费用高而一直不能在隧道施工中被广泛采用，例如在大瑶山隧道采用日本产水平钻机应用金刚石钻头钻进，曾出现过钻进速度落后于导坑开挖速度的情况。为提高钻进速度，减小超前钻探占用开挖工作面的时间，采用冲击钻与回转取芯钻相结合的方式。冲击钻速度快，为隧道大量采用钻孔探测提供了时间保障和可能性。

根据探测目的，尽可能采用冲击钻，必要时采用回转取芯钻。一般地段采用冲击钻，特殊地段采用回转取芯钻，整体钻进速度可提高几倍，甚至十多倍。比如，钻孔揭露地下水时，水会从钻孔中流出；遇到溶洞，钻进速度会明显发生变化，因而采用冲击钻基本能达到探水、探溶洞的目的，需取芯鉴定时更换钻具进行取芯钻探等。

地质超前钻探的主要特点有：

① 比较直观地探明钻孔所经过部位的地层岩性、岩体完整程度、岩溶及地下水发育情况等，必要时应测试水压、取样、室内试验。与物探方法相比，它具有直观性、客观性，不存在物探手段经常发生的多解性、不确定性。

② 对煤系地层可进行孔内煤与瓦斯参数测定。

③ 超前钻探虽直观，但具有"一孔之见"的不足，对断层等面状构造一般不会漏报，但对溶洞有漏报的可能。

超前钻孔揭示地质情况的判断经验可简要汇总如下：

① 对回转取芯钻的岩芯进行鉴定是判定岩性最为准确可靠的方法。

② 根据岩粉判定：在采用冲击钻时，孔中不断有岩粉被高压风吹出，通过鉴定岩粉的成分，可了解前方地层的岩性。

③ 根据钻进速度判定：相同钻压下钻机在相同岩层中的钻进速度是均一的，结合隧道开挖揭示的地层岩性，根据钻机在钻进过程中的速度变化、是否有卡钻等现象，可粗略判断前方岩体的强度、完整程度以及是否存在不良地质体等。

④ 根据卡钻情况、钻杆震动情况、塌孔等现象，可粗略判断前方岩体的完整程度。

⑤ 根据冲洗液判定：钻机在钻进过程中，通过冲洗液颜色的变化，可粗略判定钻孔内岩层的变化；根据冲洗液流量的增减可粗略判断岩体的完整程度及地下水发育情况。

⑥ 根据冲击器工作时的声响可粗略判断岩体的强度变化，声音清脆而响亮一般是硬质岩，声音沉闷而微弱一般为软质岩或土层。

加深炮孔探测是利用风钻或凿岩台车等在隧道开挖工作面钻小孔径浅孔获取地质信息的一种方法，适用于各种地质条件下隧道的地质超前探测，尤其适用于岩溶发育区。加深炮孔探测具有以下特点：

① 是地质超前钻探的一种重要补充，因其数量较多，在岩溶发育区大大增加揭示溶洞的概率，效果非常明显。

② 与地质超前钻探相比，具有设备移动灵活、操作方便、费用低、占用隧道施工时间短的特点，可与爆破孔同时施作。

③ 孔浅，且不能取岩芯。

（3）物探法。

物探法是利用物体物性差异进行地质判断的间接方法。物探法适用范围广、方法多、设备轻便、速度快、效率高、探测距离大、对施工干扰相对小、可以多种技术组合应用，是超前地质预报的重要手段。

各种物探方法都需具备一定的应用条件，一方面，物探装置的选择、测线的布置、采集的数据质量和资料的处理与解释都直接关系到物探的效果；另一方面，探测对象具有多种物理性质，其探测结果受环境及经验的影响的特点，因此，准确解译物探资料具有一定的技术难度，应根据与相邻介质的不同物性差异选择两种或两种以上有效的物探方法，通过综合物探可利用探测对象的多种物性特征研究其空间形态，相互补充、相互印证可以减少物探的多解性，取得好的物探效果。并且，物探资料只有在物性资料和地质资料齐全的基础上进行定量解释，才能获得准确的解释参数，以避免物探资料的多解性，提高解释结果的准确程度。

不同的物探方法采用了不同的物性参数，而这些参数有的与地层对应，有的可能不完全对应，由此而导致解释结果不同，当它们具有一定的规律性时，都反映探测对象的某种物理地质信息，在解释结果中应予以说明。目前在隧道超前地质预报中常用的物探法分类及应用范围汇总如表9-8，其原理简要介绍如下。

① 地震波反射法。

地震反射波的原理是：在隧道内以排列方式激发的地震波，在向三维空间传播的过程中，遇到声阻抗界面会产生反射波。声阻抗是介质传播弹性波的速度与介质密度的函数，介质的声阻抗数值为速度与密度的乘积。因此地层中的岩性变化界面、构造破碎带、岩溶和岩溶发育带等界面会产生地震反射波，这种反射波被布置在隧道内的检波器接收，输入到仪器中进行信号的放大、数字采集和处理，实现地质预报的目的。地震波预报技术是通过直接探查声阻抗变化的界面，经过人工分析实现间接推断地质病害的方法。目前国内应用较多的有TGP12、TSP两种超前预报系统和地震波负视速度法等。

TGP12 隧道地质预报系统：可预报隧道前方 150~200 m（本数值为中等硬度围岩条件，视当地质构造有所偏差）的岩性变化、断层、破碎带、岩溶发育带、空洞等，并能计算出上述范围内围岩的纵波与横波速度、波速比、泊松比、相应岩体的动弹模量和剪切模量等岩石力学参数，TGP12 仪器动态范围大，可通过改变偏移距离和激发能量来实现增加预报距离。

TSP 超前预报系统：具有适用范围广、预报距离长、时间短、对施工干扰小、费用少等优点，可推断断层和岩石破碎带等不良地质体的位置、规模、产状及岩石动力参数。单纯的 TSP 解译包括影像图解译和隧道平剖面图解译。解译技术是 TSP 实现超前地质预报的最关键技术，也是难度最大的技术。它一方面要求解译人员具有丰富的解译经验；另一方面，也是更重要的方面，要求解译人员具有丰富的地质实践经验。

地震波负视速度法超前地质预报是点反射法的改进方式之一，它把单个的接收点扩展成一个排列，形成一组可变炮间距的共炮点的组合点反射观测系统。其基本原理是：在隧道开挖面后方一定距离，沿边墙布置激振点和系列接收点；激发时产生的地震波信号在围岩中传播，当有断层或岩层变化界面时产生反射波，返回的信号被接收点的检波器接收，由此可确定反射界面的位置；对纵、横波共同分析还可了解反射界面两侧岩性、密实程度的变化。负视速度法是将常规地震勘探中的钻孔垂直地震剖面法应用于水平状态的隧道中，具有明显的方向特征，开挖面前方反射信息不受周围干扰，识别不良地质体界面的精确度高，预报距离可达 100 m 以上，对施工干扰很小。

表 9-8　常用的物理勘探方法及适用范围

方法名称		适用范围
电法	直流电法	超前探测隧道掌子面和侧帮的含水构造
	高密度电阻法	探测岩溶、洞穴、地质界线
电磁法	甚低频	1. 探测隐伏断层、破碎带； 2. 探测岩体接触带； 3. 含水构造及地下暗河等
	地质雷达	1. 探测隐伏断层、破碎带； 2. 探测地下岩溶、洞穴； 3. 探测地层划分
地震波法和声波法	折射波法	1. 划分隧道围岩级别； 2. 测定岩体的纵波速度
	反射波法	1. 划分地层界线； 2. 探测隐伏断层、破碎带； 3. 探测地下洞穴； 4. 测定含水层分布
	隧道地震波法（TSP）	1. 划分地层界线； 2. 查找地质构造； 3. 探测不良地质体的厚度和范围
	瑞雷波法	1. 探测隐伏断层、破碎带； 2. 探测岩溶、地下洞穴
红外线地下水探测		1. 探测局部地温异常现象； 2. 判断地下脉状流、脉状含水带、隐伏含水体等所在的位置

② 水平声波反射法。

水平声波反射法是向岩体中辐射一定频率的声波，当声波传播路径中存在两种不同介质界面时，声波将发生折射、反射，频谱特征发生变化，通过探测反射波信号，求得其传播特征后，便可了解前方的岩体特征。

探测时，利用钻孔台车在打完开挖面炮眼后，在开挖面后方一定距离（2 m左右）的隧道两侧底部分别打若干个测试孔（6~12个），孔深1~3 m，下倾20°~40°，孔间距视探测距离大小按1~3 m布置。将发射源及接收换能器分别置于测试孔内，测试孔充水作为耦合剂，发射孔孔底采用雷管或电火花作振源，发射及接收孔孔口均采用棉纱等堵塞，防止空气中的声波干扰。此外还有其他变通布置方式，视具体探测的难易程度而有所变化。探测工作在开挖工作面装炸药的同时进行，因而不占用开挖工作面的工作时间。上述布置方式由于其脱离了开挖工作面，对施工干扰小，而且将发射源及接收换能器置于浅孔中，因而有以下明显的优点：

a. 便于使发射波位于直达波、面波延续相位之外，因而反射波不易受直达波、面波干扰，记录面貌清晰，提高了信噪比，同时反射波时域同相轴、频域频差"同相轴"明显；

b. 记录的直达波、面波、侧面波皆呈双曲线形态，反射波形态与开挖面上反射形态类似，图像直观，便于识别反射波；

c. 避开了开挖松动带的影响，减少了高频衰减，十分有利于提高频率较高的声波反射法的探测距离和精度；

d. 钻孔增加了测试布置的横向宽度，从而提离了对前方反射面的空间定位精度；

e. 采用了1~3 kHz较高的主频，提高了分辨力。

③ 地质雷达法。

地质雷达是利用无线电波检测地下介质分布和对不可见目标体或地下界面进行扫描，以确定其内部结构形态和位置的电磁技术。电磁波通过天线发射，遇到不同阻抗界面时，将产生反射波和透射波。接收机利用分时采样原理和数据组合方式，把天线接收的信号转化为数字信号，主机系统再将数字信号转化为模拟信号或彩色线迹信号，并以时间剖面的形式显示。地质雷达探测预报距离较短，为5~40 m，而占用施工时间较长，一般在很可能有溶洞的地段探测溶洞的发育部位、规模大小、走向等；而断层破碎带、软弱夹层等不均匀地质体的探测常采用探测距离较长的弹性波反射法来探测，比如地震波反射法、水平声波剖面法、负视速度法和极小偏移距高频反射连续剖面法等。该方法主要是配合地震反射法，通过测定与岩溶含水性有关介电常数的变化来探测充水地质体，如含水的断层、岩性界面和溶洞等。实验表明，采用地质雷达对隧底、边墙、隧顶外围岩的不良地质探测效果最好，在超前平行导坑中应用可对正洞起到超前地质预报的作用。

④ 红外探水法。

地下水的活动会引起岩体红外辐射场强的变化，探测开挖面或洞壁四周的这种变化，可以推测是否有隐伏的含水体。该方法测量快速、施工干扰小，有较高的定性判别准确率，但无法预报水量和含水体前方具体位置等定量指标。

⑤ 特殊灾害地质的预测方法。

特殊灾害地质的预报方法采用专门仪器进行。例如，当确定隧道接近或通过煤系地层、储气构造时，可采用沼气氧气两用报警仪，在隧道内进行长期跟踪量测，根据数据的积累统计分析，对开挖面前方的有害气体进行预测，为隧道安全施工提供依据。

（4）超前导坑预报法。

在隧道内或隧道附近开挖一平行的小断面导坑，对导坑出露的地质情况进行地质编录、素描、作图，综合分析其地层岩性、地质构造、水文地质情况，根据地质理论预测相应段隧道的工程地质和水文地质条件，以及可能发生地质灾害的位置、性质、规模，并提出防治措施意见。超前平行导坑法最为直观，精确度很高。通过直观的地质情况，施工单位可提前了解主隧道开挖断面的地质情况，以便采取相应的工程防护措施。其缺点是成本高，对施工影响大。在超前平行导坑中辅助以室内物理力学测试、现场点荷载测试、地应力测试、物探地震反射等方法，可以完善地质超前预报的内容。

9.5 监控量测

9.5.1 监控量测概述

与地面建筑结构相比，隧道与地下工程结构处于岩土介质之中，其最大的特点就是地质环境复杂、影响因素众多、基础信息匮乏，是涉及岩土力学、结构力学、基础工程、原位测试和施工技术等多学科的复杂系统工程。这使得地下结构在变形特性、结构特征、初始应力场分布、温度和地下水作用效应等众多方面都表现出明显的非均质性、非连续性、离散性和非线性特点，致使地下建筑物在施工、运营阶段表现出相当独特和复杂的力学特征，其变形规律和受力特点无论是理论分析、数值模拟或室内外实验，均难以准确把握。因此，通过将理论结果与实验、实测数据进行对照校验，采用相应的方法进行模拟预测，并修改和完善设计施工参数，实现动态施工和管理，几乎成为唯一可行的方法，以监控量测为核心内容的"信息化施工技术"应运而生。

隧道与地下工程中的监控量测是指在隧道施工中对围岩、地表、支护结构的变形和稳定状态，以及周边环境动态进行的经常性观察和量测工作。作为一种辅助的技术手段和方法，监控量测的主要目的是及时掌握现场的第一手资料，及时收集由于隧道施工在围岩和支护结构中产生的位移与应力变化等信息，然后进行动态分析，并根据一定的标准判断是否需要修改预先设计的支护结构和施工流程，从而提高施工的安全性、进度和质量，降低成本，减少对环境的扰动和危害。一般地，地下工程项目投资非常昂贵，任何设计或施工参数取值的不合理都可能造成安全隐患或巨大的投资浪费。因此，需要有一种科学的安全评估体系指导设计和施工，才能保证工程设计的合理性和施工的安全性，以减少投资浪费，并减少或避免运营阶段可能产生的安全隐患和损失，所示，监控量测还必须包含和承担地下工程安全评价的重任。

监控量测既是铁路隧道设计文件的重要组成内容，也是铁路隧道施工作业中关键的作业环节。在铁路隧道工程中，监控量测技术获得了广泛的应用，并取得了明显的技术经济效果。目前，用于监控量测的测试元件及仪器经历了从机械或纯光学式到机、光、电结合的发展；量测数据的采集由刻度式直读发展为数字式直读，目前已广泛采用计算机和无线网络自动采集、传输；随着施工环境的改善、监测效率与精度的提高，非接触量测方式的研发与应用已经越来越广泛。

9.5.2 监控量测的目的、内容和方法

监控量测的主要目的在于了解围岩稳定状态和支护、衬砌可靠程度，确保施工安全及结构的长期稳定性。监控量测为围岩级别变更、初期支护和二次衬砌的参数调整提供依据，是实现信息化施工不可缺少的工序，是直接为设计和施工决策服务的。具体而言，隧道施工监控量测有5个方面的具体任务：①确保施工安全及结构的长期稳定性；② 验证支护结构效果，确认支护参数和施工方法的准确性或为调整支护参数和施工方法提供依据；③ 确定二次衬砌施作时间；④ 监控工程对周围环境影响；⑤ 积累量测数据，为信息化设计与施工提供依据。

围绕上述的监控目的，隧道施工过程中的监控量测内容包括洞内外观察、变形、应力应变、接触压力、爆破振动、孔隙水压和水力监控量测等6个方面，并进一步细分为6个必测项目和12个选测项目。其中：

必测项目是为了在设计、施工中确保围岩的稳定，并通过判断围岩的稳定性来指导设计、施工的经常性量测，是所有隧道必须进行的项目，这类量测通常测试方法简单，可靠性高，费用少，而且对监视围岩稳定、指导设计施工有巨大的作用。

选测项目是为满足隧道设计与施工的特殊要求进行的监控量测项目，它并不是每座隧道都必须开展的工作，是对一些有特殊意义和具有代表性意义的区段进行补充测试，以求更深入地掌握围岩的稳定状态与锚喷支护的效果以及工程对周围环境影响状况，指导未开挖区段的设计与施工。选测项目测试较为麻烦，量测项目较多，花费较大，一般只根据需要选择其部分项目。

必测项目和选测项目的方法、仪器及技术要点等简要汇总如表 9-9 所示，各类监测项目具体的布设要求等可进一步参阅相关技术规范，如《铁路隧道监控量测技术规程》（Q/CR 9218—2015）等，此处限于篇幅而从略。由于隧道监控量测工作一般在地下进行，环境条件恶劣，因而监控量测系统应具有较高的可靠性、稳定性及耐久性。监控量测仪器设备在使用前及使用过程中必须进行定期的检查、校对率定，一般包括外观检验、精度检验、防水性检验、应力（变）及温度率定等。

表 9-9 隧道监控量测项目汇总

序号	类型	项目	常用测量仪器	仪器精度要求
1	必测项目	洞内、外观察	现场观察、数码相机、罗盘仪	
2		拱顶下沉	水准仪、钢挂尺或全站仪	0.5~1 mm
3		净空变化	收敛计、全站仪	0.5~1 mm
4		地表沉降	水准仪、铟钢尺或全站仪	
5		拱脚下沉	水准仪或全站仪	
6		拱脚位移	水准仪或全站仪	
7	选测项目	围岩压力	压力盒	≤0.5%F.S.
8		钢架内力	钢筋计、应变计	钢筋计：拉伸≤0.5% F.S.；压缩≤1.0%F.S.
9		喷混凝土内力	混凝土应变计	应变计：±0.1%F.S.
10		二次衬砌内力	混凝土应变计、钢筋计	
11		初期支护与二次衬砌间接触压力	压力盒	≤0.5%F.S.
12		锚杆轴力	钢筋计	拉伸≤0.5% F.S.；压缩≤1.0%F.S.
13		围岩内部位移	多点位移计	0.1 mm
14		隧底隆起	水准仪、铟钢尺或全站仪	0.5~1 mm
15		爆破振动	振动传感器、记录仪	1 mm/s
16		孔隙水压力	水压计	
17		水量	三角堰、流量计	
18		纵向位移	多点位移计、全站仪	0.5~1 mm

注：F.S.为元器件满量程。

说明：a.隧道浅埋段应进行地表沉降监控量测；b.不良地质和特殊岩土隧道浅埋段和应进行拱脚下沉和拱脚位移监控量测。c.拱脚和拱顶下沉以及拱脚净空变化要求在距上台阶掌子面 1.5 m 以内开始初测，三台阶开挖时墙腰净空变化应在中台阶开挖时开始初测。

必测项目中的断面间距、量测频率应根据测点距开挖面的距离及位移速度分别按表 9-10 和表 9-11、表 9-12 确定。在由位移速度决定的监控量测频率和由距开挖面的距离决定的监控量测频率之中，原则上采用较高的频率值。出现异常情况或不良地质时，应增大监控量测频率。开挖面地质素描、支护状态、影响范围内的建（构）筑物的描述应每施工循环记录一次。必要时影响范围内的建（构）筑物的描述频率应加大。

表 9-10 必测项目监控量测断面间距

序号	围岩级别	断面间距/m
1	Ⅴ～Ⅵ	5～10
2	Ⅳ	10～30
3	Ⅲ	30～50

表 9-11 按距开挖面距离确定的监控量测频率

序号	围岩级别	监控量测频率
1	（0～1）B	2 次/d
2	（1～2）B	1 次/d
3	（2～5）B	1 次/（2～3d）
4	>B	1 次/7d

注：B 为隧道开挖宽度。

表 9-12 必测项目监控量测断面间距

序号	位移速度/（mm/d）	监控量测频率
1	≥5	2 次/d
2	1～5	1 次/d
3	0.5～1	1 次/(2～3d)
4	0.2～0.5	1 次/3d
5	<0.2	1 次/7d

9.5.3 监测成果整理与反馈应用

1. 原始记录及量测资料整理

所有的监控量测项目都应按一定格式认真作好原始记录，每次量测后需将原始记录及时整理成正式记录。对每一个量测断面内的每一测线，整理后的量测资料应包括：

（1）原始记录表及实际测点布置图。

（2）位移随时间以及随开挖面距离的变化图。

（3）位移速度、位移加速度随时间以及随开挖面距离的变化图。

每次观测后应立即对数据进行计算、整理，打印相关监控量测报表，并根据数据绘制散点图，还应及时进行回归分析，求出各自回归精度最高的收敛-时间回归方程和收敛-距开挖面距离回归方程，以推算最终位移和掌握位移变化规律。根据对最大值（最终值）的预测，与控制基准值进行比较，结合施工工况综合分析围岩和支护结构的工作状态。如果位移曲线正常，说明围岩处于稳定状态，支护系统是有效、可靠的；如果位移出现反常的急骤增长现象（出现了反弯点），表明围岩和支护已呈不稳定状态，应立即采取相应的工程措施。

在资料整理过程中，应注明监控量测时工作面施工工序和开挖工作面距监控量测断面的距离，以及工程的具体条件（如埋深、地质条件、支护参数等），以便分析不同埋深、地质条件、支护参数等条件下各施工工序、时间、空间与监控量测数据的关系，分析时间效应和空间效应的影响。

2. 数据处理

监控量测资料的分析处理是信息反馈的基本工作。首先，应对监控量测数据进行校核，对监控量测数据必须进行可靠性分析，排除仪器、读数等操作过程中的误差，剔除和识别各种粗大、偶然和系统性误差，避免漏测和错测，切实保证监控量测数据的可靠性和完整性；其次，要对监控量测数据进行整理，包括各种物理量计算、图表制作，如物理量的时间和时间速率曲线和空间分布图的绘制等；最后是数据分析，通常采用比较法、作图法和数值计算等，分析各监控量测物理量值大小、变化规律、发展趋势。

现场监控量测所得的数据（包括监控量测日期、时刻、温度等）应及时绘制成位移时态曲线图（或散点图），以便于分析监控量测数据的变化规律及变化趋势。图中纵坐标表示位移量，横坐标表示时间。

由于偶然误差的影响使监控量测数据具有离散性，根据实测数据绘制的位移随时间而变化的散点图出现上下波动，很不规则，难以据此进行分析，必须应用数学方法对监控量测所得的数据进行回归分析，找出位移随时间变化的规律，以判断围岩和支护结构的稳定，为优化设计并指导施工提供科学依据。

3. 监控量测结果反馈与隧道结构工程安全性评价

量测所得到的信息目前可通过理论计算（反分析）和经验方法两种途径来实现反馈。用有限元、边界元等和反分析技术结合的理论分析方法，计算结果可起到定性的作用。由于岩体结构的复杂和多样性，在计算理论上做了近似和简化；另外由于理论计算的输入参数不易取得，理论计算分析还未达到定量标准。当前广泛采用经验方法来实现反馈。根据"经验"（包括调研及必要的理论分析）建立一套判断准则，然后根据量测结果（经过处理的）判断围岩稳定性和支护系统的可靠性，以便及时调整设计参数和进行施工决策。隧道工程监控量测结果的反馈流程如图9-34所示，其中的难点在于如何确定工程安全性评价基准值。可以从两个方面分别予以判断：其一是从初期支护位移变形角度；其二是从结构应变、应力和内力角度去分析，如围岩压力、钢架应力、混凝土应力、锚杆轴力等。

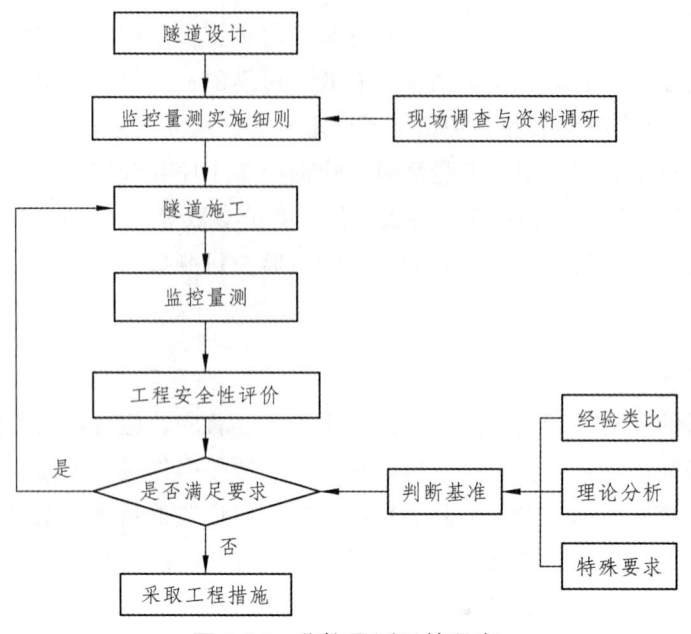

图 9-34 监控量测反馈程序

目前采用较多、经验较为丰富的是结合国内外实测数据和研究成果，建立并采用以位移为基础的判断准则。此处的位移是指初期支护的位移，并以此确定合理的二次衬砌施作时机。其基本思路是先根据隧道的不同跨度、埋深和围岩级别，按经验确定初期支护的极限相对位移（U_0，表 9-13～表 9-15），然后根据监测断面距离工作面的距离确定其位移控制基准值（U_{1B} 和 U_{2B}，表 9-16），最后考虑监测断面距工作面的距离，比较实测的位移值与位移控制基准值的大小关系，确定相应的位移管理等级及工程应对措施（表 9-17）。

需要说明的是，采用分部开挖法施工的隧道，可参照表 9-13～表 9-15 的建议值，对每个分部分别建立位移控制基准，同时应考虑各分部的相互影响。地表沉降控制基准应根据地层稳定性、周围建（构）筑物的安全要求分别确定，并取最小值。

对于钢架内力、喷射混凝土内力、二次衬砌内力、围岩压力（换算成内力）、初期支护与二次衬砌间接触压力（换算成内力）、锚杆轴力等选测项目，其控制基准应满足《铁路隧道设计规范》（TB 10003—2016）相关规定。

（1）隧道初期支护极限相对位移（U_0）。

根据我国铁路隧道工程实践的经验，初期支护极限相对位移可按照表 9-13 和表 9-14 选用。大、特大跨度黄土隧道初期支护相对位移可按照表 9-15 选用。但是，根据国内铁路隧道的施工经验，位移极限值的精确确定是非常困难的，每一具体工程条件各异，呈现出十分复杂的现象，有的隧道的变形值已超过了临界值，但并未发生塌方，相反有的隧道的变形值还没有达到临界值却已发生了坍塌，因此应参考表 9-13～表 9-15 中的参数，在实际施工中酌情选用并及时根据现场实测结果与现象进行比较分析。

表 9-13　跨度 $B \leqslant 7$ m 隧道初期支护极限相对位移

围岩级别	隧道埋深 h/m		
	$h \leqslant 50$	$50 < h \leqslant 300$	$300 < h \leqslant 500$
拱脚水平相对净空变化/%			
Ⅱ	—	—	0.2~0.60
Ⅲ	0.10~0.50	0.40~0.70	0.60~1.50
Ⅳ	0.20~0.70	0.50~2.60	2.40~3.50
Ⅴ	0.30~1.00	0.8~3.50	3.00~5.00
拱顶相对下沉/%			
Ⅱ	—	0.01~0.05	0.04~0.08
Ⅲ	0.01~0.04	0.03~0.11	0.10~0.25
Ⅳ	0.03~0.07	0.06~0.15	0.10~0.60
Ⅴ	0.06~0.12	0.10~0.60	0.50~1.20

注：① 本表适用于复合式衬砌的初期支护，硬质围岩隧道取表中较小值，软质围岩隧道取表中较大值。表列数值可以在施工中通过实测资料积累作适当的修正。
② 拱脚水平相对净空变化指两拱脚测点间净空水平变化值与其距离之比。拱顶相对下沉指拱顶下沉值减去隧道下沉值后与原拱顶至隧底高度之比。
③ 墙腰水平相对净空变化极限值可按拱脚水平相对净空变化极限值乘以 1.2~1.3 后采用。

表 9-14　跨度 $7\ \text{m} < B \leqslant 12\ \text{m}$ 隧道初期支护极限相对位移

围岩级别	隧道埋深 h/m		
	$h \leqslant 50$	$50 < h \leqslant 300$	$300 < h \leqslant 500$
拱脚水平相对净空变化/%			
Ⅱ	—	0.01~0.03	0.01~0.08
Ⅲ	0.03~0.10	0.08~0.40	0.30~0.60
Ⅳ	0.10~0.30	0.20~0.80	0.70~1.20
Ⅴ	0.20~0.50	0.40~2.00	1.80~3.00
拱顶相对下沉/%			
Ⅱ	—	0.03~0.06	0.05~0.12
Ⅲ	0.03~0.06	0.04~0.15	0.12~0.30
Ⅳ	0.06~0.10	0.08~0.40	0.30~0.80
Ⅴ	0.08~0.16	0.14~1.10	0.80~1.40

注：① 本表适用于复合式衬砌的初期支护，硬质围岩隧道取表中较小值，软质围岩隧道取表中较大值。表列数值可以在施工中通过实测资料积累作适当的修正。
② 拱脚水平相对净空变化指两拱脚测点间净空水平变化值与其距离之比。拱顶相对下沉指拱顶下沉值减去隧道下沉值后与原拱顶至隧底高度之比。
③ 初期支护墙腰水平相对净空变化极限值可按拱脚水平相对净空变化极限值乘以 1.1~1.2 后采用。

表 9-15　跨度 12 m<B≤16 m 黄土隧道初期支护极限相对位移

围岩分级	$H_0 \leq B$	$B < H_0 \leq 2(B+H)$	$2(B+H) < H_0$
拱部相对下沉/%			
IV_a	—	0.55~0.80	0.90~1.30
IV_b	—	0.70~0.95	1.15~1.55
V_a	0.40~0.60	0.80~1.15	1.35~1.90
V_b	0.55~0.80	1.10~1.50	
墙腰水平相对净空变化/%			
IV_a	—	1 台阶法施工时不作为控制指标；2 侧壁导坑法施工时取 η 倍拱部下沉	η 倍拱部下沉
IV_b	—		
V_a	不作为监控要求		
V_b			

注：① 本表按断面相对值给出，其中拱部下沉为相对于隧底的拱部下沉值与断面开挖高度之比的百分数，适用于开挖面积 100~180 m², 非钻爆开挖、非饱和黄土的大断面黄土隧道，黏质黄土取较小值，砂质黄土取较大值。
② $\eta = H/B$，隧道高宽比系数。
③ 拱部下沉：台阶法包括拱脚和拱顶下沉，侧壁导坑法为导坑拱顶下沉。
④ 水平净空变化：全断面指标，双侧壁导坑法中可作为两侧导坑指标（中洞未开挖时）。
⑤ 台阶法施工时，拱脚水平净空变化基准值按表中墙腰水平净空变化的 1/1.3~1/1.8 采用，老黄土取前者，新黄土取后者。

（2）位移控制基准（U_{1B}、U_{2B}）。
位移控制基准应根据测点距开挖面的距离，由初期支护极限相对位移按表 9-16 要求确定。

表 9-16　位移控制基准

类别	距开挖面 1B（U_{1B}）	距开挖面 2B（U_{2B}）	距开挖面较远
允许值	65%U_0	90%U_0	100%U_0

注：B 为隧道开挖宽度，U_0 为极限相对位移值。

（3）位移管理等级。
工程安全性评价流程如图 9-35。根据位移控制基准，工程安全性评价可分为如表 9-17 所示三个管理等级，其中明确规定了相应的工程对策。

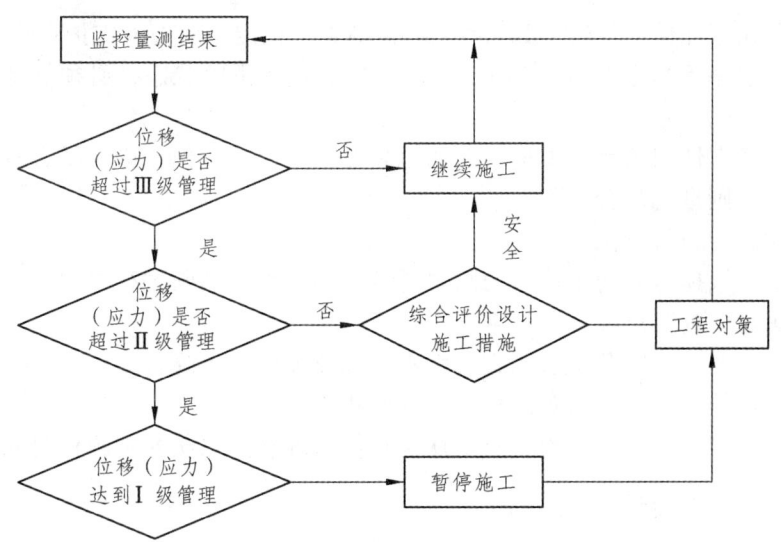

图 9-35 工程安全性评价流程

表 9-17 位移管理等级

管理等级	距开挖面 1B	距开挖面 2B	工程对策
III	$U<U_{1B}/3$	$U<U_{2B}/3$	量测小组负责人应向现场技术负责人汇报,并通知现场继续施工,监控量测数据分析完成后应反馈给有关各方
II	$U_{1B}/3 \leq U \leq 2U_{1B}/3$	$U_{2B}/3 \leq U \leq 2U_{2B}/3$	量测小组负责人应向现场技术负责人汇报,现场技术负责人应对分析结果进行复核,并将复核结果立即反馈给有关各方。监理单位应立即召集有关各方进行综合评价,提出处理意见。现场上报分析结果的同时,应加密监控量测频次,必要时采取适当的工程措施
I	$U>2U_{1B}/3$	$U>2U_{2B}/3$	量测小组负责人应向现场技术负责人汇报,确认后采取应急措施(包括停止掘进、实施应急支护、撤离工作面作业人员和设备等),加强现场观测,防止发生危害。同时立即将信息反馈给有关各方。建设单位应立即召集有关各方综合评价,制订处理方案

注:B 为隧道最大开挖宽度;U 为实测位移值;U_{1B}、U_{2B} 为位移控制基准值。

显然,由于围岩与结构相互作用问题的复杂性,其稳定性的评价应根据控制基准,结合时态曲线形态进行综合判别。除了上述如表 9-17 中所示的按位移值进行围岩和支护结构稳定性的判别方法外,工程实践中还有其他两类方法,分别是:

① 根据位移变化的速度判别:

净空变化速度持续大于 5.0 mm/d 时,围岩处于急剧变形状态,应加强初期支护系统;

水平收敛(拱脚附近)速度小于 0.2 mm/d,拱部下沉速度小于 0.15 mm/d,围岩基本达到稳定;

在浅埋地段以及膨胀性和挤压性围岩等情况下,应采用监控量测分析判别。

② 根据位移时态曲线的形态来判别:

当围岩位移速率不断下降时($du^2/d^2t<0$),围岩趋于稳定状态;

当围岩位移速率保持不变时（$du^2/d^2t = 0$），围岩不稳定，应加强支护；

当围岩位移速率不断上升时（$du^2/d^2t > 0$），围岩进入危险状态，必须立即停止掘进，加强支护。

总之，围岩稳定性判断是一项很复杂的也是非常重要的工作，必须结合具体工程情况采用上述几种判别准则进行综合评判。

（4）二次衬砌的施作时机。

一般情况下，根据对初期支护后的围岩与结构稳定性的判断进行二次衬砌的施作，其时机把握应考虑满足下列要求：

隧道水平净空变化速度及拱顶或底板垂直位移速度明显下降。

隧道位移相对值已达到总相对位移量的 90%以上。

对浅埋、软弱围岩等特殊地段，应视现场具体情况确定二次衬砌施作时间。

4. 信息反馈修正设计

信息反馈修正设计的内容：施工方法变更的建议、施工工序的更改、预留变形量的修改或确认、设计参数的修改或确认、采用辅助施工措施的建议。

当施工信息给出不稳定征兆时，应检查是否是工序不当所造成的。改变施工工序，如暂停开挖、及时喷锚、二次喷混凝土紧跟或提前施作、仰拱及早形成闭合环等，都可能促使支护体系趋于稳定。

（1）增强初期支护设计参数的确定。

遇下列情况之一，应立即采取补强措施，并改变施工方法或改变参数，增强初期支护：

① 隧道开挖后，工程地质和水文地质条件、围岩类别比预计的要差。

② 观察发现喷射混凝土层裂缝多，裂缝大或不断扩展。

③ 实测位移值超过表 9-14 的允许值或类似条件下的隧道位移值时：

a. 位移速度无明显下降，实测位移值已接近《铁路隧道新奥法指南》的允许值。位移量可能超过预留变形量。

b. 稳定性特征出现异常状态。

（2）降低初期支护设计参数的确定。

遇下列情况之一，应改变设计参数，适当降低初期支护级别：

① 确认围岩类别、工程地质和水文地质条件比预计的有明显好转或具有工程类比。

② 初期支护未全部完成，位移已收敛达到施作二次衬砌的指标。

③ 初期支护全部施作完毕，位移值已接近《铁路隧道新奥法指南》规定的允许位移时，可降低其他地段初期支护设计。

5. 反分析计算

在施工管理中已提出，要根据量测结果及时调整支护结构的尺寸和数量，但这些调整大部分是基于经验，并没有从力学原理上来阐述这些调整的根据。所以，目前正发展一种所谓"反分析"技术。反分析的设计主要有理论方法和数理统计方法两种。因为数理统计方法需要大量的实测资料，目前国内应用还有一定困难。理论反分析计算的基本思想是从确定性立场出发，利用量测结果修正主要计算参数（如初始应力状态、围岩的物理力学指标等），即反分析出与实测结果一致的计算参数,再用它来重新设计支护系统。目前,反分析方法很多,实际工程中常采用概念简单、数据处理容易、计算速度快捷的反分析方法。

9.6 防排水施工工艺

9.6.1 防排水施工概述

地下水不仅是影响隧道正常施工的因素之一,也是影响隧道正常运营的重要因素之一。在施工期间,地下水的作用不仅会降低围岩的稳定性(尤其是对软弱破碎围岩影响更为严重),使得开挖十分困难,且增加了支护的难度和费用,甚至需采取超前支护或预注浆堵水和加固围岩。此外,若对地下水处理不当,则可能造成更大的危害。如:地下、地上水位下降及水环境的改变,影响农业生产和生活用水;或被迫停工,影响工程进展等。在运营期间,地下水常从混凝土衬砌的施工缝、变形缝(伸缩缝和沉降缝)、裂缝甚至混凝土孔隙等通道,渗漏进隧道中,造成洞内通信、供电、照明等设备处于潮湿环境而发生锈蚀,使路面积水或结冰,造成打滑,危及行车安全;结冰膨胀和侵蚀性地下水的作用,不仅使衬砌受到破坏,而且使得以上危害更加严重。因此,防排水技术在隧道与地下工程设计施工及后期维修养护中占有重要地位。

由于地下建筑所处位置的不同,所遇到的地下水的类型和埋藏条件也不相同,因此隧道工程防排水必须针对地下水存在特点,采取"防、排、截、堵相结合,因地制宜,综合治理"的原则,采取切实可靠的施工措施,达到防水可靠、排水通畅、经济合理的目的。对水资源保护有严格要求的隧道,防排水应采取"以堵为主、限量排放"的原则。对地表水和地下水应做妥善处理,使洞内外形成一个完整的防排水系统。

防水基本原则就是不容许地下水流进隧道,而应该从隧道背后排出,亦即在衬砌背后设置通畅的排水设施。客运专线铁路隧道正洞和设备洞二次衬砌防水等级应达到现行国家标准《地下工程防水技术规范》(GB 50108)规定的一级防水标准,二次衬砌结构不允许渗水,二次衬砌结构表面无湿渍。二次衬砌混凝土抗渗等级不得低于P6,防水混凝土抗渗等级不得低于P8。隧道工程施工防水应以施工缝、变形缝防水为重点,施工缝防水应同时采用背贴式止水带与中埋式止水带或遇水膨胀止水条的防水措施;变形缝防水应同时采用中埋式止水带及其他两种可靠的防水措施。同时,还应重视初期支护的防水,并辅以注浆防水和防水层加强防水,满足结构设计和使用要求。

排,就是采取措施降低地下水,或将地表水疏导排出以及人为设置排水系统,将地下水排出隧道。隧道工程施工排水应进行处理,达标后排放,并应符合现行《污水综合排放标准》(GB 8978)的规定。对排、渗水可能造成地下水污染时,应采取隔离措施。

隔,就是利用不透水或弱透水材料,将地下水隔绝在建筑空间之外。

堵,就是采取措施封堵防水结构或防水构造破坏处(孔隙、裂缝等)的渗漏以及预制构件接缝处的密封措施水。

实践证明,地下防水工程是集材料、规划、设计、施工、维护为一体的综合性、系统性工程,它们之间既有各自独立,又有关联。材料是基础,规划与设计是前提,施工是关键,维护是保证也成为专家们的共识。因此，为了保证地下工程的防水质量，应全面考虑，综合决策。

一般地，高速铁路隧道防排水由施工防排水、结构防排水和注浆防水等体系组成，如图9-36所示。

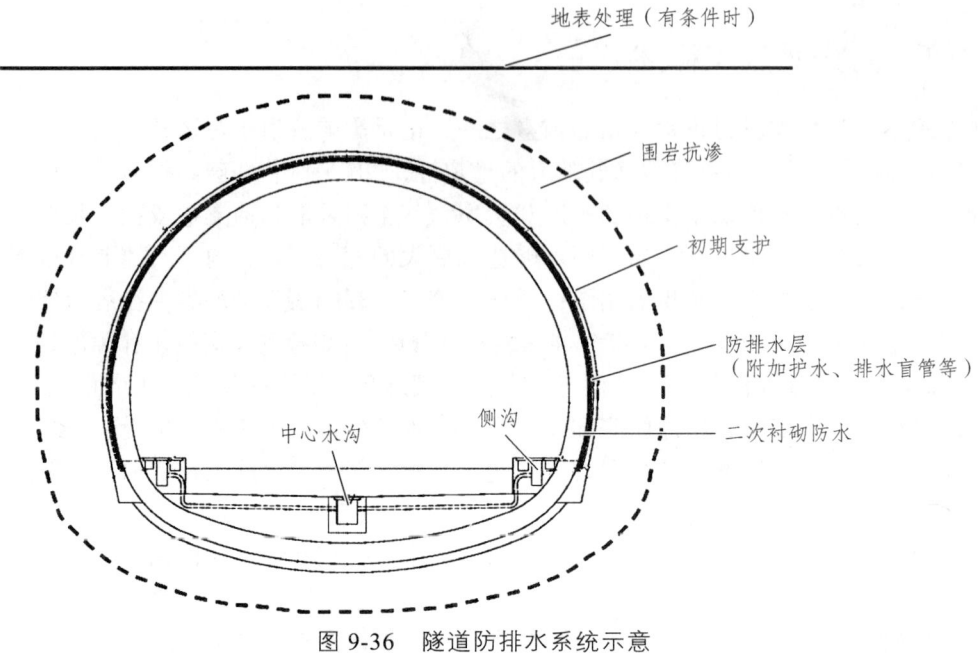

图 9-36　隧道防排水系统示意

9.6.2　防排水方法及工艺

下面根据以上原则，介绍治水的常用方法。

1. 排水措施

排水是建筑防水措施之一，包括地表水的排除，人工降低地下水位，和将水引入建筑物后再有组织地排走等几种做法，同时还要考虑施工排水。这种防水措施的主要特点是解除了水量较大的重力水对地下建筑的直接威胁，卸掉了这些水的静水压力，对于承压水的防治效果尤为有效。

常用的结构排水设施有：盲沟—泄水孔—排水沟。而在施工期间，则应考虑施工排水。施工排水应结合结构排水进行。

（1）施工排水。

施工排水包括洞外排水和洞内排水两部分。

① 洞外排水。

洞外排水主要是做好洞口的防洪和排水设施，防止雨季到来时山洪或地面水倒流入洞。对于斜井、竖井尤应多加注意。其次是将与地下水有补给关系的洼地、沟缝用黏土回填密实，并施作截水沟截流导排。

② 洞内排水。

洞内水主要来源于地下水和施工用水。对于有污染性的施工用水，还应按环境保护要求经净化处理后方能排入河流。

洞内排水方式，根据路线坡度情况可分为两种。

顺坡排水，即进洞上坡，一般只需按路线设计坡度（不小于 0.5%），在坑道一侧挖出纵向排水沟，水即可沿沟顺坡排出洞外。若利用平行导坑排水，则平导应较正洞低 0.2~0.6 m，使横通道（联系洞）也有一个顺坡利于排水。应当注意的是，一般将施工排水沟挖在结构排水沟的位置上。

反坡排水，即进洞下坡，此时水向工作面汇集，需用抽水机排水。

排水有两种方式：

第一种是分段开挖反坡侧沟，在侧沟每一分段上设一集水坑，用抽水机把水排出洞外（图 9-37）。集水坑间距用下式计算：

$$L_k = \frac{h_k}{i_s + i_k}$$

式中　h_k——水沟最大开挖深度，一般不超过 0.7 m；
　　　i_s——线路坡度；
　　　i_k——水沟底坡度，不小于 0.3%。

这种排水方式的优点是工作面无积水，抽水机位置固定，不需水管。其缺点是用抽水机多且要开挖反坡水沟，一般在隧道较短、线路坡度较小时采用。

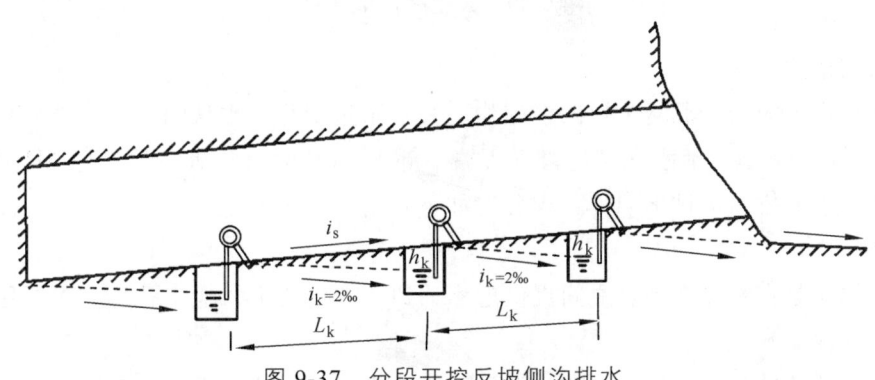

图 9-37　分段开挖反坡侧沟排水

另外一种是隔较长距离开挖集水坑。开挖面的积水用小水泵抽到最近的集水坑内，再用主抽水机将水抽出洞外（图 9-38）。这种排水方式的优点是所需抽水机少，但要装水管，抽水机也要随开挖面掘进而拆迁前移，在隧道较长、涌水量较大时采用。

应当注意的是，进洞下坡施工的隧道，应配备足够的排水设施（留一定的备用抽水机）。必要时应在开挖面上钻深眼探水，防止突然遇到地下水囊、暗河等淹没坑道造成事故。

（2）人工降低地下水。

人工降低地下水就是在地下建筑的下中部或下部的周围设置集水管，将水集中后用机械抽出排走，使地下建筑周围的地下水位逐步下降，一直降到抽水点的标高，形成一个疏漏漏斗区（图 9-39）。在这个漏斗区范围内，不再有重力水和相应的静水压力。在地下水位高的地区，地下建筑的施工常采用井点防水的方法保持基坑的干燥，如果设计的人工降水系统能与施工降水系统相结合，是比较经济合理的。

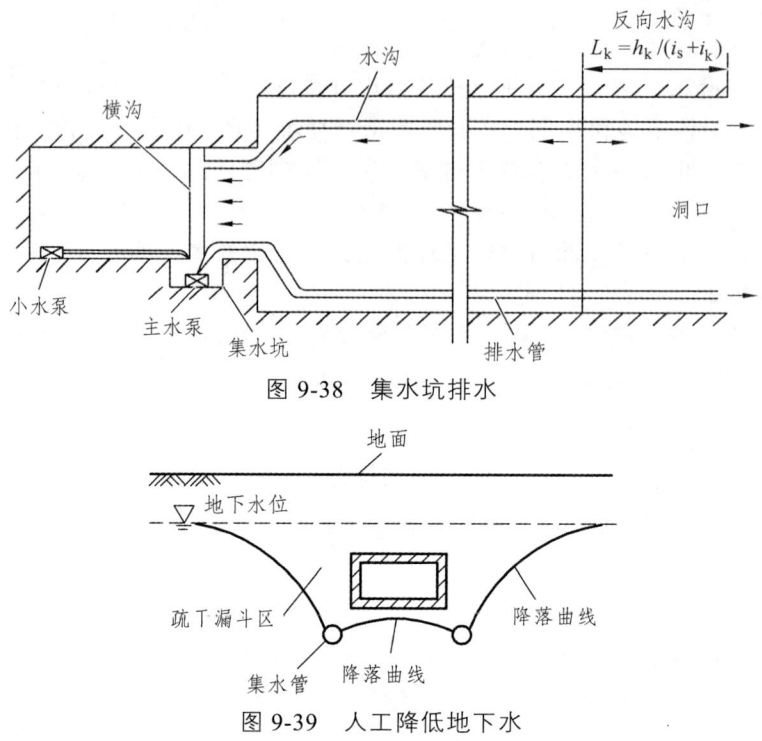

图 9-38 集水坑排水

图 9-39 人工降低地下水

（3）结构排水。

结构排水设施应结合混凝土衬砌来施作。其排水过程是：水从围岩裂隙进入衬砌背后的盲沟，盲沟下接泄水孔（泄水孔穿过衬砌边墙下部），水从泄水孔泄出后，进入隧道内的纵向排水沟，并经纵向排水沟排出洞外。现分述如下：

① 盲沟。

盲沟的作用是在衬砌与围岩之间提供过水通道，并使之汇入泄水孔。它主要用于引导较为集中的局部渗流水。

我国较为传统的盲沟有灌砂木盒、灌砂竹筒或由片石做成。因其加工、安装均较麻烦，且接头处易被混凝土阻塞，所以现在逐步被新型柔性盲沟所替代。

a. 片石盲沟。在衬砌背后，每隔一定距离沿隧道纵向用片石砌一道可供流水的疏水带，并进行纵向连通，使岩壁上渗出的水集中到疏水带中，通过底部的排水沟排走。在岩石比较完整、岩壁侧压力较小的情况下，常采用离壁衬砌，它比紧贴衬砌较容易解决防水问题。离壁衬砌的顶拱一般仍需考虑承受山体压力，要用块石回填以传递压力，因此在回填前应先做好防水层，回填时在拱脚处留出天沟，通过预埋在顶拱内的排水管将渗漏水排到壁外夹层中，经下部的排水沟排走（图 9-40）。柔性盲沟通常由工厂加工制造。它具有现场安装方便、布置灵活、连接容易、接头不易被混凝土阻塞、过水效果良好、成本也不太高等优点。

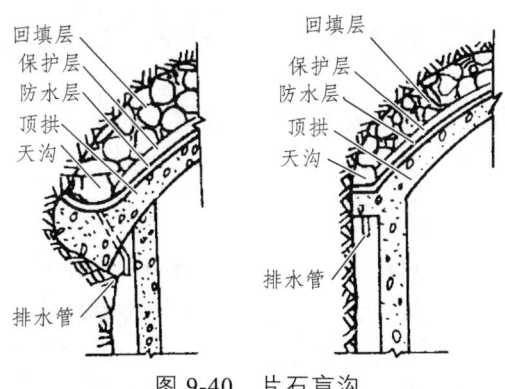

图 9-40　片石盲沟

b. 弹簧软管盲沟。这种盲沟一般是采用 10 号铁丝缠成直径 5～8 cm 的圆柱形弹簧或采用硬质又具有弹性的塑料丝缠成半圆形弹簧，或带孔塑料管，以此作为过水通道的骨架。安装时外覆塑料薄膜和铁窗纱，从渗流水处开始沿环向铺设并接入泄水孔[图 9-41(a)]；

c. 化学纤维渗滤布盲沟。这种盲沟是以结构疏松的化学纤维布作为水的渗流通道，其单面有塑料敷膜，安装时使敷膜朝向混凝土一面，可以阻止水泥浆渗入滤布。这种渗滤布式盲沟重量轻，便于安装和连续加垫焊接，宽度和厚度也可以根据渗排水量的大小进行调整，是一种较理想的渗水盲沟[图 9-41(b)]。

纵向集水盲管应与环向排水盲管、泄水管用变径三通连为一体，形成完整的排水系统。

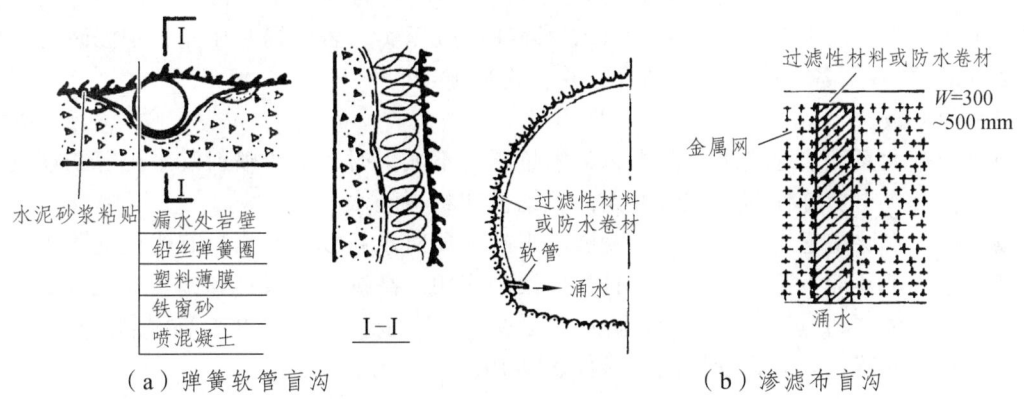

图 9-41　不同类似盲沟构造示意

② 泄水孔。

泄水孔是设于衬砌边墙下部的出水孔道，它将盲沟流来的水直接泄入隧道内的纵向排水沟。

泄水孔的施作，有两种方法：在立边墙模板时，就安设泄水管，并特别注意使其里端与盲沟接通，外端穿过模板，泄水管可用钢管、竹管、塑料管、蜡封纸管等，这种方法主要用于水量较大时；当水量较小时，则可以待模筑边墙混凝土拆模后，再根据记录的盲沟位置钻泄水孔。泄水孔的位置应按设计要求设置。

③ 排水沟。

排水沟承接泄水孔泄出的水，并将其排出隧道。

隧道纵向排水沟，有单侧、双侧、中心式三种形式。它是根据线路坡度、路面形式、水量大小等因素确定的。

排水沟的施作，通常是与仰拱混凝土或底板混凝土同时模筑，以保证水沟的整体性，防止水向下渗流影响地基。

2. 隔水措施

隔水可以通过外加的防水层起作用，也可以把结构本身作为隔水层，后者称为结构自防水。防水层设在结构外侧的为外防水，又称正向防水；在结构内侧的为内防水，也称反向防水。外防水可承受地下水的静水压力，并传递到结构；内防水承受水压力的能力较差，对于毛细水和气态水能起隔绝作用，静水压力较大时则不适于使用。

常用的隔水措施有：喷射混凝土隔水、塑料板隔水、混凝土衬砌隔水。当水量大、压力大时，则可采取注浆隔水，注浆既可以隔水也可以起到加固围岩的作用。

（1）喷射混凝土。

当围岩有大面积裂隙渗水，且水量、压力较小时，可结合初期支护采用喷射混凝土隔水。但应注意此时需加大速凝剂用量，进行连续喷射，且在主裂隙处不喷射混凝土，使水流能集中于主裂隙流入盲沟，通过盲沟排出。

（2）水泥砂浆防水层。

水泥砂浆防水层所用的材料及其配合比应符合规范规定。水泥砂浆防水层是由水泥砂浆层和水泥浆交替铺抹而成，一般需做 4~5 层，其总厚度为 15~20 mm。施工时分层铺抹或喷射，水泥砂浆每层厚度宜为 5~10 mm，铺抹后应压实，表面提浆压光；水泥浆每层厚度宜为 2 mm。防水层各层间应紧密结合，并宜连续施工。

（3）塑料板。

当围岩有大面积裂隙滴水、流水，且水量压力不太大时，可于喷射混凝土等初期支护施作完毕后，二次支护施作前，在岩壁大面积铺设塑料板隔水。

塑料板防水层是近十多年国际上发展起来的一项防水新技术，它具有优良的防水、耐腐蚀性能，在隧道及地下工程中得到了日益广泛的应用。高铁隧道设计和施工规范规定：初期支护与二次衬砌之间应铺设防水板，防水板厚度不得小于1.5 mm，并具有耐刺穿性好、柔性好、耐久性好的特点。其物理性能要求如表 9-18 所示。

表 9-18 塑料防水板主要物理性能

项目	拉伸强度 /MPa	断裂延伸率 /%	热处理时变化 /%	低温弯折性	抗渗性
指标	≥12	≥200	≤2.5	-20°C 无裂纹	0.2 MPa、24 h 不透水

防水板铺设宜采用专用台车铺设，初期支护表面应平整，无空鼓、裂缝、松酥，并用喷混凝土（或砂浆）对基面进行找平处理。塑料板铺设固定时不能绷得太紧，要预留一定的松弛度，使得在灌筑二次支护混凝土时，塑料板能向凹处变形、服帖，不产生过度张拉和破坏。

防水板铺设应采用无钉铺设工艺，宜采用从下向上的顺序铺设，松紧应适度并留有余量（实铺长度与弧长的比值为 10：8），检查时要保证防水板全部面积均能抵到围岩。缓冲层要用带热塑性圆垫圈的射钉将其平整顺直地固定在基层上（图 9-42），缓冲层搭接宽度 50 mm，可用热风焊枪点焊，每幅防水板布置适当排数垫圈，每排垫圈距防水板边缘 40 cm 左右。垫圈间距分别为：侧壁 80 cm，2~3 个垫圈/m²；顶部 40 cm，3~4 个垫圈/m²。

防水板之间的搭接缝应采用双焊缝，并具有调温、调速热楔式功能的自动爬行式热合机热熔焊接（图 9-43），细部处理或修补采用手持焊枪，单条焊缝的有效焊接宽度不应小于 10 mm，焊接严密，不得焊焦焊穿。

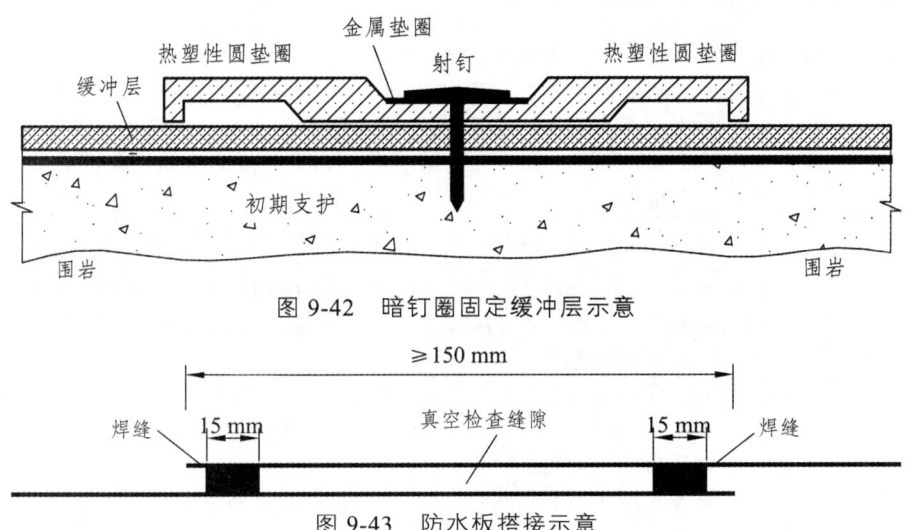

图 9-42 暗钉圈固定缓冲层示意

图 9-43 防水板搭接示意

（4）喷涂膜防水层。

喷涂膜防水层使用油溶性或非湿固性喷涂料时，基层应保持干燥；在潮湿基面上应选用湿固性喷涂料、含有吸水能力组分的喷涂料、水性喷涂料。涂料的喷涂，不得少于两遍，后一层涂料的施工必须待前一层喷涂料结膜后方可进行；后一层喷涂料的喷涂方向，应与前一层喷涂料相垂直。为增强防水效果，喷涂料宜与玻璃布、玻纤毡、土工布等材料复合使用。

（5）防水混凝土。

模筑混凝土本身就具有一定的抗渗阻水性能，但普通混凝土的抗渗性较差，尤其是在施工质量不高的情况下，如振捣不密实，施工缝、沉降缝、伸缩缝处理不好，配比不当等，则更易形成水的渗漏、漫流。当地下水有侵蚀性时，对混凝土的腐蚀就更为严重。如果能保证混凝土衬砌的抗渗防水性能，则不需要另外增加其他防水隔水措施。因此，充分利用混凝土衬砌的防水性能，是经济合算的和最基本的防水措施。高速铁路防水混凝土的施工材料要求如表 9-19 所示。

防水混凝土的抗渗能力不应小于 0.6 MPa，环境温度不得高于 100 ℃；处于侵蚀性介质中的防水混凝土的耐侵蚀系数不应小于 0.8。防水混凝土衬砌施工必须采用机械振捣。施工缝、沉降缝及伸缩缝则可以采用中埋式塑料或橡胶止水带，或采用背贴塑料止水带止水，如图 9-44 ~ 图 9-46 所示为常用止水带的接头形式，图 9-47 所示为遇水膨胀止水条的安装示意，图 9-48 所示是带注浆孔遇水膨胀止水条连接管安装示意，图 9-49 所示为注浆范围示意图，图 9-50 所示为完整的隧道结构防排水的施工工艺流程。

表 9-19 防水混凝土施工材料技术要求

材料名称	技术要求
水泥	水泥的强度等级不应低于32.5级，宜为42.5级； 在受侵蚀性介质作用时，应按介质的性质选用相应的水泥； 在受冻融作用时，应优先选用普通硅酸盐水泥，不宜用火山灰质硅酸盐水泥和粉煤灰硅酸盐水泥； 不得使用过期或受潮结块的水泥，并不得将不同品种或强度等级的水泥混合使用
砂、石	除应符合现行《铁路混凝土与砌体工程施工规范》（TB 10210）、《铁路混凝土与砌体工程施工质量验收标准》（TB 10424）附录B的规定外，砂宜采用中砂，含泥量不应大于3%，泥块含量不应大于0.5%。石子宜采用连续级配，其最大粒径不大于40 mm，对于抗渗等级为P6的混凝土，含泥量不应大于1%，泥块含量不应大于0.5%；对于抗渗等级为P8的防水混凝土，含泥量不应大于0.5%，泥块含量不应大于0.25%；不得使用碱活性骨料
水	拌制混凝土所用的水，应符合现行《混凝土拌合用水标准》（JGJ 63）的规定
外加剂	除应符合现行国家标准《混凝土外加剂》（GB 8076）、《混凝土外加剂应用技术规范》（GB 50119）或行业标准一等品及以上的质量要求和其他有关环境保护的规定外，品种和掺量应经试验确定
掺合料	应符合现行国家标准《用于水泥和混凝土中的粉煤灰》（GB 1596）、《用于水泥、砂浆和混凝土中的粒化高炉矿渣粉》（GB/T 18046）的规定。粉煤灰的级别不应低于二级，掺量不宜大于20%；硅粉掺量不应大于3%；其他掺合料的掺量应经过试验确定
总碱量	每立方米防水混凝土中各类材料的总碱量（Na_2O当量）应符合现行《铁路混凝土工程预防碱-骨料反应技术条件》（TB/T 3054）的规定，并不得大于3 kg
氯离子含量	混凝土中氯离子含量应符合现行国标《混凝土结构设计规范》（GB 50010）的相应规定

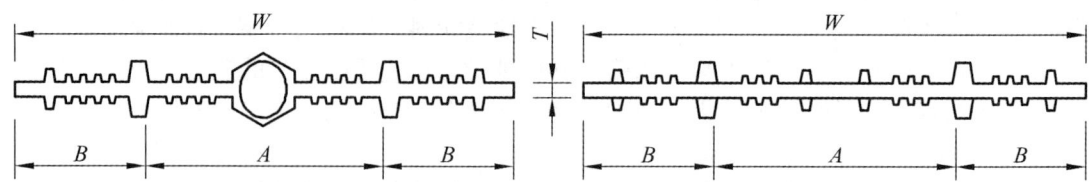

A—此部分外观质量要求较严；B—此部分外观质量要求较宽；W—止水带宽度；T—止水带厚度。

图 9-44 两种典型止水带断面结构示意

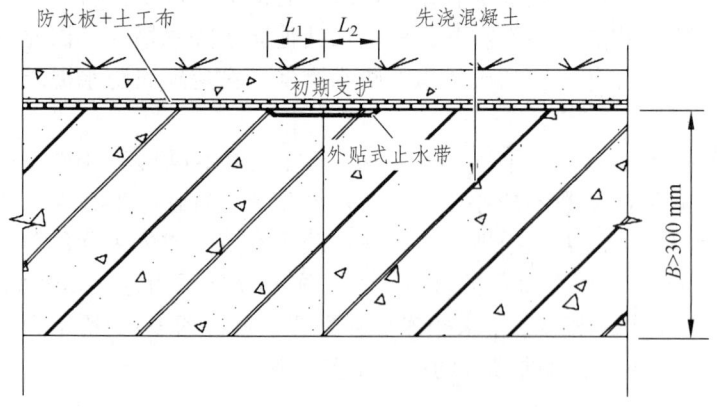

（a）背贴式止水带

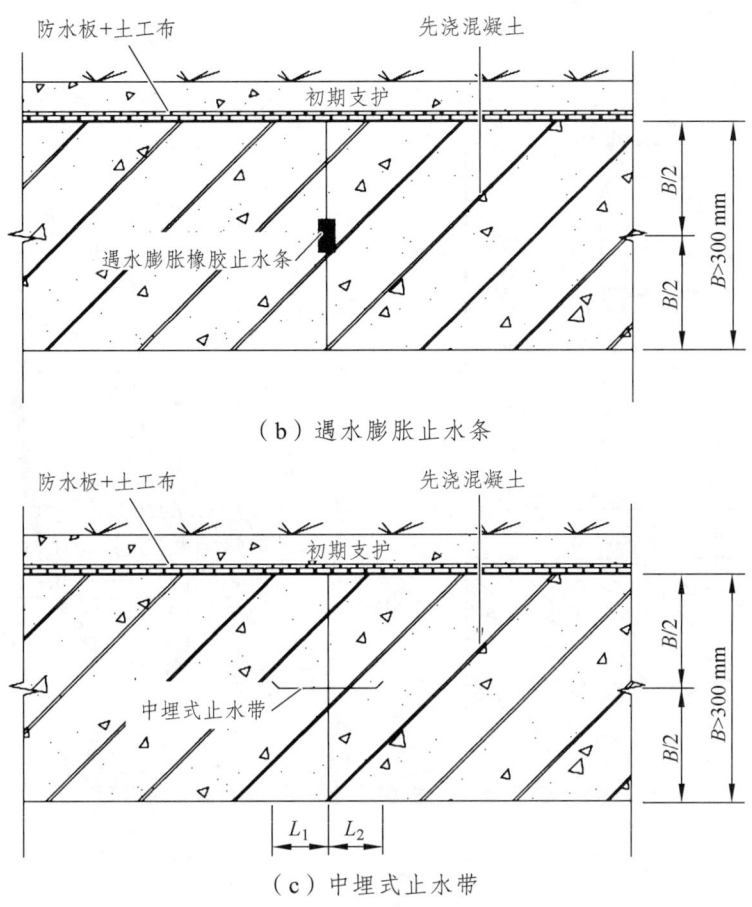

（b）遇水膨胀止水条

（c）中埋式止水带

图 9-45　常用止水带类型

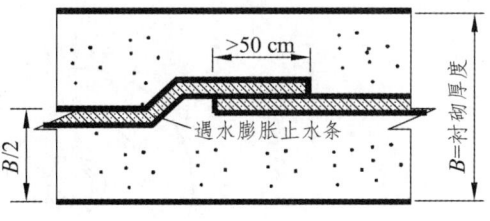

图 9-46　止水带常用接头形式　　图 9-47　遇水膨胀止水条安装示意

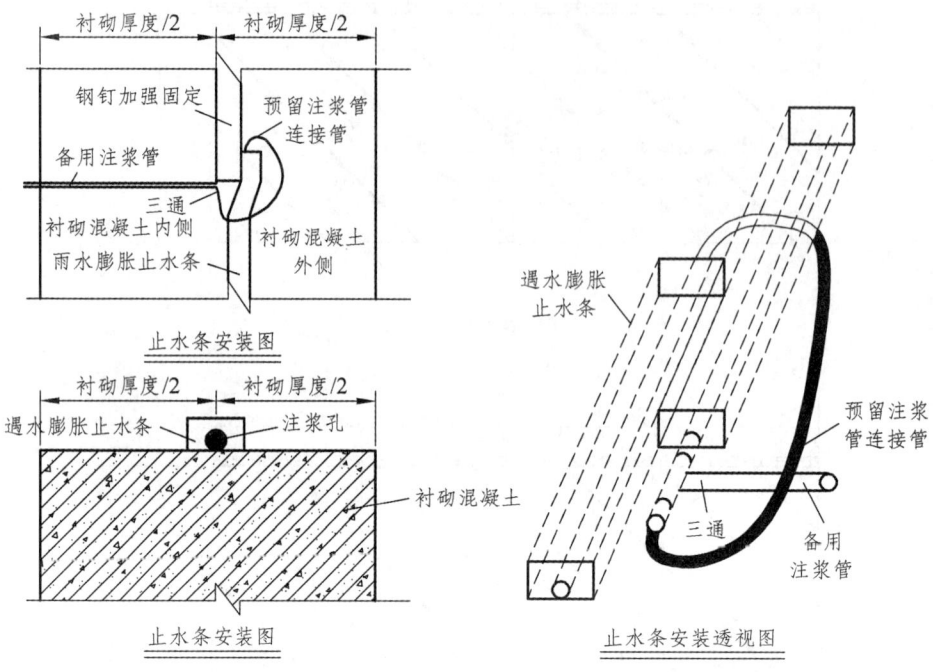

图 9-48 带注浆孔遇水膨胀止水条连接管安装示意

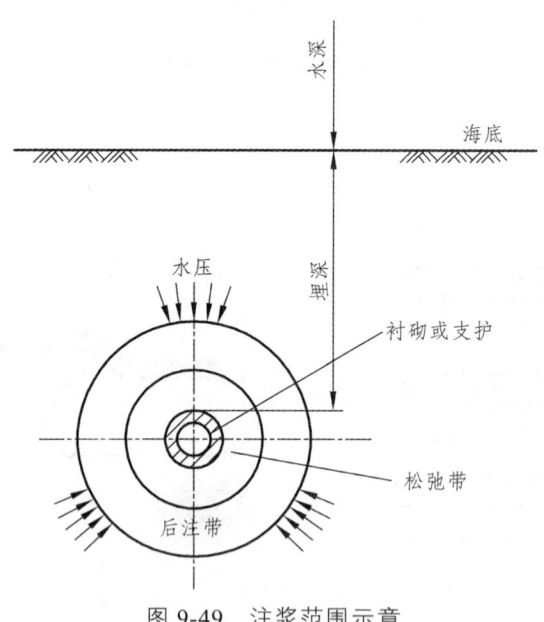

图 9-49 注浆范围示意

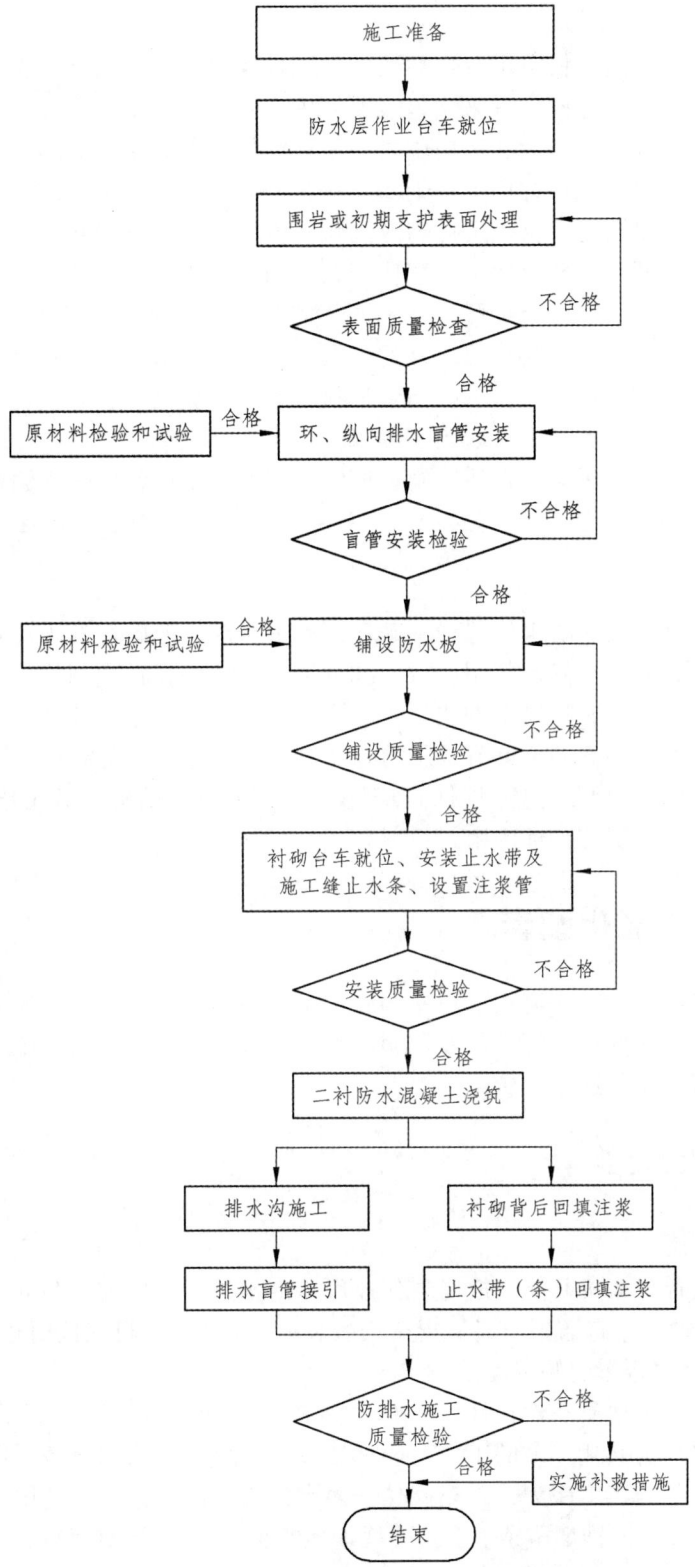

图 9-50 结构防排水施工工艺流程

（6）注浆隔水。

注浆隔水根据隧道施工情况可分预注浆、加固性注浆和回填注浆三类。对地质预测、预报有大量涌水的软弱地层地段，宜采用地表或洞内全封闭预注浆。而在开挖后，如有渗漏水或大股涌水时，则宜采用掌子面和环向围岩注浆。结构施作后，则为回填注浆，如初期支护施工后有渗漏水的地段，应在初期支护上凿孔进行回填注浆。二次衬砌后有渗漏水时也应采用二次衬砌内注浆。回填注浆及二次衬砌内注浆压力应小于 0.5 MPa。注浆使用的材料主要有硅酸盐类和树脂系两种。硅酸盐类注浆使用较普遍，因为造价较低，其主要成分为硅酸盐水泥、黏土、细砂和水，按一定的配比（与凝固时间有关）搅拌成浆液，用不小于 0.2 MPa 的工作压力，通过注浆孔压入结构层之外的土层或岩层中，形成一个不透水的屏障，称为壁外注浆。当水量和水压都较大时，可在注浆材料中掺加水玻璃等速凝剂，以保证隔水效果。注浆在加固围岩的同时，实际上也起到了隔水作用。

注浆应防止对环境的污染，在注浆施工期间及工程结束后，应对水源取样检查。当有污染时，应及时采取相应措施。

3. 堵水措施

堵水就是当防水结构或防水构造受到破坏而渗漏水时，向破坏处（孔隙、裂缝等）及其附近注入防水材料，起一个修复作用，故常称为堵漏。此外，在预制构件的接缝处，要做好密封措施，这实际上也是一种堵水方法。

用于局部堵漏的材料很多，目前常用的有氰凝、丙凝、水溶性聚氨酯等，还有 821AF 和 TZS，堵漏效果也很好。但是这些材料的强度较差，不能承受结构变形或开裂而产生的应力，故应在堵水后再复合一层有弹性的密封材料。

9.7　施工机械化配套

根据隧道施工的一般工序流程，主要的施工机械包括凿岩机械、出渣运输机械、喷锚机械、安装防水板和二衬的台车等。需要说明的是，在我国当前实际隧道施工过程中，炮孔和锚杆施工采用凿岩台车的还相对较少。

9.7.1　凿岩台车

1. 用途与分类

凿岩台车是支撑凿岩机并能完成凿岩作业所需的推进、移位等运动的移动式凿岩机械。为了提高隧道开挖效率，将数把凿岩机支架安装在同一台车上，可以同时进行多个钻眼工序。图 9-51 所示是一凿岩台车的侧视图。

凿岩台车一般用于地质条件较好，基本不要临时支护的大断面（开挖面积在 17 m^2 以上）的隧道施工，也可作为其他工序的工作台，如凿顶、支撑、装药和设备材料的临时存放等。

凿岩台车的开挖施工工序为：台车就位、多台凿岩机同时钻眼、利用台车架进行装药、台车退出掌子面、爆破、排烟凿顶、支护（视地质情况而定）、装渣机就位、装渣运输，同时也可进行上部钻眼，如此循环进行作业。

由于在坚固的钻臂上安装凿岩机和支架,因此可装备中型、重型大功率的凿岩机,并且冲击频率可以提高,凿岩机推进力得到了保证;所以,采用凿岩台车的凿岩效率高,钻进速度快,能适应各类岩层,在同等开挖断面下,可减少凿岩机台数。一般来讲,采用凿岩台车建筑隧道日进尺在10 m左右,月进尺可达200~300 m左右。

按所能开挖隧道断面的不同,凿岩台车可分为全断面台车、半断面台车及导坑台车,按车架形式可分为门架式和框架式,按行走装置可分为轨行式、轮胎式及履带式,按钻臂可分为液压钻臂式和梯架式。

2. 构造与工作原理

凿岩台车由钻臂、推进器、底盘、台车架、稳车机构、风水系统、液压系统、操纵系统等部分组成,如图9-51所示。

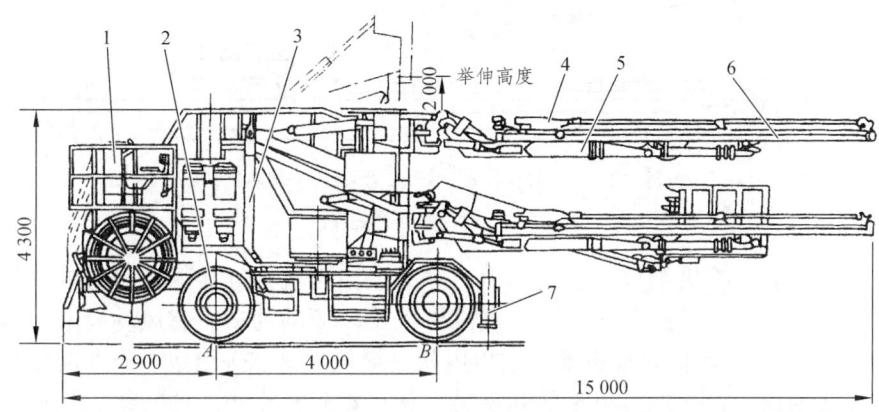

1—动力系统;2—底盘;3—台车架;4—凿岩机;5—钻臂;6—推进器;7—稳车机构。

图9-51 凿岩台车(单位:mm)

工作时,台车驶入掘进工作面,由稳车机构使台车定位,操纵钻臂和推进器,使推进器的顶尖按要求的孔位顶紧工作面,开动凿岩机钻孔。钻完全部炮孔后,台车退出工作面。

掘进钻臂是凿岩台车的核心部件。它支撑着凿岩机按规定的炮孔位置打孔,又是给予凿岩机一定推进力的机构。它还可以用来提举重物,如组装拱形支架、装药等,因此也可以称之为台车的机械手。

钻臂是独立的可装拆部件,可用钻臂的系列组件装配成各种钻孔台车,如将同一种标准钻臂安装在不同的行走底盘上,或在不同的底盘上,装上不同数量的同一种标准钻臂,都可以构成不同形式的钻孔台车。

为了获得良好的爆破效果,要求工作面炮孔有较好的平行精度,因此,钻臂设有平动机构,钻臂移位时推进器保持平行移动。平动机构的形式有机械自动平行式、电液式和液压自动平行式。

钻臂可分为直角坐标钻臂、极坐标钻臂和液压钻臂三种。图9-52所示为直角坐标钻臂。直角坐标钻臂由仰角油缸驱动支臂垂直摆动,摆角缸驱动支臂作水平摆动,从而使安装在支臂上的推进器按直角坐标方式移位并操纵仰角油缸,使支臂除了能完成钻平行炮孔的要求外,还能根据工艺要求钻与工作面中轴线有一定倾角的炮孔。翻转缸可使推进器绕自身轴线回转180°,以适应钻工作面底部炮孔的需要。有的支臂为了便于控制周边孔的角度,设有外摆角机构。钻周边炮孔时,外摆角机构可使推进器产生所要求的偏角。钻完周边孔后,推进器能准确地恢复原位。

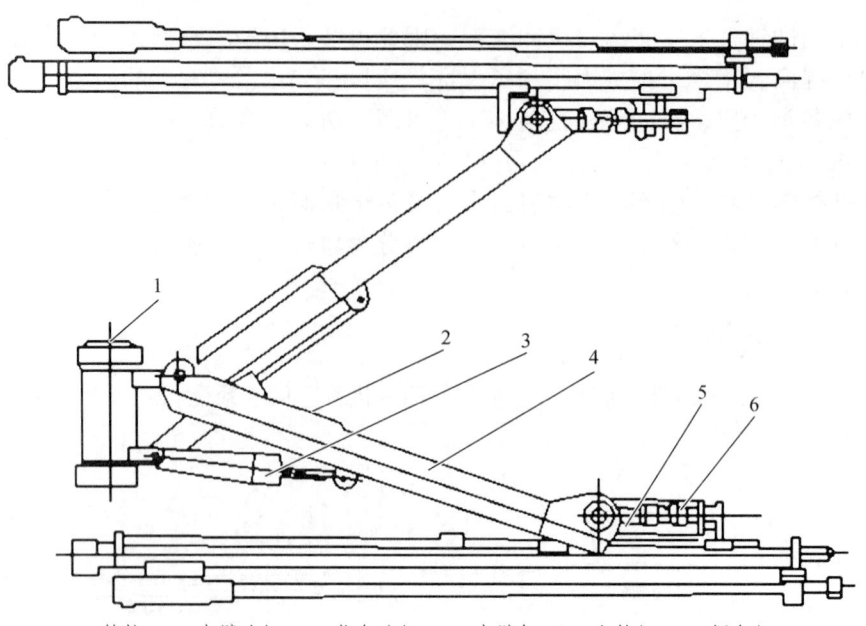

1—转柱;2—支臂油缸;3—仰角油缸;4—支臂架;5—翻转缸;6—摆角缸。

图 9-52 直角坐标钻臂

推进机构给凿岩机提供轴推力和支承力,并完成凿岩机推进和退离岩壁的动作。推进机构的形式有马达丝杠式、油缸钢丝绳式、油缸链条式。驱动的动力有风动及液压两种。

图 9-53 所示为电机丝杠式推进器,它由电机、导轨、丝杠等组成,作业时紧顶在掌子面上,以增加导轨的稳定性。电机可正转和反转,使传动丝杠作相应的转动。丝杠只能转动不能移动,因此,与丝杠相啮合的传动螺母做前后移动;凿岩机是固定在传动螺母上的,所以螺母做前后移动时,凿岩机也随着前进或后退。

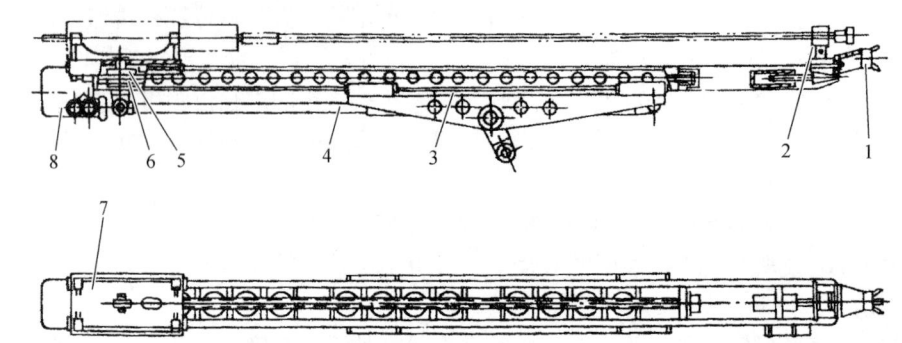

1—顶尖;2—扶钎器;3—导轨;4—补偿油缸;5—螺母;6—丝杠;7—凿岩机底座;8—电机。

图 9-53 电机丝杠式推进器

9.7.2 装渣机械

隧道用的装渣机又称装岩机,要求外形尺寸小,坚固耐用,操作方便和生产效率高。装渣机械的类型很多,按其扒渣机构形式可分为:铲斗式、蟹爪式、立爪式、挖斗式。铲斗式装渣机为间歇性非连续装渣机,有翻斗后卸、前卸和侧卸式三种卸渣方式。蟹爪式、立爪式和挖斗式装渣机是连续装渣机，均配备刮板（或链板）转载后卸机构。

装渣机的走行方式一般有轨道走行和轮胎走行两种，也有配备履带走行和轨道走行两种走行机构的。轨道走行式装渣机须铺设走行轨道，因此其工作范围受到限制。但有些轨道走行式装渣机的装渣机构能转动一定角度，以增加其工作宽度。轮胎走行式装渣机移动灵活，工作范围不受限制。装渣机械扒渣方式不同，走行方式不同，装备功率不同，则其工作能力各不相同。装渣机的选择应充分考虑围岩及坑道条件、工作宽度及其与运输车辆的匹配和组织，以充分发挥各自的工作效能，缩短装渣的时间。

隧道施工中较为常用的装渣机有以下几种：

（1）翻斗式装渣机：利用机体前方的铲斗铲起石渣，然后后退并将铲斗后翻，经机体上方将石渣投入机后的运输车内，如图9-54所示。其有风动和电动之分。该机具有构造简单、操作方便的特点，但工作宽度一般只有 1.7~3.5 m，工作长度较短，须将轨道延伸至渣堆，且只能一进一退间歇装渣，工作效率低，其斗容量小，工作能力较低，一般只有 30~120 m³/h（技术生产率），主要使用于小断面或规模较小的隧道中。

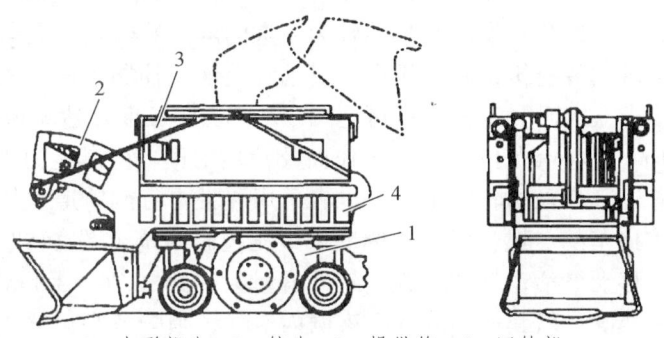

1—走形部分；2—铲斗；3—操纵箱；4—回转部。

图 9-54　翻斗式装渣机

（2）蟹爪式装渣机：一种连续装渣机，其前方倾斜的受料盘上装有一对内曲轴带动的扒渣蟹爪。装渣时，受料盘插入岩堆，同时两个蟹爪交替将岩渣扒入受料盘，并由刮板输送机将岩渣装入机后的运输车内（图 9-55）。这种装渣机多采用履带走行，电力驱功。因受蟹爪拨渣限制，岩渣块度较大时，其工作效率降低，故主要用于块度较小的岩渣及土的装渣作业。其工作能力一般在 60~80 m³/h 之间。

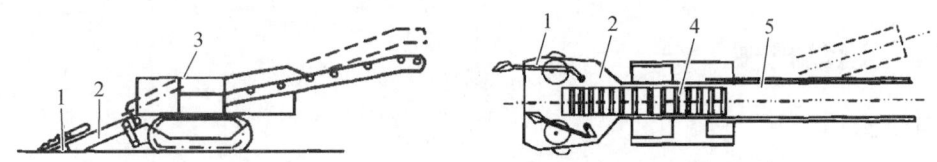

1—蟹爪；2—受料机；3—机身；4—链板输送机；5—带式输送机。

图 9-55　蟹爪式装渣机

（3）立爪式装渣机：采用轨道走行，也有采用轮胎走行或履带走行的，其前方装有一对扒渣立爪，可以将前方或左右两侧的石渣扒入受料盘，其他同蟹爪式装渣机（图 9-56）。立爪扒渣的性能较蟹爪式的好，对岩渣的块度大小适应性强，轨道走行时，其工作宽度可达到 3.8 m，工作长度可达到轨端前方 3.0 m，工作能力一般在 120~180 m³/h 之间。

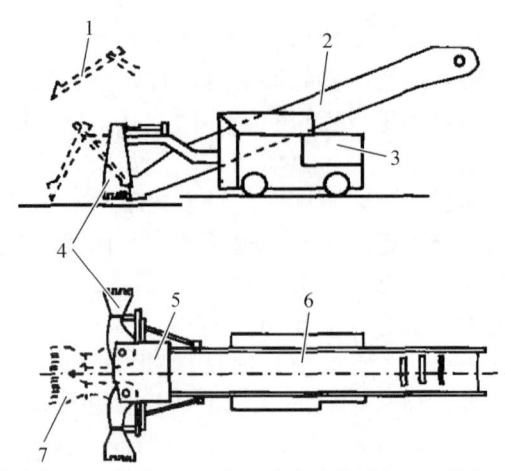

1—立爪；2、6—链板输送机；3—机体；4—立爪（左右位置）；5—机架；7—立爪（前方位置）。

图 9-56　立爪式装渣机

（4）挖斗式装渣机：近几年发展起来的较为先进的隧道装渣机。其扒渣机构为自由臂式挖掘反铲，其他同蟹爪式装渣机，并采用电力驱动和全液压控制系统，配备有轨道走行和履带走行两套走行机构。立定时，工作宽度可达 3.5 m，工作长度可达轨道前方 7.11 m，且可以下挖 2.8 m 和兼作高 8.34 m 范围内清理工作而及找顶工作，生产能力为 250 m^3/h。

（5）铲斗式装渣机：多采用轮胎走行，也有采用履带走行或轨道走行的。轮胎走行的铲斗式装渣机多采用铰接车身、燃油发动机驱动和液压控制系统（图 9-57）。轮胎走行铲斗式装渣机转弯半径小，移动灵活，铲取力强，铲斗容量大，达 0.76～3.8 m^3，工作能力强，可侧卸也可前卸，卸渣准确；但其燃油废气污染洞内空气，须配备净化器或加强隧道通风，常用于较大断面的隧道装渣作业。

图 9-57　轮胎走行铲斗式装渣车

9.7.3　运输机械

1. 有轨运输

（1）出渣车辆。

有轨运输较普遍采用的出渣车辆有斗车、梭式矿车和槽式矿车等。

斗车是最简单的出渣工具，其断面形状多为 V 形和 U 形，容积一般为 0.5～1.1 m^3。小型斗车具有轻便、灵活、周转方便等特点。近年来现场已研制出大容积如 6 m^3 乃至 30 m^3 的大斗车，用压气装置卸渣，或翻渣机卸渣。

梭式矿车由前后车体组成车厢，底部安装刮板式运输机。使用时，将车停在适宜位置，从一端装（卸）渣，适时开动刮动板运输机，即可将石渣装满或卸净。梭式矿车是一种新型的高效率出渣运输设备，由机车牵引，一般与凿岩台车、高效率装渣机等配套使用组成机械化作业线。

槽式列车是由一个接渣车、若干个仅有两侧侧板而没有前后挡板的斗车单元和一个卸渣车串联组成的长槽形列车，在其底板处安装有贯通整个列车的链板式输送带。使用时由装渣机向接渣车内装渣，装满接渣车后，开动链板传送带使石渣在列车内移动一个车位，如此反复装移石渣，即可装满整个列车。卸渣时采取类似的操作，由卸渣车将石渣卸去。

（2）牵引机车与道路。

常用的牵引机车分电动和内燃两类。

隧道施工中较为常用的电动牵引车为电池电机车，俗称电瓶车。它具有体积小、占用空间小、不排放有害气体、不需要架设供电线路、使用较安全等特点，但也存在需要有专门的充电设备、充电工作比较麻烦、牵引力有限等不足。内燃机车具有较大的牵引动力，配合大型斗车可以加快出渣速度。

隧道内用于机车牵引的道路，宜采用38 kg/m或38 kg/m以上的钢轨，轨距一般为600 mm或750 mm。洞内轨道纵坡相同，洞外可不同，但最大不超过2%。最小曲线半径，在洞内不小于7倍机车车辆轴距，洞外一般不小于10倍轴距。曲线轨道应有适当的加宽和外轨超高值。

2. 无轨运输

自卸汽车又称翻斗车。在隧道施工中，应选用车身较短、车斗容量大、转弯半径小、车体坚固、轮胎耐磨、配有废气净化装置并能双向驾驶的自卸汽车，以增加运行中的灵活性，避免洞内会车和减轻对洞内空气的污染。

9.7.4 喷锚机械

1. 锚杆台车

锚杆台车是在隧道施工中用于围岩支护的专用设备。在需要锚杆支护的地方用锚杆台车进行钻孔、注浆、插入锚杆，全套工序均由锚杆台车完成，如图9-58所示为锚杆台车示意。

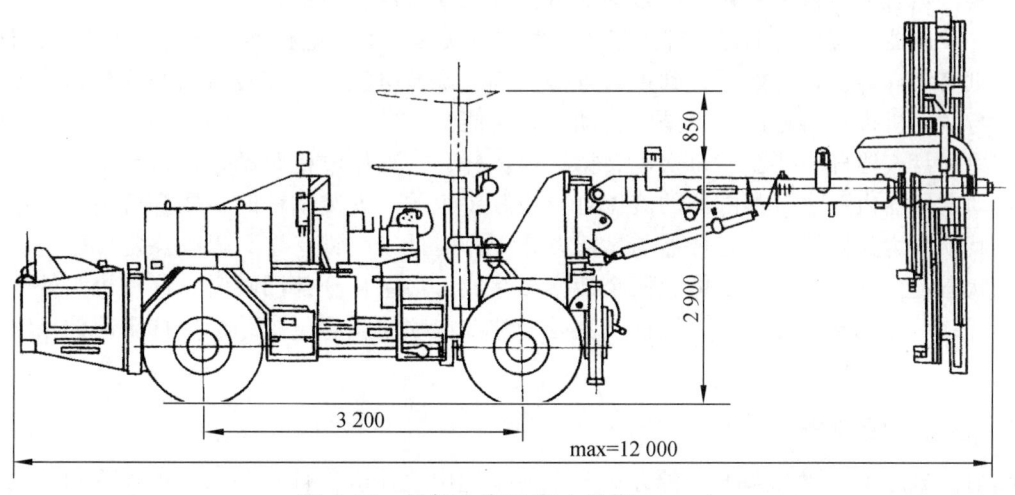

图9-58 锚杆台车示意（单位：mm）

锚杆台车由台车底盘、大臂、锚杆机头等组成。

锚杆机头由凿岩机及其推进器、锚杆推进器、注浆或喷射导架、转动定位器、三状态定位油缸、锚杆夹持器等部件组成，可完成从钻孔、注浆到锚杆安装全过程的工作。更换少数部件即可安装涨壳式锚杆。图9-59所示为锚杆机头结构。

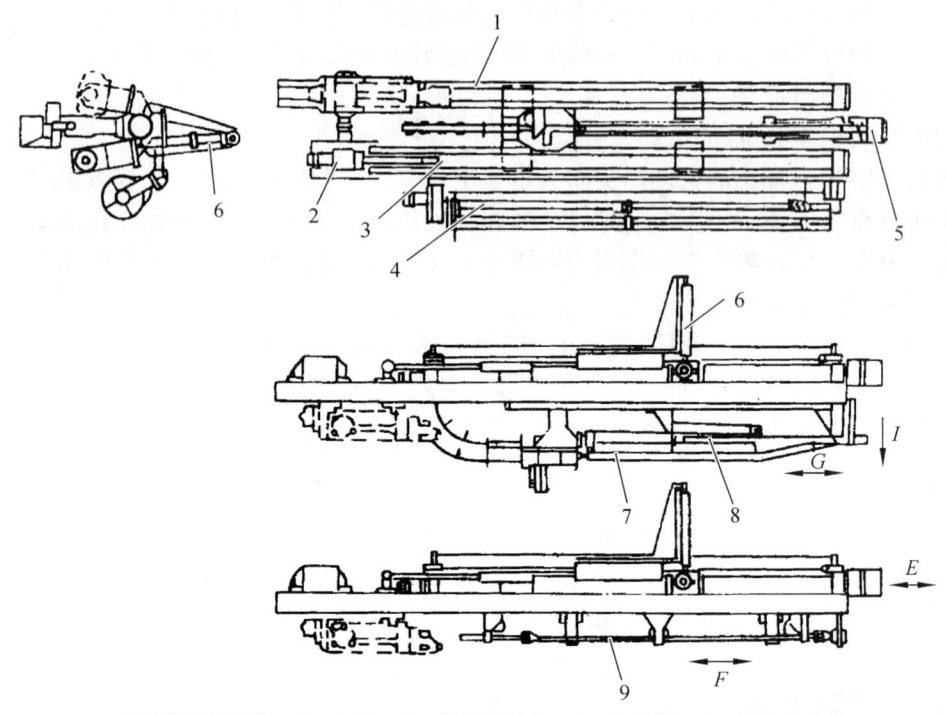

1—凿岩机及推进器；2—电机；3—锚杆推进器；4—夹持器；5—转动定位器；
6—三状态定位油缸；7—注浆导架；8—抓杆器；9—喷射导架。

图9-59　锚杆机头结构

导架7、9可上下升降和左右摆动，利于找位，锚杆机头上的抓杆器，向右摆动抓住锚杆，然后夹紧，随着锚杆机头的转动，自动地将锚杆从夹持器上抓出。

锚杆推进器配有旋转电机。打注浆锚杆时锚杆无须旋转，电机不工作；打树脂卷锚杆时，旋转电机使锚杆边旋转边推进，到顶后等待片刻，旋转电机反向旋转给锚杆施加预应力。其推进器与凿岩机推进器相似，只是无自动停止功能。

使用圆盘式锚杆夹持器，每次可夹持8根锚杆，由液压电机驱动，可自动定位。

转动定位器由一个带蓄能器的液压缸及橡胶头组成。安装锚杆时，锚杆机头围绕定位器转动，其顶紧力保持恒定。定位器与蓄能器在工作时处于闭锁状态，以确保定位稳定。

三状态定位油缸由一个缸体、两个活塞杆组成。活塞杆全部回收时，锚杆机头处于打锚杆孔位置；一端活塞杆伸出时，锚杆机头处于注浆或喷树脂卷位置；活塞杆全部伸出时，锚杆机头处于放置锚杆位置。

2. 混凝土喷射机

喷射混凝土有干喷和湿喷两种方式。干喷是先用搅拌机将骨料和水泥干拌均匀，投入喷射机料斗，同时加入速凝剂，用压缩空气将混合料输送到喷头，在喷头处加水喷向岩面。湿喷是水加在搅拌机里，投入喷射机的是已拌好的成品混凝土，速凝剂在喷头处加入。喷射机是喷混凝土的关键设备，分干式喷射机和湿式喷射机两种。

干式喷射机主要有转子式、螺旋式、鼓轮式等。湿式喷射机主要有双罐式、螺旋式、挤压软管泵式、活塞泵式、离心式湿喷机等。

图 9-60 所示为转子式喷射机，由动力传动系统、气路系统、给输料机构、电气系统、底盘等组成。它集干喷、湿喷为一体。图 9-61 所示为其工作原理。其上部是料斗，下面是转子体，转子上均布着若干料孔，转子体下面是下座，其上固定有出料弯头。转子转动时，有的料孔对准了料孔的卸料口，即向料孔内加料；有的料孔对准了出料弯头，则把拌和料压送出去。

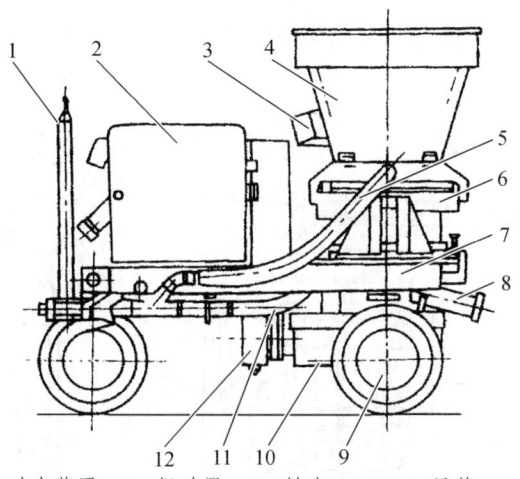

1—牵引杆；2—动力装置；3—振动器；4—料斗；5、11—风管；6—给输料机构；
7—车架；8—出料弯头；9—轮胎；10—减速器；12—皮带传动。

图 9-60　转子式喷射机

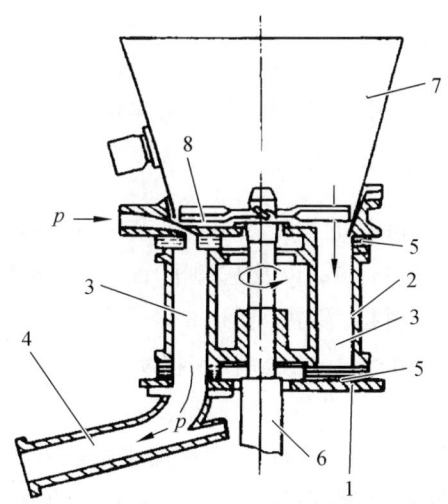

1—齿轮箱盖板；2—转子；3—料孔；4—出料弯头；5—橡胶密封板；
6—驱动轴；7—料斗；8—搅拌叶片。

图 9-61　转子式喷射机工作原理

9.7.5 衬砌模板台车

隧道衬砌模板台车由一部台车和数套钢模板组成。模板以型钢为骨架，上铺钢板形成外壳，并设有收拢机构，通过安装在台车上的电动液压装置，进行立模与拆模作业。模板与台车各自为独立系统，每段衬砌灌注混凝土完毕后，台车可与模板脱离，衬砌混凝土由模板结构支撑。台车将后面另一段已灌混凝土可以拆模的模板收拢后，由电瓶车牵引，穿过安装好的模板后，到达前方预灌注段进行立模作业。这样钢模台车适用于曲线半径大于等于 400 m、衬砌厚度小于等于 45 cm、使用先墙后拱法进行衬砌施工的单线隧道。该台车衬砌作业快速、高效、优质、安全，并节省人力、钢材、木料，减轻了劳动强度。

衬砌模板台车由钢模板、台车和液压系统三大部分组成。如图 9-62 所示是衬砌模板台车示意。

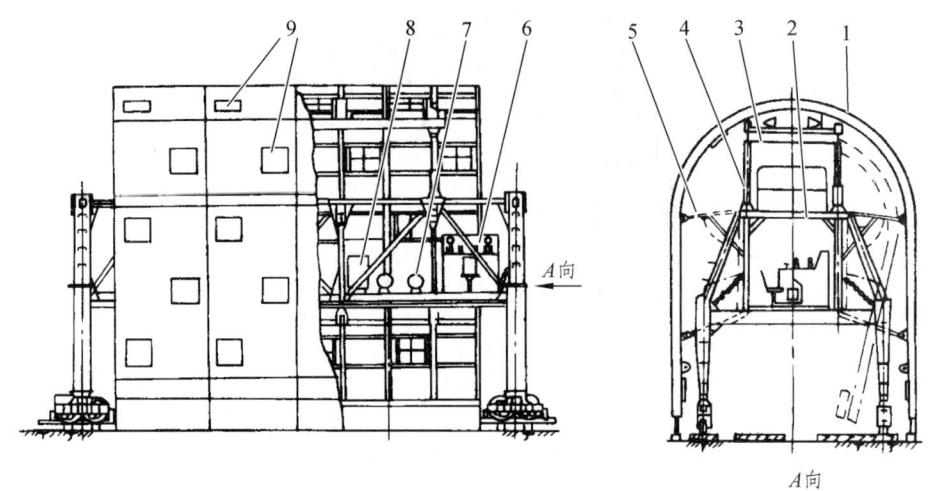

1—模板；2—台车；3—托架；4—垂直油缸；5—侧向油缸；
6—液压操纵台；7—电动机；8—油箱；9—作业窗。

图 9-62 衬砌模板台车示意

1. 模板部分

每套模板长 8 m，由 4 个 2 m 长的拼接段组成。其中分基脚模板、折叠模板、边墙模板、拱脚模板、拱腰模板和加宽块等 11 块，以及基脚千斤顶、基脚斜撑、堵头块、收拢铰、连接铰等配件。各模板块间均用螺栓对接。钢拱架用 18 号工字钢和槽钢弯制而成，表面铺焊 6 mm 厚钢板。每套模板设有作业窗 40 个，以便灌注和捣实混凝土。在每套模板前端有堵头挡板，作灌注时分节用。

曲线加宽块模板最大的加宽值为 80 cm。使用时根据隧道曲线设计的加宽断面要求，只需换装相应加宽值的加宽块即可。但在曲线外侧，每 8 m 长的衬砌灌注段由于内外弧长之差，在相邻灌注段的模板接头处，须增加楔形辅助弯头模块。

2. 台车部分

台车体为桁架结构，立柱和横梁采用箱形截面结构，其他部件为型钢组合构造。台车分为上、下两层平台，平台两侧均设有可翻转的脚手平台，便于衬砌施工作业。

台车行走装置为轮轨式，设有顶机装置，可用电瓶车或机车顶推牵引；还设有制动器和卡轨器，使台车停止和固定时能安全稳妥。轨道应专门铺设。

3. 液压系统

液压系统由油泵、油缸及操纵系统等组成。上部垂直油缸控制拱顶模板，侧向油缸控制侧模板。油泵由电机驱动，一般设置两套供油系统，以保证作业的绝对可靠性。

台车的作业程序如图 9-63 所示。

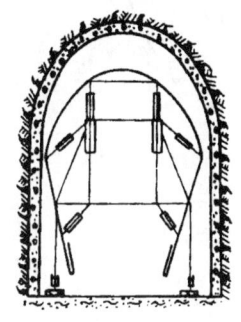
（a）模板收拢，移动穿行

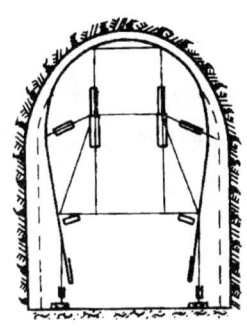
（b）垂直油缸顶升，拱模就位

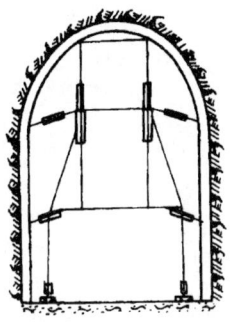
（c）侧向油缸撑开，边模就位

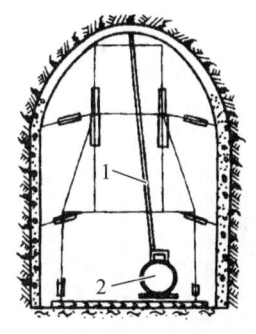
（d）浇灌混凝土

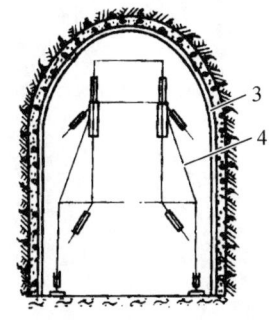
（e）台车脱离模板

1—混凝土导管；2—混凝土搅拌输送机；3—钢模；4—台车。

图 9-63 作业程序图

全液压衬砌模板台车如图 9-64 所示。该车由基础车、臂架、拱架、模板、控制系统、混凝土浇筑系统等组成。台车转移运输时，将模板拱架收拢，以便运行。施工实例已表明该台车大大改善了一次衬砌的作业环境，减少了支护，缩短了作业周期。

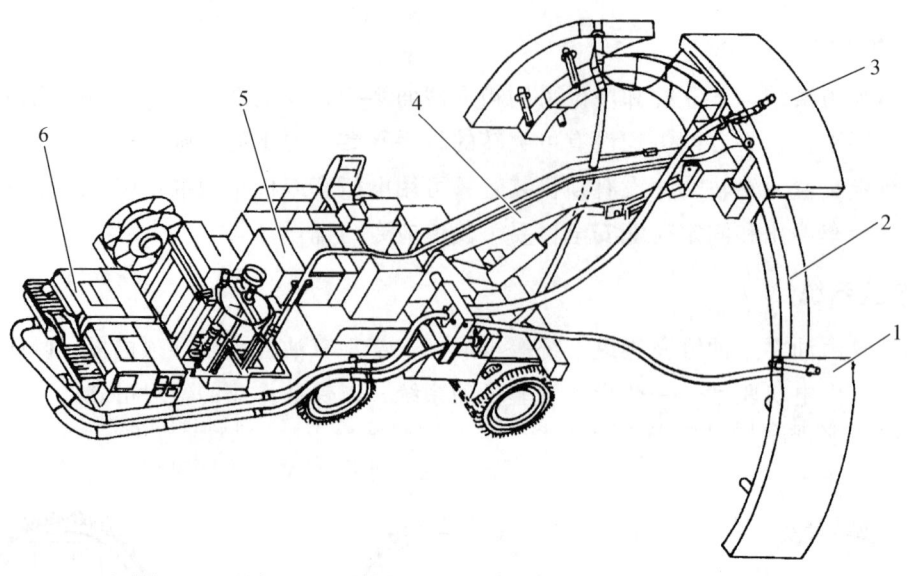

1—侧模板；2—拱架；3—顶模板；4—臂架；5—基础车；6—混凝土泵车。

图 9-64 全液压衬砌模板台车组成示意

Part 10　高速铁路隧道养护维修

10.1　高速铁路隧道养护维修概述

隧道建筑物是铁路线路的重要组成部分。作为隧道主要承载结构的衬砌，应在设计基准期内经常保持其状态均衡完好，保证列车按规定的速度安全和不间断地运行，维持正常的使用功能。这也就是对隧道衬砌结构进行养护维修的目的。

隧道养护维修工作的基本原则是：为确保隧道的使用功能和运营安全，而对影响隧道建筑物安全性、耐久性的变异进行检查及调查，并采取维修、大修等适当的对策和措施。

10.1.1　国外高速铁路隧道养护维修现状

日本从 20 世纪 80 年代起，在高速铁路隧道、水工隧洞中引入健全度概念，对结构物的剩余寿命进行评估，获得了实质性进展，特别是将专家系统手法引入隧道健全度的评价，效果很好。美国则以结构损伤度的概念，进行结构物损伤的评估方法的研究，也取得了一定的进展。在欧洲，瑞士联邦铁路公司专门制定了隧道检查维修标准，隧道在使用过程中从普通的常规检查到定期的、不间断的检查，一直到实时的全过程跟踪监测，都有其相关的工作流程、反馈程序以及维修对策。但从整体上看，对地下结构物耐用期的研究，是相当不充分的。

从各国的研究现状看，研究主要集中在以下几个方面：
（1）维修管理的基本模式。
（2）隧道结构变异现象的分类及其标准化。
（3）结构变异的原因、变异现象和变异原因的因果关系。
（4）结构变异程度的分级及其判定。
（5）结构变异的防治措施（整治、对策）等。

10.1.2　我国高速铁路隧道养护维修方面的主要问题

我国已建成的铁路隧道总长度已逾 4 300 km，管好、用好这些隧道，是养护维修工作的重要任务。在隧道的设计阶段、施工阶段就考虑建成后的养护维修问题，为运营阶段的养护维修工作创造良好的条件，是非常重要的。特别是我国将建的超过 1 000 km 的高速铁路隧道，标准更高，养护维修更重要。

目前，我国在隧道养护维修方面存在的主要问题主要有以下几点：

（1）将维修管理的理论和方法运用到隧道的养护维修中的水平，亟待提高。在维修管理中需要建立一个新的概念，即结构物在设计基准期内，受到劣化外力作用（环境条件的变化等），要以将劣化状态控制在容许水准以内为目标；同时，根据经济性来设计材料规格、设计基准和施工工艺，并决定相应的维修管理基准的概念。

（2）缺乏早期发现变异现象的检查和检测方法，特别是铁路隧道由于洞内的运营条件差（潮湿、阴暗等），很难在早期发现变异的前兆和变异现象。因此在日常检查中，充实、改进和完善检查、检测方法，是当务之急。

（3）对既有隧道功能状态的判定和评价方法有待提高。

（4）铁路隧道变异的整治方法落后。铁路隧道变异的整治方法不仅与国外隧道工程的变异整治方法比，就是与国内其他隧道工程的整治方法比也是落后的。这当然与隧道工程自身的特点有关，也与缺少对整治方法、材料及工艺的系统研究和整理有极大关系。将一些成熟的、有效的和先进的整治方法标准化是十分必要的。

10.2 高速铁路隧道病害调查

10.2.1 调查内容

在进行隧道调查时，应根据调查的阶段和隧道结构周边的地质情况、变异情况、变异原因等条件确定调查的内容。

隧道调查一般在以下有问题的地点实施：

（1）地压等外力造成隧道衬砌有变异的地点。

（2）衬砌混凝土劣化使其强度降低的地点。

（3）衬砌混凝土有可能剥落的地点。

（4）衬砌漏水和基床变异而影响行车的地点。

隧道调查的内容是多种多样的，应根据调查的种类和隧道结构周边的地质情况、变异情况、变异原因等各种条件加以选择。各种调查仪器的出现，使更详细、更大范围的、更有效的调查成为可能。

1. 结构变异调查

结构变异调查是以隧道主体为对象的调查。其调查的目的在于尽可能地发现变异征兆，同时采用适当的调查方法对其规模、发展性进行监视。表 10-1 为不同结构的调查内容和方法。调查时，必须携带过去保存的变异调查记录，以便就地对变异是否发展进行比较和分析。

表 10-1 结构变异调查的内容和方法

项 目	调查内容	调查方法	备注
衬砌漏水	位置（范围）	目视观察、摄影调查	
	漏水类型	目视观察、摄影调查	
	是否有泥浆	目视观察	
	漏水量	流量观察	
	水温	水温测定	
	水质	水质测定	
	结冰、冻结	目视观察	
衬砌裂纹	位置（范围）	目视观察、摄影调查	要特别重视衬砌的斜向裂纹、拱肩部位的变化
	长度、宽度	目视观察、卡尺、摄影调查	
	发展性	开裂计、卡尺、砂浆饼	
	接缝材料劣化	目视观察	
	接缝材料溶脱状况	目视观察	
	土砂流入	目视观察	
衬砌压溃或剥落、腐蚀	位置（范围）	目视观察、摄影调查	
	大小	卡尺、触击声检查、砂浆饼	
	发展性	目视观察、卡尺、砂浆饼	
	衬砌材质	目视观察	
衬砌位移或变形	衬砌位移	目视观察	
	断面变形	目视观察	
	衬砌材质	目视观察	
整体道床破损	位置（范围）	目视观察、摄影调查	
	长度、宽度	目视观察、卡尺	
	强度	触击声法	
	材料劣化	目视观察	

续表

项目	调查内容	调查方法	备注
道床变形、翻浆、轨道病害	位置（范围）	目视观察、摄影调查	
	水平病害	轨道检查	
	高低病害	轨道检查	
	底鼓、下沉	目视观察	
	翻浆	目视观察	
排水设施病害	位置（范围）	目视观察、摄影调查	
	水沟裂损	目视观察、摄影调查	
	水沟淤积	目视观察	
	水沟排水不良	目视观察	
洞门病害	前倾	目视观察	
	下沉	目视观察	
	裂损	目视观察	

2. 环境调查

环境调查是调查隧道所处的环境条件及其变化。其调查内容和应注意事项列于表 10-2 中。地形、地质、地下水的调查方法列于表 10-3 中。

表 10-2　环境调查内容和方法

调查项目	调查内容	调查方法	备注
地形	隧道纵、横、平面，隧道埋深，偏压地形，滑坡崩塌，局部地形等	查看设计图、竣工图、施工记录、地形图等，现场踏勘	要特别注意因相邻工程施工和灾害引起的地形变化
地质	地质分布，地质构造，走向、倾角，风化变质，膨胀性	查看施工记录、地形图、地质图等，地质调查，现场踏勘	要特别注意施工阶段事件及处理措施
地下水	地下水位，地下水流路，湖泊等分布，地下水利用情况，水温、水质	查看施工记录、地形图、水文地质图等，水温、水质调查	要特别注意水质有无侵蚀性
气象	气温（包括洞内温度），累计寒度，降雨量，降雪量，地震史	降雨（雪）量、气温调查	要特别重视严寒地区及注意暴雨对地下水变化的影响
植被	植被分布，根部弯曲，年轮异常	现场踏勘	可根据植被异常情况判断滑坡、崩塌现象，注意采伐引起的突变
土地利用	土地利用，接近结构物，开发计划	查看土地利用图、现场踏勘	

表 10-3 地形、地质、地下水调查

调查内容		调查方法						孔内调查				标准贯入度实验	孔内加载实验	试件实验
		资料调查	地表调查	弹性波调查	水文调查	地下水调查	钻孔	速度检层	电器检层	孔径检层	温度检层			
地形	滑坡、崩塌	○	○				○							
	偏压地形	○	○											
	埋深	○												
地质构造	地质分布	△	○	△			○	△	△					
	断层、褶皱	△	○	○			○	△						
岩性	岩石、土质性质	△	○				○		△					
	岩相	△	○				○							
	裂隙		△				○							
	风化、变质		△				○	○	△					
	固结程度	○					○	△	△	○		○		
地下水	滞水层	○			○	○	○		○	○	△			
	地下水位		△			○	○							
	渗透系数				○									
力学性质	单轴抗压强度											△		○
	内聚力、内摩擦角											△	○	○
	变形系数、泊松比											△		○
	N 值											○		

调查内容		调查方法											
		资料调查	地表调查	弹性波调查	水文调查	地下水调查	钻孔	孔内调查				标准贯入度实验	孔内加载实验	试件实验
								速度检层	电器检层	孔径检层	温度检层			
物理性质	围岩弹性波速			○				○						
	超声波速													○
	密度													○
	粒度组成													○
	液限、塑限													○
	含水比、吸水比													○
矿物化学性质	黏土矿物													○
	水崩解度													○
	吸水率、膨胀率													○

注：○为有效的方法；△为视情况有效的方法。

3. 资料调查

资料调查是根据既有的文献和记录，了解隧道的线路、历史、构造、当地条件而进行的调查。资料调查内容和方法如表 10-4 所示。

表 10-4 资料调查内容和方法

调查内容	调查方法	备注
隧道线路	线名、站间、里程、隧道长度、牵引方式、线路等级、线路构造、曲线半径、线路坡度、轨道构造、运行限制条件	（1）搜集修建资料：隧道设计图、竣工图、施工记录、工程日志、工程总结、灾害记录等
隧道历史	建设年代、建设经历、设计施工单位、监理单位、建设记录、使用经历、既有病害历史、灾害经历、补强补修经历	（2）搜集运营资料：维修检查记录、秋检评定记录、秋检状态报告、大修及技改记录、病害观测记录、隧道设备图表、线路纵断面图、线路平面图等
隧道构造	净空尺寸、衬砌形式、衬砌厚度、衬砌材质、有无仰拱或底板、水沟形式	收集和整理日常的基础资料，以便能够随时进行检索

10.2.2 调查方法

根据调查的内容和要求，隧道变异调查可选择采用目视观察法、触击声调查法、摄影调查法、钻孔调查法、查阅资料法等。目视观察调查法是最基本、最常用的调查方法。当目视观察不能满足调查要求时，再辅以其他方法。目视观察通常采用传统的眼看、尺量的方法进行，因此，目视观察调查只能调查衬砌表面发生的变异。当需要了解衬砌内部的情况时，应辅以触击声调查法、钻孔调查法；当隧道变异面积大、距离长时，则需辅以摄影调查法；当需要了解结构变异的发展情况或研究变异产生的原因时，则需辅以查阅该隧道的修建、运营有关的资料。

1. 目视观察法

目视观察法是一种简便易行的方法，也是隧道养护工作中最基本的调查方法。采用目视观察法调查隧道变异时，一般由主管养护维修人员在有充足照明条件下徒步或乘轨道车进行。用目视调查隧道的外观，能够很容易地发现隧道已经发生的变异现象。通过眼看、尺量调查隧道的外观状态及其变化，并把隧道的变异记录在笔记本上。在隧道养护管理工作中，隧道结构状态的变异是判断隧道健全度的重要情报。调查时，必须携带保存的历史调查记录，以便就地对变异是否发展进行比较和分析。目视观察的主要优点在于能够全面迅速地调查隧道表面的变异，缺点是难于发现隧道内部的隐蔽变异。

2. 触击声调查法

触击声调查法，是通过用钉锤敲击衬砌表面，根据敲击声和钉锤的反弹性能，调查衬砌内部有无病害（如剥离、空洞、劣化及混凝土强度是否满足要求等）的方法。触击声调查是一种凭感觉和经验的调查方法，能够便捷地在隧道大范围内进行调查。密实或健全的衬砌敲击声是清音，有剥离或劣化的衬砌敲击声是浊音。采用触击声调查法主要是调查衬砌内部有无剥离、有无压溃及衬砌表面的劣化状态。日本在隧道调查中开发了自动触击声调查系统，用仪器记录和分析触击声波，判断衬砌内部有无压溃和表面混凝土的劣化状态，大大提高了调查的精度。触击声调查法的要点是：

（1）为了判定内部状态，用钉锤在一个地点至少锤击 3 次以上。
（2）锤击点的间隔大致在 50 cm 左右。
（3）在开裂的两侧 0.2 m 范围内进行。
（4）记录变异展示图。

3. 摄影调查法

对衬砌表面病害段落多、面积大、距离长的隧道，可采用摄影调查法调查记录衬砌表面的病害状况。在摄影时，要记录摄影地点的里程、摄影部位（拱、墙等）、摄影方向（左右、上下等），同时应把判断对象物大小的比较物（人物、折尺等）摄入画面。

衬砌表面病害摄影记录技术，是目视观察记录技术的新发展，衬砌表面连续摄影的方法及其结果画像处理的技术近年来已经趋于成熟。该技术不仅直接记录了病害的画面，也记录了病害的数据，并可适时地进行数据处理，为全面快速掌握隧道的表面病害提供了方便。

4. 钻孔调查法

钻孔调查法是通过钻孔取样直接调查衬砌厚度、衬砌背后空洞、衬砌背后地质状况等缺陷及隧道完好状态的方法。该调查方法提供的结果真实可靠，但对衬砌有一定的损伤，且有局限性，也比较麻烦，故钻孔前应充分研究钻孔的位置、深度等，以免造成不必要的损失。钻孔调查法一般配合验证无损检测的效果使用。

5. 查阅资料法

为了解隧道的修建及运营情况，需查阅以下档案资料：

（1）修建资料，包括隧道设计图、竣工图、施工记录、工程日志、工程总结、灾害记录等。

（2）运营资料，包括维修检查记录、秋检评定记录、秋检状态报告、大修及技改记录、病害观测记录、隧道设备图表、线路纵断面图、线路平面图等。

10.2.3　调查要点

病害调查的重点是由于外力、劣化、涌水等因素的影响导致结构物的安全评定等级达到 A1 级及 AA 级的部位。对这些可能构成行车安全危害的部位，应特别认真检查，必要时，采用先进的仪器设备进行详细检查。

要点 1：衬砌开裂调查

衬砌开裂是隧道最常见的病害现象，调查开裂的形态、规模、分布等可在一定程度上推断开裂产生的原因、发展情况、对结构的危害性等。

在进行开裂调查时，要使用钢卷尺、卡尺等测定开裂的长度、宽度、错台等，最好用展示图表示其分布情况。调查开裂深度的方法有：凿挖开裂部分确认（包括检查窗）、在开裂部分钻孔、超声波法等。

在开裂的调查中，调查其分布形态和发展性是最重要的。开裂分布形态的调查，通常采用目视观察法进行，必要时辅以摄影法。发展性要调查开裂前端的延伸、宽度及深度，并做好时序记录。

要点 2：隧道渗漏水调查

隧道渗漏水主要包括衬砌渗漏（大面积渗漏、缝隙渗漏、局部空洞涌漏等）、安装设备孔眼渗漏、隧底冒涌等。因此，隧道漏水病害调查，应先查明漏水类型、漏水程度和分布状况，不仅在旱季，在雨季更应反复调查核定，标明在隧道病害展示图上，而且还应查明水源，根据平时和雨季的漏水量变化的持续时间绘成漏水量变化曲线图，并采取洞内漏水量和洞外地表水源调查相结合的办法进行分析。根据隧道养护经验：

（1）平时晴天洞内不渗不漏，雨天又渗又漏，且渗漏量与降雨量大小密切相关，则水源大都属于地表水，这种情况山顶必有洞穴缝隙或岩土透水；如雨后隔相当一段时间才出现漏水，可根据时间长短，估计山上进水地点的距离或考虑地质透水情况，以便找寻进水处所。

（2）平时不论晴天雨天都渗水漏水，并且在雨时雨后都无变化或变化不大，则水源大多为地下水。

（3）平时渗水漏水，雨时或雨后大渗大漏，则水源属于地下水和地表水相结合。同一隧道长度范围内，可能某一段系地表水造成的漏水，另一段为地下水造成的漏水，再另一段可能是地表水和地下水相结合造成的漏水。

隧道漏水除进行上述调查外，还要观测洞内及洞外、平时及雨季排水沟中流水量的变化，观测流水量的大小、持续时间及变化等，并作详细记录。漏水严重处所每月至少观测一次漏水量，才能绘出流水量变化图，才能比较分析，同时测量洞内及洞顶排水沟中的流水量来进行相互比较，找出水源及渗漏情况。

因为隧道漏水有的是山顶积水渗透，有的是地下水由表层渗透而来，水源比较复杂，有的甚至来源于离隧道数十千米的河流，所以常常不易发现。此时除应仔细检查观察分析外，还可用指示剂判明水源性质。

在寒冷和严寒地区，夏季漏水处，冬季往往冻结成冰，故冬季还应进行水文测量。

未了解漏水隧道内的水对砂浆和混凝土衬砌是否有侵蚀作用，应取样化验水质，以判别水对混凝土有无侵蚀，或可能产生何种侵蚀，如分解性侵蚀（包括溶出型侵蚀、酸型侵蚀和碳酸型侵蚀）、结晶型侵蚀或分解结晶复合型侵蚀等。

当隧道内线路发生翻浆冒泥时，应重点检查隧道底板或仰拱有无破损、洞内排水沟有无堵塞积水和损坏情况等。

要点3：衬砌腐蚀调查

当调查隧道衬砌腐蚀时，应查明腐蚀的原因（如含有酸离子、盐碱物、有害气体腐蚀等），腐蚀的位置、范围、扩展方向和发展速度，腐蚀深度的变化规律是由内向外还是由外向内，每年腐蚀深度，病害发生与发展的特征是溶出空洞密集还是表层膨胀剥落，腐蚀部位一年中冻融次数及干湿循环次数，等。

要点4：整体道床病害调查

整体道床是直接承受动力荷载的刚性结构，每个支撑点均要承受反复冲击。由于整体道床缺乏弹性，在支撑块、混凝土、仰拱和基岩之间存在着多层结合面，列车的冲击加上基础的不均匀性、道床下面的软硬不一，这些是整体道床结构上的缺陷。一般来说，整体道床发生病害，地下水的危害是主要的，它从软化基岩开始。若新建时施工处理不当，清理基底不彻底，浮渣未清除干净，或用弃渣回填超挖，甚至木片、草袋也留在道床下，则将在整体道床与基岩之间形成不密贴的夹层，夹杂物受地下水浸泡，饱和后在动荷载反复作用下也很快化成淤泥。由于基岩的软化、冲空，再加上结构形式的其他缺陷（如采用中间水沟的结构形式，沟底整体道床就成薄弱环节）、结构强度不足、变形缝设置欠周、碎石道床连接处未设过渡段等，都将可能引起整体道床病害。道床产生下沉后与人行道脱离，中心水沟裂纹上下颤动，导致道床破损、翻浆冒泥、线路轨距、水平方向难以保证，危及行车安全。故隧道内整体道床病害应重点检查：支撑块有无松动，挡肩是否开裂损坏，道床基底有无沉陷变化，承轨台与人行道交界处、中心水沟底部、伸缩缝以及道床沟槽连接处等部位有无裂纹变形。为查明道床下与围岩是否出现空隙，必要时应进行凿孔检查，了解基岩与地下水的情况。

要点5：山体滑动调查

穿越山坡下、古滑坡下或有明显偏压的隧道，山坡往往产生滑动而影响隧道的安全或产生病害，故应调查山体的动态、洞内衬砌有无裂缝及变形等。若山体有滑动，则应设观测网，用经纬仪和水准仪观测各桩的纵横向位移量及高程的变化，以便分析山体滑动的方向、范围、速度与其产生的原因，以及对隧道的影响等。

10.3 高速铁路隧道状态检测

结构的状态检测是指利用现场无损传感技术，通过对结构现状检查观测和特性分析，达到检测了解结构损伤或退化的目的。通过长期的状态检测可得到结构在其运行环境中劣化所导致的完成预期功能变化的适时信息。在详细分析结构状态检测的概念、系统组成和发展现状的基础上，结合隧道结构的具体特点，相关专家提出了隧道结构状态检测的定义，构建了一个集检测、诊断和状态评价为一体的隧道结构状态检测系统。一个完整的隧道结构状态检测系统见图10-1。

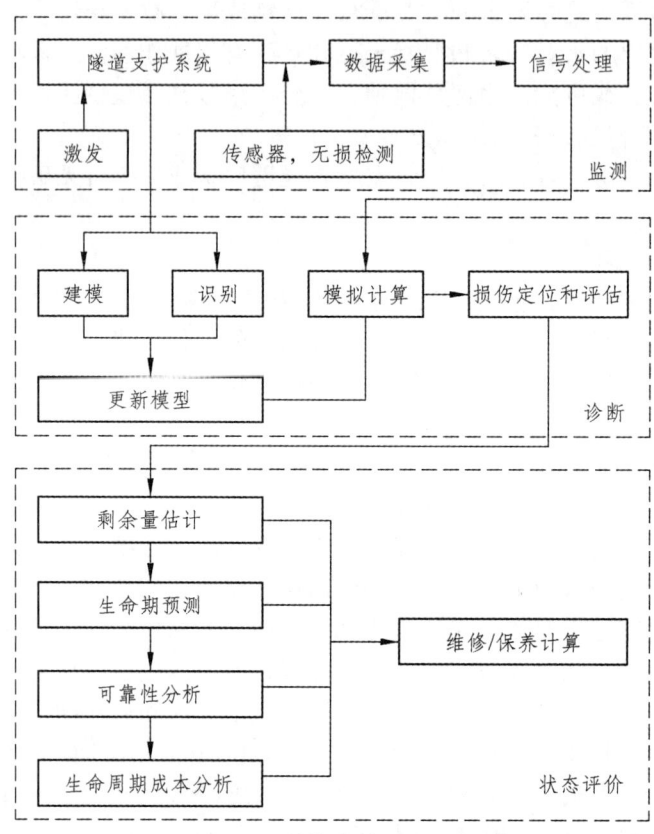

图 10-1 隧道状态检测系统组成

10.3.1 隧道状态检测的重点

在进行隧道结构状态检测时，要综合考虑围岩与支护结构的变形及其相互作用。隧道结构病害在支护体系上（衬砌结构）主要体现为断面轮廓变形、衬砌开裂（会导致渗漏，衬砌结构进一步恶化）、衬砌功能局部丧失（混凝土老化脱落、钢筋严重锈蚀）等。而对于围岩，主要体现为围岩变形、力学性能等方面。

从目前建成和在建隧道的病害情况看，隧道状态检测的重点是：
（1）隧道衬砌厚度。
（2）隧道衬砌材料缺陷，如模筑混凝土施工过程中出现蜂窝或空洞等。

（3）隧道衬砌背后空洞，如在施工过程中由于塌方处理不当、回填不密实等原因造成衬砌与围岩接触不密实或形成空洞等。

（4）地下水渗漏造成对衬砌材料的物理和化学腐蚀。

（5）隧道衬砌的开裂状态及其性质。

10.3.2 隧道状态检测的方法

高速铁路隧道状态检测中最关心的是衬砌厚度、裂损部位、衬砌背后空洞空隙的分布、混凝土结构完整性、钢筋分布等方面的信息，用以判断工程施工是否达到设计要求，诊断与评价既有衬砌的工作状态与安全性能，分析病害产生的原因，提出病害的整治方案。

1. 声波法

声波法检测混凝土内部缺陷分为穿透波法和反射波法。穿透波法是根据超声脉冲穿过混凝土时在缺陷区的声时、波形、波幅和频率等参数所发生的变化来判断缺陷的，这种方法要求被测物有一对相互平行的测试面体。声波反射法则是根据超声脉冲在缺陷处产生反射现象来判断缺陷，这种检测方法较适用于只有一个测试面的洞室或隧道衬砌结构质量检测。声波反射法主要用于检测衬砌混凝土内部缺陷、衬砌厚度和衬砌混凝土与围岩结合情况。常用的检测方法有垂直反射法和等偏移距反射法。

声波反射法主要采用波形对比分析和频谱分析两种基本方法，通过波形及频谱特征来确定衬砌混凝土的质量，判定混凝土的内部缺陷范围、衬砌体与围岩结合情况及衬砌厚度等。

2. 冲击回波法

为了检测只存在单一测试面的结构混凝土的厚度及其内部缺陷，国际上从 20 世纪 80 年代中期就开始研究一种新的无损检测方法——冲击回波法。该法利用一个短时的机械冲击（用一个小钢球或小锤轻敲混凝土表面）产生低频的应力波，应力波传播到结构内部，被缺陷和构件底面反射回来，这些反射波被安装在冲击点附近的传感器接收下来，并被送到一个内置高速数据采集及信号处理的便携式仪器，将所记录的信号进行时域或频域分析即可得出混凝土的厚度或缺陷的深度。冲击回波法已经成功地应用于检测 60 cm 厚的隧道衬砌。用钢球产生的超声波和音速范围内的机械应力脉冲检测结构，用传感器记录观察到的多次反射波，并进行频率分析。根据频率分析结果，能够获得有关衬砌厚度的数据及特殊反射体的重叠。

冲击回波达到的检测深度依赖于要检测的材料结构、强度以及应力脉冲的频率，这些会受到所选球尺寸的影响，球的尺寸要适合给定的检测状态。

3. 地质雷达法

地质雷达是一种广泛应用于探测地下目标体的地球物理检测方法，应用领域涉及地质勘察、基础工程质量检测、灾害地质调查与考古调查、结构工程无损检测等。由于探地雷达检测技术采用了先进的连续透视扫描无损探伤技术，探测精度比传统检测方法高，且又是连续扫描，可获得隧道探测的连续结果。地质雷达能较好地对隧道衬砌的实际情况进行检测，是一种快速、高效、经济、简便的无损检测高新技术。地质雷达法近年来也被应用到隧道衬砌健康检测中，但是实际应用中有很多问题有待解决。

地质雷达数据处理的目标是压制随机的和规则的干扰，以最大可能的分辨率在地质雷达图像剖面上显示反射波，以提取反射波的各种有用参数（包括电磁波波速、振幅和波形等）来帮助解释介质的情况。

地质雷达依靠脉冲回波信号，其子波都由发射源控制。脉冲在介质中传播时，能量会发生球面衰减，也会因为介质对波的能量的吸收而减弱，在介质不均匀的情况下还发生散射、反射和透射，因此有必要通过数字处理以获得最佳雷达剖面图像。常用的数字处理技术有数字滤波（频率域滤波和时间域滤波）、偏移绕射处理等。

4. 其他检测方法

隧道断面轮廓和变形测绘法是一种间接检测方法，它通过检测隧道断面的变形情况反推隧道衬砌结构的工作状况，是一种辅助无损检测方法，在实际工程检测中也经常被采用，常用的断面轮廓仪是隧道激光断面仪。

隧道激光断面仪是建立在无合作目标激光测距技术和精密数字测角技术之上的。将极坐标测量法与计算机技术紧密结合，加上专门设计的图像处理软件，能迅速得到隧道断面图并与设计图进行对比，从而可以快速给出检测报告等文件。仪器利用激光的光时差原理来测定待测面的凹凸状况，进而确定待测面的轮廓。激光的光时差原理是指可以利用激光所走行程的时间差来反求测点到仪器的实际长度，即通过发光二极管发射激光到隧道衬砌面，由激光接收器接收反射光，利用时间差反算距离。测试时，系统控制激光传感器发射和接收激光束，该过程的光时差经模数转换器转换成数值信号后输出到电脑中存储，通过运行系统软件处理后即可得到实际的隧道断面轮廓。

另外还有机械振动法（结构动力学法、地震波反射法）、射线技术法（γ射线反向射线法、中子反向散射法）和其他电气和电子技术法（涡流法、电势法等），光学技术法（红外线温度记录法、多光谱分析法等）较少采用。

隧道状态检测的目的是要得到整个隧道衬砌状况完整的、可靠的数据。这些方法应用于验收新建隧道、长期监测已有隧道、检查隧道以及修复结果等。隧道中成功地采用无损检测方法的前提是这些方法必须满足交通隧道运营中的特殊要求，如不能干扰车辆的正常通行。为了满足这些要求，设备制造商既要适应其他领域现在采用的检测方法，又要能适应隧道中出现的特殊情况，同时研究新的、专门的检测方法。

隧道衬砌只是一侧暴露在外，另外，隧道内各种设施可能对检测仪器的检测结果产生干扰，这些都会给检测工作增加困难。

10.3.3　隧道状态检测的步骤及测点布置

为满足能够长期有效地为施工和运营提供可靠的数据保障，隧道的状态检测可分为两个阶段实施。

（1）在施工阶段，包括埋设传感器并读取数据，据此分析隧道在施工阶段的受力变化特征。

（2）在隧道竣工后长时间内进行，通过通信网络把传感器数据传至中心控制系统，通过计算和分析来确定隧道的受力特点和安全性能。

因此，主动监测系统的数据采集器也应满足两个阶段的需要，即在施工阶段采用人工读数，但预留通信接口，以便在运营阶段并入监测系统中，自动采集数据。

在进行状态检测时，首先应根据隧道的结构特点和可能的破坏模式，确定结构的薄弱环节，以及隧道在特殊地段隧道结构的受力或受力变化，同时要考虑监测点的优化，确定出状态检测的内容和重点。

测点布置原则：

（1）围岩变化较大处。当隧道所处的地质条件有较大改变时，会引起隧道的差异沉降，使结构承受较大的荷载。

（2）水位较深处。在水位较深处，由于水压作用，易造成隧道周围含水量的变化，在外部荷载作用下，会改变结构的受力状态。

（3）联络通道处。联络通道处通常是受力较复杂、容易出现应力集中的地方。

（4）施工条件发生较大变化处。隧道施工方法的改变，会使隧道承受荷载、变形的能力发生变化。

（5）为了全面掌握隧道情况，每隔一定距离应设监测断面，测点通常布置在隧道拱顶、拱腰和底部。

10.3.4　监测信息的收集和处理

结构状态检测系统主要包括传感器系统、数据采集、通信运输设备及计算机监控中心。传感器监测的实时信号由采集装置送到监控中心，进行处理和分析，从而对结构物的状态进行评估。若出现异常，由监控中心发出预警信号，并由故障诊断模块分析查明异常原因，以便决策者对结构物的隐患及早预防和排除。

1. 数据采集系统

软件设计系统的应用软件采用模块化程序设计的方法，主控制器部分、数据存储器部分以及 A/D 转换部分采用 MCS-51 语言开发，由 89C51 单片机执行程序；数据异步通信部分用面向对象的可视化语言 VB 编写，由 IBM-PC 上位机执行。各模块之间或者使用子程序调用，或者采用判别等待通信协议进行连接，使这个系统有机地连接成一体。数据通信程序设计串行通信程序包括单片机的通信程序与 PC 机的通信程序两方面。

2. 监测数据的处理

在数据处理和分析方面，可采用小波分析技术对监测系统反馈的数据进行处理，通过小波变换对聚集到的信号的细节进行频域处理。小波分析是数学理论中调和分析技术发展的最新成果，可以看作一个传统 Fourier 变换的扩展。小波分析的优点在于利用一个可以伸缩和平移的视窗将聚焦到的信号的任意细节进行时域处理，提供多个水平细节以及对原始信号多尺度的近似，可以看到信号的全貌，同时又可以分析信号的细节，并且可以保留数据的瞬时特性。

10.4 隧道衬砌结构物劣化现象及原因

10.4.1 混凝土结构物的劣化现象及原因

隧道结构物多数是由混凝土或钢筋混凝土材料构成的。因此掌握混凝土结构的劣化类型和对耐久性有影响的因素，对弄清隧道结构物的劣化现象和原因非常重要。表 10-5 列举了混凝土结构的劣化原因，可以看出，混凝土结构物的劣化原因是多方面的，其表现也是多种多样的。因此，要研究结构物的耐久性，必须对其劣化现象、劣化原因进行适宜的分类和标准化，寻找其间的相互因果关系，才能使问题得到较好的解决。

表 10-5 混凝土结构的劣化原因

劣化现象及原因	混凝土			钢筋			结构物
	物理的	化学的	其他	物理的	化学的	其他	
劣化现象	冻害、磨耗、崩塌、开裂、压溃等	侵蚀、变质、成分溶出、膨胀劣化	生物侵蚀	屈服、破坏等	腐蚀	生物侵蚀	变形、破坏、钢筋混凝土的黏附破坏
外部原因	气象、盐类、磨耗、放射线、荷载作用、火热	酸、盐等以及有害气体、液体和溶解电流作用		荷载作用、火热	空气、水、有害气体等以及电流作用、气象、高应力	荷载作用、不均下沉、温度变化、钢筋腐蚀	
内部原因	混凝土性质、含水状态空气量、使用材料的质量、施工缺陷			钢筋种类、尺寸及性质、设计事项、保护层开裂（钢筋配置等）、混凝土性质、设计、施工缺陷			混凝土及钢筋的性质、设计、施工缺陷

10.4.2 隧道结构物的劣化现象及原因

隧道结构物是处于地下的混凝土或钢筋混凝土结构，其使用环境条件比地面结构恶劣得多，特别是地质环境条件更不容忽视。因此地下结构的劣化还具有一定的特殊性。

1. 劣化现象分类

既有隧道发生的劣化现象，根据劣化发生的地点，一般按图 10-2 分类。

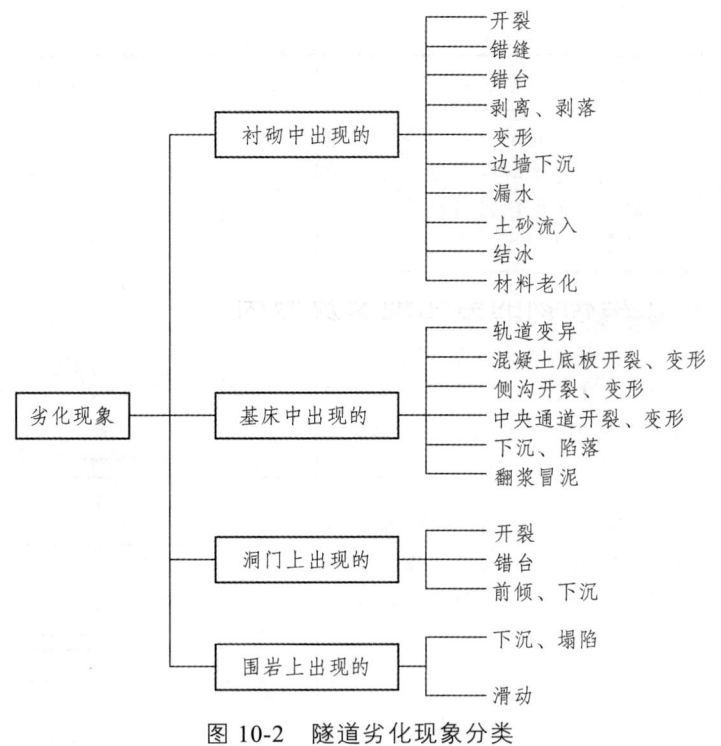

图 10-2　隧道劣化现象分类

隧道结构发生劣化现象后，发展到可能有碍正常使用的程度时，谓之"变异"。

2. 劣化原因及特征

既有隧道发生的劣化，有因外力造成的，有因材质劣化造成的，也有因漏水造成的。此外，设计、施工条件也会产生一定的影响。一般说，发生劣化时，表 10-6 所列劣化原因多数是交叉重复作用的。因此，即使进行详细的调查，有时也很难对劣化原因做出明确的规定。

表 10-6　劣化的原因和特征

原因		概要	备注
外力	松弛土压	松弛土压，指围岩自然松弛，不能承受自重，而作为荷载作用在衬砌上，以垂直压力为主。因此拱顶多沿纵向张开性地开裂	注：CL 代表隧道断面中心线；SL 代表隧道衬砌中心线
	突发性崩塌	隧道上部有比较大的空洞，空洞上部的岩块可能与围岩分离而掉落，视情况会对衬砌产生冲击，如衬砌强度不足，衬砌可能破坏，发生突然崩塌	（展开图）

263

原因		概要	备注
外力	偏压、坡面	在坡面下，倾斜的片理等会产生偏压作用，是蠕动造成隧道变异的原因之一。靠山侧拱肩会产生水平张口开裂以及错台	偏压（展开图）SL CL SL
	滑坡	滑坡黏土在地下水作用下强度降低，沿滑面产生滑动，隧道发生变异。因滑坡产生的变异与隧道和滑面的位置有关，形态也各异	滑面和隧道（展开图）SL CL SL
	膨胀性土压	膨胀性土压产生的变异，在左右边墙或拱的两肩，易产生复杂的水平开裂，拱和墙的接缝处易产生错台	（展开图）SL CL SL
	承载力不足	承载力不足，易产生纵向的或横向的不同下沉。前者多发生环形开裂，后者除有沿轴向的回转外，还有斜向开裂	（断面图）不同下沉引起的开裂
	水压、冻结力	水压、冻结力，与涌水关系密切。通常侧压是主要的，在边墙和拱肩多发生水平开裂	（侧压）（展开图）SL CL SL
材质劣化	经常性劣化	主要指混凝土的碳化。混凝土的碳化，主要是混凝土中的强碱生成物氢氧化钙与大气中的二氧化碳反应，失去碱性而碳化	
	冻害	在寒冷地区的隧道，冻害是衬砌劣化的最主要的原因。冻害的发生机制有混凝土中水分的冻结和伴随的体积膨胀	
	盐害	此种变异主要是混凝土中的钢材腐蚀、海水和混凝土的反应产生的多孔质化	
	有害水	围岩中的地下水，如火山地带的强酸性水，对衬砌是有害水，是造成衬砌劣化的原因之一	

续表

原因		概要	备注
材质劣化	使用材料、施工方法	起因于使用材料和施工方法的变异，早期发生的较多。使用材料不当，会出现水泥异常膨胀；施工不当也会造成开裂	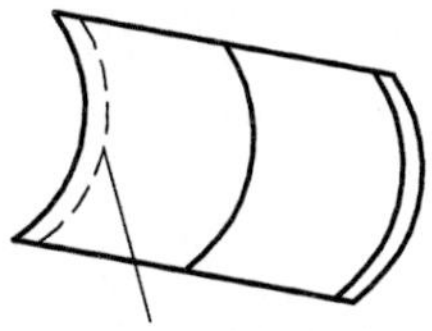 干燥收缩及外气与围岩温差引起的开裂
	钢材腐蚀	因钢材腐蚀造成体积膨胀，使混凝土沿钢筋开裂和使钢材断面减少，造成承载力的降低	
	碱-骨料反应	因碱-骨料反应的变异事例，到目前为止还比较少	
	火灾	火灾时，混凝土处于高温状态，会使强度、弹性系数等力学性质劣化，表面发生爆裂现象，会发生剥落开裂等	
	其他	通行车辆的排气等与漏水等化合会产生强酸性水	
其他	背后空洞	背后空洞不仅是围岩松弛、土压增加的原因，也阻碍了被动土压的产生，是造成衬砌强度降低的原因之一	
	拱厚	设计厚度较小时，会造成变异	
	无仰拱	施工时没有设置仰拱，但施工后因某种原因使土压增大，造成无仰拱地段的变异	
	漏水	有的是因外力产生的变异引起的，有的是因衬砌自身引起的	

3. 劣化原因分类

从表10-6可以看出，产生劣化的原因是多方面的，大体上分为外因（外力和环境等外部因素）和内因（材料和设计、施工等构造上的因素）两大类。

隧道的劣化多数是由多种因素产生的，应根据内因和外因的组合来推定劣化原因。为此，在正确推定劣化原因时，要根据隧道工程学的知识和经验，系统地理解各种现象的特征。

（1）外因。

外因分为外力引起的劣化和环境引起的劣化，如图10-3所示。

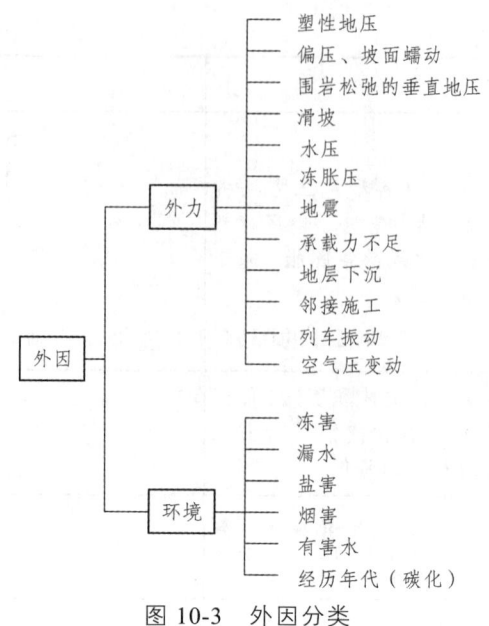

图 10-3　外因分类

（2）内因。

劣化隧道一般都有内因。内因可按图 10-4 进行分类。这是促进外因造成劣化的重要因素，在原因推定上是不能忽视的。

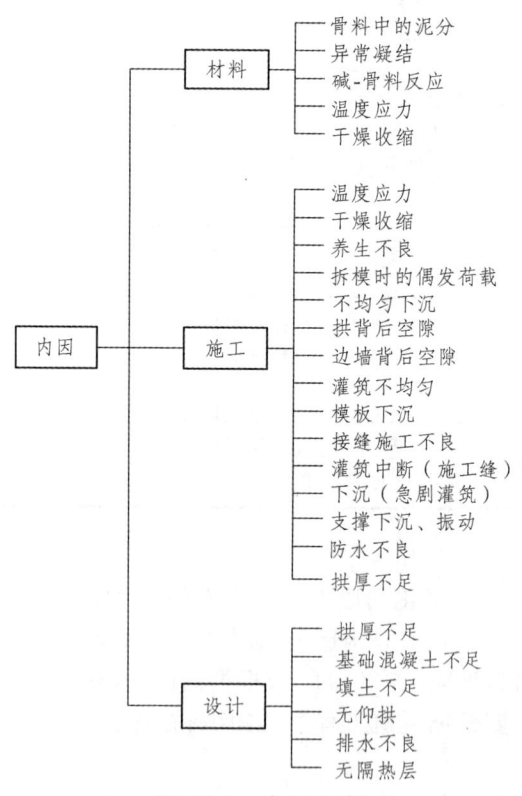

图 10-4　内因分类

4. 重要劣化原因分析

（1）山岭隧道是修筑在地层中的一种地下结构物，对土压等外力来说，是由围岩和支护结构双方共同承载的。同时采用与地下水相匹配的排水系统来保持隧道不受水压的作用是很重要的。

衬砌背后的空洞，对隧道来说是极为有害的。有外力作用时的隧道在被动区域的衬砌背后有空洞时，背后的围岩对变形不能提供反力，对外力来说，是易于产生变形的结构。空洞部分的围岩形状是凹凸不平的，被动区域和主动区域在衬砌背后与围岩是不均匀接触的，因此，会产生较大的应力。另外，空洞部分的围岩可以说是和毛洞状态一样的，围岩会因松弛而逐渐扩大。在没有充分的围岩支撑力的情况下，为不使隧道下沉，应设置仰拱等结构。

综上所述，要保持隧道内良好的排水条件，同时对隧道衬砌背后的空洞进行回填，以防止外力作用而引起劣化。

（2）运营阶段外力的变化，对隧道结构物劣化影响显著。外力分类如下：

① 施工阶段的外力在继续发展；
② 在施工阶段或比较早期，外力有增加的趋势；
③ 外力间断地增大；
④ 外力加速地发展；
⑤ 外力间断地增减。

对外力的增加，如结构物的耐久性不充分时，或坡面不稳定，再加上围岩劣化、气象、地震等自然条件时，劣化将发展、扩大。因此，对隧道结构物的劣化，有无外力的增加和耐久性的降低是很重要的。

地压等外力产生的劣化，衬砌劣化产生的剥落、剥离等，在进行健全度判定和对策的设计、施工时，应根据洞内调查结果正确地识别衬砌和道床的劣化现象，同时，根据资料调查和环境调查的结果和整理的量测结果等，确实地推定劣化原因。

（3）关于衬砌开裂现象，从衬砌开裂推定劣化原因是最直接的方法。一般地，开裂是隧道劣化最有代表性的现象。开裂一般按表10-7分为四类。在没有特殊的场合，这四类皆按开裂处理。

表 10-7 开裂的概念（按形态分类）

部位	有台阶	无台阶
衬砌本体	错动	开裂
施工缝	错缝	离缝

图 10-5 和图 10-6 表示开裂发生原因的分类。开裂与隧道产生劣化的因素一样，大体分为外因和内因两种。实际产生的开裂都不是由单一因素引起的，而是几种因素综合作用的结果。也就是说，开裂有的在运营一开始就存在的，也有的是在运营开始后因外力等因素出现的，两者的划分是需要一些经验的。为此，掌握不同因素产生的劣化的典型开裂形态并进行综合判断，在查明开裂原因上是很重要的。

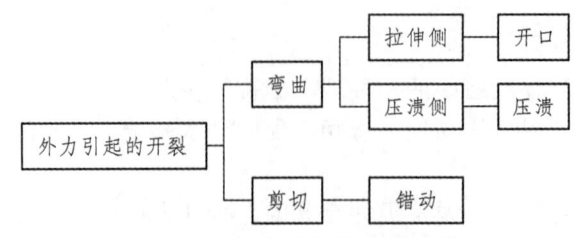

图 10-5 外力引起的开裂分类

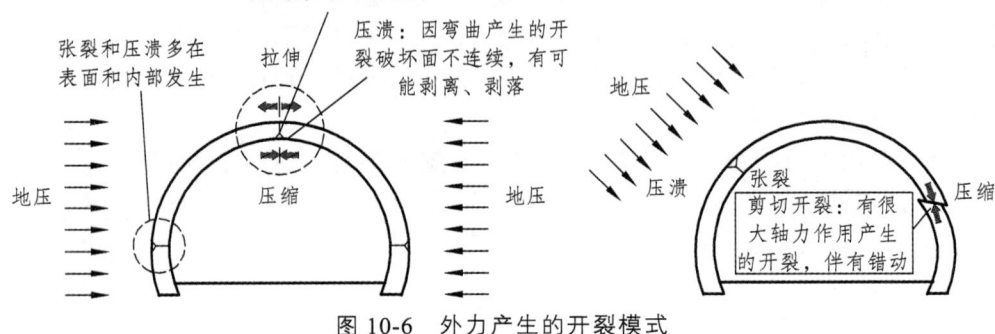

图 10-6 外力产生的开裂模式

从上述分析中不难看出，对地下结构物来说，造成劣化的基本原因和类型主要是：
① 衬砌开裂、错位、变形——主要是由外力造成的；
② 衬砌结冰、冻胀——主要是由涌水、漏水造成的；
③ 衬砌厚度、强度不足——主要是由材料老化、碳化、腐蚀等造成的；
④ 因设计、施工不当也会加重上述劣化的发展，也是不容忽视的。

10.5 隧道衬砌结构状态评估

高速铁路隧道在修建和运营过程中，由于受到环境、有害物质的侵蚀，车辆、风、地震、疲劳、人为因素等作用，以及衬砌结构自身性能的不断退化，结构各部分远没有达到设计年限就产生不同程度的损伤和劣化。这些损伤如果不能及时得到检测和维修，轻则影响行车安全和缩短隧道结构使用寿命，重则导致隧道结构破坏和坍塌。因此，为保证隧道结构的安全性、适用性和耐久性，加强对隧道结构健康状况的监测和评估，应实施合理的养护维修工作。

我国铁路桥隧建筑物劣化评定标准给出了铁路隧道衬砌结构裂损、渗漏水、冻害以及衬砌材料劣化的类型、劣化等级和评定方法。它适用于判定铁路隧道劣化状态，并作为采取养护措施的依据。

10.5.1 隧道劣化等级划分

隧道劣化等级划分见表 10-8。

表 10-8　隧道劣化等级划分

劣化等级		对结构功能和行车安全的影响	措施
A	AA（极严重）	结构功能严重劣化，危及行车安全	立即采取措施
	A1（严重）	结构功能严重劣化，进一步发展危及行车安全	尽快采取措施
B（较重）		劣化继续发展会升至A级	加强监测，必要时采取措施
C（中等）		影响较少	加强检查，正常维修
D（轻微）		无影响	正常保养及巡检

10.5.2　衬砌裂损劣化等级评定

隧道衬砌裂损劣化等级的评定见表 10-9。

表 10-9　隧道衬砌裂损劣化等级评定

劣化等级		裂损类型		
		变形或移动	开裂、错动	压溃
A	AA（极严重）	滑坡滑动使衬砌移动加速；衬砌变形、移动、下沉发展迅速，威胁行车安全	开裂或错台长度 $L>10$ m，宽度 $B>5$ mm，且变形继续发展，拱部开裂呈块状，有可能掉落	拱顶压溃范围 $S>3$ m^2；或衬砌剥落最大厚度大于衬砌厚度的 1/4，发生时会危及行车安全
	A1（严重）	变形或移动速度 $v>10$ mm/a	开裂，错台长度 L 为 5~10 m，但开裂或错台宽度 $B>5$ mm；开裂或错台使衬砌呈块状，在外力作用下有可能崩坍和剥落	压溃范围 3 m$^2 \geq S \geq 1$ m^2；或有可能掉块
B（较重）		变形或移动速度 v 为 3~10 mm/a，而且有新的变化出现	开裂或错台长度 $L<5$ m，且宽度 B 在 3~5 mm 之间；裂缝有发展，但速度不快	剥落规模小，但可能对列车造成威胁；拱顶压溃范围 $S<1$ m^2，剥落块体厚度大于 3 cm
C（中等）		有变形，但速度 $v<3$ mm/a	开裂或错台长度 $L<5$ m，且宽度 $B<3$ mm。	压溃范围很小
D（轻微）		有变形但不发展，而且对使用无影响	一般龟裂或无发展状态	个别地方被压溃

10.5.3 衬砌渗漏水劣化等级评定

隧道衬砌渗漏水劣化等级评定见表 10-10、表 10-11。

表 10-10 pH 值与隧道衬砌腐蚀程度等级

腐蚀程度等级		pH 值	对混凝土的作用
A	AA（极严重）		
	A1（严重）	<4.0	水泥被溶解，混凝土可能出现崩裂
B（较重）		4.1～5.0	在短时间内混凝土表面凹凸不平
C（中等）		5.1～6.0	混凝土表面容易变酥、起毛
D（轻微）		6.1～7.9	视混凝土表面有轻微腐蚀现象

表 10-11 隧道衬砌渗漏水劣化等级评定

渗漏水危害等级		隧道状态
A	AA（极严重）	水突然涌入隧道，淹没轨面，危及行车安全；电力牵引区段，拱部漏水直接传至接触网
	A1（严重）	隧道底部冒水，拱部滴水成线，严寒地区边墙淌水，造成严重翻浆冒泥、道床下沉，不能保持正常的轨道几何尺寸，危及行车安全
B（较重）		隧道滴水、淌水、渗水及排水不良引起洞内局部道床翻浆冒泥
C（中等）		漏水使道床状态恶化，钢轨腐蚀，养护周期缩短，继续发展，将来会升至 B 级
D（轻微）		有漏水，但对列车运行及旅客安全无威胁，并且不影响隧道的使用功能

10.5.4 衬砌冻害劣化等级评定

在严寒地区，地下水或地表水进入隧道后，冻结成冰，造成隧道功能受损害，称为冻害。根据冻害现象，冻害类型可分为挂冰、冰锥、冰塞、冰楔、围岩冻胀、衬砌材质冻融破坏和衬砌冷缩开裂等 7 种。隧道衬砌冻害等级评定见表 10-12。

表 10-12　隧道衬砌冻害劣化等级的评定

冻害等级		隧道状态
A	AA（极严重）	冻溜、冰柱、冰锥等不断发展，侵入限界，危及行车安全； 接触网及电力、通信、信号的架线上挂冰，危及行车安全和洞内作业人员安全； 道床结冰，覆盖轨面，严重影响行车
	A1（严重）	避车洞内结冰不能使用，严重影响洞内作业人员的安全； 冰楔和围岩冻胀的反复作用使衬砌变形、开裂并构成纵横交错的裂纹
B（较重）		冻融使衬砌破坏比较严重； 冻融使道床翻浆冒泥，轨道几何尺寸恶化；
C（中等）		冻害造成衬砌变形、开裂，但裂纹未形成纵横交错； 冻融使衬砌破坏，但不十分严重； 冻害使洞内排水设施破坏； 冻融使线路的养护周期缩短
D（轻微）		有冻害，但对行车安全无影响，对隧道使用功能影响轻微

10.5.5　衬砌材料劣化等级评定

隧道衬砌材料劣化等级的评定见表 10-13。

表 10-13　隧道衬砌材料劣化等级评定

劣化等级		混凝土衬砌腐蚀
A	AA（极严重）	衬砌材料劣化严重，经常发生剥落，危及行车安全；衬砌厚度为原设计厚度的 3/5，但混凝土强度大大降低
	A1（严重）	衬砌材料劣化，稍有外力或振动即会崩塌或剥落，对行车产生重大影响； 腐蚀深度 10 mm，面积达 0.3 m²； 衬砌有效厚度为设计厚度的 2/3 左右
B（较重）		衬砌剥落，材质劣化，衬砌厚度减少，混凝土强度有一定的降低
C（中等）		衬砌有剥落，材质劣化，但发展较慢
D（轻微）		衬砌有起毛或麻面蜂窝现象，但不严重

10.6 隧道衬砌养护维修对策设计

隧道衬砌结构的养护维修与加固设计，是建立在隧道状态检测基础上的，通过对监测数据的分析、衬砌诊断和当前隧道健康状态的评估，采取相应的措施对拱顶开裂、边墙开裂、衬砌厚度偏薄、背后有空洞等进行结构治理，同时也要对问题段的围岩进行加固处理。

10.6.1 基本原则

对策设计时，应综合考虑劣化现象、地形及地质等环境条件、衬砌结构，以及由此推定的劣化原因和健全度的分级等，选择最合适的设计方法进行设计。

劣化对策设计时，应正确掌握劣化现象的表现方式、环境条件（地形、地质、气象、地震等）、结构条件（隧道结构形状、维修状况等）。在设计中，多以参考过去的事例并基于经验的判断来进行。

1. 衬砌补强设计原则

设计时，应考虑对策施工后确保列车运行的安全性以及施工中的安全性、对策的施工性、耐久性及经济性等而进行规划。衬砌补强作业一般都是利用列车天窗时间进行，因此确保列车安全运行是前提条件。为此，应满足以下要求：

（1）不侵入建筑限界（确保对策施工后的限界富余）。

（2）确保轨道走行的安全性（轨道不能产生超过轨道整备基准的位移）。

（3）保持衬砌的稳定（不产生衬砌的剥落等）。

除满足上述要求外，还应考虑以下事项，进行设计规划：

（1）安全施工。在施工中，一边要确保列车安全运行，一边还要设置临时设备，通常是很困难的，为此，要仔细调查设置的条件进行设计。

（2）施工可操作性。利用天窗时间进行对策施工时，因隧道断面小，不能全部有足够的作业空间，而且照明条件也不好，架空线也需要保护等，施工条件限制很多，为此，要求对策具有良好的施工可操作性。

（3）充分的耐久性。隧道不能频繁地进行对策施工，因此要具有长期的耐久性。

（4）经济的施工方法。

（5）其他。设计时，除地压产生的劣化现象外，也要充分掌握隧道衬砌、排水、基床构造等，同时也要掌握隧道衬砌的构造缺陷和劣化、漏水等状态，并反映到设计中。因此，在对策设计时，可根据本书提示的补强方法，并结合隧道现场的具体条件选择合适的方法。

必要时，为确认对策的补强效果，应进行量测，这一点也要在设计计划中体现。

2. 衬砌补强等级

在进行对策设计时，按 4 级进行补强等级的分级。

（1）塑性地压场合的补强等级。

因塑性地压发生劣化的场合如表 10-14 所示。首先根据劣化的发展性进行补强等级的分级，再根据衬砌结构和劣化现象预计的地压规模修正等级，最后决定补强等级。

表 10-14 衬砌补强等级分级（塑性地压）

补强等级	Ⅰ	Ⅱ	Ⅲ	Ⅳ
劣化的发展性 （净空位移速度基准）	有 （小于 3 mm/a）	稍大 （3~9 mm/a）	大 （大于 9 mm/a）	极大 （大于 2 mm/mon）

注：（1）尽管结构没有缺陷（厚度、强度充分，背后没有空洞，施工缝没有结构上的缺陷），但劣化在发展的场合应将补强等级提高一级。
（2）产生压溃及剪切开裂的场合和产生极大轴力的场合，补强等级应提高一级。
① 产生压溃及剪切开裂的场合（长度小于 3 m）；
② 产生宽度大的拉伸开裂或错动（3 mm 以上）的场合；
③ 产生多数拉伸开裂并行的场合；
④ 根据应力测定，衬砌的轴力极大的场合。
（3）相当于以下场合的，应按补强等级Ⅳ级处理。
① 净空位移呈加速度发展的场合；
② 尽管有仰拱，但劣化仍在发展的场合；
③ 压溃及剪切开裂，长度大于 3 m 的场合。
（4）限界富余非常小的场合，宜适当提高补强等级。
（5）路基有劣化时，宜提高补强等级。

表 10-14 的适用条件如下：

① 净空位移速度表示的数值系指一般断面的隧道、没有仰拱的隧道和没有任何结构缺陷的隧道。

② 考虑劣化的发展性，补强等级应提高一级。

③ 结构缺陷（衬砌构造）。尽管衬砌没有构造缺陷但有劣化在发展的趋势，可能是地压大造成的，因此补强等级应提高一级。

④ 劣化现象。压溃、剪切开裂、张开较大的拉伸开裂、错动等的存在，说明衬砌受到较大的断面力。同时，在素混凝土衬砌中，如果轴力小，可单独产生因弯曲引起的拉伸开裂，但轴力大和开裂开口小，会产生复数的开裂。为此，素混凝土衬砌发现复数的拉伸开裂，就说明有很高的轴力作用。

如上所述，预计衬砌有很大断面力产生的劣化现象的场合，就应考虑地压的规模较大，应把补强等级提高一级。

（2）偏压隧道结构的补强等级。

偏压隧道结构产生的劣化多集中在以拱部为中心的部位。因此，对拱部的稳定性评价是很重要的。为此，如表 10-15 所示，首先根据拱部的劣化程度（开裂的发展、变形、回转、移动）和发展性进行补强等级的分级，再考虑衬砌结构（特别是拱部的缺陷）坡面状况进行修正。

表 10-15 补强等级（偏压）

补强等级	Ⅰ	Ⅱ	Ⅲ	Ⅳ
拱部的劣化现象	山侧肩部发生轴向开裂	山侧肩部以外部分发生轴向开裂	压溃或剪切开裂	拱部变形、断面轴回转或移动
劣化的发展性 （净空位移速度基准）	有（小于 3 mm/a）		稍大（3~9 mm/a）	大（大于 9 mm/a）

注：有关说明同表 10-14。

（3）围岩松弛垂直地压场合的补强等级。

在这种场合，拱部的混凝土剥落是主要的。为此，如表10-16所示，首先根据拱部的劣化程度（特别是开裂的发展、崩落的可能性）和发展性进行补强等级的分级，再根据衬砌结构、上部围岩状况等进行修正。

表10-16 衬砌补强等级（垂直地压）

补强等级	Ⅰ	Ⅱ	Ⅲ	Ⅳ
拱部的劣化现象	拱部发生轴向拉伸开裂	发生交叉拉伸开裂（轴向、纵向）	发生以下开裂： （1）放射状开裂； （2）块体开裂； （3）压溃或剪切开裂	拱部劣化显著（有崩落可能）
劣化的发展性（净空位移速度基准）	有（小于3 mm/a）	有（小于3 mm/a）	稍大（3~9 mm/a）	大（大于9 mm/a）

注：尽管结构没有缺陷但发现劣化的场合，因地压大，应与塑性地压同样考虑，将补强等级提高一级。反之，拱部构造缺陷显著的场合（厚度非常薄、背后有很大的空洞或接缝的缺陷显著），因构造承载力小，只要劣化有很小的发展，就会降低拱部的稳定性，因此应同时采取补强构造缺陷的对策。另外，对于隧道上部的围岩松弛围岩内有空洞的场合，松弛地压可能增大，事前要把空洞填充好。如认为松弛和空洞有继续发展，应根据衬砌的状况按补强等级Ⅳ级处理，并采取加强围岩补强的对策。

3. 衬砌补强对策的选择

在进行对策设计时，不仅要考虑作用地压、隧道衬砌构造，还要充分理解各种对策的特性，并加以应用。从补强效果、施工性、经济性等观点出发，下面以回填压注、锚杆补强、内衬及内表面补强作为标准的对策。

（1）回填压注。

衬砌背后有空洞，因地压产生的衬砌变形，不能承受被动地压，衬砌易于变形，劣化程度也比较大。不管地压的状态如何，向衬砌背后回填压注是最有效的、最基本的对策。

（2）锚杆补强。

锚杆补强对隧道壁面向净空侧的变形具有内压效果。同时与新建隧道的锚杆不同，为了积极发挥锚杆的作用，应加入预应力。

（3）内衬。

内衬是在衬砌显著变化、劣化损伤显著而全面改建又不可能的场合，用以代替与加强混凝土衬砌而采用的。

（4）内表面补强。

采用碳纤维、玻璃纤维等板材张贴在衬砌内表面，或者张贴钢板，作为抗拉材料控制开裂的开口和衬砌的变形，防止衬砌掉块、剥落、剥离。该对策在净空断面没有富余的场合也能采用。

10.6.2 养护维修对策设计

1. 回填压注设计

研究隧道劣化对策时，衬砌背后和围岩间有空洞时，应采用回填压注。编制回填压注计划时，应充分调查地形、地质、空洞的分布大小、衬砌的状况、涌水的状况及施工条件等。

隧道衬砌应与围岩密贴，使其能够在承受均匀荷载的同时，还能够产生充分的地层反力，这是极为重要的。但在目前的施工技术条件下，特别是在用传统的矿山法施工的条件下，衬砌背后和围岩间留有空洞的现象，常常是不可避免的。此空洞的存在，使衬砌受到不均匀的荷载作用，不能产生充分的地层反力，为此，作为基本的劣化对策，应采用回填压注。

在用喷锚构筑法施工的隧道中，因混凝土与围岩是密贴的，背后空隙较少，回填压注的必要性也小。但在采用喷锚构筑法初期，在二次衬砌与喷混凝土之间，仍然可能留有空隙，应加以注意。

下列难以采用回填压注的情况应充分注意：

（1）涌水大的场合（要认真选择压注材料，同时研究采用排水孔等降低水位的措施）。

（2）衬砌厚度不足的场合（有效厚度20 cm以下，与内衬、内表面补强等并用）。

（3）衬砌材质不良的场合（单轴抗压强度在9 MPa以下，与内衬、内表面补强并用，必要时加以改建）。

（4）衬砌开裂或断面缺陷显著，压注材料有可能流入隧道的场合（有必要采取修复断面或其他防止流入的措施）。

（5）存在背后排水堵塞问题的场合（背后排水堵塞有可能诱发其他劣化的场合，应与降低水位的方法并用）。

在进行回填压注调查时，掌握背后空洞的有无及其大小是非常重要的。

回填压注的设计应基于调查获得的资料，确定压注范围、压注量和具有充填效果的压注材料、压注方法、压注管的配置等。同时，压注材料的选定应考虑地质、空隙的大小、涌水状况等，同时具有良好的施工性和经济性。

2. 锚杆补强设计

采用锚杆补强的目的是控制因塑性地压和偏压造成的劣化的发展，同时防止衬砌的掉块。其中前一个目的，是用锚杆把围岩连成一体，防止围岩强度的降低，从而控制劣化的发展。

在膨胀性围岩有很大地压作用的场合，可用灌浆锚索代替锚杆。

（1）如能用锚杆把周围的围岩确实地锚固，就可以获得衬砌的加强效果。因此，在调查中确认围岩条件对能否获得确实的加强效果是很重要的。

（2）在编制锚杆补强计划时，要进行劣化调查，恰当评价劣化现象及程度。

（3）进行锚杆补强设计时，为了获得锚杆补强效果，应根据劣化程度、周边围岩状况、限界富余，隧道断面形状、尺寸等的调查结果，对锚杆材料、锚固材料、尺寸及其配置、拉拔力及预应力、对策范围等予以充分研究并分别进行设计。

3. 内衬补强设计

内衬原则上采用钢纤维混凝土。设计时，应充分调查因地压造成的劣化现象、限界富余、衬砌状况及施工条件等。

内衬作为隧道的劣化对策应用较多，其目的是对付地压、衬砌劣化、涌水及冻害等。仅作为地压对策而采用内衬时，应注意以下事项：

（1）内衬作为隧道衬砌补强时，可采用在混凝土中掺加钢纤维，或与拱架补强共同使用，或采用钢筋混凝土。因隧道的净空断面受到限制，内衬的厚度通常都比较小（150 mm 以下），同时因作业空间狭小，内衬采用钢筋混凝土结构时，常常不能确保保护层的厚度。因此，内衬原则上采用钢纤维混凝土。

纤维混凝土的纤维材料有钢纤维、玻璃纤维、尼龙和树脂纤维等，但若以含粗骨料的混凝土补强，则一般都采用钢纤维。

钢纤维混凝土施工时，应参考《钢纤维混凝土设计施工指南》。

（2）编制计划时，应根据劣化调查，恰当地评价劣化现象和劣化程度，另外应注意调查限界富余量、衬砌状况和施工条件。

① 限界富余量。

作为地压对策的内衬厚度一般采用 70～90 mm，限界至少要有这样的富余。因此，要用断面测定等方法，确认断面的富余量。不能确保限界富余的场合，要从衬砌结构的稳定上详细研究凿除表面的可能性。

② 衬砌状况。

应调查衬砌厚度和衬砌表面的劣化状态、边墙底部的构造、漏水、冻结状态等，取得计划、设计所需的资料。同时，移设和防护隧道内各种设备有困难时，也要事前调查清楚。

③ 施工条件。

选择内衬施工方法时，除要调查劣化程度和限界富余量外，还要调查作业距洞口的距离和作业时间等施工条件。

在内衬设计中，应根据劣化程度、限界富余、隧道断面形状、尺寸等，对材料、厚度及方法、对策范围、防止漏水等进行合理的设计。

纤维掺加率在 1.5% 以下的钢纤维混凝土，抗拉强度大致与混凝土相等。因此，钢纤维混凝土构件开裂发生的断面力，与混凝土比较并没有改善很大。在钢纤维混凝土构件中，因钢纤维能够在开裂发生后保持荷载的性能，起到分散开裂的效果，可以期待提高构件的承载力和变形性能。

采用解析方法设计内衬时，应着重钢纤维混凝土的性能，即开裂发生后也能够保持荷载的性能。

4. 衬砌拱架补强设计

补强拱架一般与内衬同时使用。

计划时，应充分调查劣化现象、限界富余、衬砌状况及施工条件等。

补强拱架除抵抗地压外，还有防止劣化衬砌剥落和补强有效厚度小的衬砌的目的，同时也可作为回填压注时的防护措施。

补强拱架单独使用的补强效果很小，与韧性的内衬并用则会增强其效果。在地区规模小的场合，也可以与能够防止剥落的金属网并用。在地压较大的场合也可与内衬并用。

单独使用时，应调查衬砌的剥落状况。

设计补强拱架时，应充分研究以下条件进行设计：

（1）材料。

（2）尺寸及间距。

（3）对策范围。

（4）其他（结构细节）。

在补强拱架设计中，要根据劣化程度、限界富余、隧道断面形状、尺寸等，合理地设计材料、尺寸及间距、对策范围和底脚、楔紧、接头等结构细节。

单独采用补强拱架的场合以及地压规模小的场合，可采用计算方法设计补强拱架。

5. 衬砌内表面补强设计

内表面补强方法有采用碳纤维、尼龙纤维、玻璃纤维等的纤维板黏着方法和钢板黏着方法。在纤维板黏着方法中，作为隧道劣化对策，采用碳纤维板的比较多，采用尼龙纤维、玻璃纤维的比较少。

这两种施工方法的特征和施工要点如下：

（1）纤维板黏着方法。

① 净空断面的确保。

纤维板黏着方法如图10-7所示，与其他补强方法比较，它是净空断面减小最少的方法。

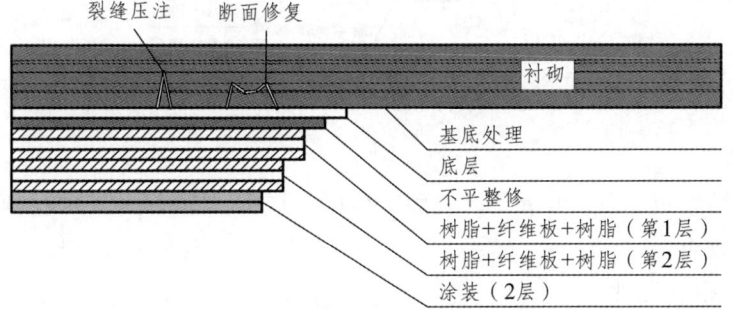

图10-7 纤维板黏着方法的断面

② 补强效果。

因在衬砌内表面黏着纤维板，故采用该法补强后的衬砌可以承受的衬砌内表面产生的拉应力。一般来说，该法可以控制弯曲开裂的开口，同时有防止剥落的效果。

③ 施工性。

a. 纤维板用含浸、黏着树脂的黏着作业是中心环节，施工比较容易。

b. 只用手工作业，不需要大型机械等，不受施工空间的制约。

c. 纤维板能够比较灵活地适应结构物的形状。

d. 可根据层数的增减调节补强量。

e. 轻，可搬性好，易于搬入，施工容易。

④ 耐久性、耐腐蚀性。

不生锈，且因被树脂覆盖，能够防止衬砌劣化。

⑤ 施工要点。

a. 受压力的场合，不能期待补强效果。

b. 含浸、黏着树脂是可燃物。

c. 衬砌混凝土劣化严重、混凝土强度小的场合，不能期待补强效果。

d. 含浸、黏着树脂的强度发展需要时间，因此，要使施工过后在列车风压作用下不发生剥离现象，就要采取防止剥离的措施。同时，在施工环境寒冷的场合，黏着强度的发展也需要很长时间，更要引起注意。

e. 玻璃纤维、尼龙纤维没有导电性，碳纤维有导电性。

（2）钢板黏着方法。

① 净空断面的确保。

钢板黏着方法如图 10-8 所示，是把钢板黏着在衬砌表面的方法。要确保钢板与衬砌间有数毫米的树脂厚度，安装时用锚栓固定。为此，与纤维板黏着方法比较，该法会损失一点净空断面，但与其他补强方法比较，该法也是净空断面减小比较少的方法。

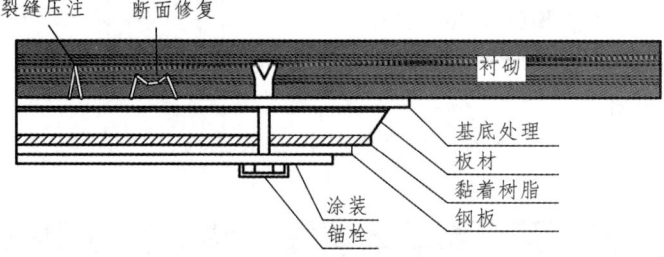

图 10-8　钢板黏着方法的断面

② 补强效果。

衬砌内表面用钢板黏着，可承受内表面产生的拉应力，特别是能够控制弯曲开裂的开口，并有防止剥落的效果。

③ 耐久性、耐腐蚀性。

因被钢板覆盖，能够抑制衬砌劣化。

④ 注意事项。

a. 钢板比纤维板的重量大，施工性差。

b. 衬砌混凝土劣化显著、混凝土强度小的场合，不能期待补强效果。

c. 钢板会腐蚀，应定期涂装。

d. 钢板有导电性。

采用内表面补强方法时，应根据劣化调查和衬砌裂损劣化评定等级的要求，对劣化的衬砌表面状态、天窗时间等施工条件进行充分的调查。

为了发挥内表面补强对策效果，纤维板、钢板要满铺在衬砌的表面，与衬砌间应确实黏着。因此，在调查中，要切实掌握衬砌表面的污染和衬砌材料的劣化、开裂、漏水、结露等状态，以为设计取得必要的资料。

衬砌内表面补强因是采用环氧树脂黏着方法，掌握施工作业可能时间（天窗时间和搬入、搬出距离）和洞内气温是很重要的，同时也要调查通风条件、电缆等洞内设备等状况。

10.7 隧道渗漏水及其整治

10.7.1 隧道渗漏水形式及危害

1. 隧道衬砌渗漏水现象

隧道衬砌渗漏水现象一般表现为渗、滴、淌、涌几种。

"渗"是指地下水从衬砌外慢慢地向内透入，使衬砌背水面出现面积大小不等的湿渍。

"滴"是指水滴间断地脱离衬砌落下，有时连续滴水，也称作滴水成线。

"淌"是指漏水现象在边墙上的反映，水连续地顺边墙内侧流淌而下。

"涌"是指有一定压力的水冒出。

关于"滴水"和"不滴水"，我国目前尚无定量指标。根据我国铁路运营隧道的经验，对于一般隧道，要求衬砌起拱线以上部位不滴水成线；对于电力牵引隧道、寒冷和严寒地区隧道、含侵蚀性地下水隧道地段，以及设计对隧道防水有严格要求的地段或部位，则要求做到衬砌基本不渗水。关于滴水，英国的隧道防水标准定义为至少为 3~4 滴/min。

2. 隧道衬砌结构渗漏水形式

隧道衬砌结构渗漏水形式可分为点漏、线漏和面漏三种。

点漏的表现形式主要为衬砌混凝土蜂窝、孔洞渗漏水。

线漏指连续的或有一定规律的，并以线状渗漏为主要表现形式的渗漏现象，包括施工缝、变形缝（沉降缝和伸缩缝）和裂缝处的渗漏。

面漏指混凝土大面积潮湿或渗水。

3. 隧道衬砌渗漏水的危害

衬砌渗漏水会对隧道造成以下影响和危害：

（1）使隧道内空气潮湿，金属设备及钢轨锈蚀严重。

（2）使电力牵引、通信、信号等器材绝缘性能降低，影响行车安全。特别是严寒地区，常由于滴水挂冰引起接触网短路、放电跳闸等事故。

（3）当围岩中地下水具有侵蚀性时，由于混凝土衬砌受到侵蚀介质的经常作用，混凝土出现起毛、酥松、麻面蜂窝、起鼓剥落、孔洞露石、骨料分离等材质破坏，严重者呈豆渣状，腐蚀病害将导致衬砌失去对围岩的支护作用。

（4）隧底积水，特别是隧底涌水，往往造成道床基底软化或掏空，或使道床下沉或开裂。寒冷和严寒地区的隧道，冬季衬砌漏水会引起衬砌挂冰侵限，衬砌背后积水会造成衬砌冻胀开裂，隧底涌水会产生道床结冰等病害；遇冻胀性围岩，若隧底排水不畅，加之未设仰拱，底部会产生冻胀而造成线路不均匀隆起，如不及时处理势必威胁行车安全。

10.7.2 隧道渗漏水原因分析

（1）对隧道地区地下水的赋存、运移和动态的特征缺乏深入的认识，提出的隧道防排水设计方案针对性不强。

（2）衬砌施工工艺不规范，未能达到设计的抗渗性能指标。隧道开挖爆破施工，使围岩受到不同程度振动，除影响其整体性和稳定性外，还可能引起原地下水系的变化，同时衬砌背后回填施工又不可避免地存在空隙，岩石中的水必然积聚在衬砌背后，一旦混凝土浇筑出现振捣不密实、厚度不够等弊病，就会使衬砌混凝土抗渗能力降低，引发隧道渗漏水病害。

（3）隧道防水板在铺设过程中可能出现破损严重、焊缝接头不密实、铺设过紧或过松等，将极大地影响防水功能。造成防水板破损的原因很多，如：

① 喷混凝土基面或围岩表面凹凸不平，防水板铺设过紧或过松；
② 锚杆突出喷混凝土基面，防水板直接与之接触；
③ 灌注混凝土时导致防水板过度紧绷，使结合部位拉开；
④ 钢筋混凝土绑扎钢筋时将防水板刺穿。

（4）施工缝、变形缝未处理好，造成地下水从接缝处渗漏。大量工程实践表明，防水层在施工期间和运营期间会受到各种损伤，当地下水压较大时，水会穿透防水层。在这种情况下，混凝土衬砌施工缝和变形缝作为结构防水中最薄弱的环节，地下水易从此处渗出。

（5）排水盲管、盲沟堵塞，地下水不能顺畅地从盲管（沟）中排出，造成衬砌背后的水压升高，从衬砌薄弱环节处渗漏。

（6）防水材料性能指标过低，不能满足隧道防水要求。

（7）隧道防排水检测技术落后，没有系统的防排水检测指标，防水施工质量难以控制。

10.7.3 隧道渗漏水整治

1. 隧道渗漏水整治原则

（1）隧道工程渗漏水整治应遵循"堵排结合、因地制宜、刚柔相济、综合治理"的原则。

（2）整治渗漏水时应掌握工程原防排水系统的设计、施工、验收资料。

（3）整治施工时应按先顶（拱）后墙后底部的顺序进行，尽量少破坏原有完好的防水层。

（4）有降水和排水条件的地下工程，整治渗漏水前应做好降水和排水工作。

（5）整治过程中应选用无毒、低污染的材料。

（6）整治过程中的安全措施、劳动保护必须符合有关安全施工的规定。

（7）隧道工程渗漏水整治，必须由防水专业设计人员和有防水资质的专业施工队伍完成。

2. 隧道渗漏水整治措施

（1）对于大面积严重渗漏水，可在衬砌背后和衬砌内部先采用注浆止水或引水等措施，待基面干燥后用掺外加剂防水砂浆、聚合物水泥砂浆、挂网水泥砂浆或防水涂层等进行处理，引水孔最后封闭。必要时，采用贴壁式混凝土衬砌加强。

（2）对于大面积一般渗漏水和漏水点，可先用速凝材料堵水，再做防水砂浆抹面或防水涂层加强处理。

（3）对于较大裂缝的渗漏水，可用速凝浆液进行衬砌内注浆堵水；渗水量不大时，可进行嵌缝或衬砌内注浆处理，表面用防水砂浆或防水涂层加强。

（4）对于仍在变形过程中，尚未稳定的结构，应待其稳定后再进行处理。

（5）有自流排水条件的工程，除应做好防水措施外，还应采用排水措施。

（6）需要补强的渗漏水部位，应选用强度较高的注浆材料，如水泥浆、超细水泥浆、环氧树脂、聚氨酯等浆液，必要时可在止水后再做混凝土衬砌。

（7）锚喷支护工程可采用引水带、导管排水，喷涂快凝材料及化学注浆堵水。

（8）特殊部位渗漏水处理可采用以下措施：

① 变形缝和新旧结构接头应先注浆堵水，再采用嵌填膨润土止水条、遇水膨胀止水条、密封材料或设置可卸式止水带等方法处理。

② 穿墙管和预埋件可先用快速堵漏材料止水，再采用嵌填密封材料，涂抹防水涂层、水泥砂浆等措施处理。

③ 施工缝可根据渗水情况采用注浆、嵌填密封防水涂料及设置排水暗槽的方法处理，表面增设水泥砂浆、涂层防水层等加强措施。

3．隧道渗漏水整治材料的选用

（1）衬砌背后注浆宜选用特种水泥浆，掺有膨润土、粉煤灰等掺合料的水泥浆、水泥砂浆。

（2）衬砌内部注浆宜选用超细水泥浆、环氧树脂和聚氨酯等化学浆液。

（3）衬砌抹面材料应选用掺各种外加剂、防水剂、聚合物乳液的水泥净浆、水泥砂浆、特种水泥砂浆等。

（4）涂料防水材料宜选用水泥基渗透结晶型防水涂料、聚氨酯类、硅橡胶类、水泥基类、聚合物水泥类、改性环氧树脂类、丙烯酸酯类、乙烯-醋酸乙烯共聚物类（EVA）等涂料。

（5）导水、排水材料宜选用塑料排水板、铝合金及不锈钢金属排水槽、土工织物与塑料复合排水板、渗水盲管等。

（6）嵌缝材料宜选用聚硫橡胶类、聚酚酯类等柔性密封材料或遇水膨胀止水条。

4．隧道渗漏水整治施工工艺

（1）凿槽引排。

凿槽引排适用于隧道有明显渗漏且渗流量较大的部位，多用于施工缝、变形缝的处理。其施工工艺流程为：定槽位→开槽→埋管→槽身封堵→养护，见图10-9。

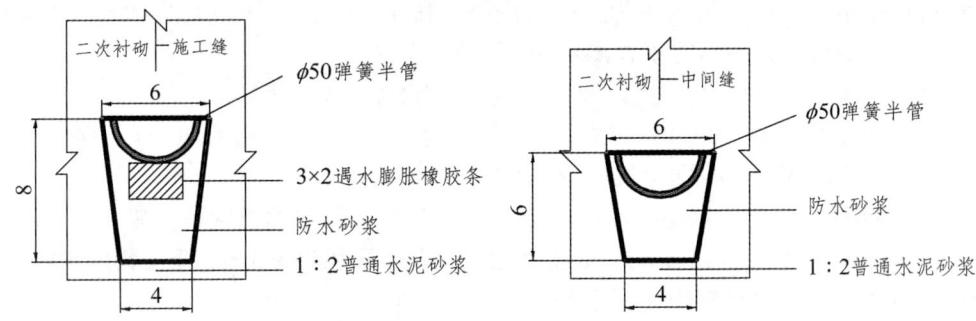

图10-9 凿槽埋管引排示意（单位：cm）

（2）钻孔引排。

在拱部、拱脚、边墙施工缝渗漏处及边墙、起拱线等漏水较严重部位或地下水丰富地段，从渗水点向下沿衬砌表面凿成楔形槽。钻引水孔，钻孔长度一般为 2 m，孔径 50 mm，孔中塞 ϕ30 mm PVC 花管，管外以无纺布包紧，外缠细铁丝固定。管两头以麻筋、破布塞紧。埋设排水管，排水管为半圆形 ϕ100 mm PVC 管，凹槽向内，钢卡固定，用 M20 防水砂浆填充并在砂浆面上刷涂防水材料，如图 10-10 所示，最终将围岩和衬砌背后的水通过排水管引至隧道侧沟。

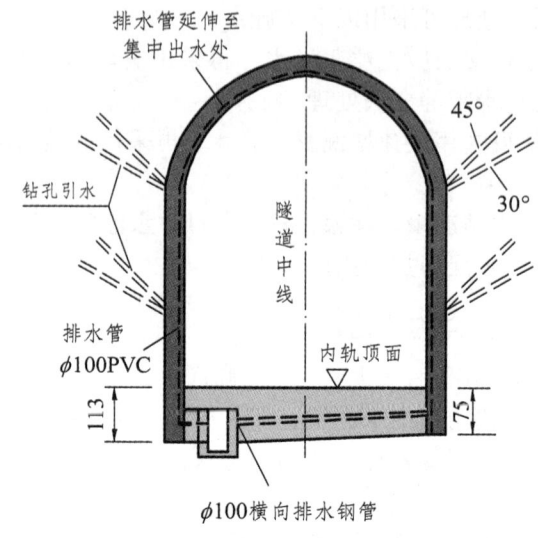

图 10-10　钻孔引排（单位：cm）

（3）衬砌内部化学注浆。

衬砌内部注浆适用于点漏、缝漏和面漏等各种形式的渗漏，通过埋设注浆嘴，将化学浆液灌注到混凝土的缺陷部位填充空隙，浆液遇水膨胀，达到堵漏止水目的。

选择化学浆液应掌握两个原则：一是浆材的可灌性，即所选化学浆材必须能够灌入裂缝，充填饱满，灌入后能凝结固化，达到补强和防渗加固的目的；二是浆材的耐久性，即所选用化学浆材在使用环境条件下性能稳定，不易起化学变化。

化学注浆可分为骑缝钻孔注浆和斜缝钻孔注浆。

① 斜缝钻孔衬砌内部化学注浆。

斜缝钻孔化学注浆的工艺流程为：缝清洗→钻孔→清孔、埋管→表面封缝→通风检查→浆液配置→注浆→封孔处理→待凝检测→表面处理。

a. 缝清洗：对缝面用高压水进行清洗，直至清晰地露出裂缝为止。

b. 钻孔：在缝中心线 10~15 cm 两侧钻斜孔，孔径 18 mm，孔距 40 cm，深浅孔交替布置。浅孔深 25~30 cm，倾角约 45°；深孔深 40~45 cm，倾角约 70°。

c. 清孔、埋管：用高压水将孔清洗干净，每孔分上下两层埋设两根注浆管，一进一出。下层管径为 8 mm，埋至距孔底 5 cm，为主注浆管；上层管径为 8 mm，埋入孔内 10 cm 左右，为排水排气回浆管。埋设材料用速凝水泥。

d. 表面封缝：用玻璃丝布或堵漏灵剂进行封堵，应保证封堵密闭可靠。

e. 通风检查：待埋管材料有一定强度后，在裂缝和管口处涂少量肥皂水，采用 0.2 MPa 的风压进行通风检查。对于盲孔，应在附近重新打孔埋管。

f. 注浆：先灌深孔，从下层进浆管开始注浆，待上层回浆管排出孔内水、气后，封闭回浆管。根据吸浆量情况逐步升至设计压力，当吸浆率小于 1 mL/min 时，应保持压力延续灌注 30 min 即可扎管待凝。4~5 h 后检查注浆效果，对管口不饱满的胶管进行第二次注浆，直至饱满。对于垂直缝，注浆顺序为从底部向上部注浆；对于纵向缝，从缝的一侧向另一侧注浆。

g. 注浆过程监控：加强结构的动态变形监测，如出现异常应及时降压并采取相应措施。

h. 质量检查：化学注浆结束 14d 后，采用检查孔压水和钻孔取芯相结合的方法进行质量检查。检查孔压水采用单点法，压力 0.5 MPa，孔径 28 mm，孔深 30 cm，合格标准透水率 q≤0.1Lu。钻孔取芯的孔径 89 mm，孔深浅于注浆孔 10 cm，浆液填充应饱满。

② 骑缝钻孔衬砌内部化学注浆。

骑缝钻孔化学注浆的施工工艺基本与斜缝钻孔注浆相同，只是注浆嘴的布置不同，注浆嘴直接布置在缝上，而不是缝的两侧。

（4）衬砌背后注浆。

衬砌背后注浆主要适用于拱部大面积的严重漏水现象。隧道衬砌出现大面积渗漏的原因为混凝土本身存在质量缺陷、衬砌背后有空洞、衬砌内部有裂隙或蜂窝麻面等。隧道衬砌的大面积长期渗漏可能导致衬砌与围岩间出现空洞，恶化衬砌的受力状态。

① 施工准备：包括水电设备、搭脚手架和人员培训等。

② 放线定位：在注浆段按注浆孔布置平面图和剖面图，确定钻孔位置，钻孔深度和间距应根据隧道渗漏水情况决定，一般按梅花形布置。

③ 风钻钻孔：在确定好的孔位上，用电动凿岩机钻孔，方向与衬砌表面垂直。

④ 注浆管安装：注浆管前端为花管，插入钻孔后用止浆塞堵住注浆管与孔壁间的空隙，外接注浆设备。

⑤ 接管注浆：用胶管把注浆管与注浆泵相连，先注水试机，再注浆止水，根据注浆压力或已注浆量确定是否结束该孔注浆。

⑥ 封堵注浆孔：用气割枪割除注浆管尾部，用快硬水泥砂浆填充注浆管。在管口 2 cm 处，封堵快凝砂浆，最后用 SWF 混凝土密封胶涂刷两遍。

⑦ 注浆注意事项：注浆压力不宜过高，能克服管道阻力即可，压力宜控制在 0.2~0.3 MPa，最高不得超过 0.5 MPa。注浆过程中要注意观察结构的动态变形，如衬砌发生变形，立即降低压力或停注。注浆应由低处向高处，由无水处向有水处依次压注，以利于充填密实，避免浆液被水稀释离析。当漏水较大时，应分段留排水孔，以免水压抵消注浆压力；最后的排水孔可进行封堵或引排到隧道侧沟。注浆需连续作业，不得任意停泵，以防砂浆沉淀，堵塞管路，影响注浆效果。注浆过程如发生施工缝、变形缝、裂缝漏浆，可用快凝砂浆堵漏后继续注浆。若冒浆或跑浆严重，需关泵停压，待 2~3d 后进行二次压注。

10.7.4 隧道防排水系统维护

1. 隧道排水系统沉积堵塞现象

地下水中含有 CO_2 和碳酸，而且压力越大、温度越低，地下水所含的碳酸越多。碳酸具有侵蚀性，能溶解碳酸钙直至碳酸钙-钙酸平衡为止。在周边环境没有发生变化时，这个平衡一直保持稳定。当地下水进入排水系统时，通常压力减少，CO_2 逸出，此平衡被破坏，造成碳酸钙沉积。如果地下水在进入隧道排水系统前已与水泥注浆材料、喷混凝土、混凝土发生较长时间的接触，则会溶解水泥中的各种物质，造成碳酸钙沉积数量大大增加。另外，温度也是一个重要因素，尤其是在夏天。当冰冷的地下水进入温度较高的隧道排水系统中，水温升高将会引起碳酸钙溶解能力的下降，造成碳酸钙沉积。温度的升高、压力的下降和 pH 值的升高都是形成碳酸钙沉积的重要因素。隧道排水系统中碳酸钙沉积速度远比人们想象的要快，有些隧道几年内就超过了 10 cm。因此，通常应对排水系统进行定期维护，清除沉积物，确保排水系统畅通。

2. 隧道排水系统维护方法

我国对铁路隧道排水系统的维护工作尚不够了重视，主要是对两侧水沟进行简单清理。国外对隧道排水系统的维护相当重视，主要有以下三种方法：

（1）采用高压水冲洗。

欧洲隧道排水管每隔一定距离（不超过 100 m）设置检查井，排水系统的维护通过检查井进行。通常采用高压冲洗吸出法，高压水泵的压力为 15～20 MPa，每个喷头处的总出水量为 500L/min，以清除排水管中的沉积物。在冲洗时，必须注意所采用的方法是否适宜于管道的材料，以避免损害管壁。高压水冲洗所用设备比较大，冲洗作业会影响运营，而且冲洗的费用比较高，因此欧洲目前正研究采用其他排水系统维护方法。

（2）用硬度稳定剂进行排水系统维护。

由于传统的高压水冲洗方法比较麻烦、费用高，目前欧洲在一些隧道中采用硬度稳定剂进行排水系统维护。这种方法比传统的冲洗方法更为简单、经济，可节省 60%以上的维护费用。在排水系统中加入很少的固体或液体稳定剂，使其分散到水中，可以防止沉淀的发生。硬度稳定剂有液体（聚酰胺，可生物降解，水污染等级为 0）和固体（聚碳酸，P 键和 N 键自由，水污染等级为 1）两种类型。

液体硬度稳定剂的投药站需要考虑设置带储存罐的投药泵电力驱动，排水系统内要有满足要求的水流（如水流太小，可以用水稀释液体硬度稳定剂）。通常的做法是将硬度稳定剂投放到排水系统的最高点。

固体硬度稳定剂药粒可以投放到排水系统（例如竖井、钻孔、排水管等）中的任何一个地方，药粒也能被带到过滤管上部和周围的过滤层中。通过这种途径，水在到达排水系统之前就得到处理，可防止进水通道堵塞。

硬度稳定剂于 1993 年首次在瑞士应用，目前国外已有 50 多处这类设备在运行，应用前景较好。

（3）用水平定向钻孔技术清理排水系统。

近年国外又研究出一种利用水平定向钻孔技术（HDD）清理隧道底部排水系统的方法。这种方法是一种非常经济和快捷的新方法，而且对隧道内运行的车辆干扰小，但尚未见在隧道工程中具体应用的报道。

3. 隧道防水系统维护措施

通过在防水系统中预埋注浆设施，在二次衬砌漏水需要注浆时，可以对防水系统进行维护。

（1）可重复注浆管接缝防水系统的维护。

当二次衬砌施工缝、变形缝发生渗漏时，可通过已预埋的可重复注浆管进行注浆堵漏。

① 在渗漏水位置，仔细核对注浆软管施工时的安装图纸，并根据现场标记，从接线盒中找到注浆软管的注浆管和出浆管。

② 根据施工现场的具体条件进行浆液配制，并测定浆液的凝结时间。

③ 将注浆塞接到注浆管中，并封闭出浆管端。将注浆压力调到工作压力进行高压注浆，直到看到浆液从接缝中渗出或达到一定的注浆量，停止注浆。

④ 注浆段注浆结束后，立即将封闭的出浆管打开，并对注浆管进行高压注水清洗，直到看到清水从注浆管的出浆端流出为止。此时可将注浆管和出浆管放回到接线盒中。

⑤ 观察是否仍有渗漏水。若有，重复以上步骤。

（2）隧道内应用分区防水技术地段防水板的维护。

当二次衬砌发生渗漏时，若在设计施工阶段应用了分区防水技术的防水板，则可通过二次衬砌内侧的注浆软管进行注浆堵漏。

① 仔细核对施工时注浆嘴的布置，并结合渗漏水位置，确定注浆范围。

② 根据现场的施工条件进行浆液配置，并做好注浆的准备工作。

③ 将注浆塞接到注浆管中，进行渗漏部位的分区注浆。

Part 11 高速铁路隧道风险管理

从以上案例可以看出，隧道工程是风险极大的工程，因此隧道工程必须实施全过程的风险管理，以期减少风险，实现安全、优质、快速、降低工程成本的目标。

11.1 风险基本概念

11.1.1 风险的定义

风险：在铁路隧道工程建设期间发生人员伤亡、环境破坏、财产损失、工程经济损失、工期延误等潜在的不利事件的概率（P）和后果（C）的集合，表达式为：$R=f(P,C)$。

在此将风险管理中的基本概念一并给出如下：

风险事件：工程中发生的人员伤亡、环境破坏、财产损失、工程经济损失、工期延误等偶然性事件，也称风险事故。

风险因素：导致风险事件发生的潜在原因，是促使风险事件发生概率和（或）损失幅度增加的因素。

损失：非预期的不利后果，包括人员伤亡、环境破坏、财产损失、工程经济损失、工期延误等直接或间接损失。

风险识别：对存在于工程项目中的风险因素（事件）进行确认和分类。

风险估计：对工程中各种风险发生的可能性及不利后果进行估算。

风险分析：对风险进行识别和估计。

风险评价：对风险因素和风险事件进行分析和等级评定。

风险评估：对风险进行识别、估计和评价，是辨识其不确定性及评价其影响程度的过程。

风险处理：对风险因素进行处置和应对，其内容包括风险接受、风险减轻、风险转移和风险规避。

风险监测：在风险管理过程中，对风险进行的全程动态监测。

风险控制：对风险进行的处理和监测。

11.1.2 风险的分类

高速铁路隧道风险按照评估目标可分为：安全风险、环境风险、投资风险、工期风险、质量风险、第三方风险。

高速铁路隧道风险按照风险来源可分为：地质风险、隧道技术风险、管理风险等。

高速铁路隧道风险按照典型的隧道工程施工中的风险事件可分为：瓦斯风险、突水、突泥风险、塌方风险、大变形风险、设备风险、火灾风险、交通运输风险等。

11.1.3 工程风险管理

风险贯穿于隧道工程的规划、招投标、设计、施工及运营的各个阶段，因此风险管理也贯穿于工程建设的整个生命周期内。风险管理即隧道工程建设参与各方（包括建设单位、勘察单位、咨询单位、设计单位、施工单位、监理单位等）通过风险分析、风险估计、风险评价、风险处理和风险监测，以减少风险的影响，以较低、合理的成本获得最大安全保障的管理行为，具体管理流程如图11-1所示。

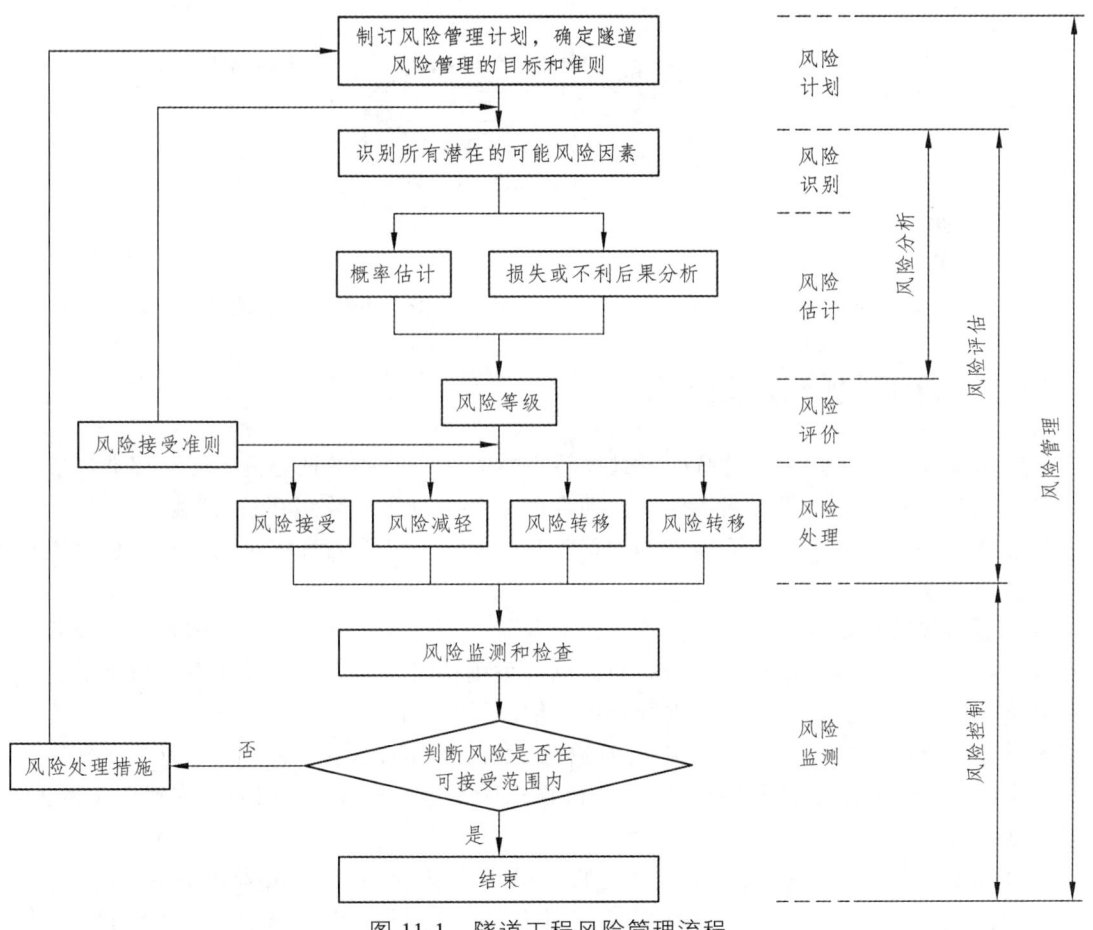

图 11-1　隧道工程风险管理流程

风险管理是动态的过程，应根据工程环境的变化、工程的推进及时进行修正、登记及监测检查，定期反馈，随时与相关单位沟通。

风险管理应首先针对工程特点、上阶段风险评估成果、接受准则等制订风险管理计划。其次根据项目的风险评估结果，按照风险接受准则，提出风险处理措施；根据风险处理结果，提出风险对策表；对风险处理结果实施动态管理。当风险在接受范围内时，隧道风险管理按预定计划执行直至工程结束；当风险不可接受时，应对风险进行再处理，并重新制订风险管理计划。

最后制订风险监测计划，提出监测标准；跟踪风险管理计划的实施，采用有效的方法及工具，监测和应对风险；报告风险状态，发出风险预警信号，提出风险处理建议。

从而能使建设各方了解风险现状，保证建设各方共同利益，合理地分担风险，避免重大损失。

风险管理贯彻于工程全寿命周期，包括可行性研究阶段、设计阶段、招投标阶段、施工阶段和运营阶段。根据国外的工程风险统计，由设计原因和施工原因引起的隧道工程风险事故占60%以上（图11-2），因此本书侧重于设计和施工阶段风险评估。

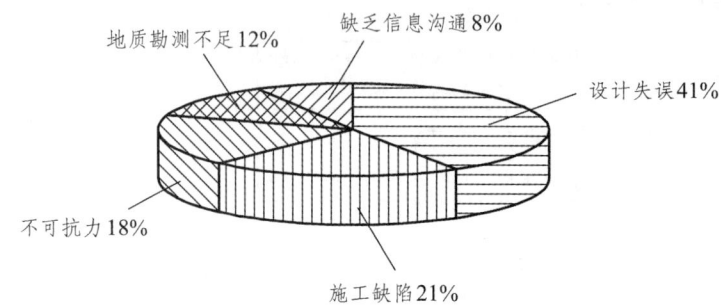

图11-2 国际隧道工程保险集团对施工现场发生安全事故的原因的调查结果

11.2 隧道风险指标体系

风险指标体系是风险评估的基础，是风险评估方法研究中的核心内容。可以典型安全风险事件为龙头，建立隧道风险指标体系，即在因果关系分析中采用"顺瓜摸藤"的办法；还可更进一步建立各阶段各类型风险事件的评估指标体系——风险因素核对表，给工程风险技术人员提供方便。

铁路隧道风险评估应根据各阶段信息建立风险指标体系（表11-1），体系可按风险因素与风险事件关系的层状或树状结构建立的，也可采用核对表形式。对风险评估目标有特殊要求的隧道，宜在本指标体系基础上进行专项评估。

该体系是从技术角度出发，按照层次结构建立，该指标体系（表11-1）是一个复杂的系统，涉及面广，国内外大都处于研究中，故该指标体系是开放式的，需要在实践中不断调整，逐步完善。

（1）该框架是按树状层次结构建立的，即由总体到细节，由宏观到微观。由于不同的阶段和不同的施工方法，评估对象和评估重点不同，本指标体系框架的建立考虑了这些因素。

（2）本体系框架第二层的矿山法包括山岭隧道的矿山法和水底隧道的矿山法，洞口段的施工包括明挖法和暗挖法，掘进机法包括山岭隧道的掘进机法和水底隧道的掘进机法，盾构法包括水底隧道的盾构法；第三层（安全、环境、工期等）为目标风险；第四层为风险因素。

表 11-1　铁路隧道风险评估指标体系框架

项目阶段	施工方法	目标风险	风险因素或风险事件
可行性研究阶段	矿山法 掘进机法 盾构法	安全（工期、投资、环境、第三方）	地质因素
			隧道技术因素
			其他
初步设计阶段 施工图设计阶段	矿山法 掘进机法 盾构法	安全（工期、投资、环境、第三方）	塌方
			瓦斯
			突水（泥、石）
			大变形
			岩爆
			设备风险
			掘进风险
			进出洞风险
			其他
施工阶段	矿山法	安全（工期、投资、环境、第三方）	塌方
			突水（泥、石）
			瓦斯
			大变形
			岩爆
			其他
	明挖法	安全（工期、投资、环境、第三方）	山体开裂变形
			坍塌
			其他
	掘进机法	安全（工期、投资、环境、第三方）	设备风险
			掘进风险
			其他
	盾构法	安全（工期、投资、环境、第三方）	设备风险
			掘进风险
			进出洞风险
			其他

11.2.1 可行性研究阶段风险指标建立

可行性研究阶段应对工程的安全、工期、投资、环境有重大影响的控制性隧道工程进行风险评估。可行性研究阶段风险因素识别可参照表11-2进行。

可行性研究阶段应先评估地质风险，确定初始风险等级，提出相应的勘察设计措施，主要工作包括：

（1）初步选定隧道线路比选方案。
（2）评估初始风险（地质），选择设计方案。
（3）根据不同的设计方案进行再评估，确定残留风险。
（4）对极高等级的残留风险应上报业主及上级主管部门，业主必须采取放弃或修改线路方案等措施。
（5）对高度等级的残留风险，设计单位应加强监测，在初步设计阶段加强地质勘探，加深线路方案及隧道技术方案的研究。
（6）对中度等级的残留风险，设计单位应予以监测。

表11-2 可行性研究阶段风险因素核对

风险因素类别	风险因素
地质因素	区域地形、地貌、地质对隧道方案影响程度
地质因素	不良地质、特殊岩土对隧道方案影响程度
地质因素	地质勘察的不确定性程度
地质因素	其 他
隧道技术因素	工法选择（矿山法、掘进机法、盾构法）
隧道技术因素	类似工程可参考程度
隧道技术因素	技术难度
隧道技术因素	结构设计
隧道技术因素	监控量测设计
隧道技术因素	特长隧道的线路情况
隧道技术因素	辅助坑道
隧道技术因素	其 他

11.2.2 初步设计阶段风险指标建立

初步设计阶段应根据可行性研究阶段评估结果，结合本阶段的勘察资料和设计原则，对采用矿山法施工的塌方、瓦斯、突水（泥、石）、岩爆、大变形等典型风险进行评估，对采用掘进机法和盾构法施工的设备、掘进、盾构进出洞等典型风险进行评估。初步设计阶段风险评估内容和成果应满足施工阶段安全风险评估的基本要求。初步设计阶段风险因素识别可参照表 11-3 和表 11-4 进行。

表 11-3　矿山法施工风险因素核对

风险因素		风险事件					
		塌方	瓦斯	突水（泥、石）	大变形	岩爆	其他
地形	偏压	★					
地质	岩性及风化程度	★		★	★	★	
	构造（单斜、向斜、背斜、断层）	★	★	★	★	★	
	地下水	★		★	★		
不良地质	滑坡	★					
	岩堆	★					
	顺层	★					
	岩溶			★			
	煤层及矿藏采空区	★	★	★			
	挤压性地层				★		
特殊岩土	膨胀岩、土，冻土，软土				★		
设计情况	常规设计	★	★	★	★	★	
	特殊设计	★	★	★	★	★	
	监控量测设计	★	★	★	★	★	
隧道	断面	★	★	★	★	★	
	长度	★	★	★	★	★	
	埋深	★	★	★	★	★	
辅助坑道	类型		★	★			
	长度		★	★			
	位置		★	★			
	坡度		★	★			
	断面大小		★	★			
其他							

注：其中打"★"表示该风险因素对风险事件有影响，以下表同。

表 11-4 掘进机和盾构法施工风险因素核对表

风险因素		风险事件			
		设备风险	进出洞风险	掘进风险	其他
地质	岩性及风化程度	★	★	★	
	构造（单斜、向斜、背斜、断层）	★	★	★	
	地下水	★	★	★	
不良地质	顺层	★		★	
	岩溶	★		★	
	煤层及矿藏采空区	★		★	
	挤压性地层	★		★	
特殊岩土	膨胀岩、土，冻土，软土	★	★	★	
设计情况	常规设计	★	★	★	
	特殊设计	★	★	★	
	监控量测设计	★		★	
	设备选型	★		★	
隧道	断面	★	★	★	
	长度	★	★	★	
	埋深	★		★	
建（构）筑物		★	★	★	
下穿江、河		★	★	★	
其他					

注：其中进出洞风险为盾构法施工风险。

初步设计阶段应根据隧道地质纵断面情况分段评估，确定初始风险（典型风险）等级，提出相应的设计措施。

11.2.3 施工阶段风险体系

施工阶段在结合实施性施工组织设计的基础上，对所有隧道进行评估。其中采用矿山法施工的隧道侧重于安全，对塌方、瓦斯、突水（泥、石）、岩爆、大变形等典型风险进行评估；采用掘进机法和盾构法施工的隧道，对设备、掘进、盾构进出洞等典型风险进行评估。矿山法施工隧道典型风险因素识别可参照表 11-5 进行。

表 11-5 矿山法施工风险因素核对表

风险因素		风险事件					
		塌方	瓦斯	突水（泥、石）	大变形	岩爆	其他
施工准备情况	见表 11-9	★	★	★	★	★	
施工地质勘察	见表 11-10	★	★	★	★	★	
开挖情况	开挖方式	★	★	★	★	★	
	循环进尺	★	★	★	★	★	
	瓦斯预抽放		★				
	爆破器材检查和落实	★	★	★	★	★	
	预留变形量				★		
	掌子面减压措施					★	
	应力释放措施					★	
	地下水处理	★	★	★			
	爆破方法	★	★	★	★	★	
	隧道超挖情况	★		★	★		
	进洞	★					
	落底	★		★			
	挑顶	★		★			
	断面变化处或工法转化处	★					
	其他						
揭煤、防突情况	资料收集情况		★				
	常规地质法情况（地质素描）		★				
	超前地质预报情况		★				
	石门开启方法		★				
	安全岩柱留设		★				
	震动或远距离爆破		★				
	瓦斯泄压与排放		★				
	注浆封闭瓦斯		★				
	其他						
通风情况	通风系统		★				
	通风设备		★				
	通风质量		★				
	其他						

续表

风险因素		风险事件					
		塌方	瓦斯	突水(泥、石)	大变形	岩爆	其他
施工期防排水	注浆堵水措施			★			
	排水措施			★			
	降水措施			★			
	其他						
火源控制措施	洞口火源检查		★				
	焊接切割等危险作业规章制度及执行		★				
	进洞人员禁穿化纤服装		★				
	其他						
支护及衬砌情况	支护刚度	★			★		
	超前支护	★		★	★		
	预注浆			★			
	隔离措施		★				
	气密性混凝土		★				
	施工缝沉降缝处理		★				
	地层与加固与改良	★					
	支护时机	★	★	★	★		
	支护方法	★	★	★	★		
	支护质量	★	★	★	★		
	闭合成环周期	★		★	★		
防护情况	机械设备防护		★	★		★	
	人员防护		★	★		★	
	其他						
电气设备与作业机械	电缆选型		★				
	设备选型		★				
	电器与保护情况		★				
	风电闭锁		★				
	其他						
监控量测	水量			★			
	水质			★			
	水压			★			

续表

风险因素		风险事件					
		塌方	瓦斯	突水（泥、石）	大变形	岩爆	其他
监控量测	掌子面稳定情况	★	★	★	★		
	量测器材及布置	★	★	★	★	★	
	量测频率	★	★	★	★	★	
监控量测	规范要求监测项目	★	★	★	★	★	
	监控量测制度	★	★	★	★	★	
	信息反馈及处理	★	★	★	★	★	
	瓦斯（浓度、压力）		★				
	其他						
施工管理	见表11-11	★	★	★	★	★	
隧道特征	见表11-12	★	★	★	★	★	
其他							

洞口段隧道施工中应特别注意洞口周边环境和地形地质条件，避免对第三方造成人员伤亡和经济损失，其典型风险因素识别可参照表11-6进行。

表11-6 洞口段隧道施工风险因素核对表

风险因素		风险事件		
		山体开裂变形	坍塌	其他
施工准备情况	见表11-9	★	★	
施工地质勘察	见表11-10	★	★	
施工组织	施工顺序	★	★	
开挖情况	开挖速度	★	★	
	地下水处理	★	★	
	爆破方法	★	★	
	爆破器材检查和落实	★	★	
	弃渣堆放	★	★	
	其他			
施工期防排水	排水措施	★	★	
	降水措施	★	★	
	其他			

续表

风险因素		风险事件		
		山体开裂变形	坍塌	其他
支护情况	支护强度	★	★	
	支护形式	★	★	
	其他			
监控量测	量测器材及布置	★	★	
	量测频率	★	★	
	规范要求监测项目	★	★	
	监控量测制度	★	★	
	信息反馈及处理	★	★	
	其他			
施工管理	见表11-11	★	★	
隧道特征	开挖跨度	★	★	
	开挖深度	★	★	

掘进机施工隧道典型风险因素识别可参照表11-7进行。

表11-7 掘进机施工风险因素核对表

风险因素		风险事件		
		设备风险	掘进风险	其他
施工准备情况	见表11-9	★	★	
施工地质勘查	见表11-10	★	★	
设备情况	刀头、刀盘		★	
	主轴承		★	
	液压系统		★	
	控制系统		★	
	其他			
掘进机选型	主要技术参数	★		
	适应性	★		
	可靠性	★		
	其他			

续表

风险因素		风险事件		
		设备风险	掘进风险	其他
机械操作	姿态控制		★	
	止水注浆		★	
	预加固		★	
	其他			
支护情况	掌子面处理		★	
	支护形式		★	
	支护时机		★	
	支护质量		★	
	管片后注浆		★	
	其他			
监控量测	速度		★	
	变形及沉降情况		★	
	线形		★	
	其他			
施工管理	见表 11-11	★	★	
隧道特征	见表 11-12	★	★	

盾构施工隧道典型风险因素识别可参照表 11-8 进行。

表 11-8 盾构施工风险因素核对表

风险因素		风险事件			
		设备风险	进出洞风险	掘进风险	其他
施工准备情况	见表 11-9	★	★	★	
施工地质勘察	见表 11-10	★	★	★	
盾构选型	主要技术参数	★	★	★	
	适应性	★	★	★	
	可靠性	★	★	★	
	其他				

续表

风险因素		风险事件			
		设备风险	进出洞风险	掘进风险	其他
机械安装和吊装	人员		★		
	操作		★		
	设备		★		
	其他				
盾构进出洞	姿态控制		★		
	土层加固		★		
	洞口密封		★		
	反力支架		★		
	其他				
设备情况	刀头、刀盘		★	★	
	主轴承		★	★	
	前舱防水		★	★	
	平衡系统		★	★	
	密封系统		★	★	
	液压系统		★	★	
	控制系统		★	★	
	其他				
操作	姿态控制		★	★	
	盾构机施工参数		★	★	
	注浆		★	★	
	其他				
近接辅助措施	既有建构筑物保护措施		★	★	
	盾构隧道内辅助措施		★	★	
	中间地层辅助措施		★	★	
监控量测	压力		★	★	
	管片		★	★	
	设备		★	★	
	构(建)筑物变形		★	★	
	其他				
施工管理	见表11-11	★	★	★	
隧道特征	见表11-12	★	★	★	
其他					

矿山法、盾构法、掘进机法施工及洞口段施工风险因素核对表中的施工准备情况、施工地质勘察、施工管理、隧道特征风险因素见表11-9～表11-12。

表11-9 施工准备情况风险因素核对表

施工准备情况	气象调查
	与施工有关法令调查
	设计文件的核对情况
	实施性施工组织设计
	其他

表11-10 施工地质勘察风险因素核对表

施工地质勘察	资料收集情况
	常规地质法情况（地质素描）
	超前地质预报情况
	其他

表11-11 施工管理风险因素核对表

施工管理	培训情况
	检测情况
	应急预案情况
	人员管理情况
	施工队伍状况
	机械装备程度
	施工质量
	施工经验辅助工法的掌握与应用
	监理情况
	其他

表11-12 隧道特征风险因素核对表

隧道特征	埋深
	断面大小
	长度
	坡度
	辅助坑道
	其他

11.2.4 其他风险指标体系

铁路隧道其他风险因素识别可参照表 11-13 进行。

表 11-13 其他风险因素核对表

交通事故	司机
	运输设备
	交通管理
	道路状况
	通风照明情况
	洞外天气
	其他
用电事故	用电设计
	施工组织
	设备状况
	用电管理
	其他
火灾事故	火源及传播途径
	消防教育
	消防措施
	消防器材
	人员管理
	其他
其他	

施工阶段应根据设计阶段风险评估结果，依据施工地质、资源配置及实施方案进行再评估，提出相应的施工措施，着重于施工管理、措施评价和落实。

11.3 隧道风险分级标准和接受准则

高速铁路隧道建设期间发生的工程风险，是否可接受以及接受程度如何，确定着不同的风险控制对策及处理措施，风险管理中需预先制定明确的风险等级及接受准则，也就说风险有大有小，管理起来不能面面俱到，必须通过系统的分析与评估，科学地划分风险等级，再加以决策和管理，这是现代风险评估与管理普遍采用的技术手段。

风险分级标准和接受准则可以帮助风险工作人员从纷繁复杂的风险表象中，找出风险事件发生的概率以及其后果的严重程度，用定量方法将这两者结合起来，再利用风险矩阵得出风险等级，从而正确定位各个风险因素，采取合理的策略有效控制和管理风险。

铁路隧道风险分级包括事故发生概率的等级标准、事故发生后果的等级标准和风险的等级标准，应综合考虑隧道工程地质、投资、工期和技术难度等因素确定，实际应用中可参考等级标准。

11.3.1 事故发生概率等级

事故发生概率的等级分成五级，如表 11-14 所示：

表 11-14 事故发生概率等级标准

概率范围	中心值	概率等级描述	概率等级
>0.3	1	很可能	5
0.03 ~ 0.3	0.1	可能	4
0.003 ~ 0.03	0.01	偶然	3
0.000 3 ~ 0.003	0.001	不可能	2
<0.000 3	0.000 1	很不可能	1

注：（1）当概率值难以取得时，可用频率代替概率。
（2）中心值代表所给区间的对数平均值。

11.3.2 事故发生后果等级

事故发生后果的等级分成五级，各种后果的等级标准如表 11-15 ~ 表 11-18 所示：

（1）经济损失是指风险事故发生后造成工程项目发生的各种费用的总和，包括直接费用和事故处理所需的各种费用，如表 11-15。

表 11-15 经济损失等级标准

后果定性描述	灾难性的	很严重的	严重的	较大的	轻微的
后果等级	5	4	3	2	1
经济损失/万元	>1 000	300 ~ 1 000	100 ~ 300	30 ~ 100	<30

注："~"含义为包括上限值而不包括下限值，以下各表均同。

（2）人员伤亡是指在参与施工活动过程中人员所发生的伤亡，依据人员伤亡的类别和严重程度进行分级，如表 11-16。

表 11-16　人员伤亡等级标准

后果定性描述	灾难性的	很严重的	严重的	较大的	轻微的
后果等级	5	4	3	2	1
人员伤亡数量/人	$F>9$	$2<F\leq 9$ 或 $SI>10$	$1\leq F\leq 2$ 或 $1\leq SI\leq 10$	$SI=1$ 或 $1<MI\leq 10$	$MI=1$

注：$F=$死亡人数；$SI=$重伤；$MI=$轻伤。

（3）工期延误是指工程风险事故引起的工程建设时间延长。对不同性质的工程和建设工期，采用不同的绝对延误时间，如表 11-17。

表 11-17　工期延误等级标准

后果定性描述	灾难性的	很严重的	严重的	较大的	轻微的
后果等级	5	4	3	2	1
延误时间 1（控制工期工程）/（月/单一事故）	>10	1~10	0.1~1	0.01~0.1	<0.01
延误时间 2（非控制工期工程）/（月/单一事故）	>24	6~24	2~6	0.5~2	<0.5

（4）环境影响是指隧道施工对周围建（构）筑物破坏或损害、环境污染等，根据其影响程度进行分级，如表 11-18。

表 11-18　环境影响等级标准

后果定性描述	灾难性的	很严重的	严重的	较大的	轻微的
后果等级	5	4	3	2	1
环境影响描述	永久的且严重的	永久的但轻微的	长期的	临时的但严重的	临时的且轻微的

注："临时的"含义为在施工工期以内可以消除；"长期的"含义为在施工工期以内不能消除，但不会是永久的；"永久的"含义为不可逆转或不可恢复的。

11.3.3　风险等级

根据事故发生的概率和后果等级，将风险等级分为四级，如表 11-19。

表 11-19 风险等级标准

概率等级 \ 后果等级		轻微的 1	较大的 2	严重的 3	很严重的 4	灾难性的 5
很可能	5	高度	高度	极高	极高	极高
可能	4	中度	高度	高度	极高	极高
偶然	3	中度	中度	高度	高度	极高
不可能	2	低度	中度	中度	高度	高度
很不可能	1	低度	低度	中度	中度	高度

11.3.4 风险接受准则

依据风险管理暂行规定，隧道风险接收准则采用国际隧协推荐的 ALARP 准则，英文原文是：The general objective of the construction risk policy is to reduce all risks covered to a level as low as reasonably practicable。该准则最早出现在经济风险控制领域，目前已经是风险管理方面的一种普遍适用的原则。

ALARP 准则是最常用的风险接受准则，又称最低合理可行准则，其含义是任何工程活动都具有风险，不可能通过预防措施来彻底消除风险，必须在风险水平与利益之间做出平衡。风险分为三个区域，如图 11-3 所示：若风险评价所得的风险等级处在不可接受区域，必须拒绝或采取强制性的措施降低风险水平；若风险等级处在风险可接受区，由于风险水平很低，无须采取任何对应措施；若风险等级处在合理可行的最大限度降低区，则需要考察实施各种降低风险水平措施后的效果，并进行对比分析，据此确定风险是否可以接受。

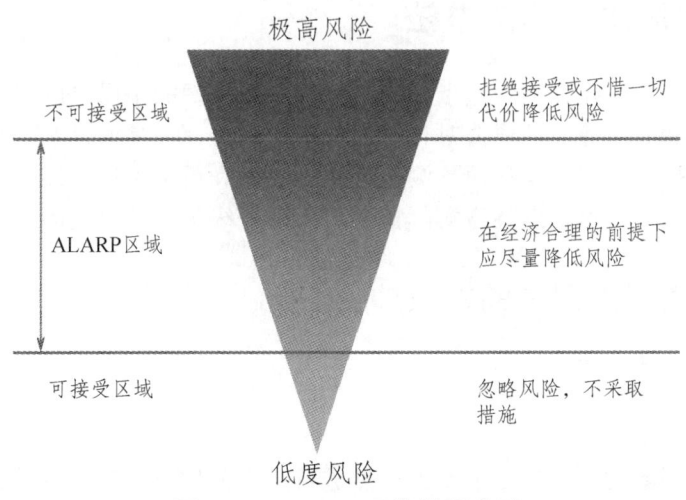

图 11-3 ALARP 风险管理准则

风险管理的动态性是由客观因素的多变以及对地质因素了解的局限所决定的。风险管理的主体通过风险识别、估计、评价，并以此为基础采取主动行动，合理地使用风险处理方法和技术对活动或事件所涉及的风险实行有效的控制，妥善地处理风险事件造成的不利后果，以合理的成本保证安全、可靠地实现预定的目标。

风险处理四种基本措施如下：

（1）接受风险：也称风险自留，是指项目参与方自己承担风险带来的损失，并做好相应的准备工作。

（2）减轻风险：减少风险发生的概率或控制风险的损失，或者增加风险承担者，将风险各个部分分配给不同的参与方。

（3）转移风险：当有些风险无法回避、必须直接面对，而自身的承受能力又无法有效地承担时，采用某种方式将某些风险的后果连同对风险应对的权力和责任转移给他人。转移风险的方法很多，主要包括非保险转移和保险转移两大类。

（4）规避风险：风险评估后，项目风险发生的概率很高，而且可能的损失也很大，又没有其他有效的对策来降低该风险，这时应采取放弃项目、放弃原有行动计划或改变目标的方法。

铁路隧道风险接受准则与采取的风险处理措施如表 11-20。

表 11-20　风险接受准则

风险等级	接受准则	处理措施
低度	可忽略	此类风险较小，不需采取风险处理措施和监测
中度	可接受	此类风险次之，一般不需采取风险处理措施，但需予以监测
高度	不期望	此类风险较大，必须采取风险处理措施降低风险并加强监测，且满足降低风险的成本不高于风险发生后的损失
极高	不可接受	此类风险最大，必须高度重视并规避，否则要不惜代价将风险至少降低到不期望的程度

11.4　隧道风险评估的办法

风险估计和评价是风险评估的重点，风险评价中最关键的是风险因素概率和后果等级的取值。在进行概率和后果等级的取值时，一般有两条途径：一是通过对足够的已知数据的分析来找出风险发生的分布规律，从而预测出其发生概率和后果大小；二是在缺少足够数据的情况下，由评估人员或专家根据隧道实际情况对风险等级进行综合判断。

11.4.1　隧道风险评估的办法

目前常用的风险评估方法主要有：

1. 专家调查法

专家调查法是用函询的方法征求专家意见进行风险分析与预测的方法，一般步骤为：

① 将项目基本信息和归纳的问题提供给专家；

② 专家匿名提出意见；

③ 归纳专家意见，形成意见统计结果；
④ 反馈给专家，专家匿名再提出意见；
⑤ 反复多次后，将归纳总结的意见提供给决策者作为决策的依据。

该方法采用归纳统计将大多数人的意见和少数人的意见都包含在内，避免了一般归纳法不全面的弊端。采用该方法的预测时间不宜过长，越长准确性越差。本方法分析结果往往受组织者、参加者的主观因素影响，可能存在偏差。

2. 头脑风暴法

头脑风暴法又称智暴法，是借助于专家的经验，通过会议，集思广益获取信息的一种直观的预测和识别方法。参加讨论的人员主要由风险分析专家、风险管理专家和相关专业人员组成。该方法要求主持人必须具有较高的素质，思维敏捷，反应灵敏，一般步骤为：

① 讨论之前，讨论人员应对讨论主题有所准备；
② 在讨论过程中，轮流发言、各抒己见，不进行判断性评论，并尽量将发言的原话记录完整，发言人应核对记录中自己的发言内容；
③ 讨论结束后，与会者共同评价讨论中的每一条意见；
④ 主持人对讨论意见进行总结，形成最终结论。

该方法简单易行，比较客观，所得出的结论比较充分、正确，但该方法受主观因素影响，可能存在偏差。

3. 核对表法

核对表法是在系统分析的基础上，找出所有可能存在的风险，然后以提问的方式将这些风险因素列成表格进行核对的一种方法，一般步骤为：

① 将工程风险系统分解为若干个子系统；
② 运用事故树，找出引起风险事件的风险因素，作为检查表的基本检查项目；
③ 针对风险因素，查找有关控制标准或规范；
④ 根据风险因素的风险等级，依次列出风险清单。

核对表一般应包括序号栏、检查项目栏、判断栏（以"是"或"否"来回答）和备注栏（与检查项目有关的需说明的事项）四个项目。

该方法能消除或减低忽视某些风险因素的可能性，是风险识别的一种有效的可靠方法，可用于施工过程中判断风险因素是否存在，也可用在发生事故后帮助查找事故原因。由于在项目过程中风险因素会发生改变，故该在应用中定期检查风险清单的内容是否齐全。

4. 风险矩阵法

风险矩阵法是采用概率理论对风险因素发生的概率和后果进行评估的方法，一般步骤为：

① 确定风险评估指标；
② 确定每个风险因素的后果等级；
③ 确定每个风险因素的概率等级；
④ 将风险发生的概率等级和后果等级分别列在风险矩阵图上，二者垂直坐标交点区域即为风险等级。

该方法操作简单，容易得到风险评估的结果。

5. 层次分析法

层次分析法是按照一定的规律把决策过程层次化、数量化，是一种对多方案或多目标进行决策的方法，一般步骤为：

① 建立系统的递阶层次结构；

② 构造两两比较判断矩阵，从层次结构的第二层开始，对于从属于（或影响到）上一层某个因素的同层诸因素，用成对比较法和1~9比较尺度构造成对比较矩阵，直至最下层；

③ 针对某一标准，计算各风险因素的权重，对于每一个成对比较矩阵，计算最大特征根及对应特征向量，特征向量即为该比较矩阵中各因素权重值；

④ 计算当前一层风险相对总目标的排序权重；

⑤ 进行一致性检验。

该方法可以有效地对影响评估目标的风险因素进行定量化分析，并比较各因素之间权重大小。

6. 模糊综合评估法

模糊综合评估法是采用模糊理论和最大隶属度原则对多因素系统进行总体评价的一种方法，一般步骤为：

① 对评估项目进行分析，找到影响评估目标的各风险因素，建立评估目标的评价指标体系；

② 建立风险因素等级评估矩阵；

③ 确定各风险因素概率等级和后果等级；

④ 确定风险因素权重；

⑤ 总体评估风险。

该方法可以通过计算得出目标风险的量化指标，但计算较复杂，难度较大。

7. 敏感性分析

敏感性分析是用来估计可量化的变量对项目决策结果影响的方法，一般步骤为：

① 选定分析目标；

② 确定可能对评价目标产生影响的因素；

③ 根据实际需要选定因素变动范围；

④ 按照不同的因素分别计算评价指标值；

⑤ 明确敏感因素；

⑥ 进行综合分析，根据分析结果采取相关措施，为决策者提供决策依据。

该方法能够预测各风险因素对项目的影响，从而判断项目可能容许的风险程度。但由于没有考虑影响因素发生变化的概率，该法具有相当大的主观随意性，故事先需做好调查研究工作，充分注意各因素之间的关联性。

8. 蒙特卡罗法

蒙特卡罗法是用统计理论并利用计算机手段研究风险发生概率和风险发生后果的统计实验方法，一般步骤为：

① 确定评估目标的数学模型；
② 对数学模型中的参数变量进行风险识别和分析，收集风险因素的相关数据；
③ 对各参数变量进行风险后果大小及概率分析；
④ 根据风险分析精度要求，确定模拟次数、产生随机数，将参变量的取值代入数学模型，每次求得目标变量的一个具体值，即为一个随机事件样本值；
⑤ 重复上一步工作，得到多个目标变量值；
⑥ 对得到的样本值进行统计分析，得到分布曲线，并检验其概率分布，估计其均值和标准差，将模拟试验结果加以解释并写成书面报告。

该方法能准确、有效地对风险进行定量评估，但需要建立评估目标的数学模型，并确定各参数变量的概率分布规律，比较复杂，实际操作较困难，需要计算机编程辅助分析。

11.4.2 模糊综合评判方法在岩体隧道施工安全风险中的应用

模糊综合评判的一般程序为：构造评价集合 V→构造因素集合 U→建立一个从构造因素集合 U 到 V 的模糊映射 f，从而得到单因素评判矩阵 $\tilde{R}$→确定判断矩阵 A 和权重分配向量 w→根据权向量 w 和模糊关系矩阵 R，求出模糊综合评判集 B，并进行综合评判。按照这个基本程序，岩体隧道施工风险模糊综合评判的基本程序可概括如表 11-21 所示。

表 11-21 岩体隧道施工风险模糊综合评判法程序

步序	岩体隧道施工风险模糊综合评判	方法与内容
1	构造评价集合 V：岩体隧道施工安全风险评价标准	5 级制风险评价标准
2	构造因素集合 U：岩体隧道施工安全风险评价指标体系	二层次指标体系，第 1 层次 7 个因素，第 2 层次 30 个因素；定性因素的数量化处理
3	确定单因素评判矩阵 $\tilde{R}$	通过确定单因素在各个风险等级下的隶属度，形成单因素评判矩阵
4	形成判断矩阵 A，确定权重分配向量 w	层次分析法；1~9 模糊标度法；一致性检验
5	计算模糊评判集 B 并进行综合评判	6 种模糊综合评判模型

1. 岩体隧道施工安全风险评价标准

风险评价标准的建立既要能够清晰地描述隧道施工的不同风险等级，还应具有较好的可操作性，且便于工程应用。目前大多采用 5 级制风险等级评价标准，如表 11-22 所示。

2. 岩体隧道施工安全风险评价体系

评价指标体系的选择和建立是评价研究的基础，直接影响到评价结果的合理性和准确性。隧道施工安全风险评价体系是个自我完善的自成体系，有自成一体的安全评价通则和安全评价方法，但又不能脱离隧道工程施工的当前技术水平，应考虑到现有的建设工程施工企业的实际情况。因此，本章建立了一个二级模糊综合评判模型，该模型包括 7 个第一层次的影响因素和 30 个第二层次的影响因素，如表 11-23。

表 11-22 风险评价标准

风险等级	接受准则
一级	风险可忽略，需进行管理审视
二级	风险可容许，需引起注意，进行常规管理
三级	风险可接受，需引起重视，采取措施进行监控
四级	风险部分可接受，需采取一定的控制措施方可接受
五级	风险不可接受，需高层进行管理和决策，采取措施进行规避和转移

表 11-23 岩体隧道施工安全风险评判指标层级结构模型

第一层次影响因素	第二层次影响因素				
工程地质 A_1	渗水强度 A_{11}	地下水处理有效性能 A_{12}	地应力影响系数 A_{13}	偏压情况 A_{14}	断层、破碎带影响 A_{15}
岩体结构特性 A_2	节理组数 A_{21}	节理间距 A_{22}	岩体完整性系数 A_{23}	裂隙胶结情况 A_{24}	岩石点荷载强度 A_{25}
隧道结构特性 A_3	隧道跨度 A_{31}	隧道高跨比 A_{32}	隧道长度 A_{33}	埋置深度 A_{34}	
开挖情况 A_4	开挖方式 A_{41}	循环进尺 A_{42}	爆破方法 A_{43}	超挖情况 A_{44}	
支护因素 A_5	支护时机 A_{51}	支护方法 A_{52}	支护质量 A_{53}	闭合成环周期 A_{54}	
施工管理 A_6	施工企业管理水平 A_{61}	爆破器材检查和落实 A_{62}	人员、机械防护情况 A_{63}	材料设备保障情况 A_{64}	
监控量测 A_7	量测频率 A_{71}	监测项目的规范性 A_{72}	信息处理的及时性 A_{73}	量测结果的有效性 A_{74}	

3. 单因素评判矩阵

（1）单因素评判隶属度的确定。

模糊评价的关键之一是风险等级隶属度的确定，为便于分析，可首先根据现有围岩分类方法及隧道施工规范等确定各评价指标对 5 个风险等级的分级标准，如表 11-22 所示。其中，定量指标采用取值范围表示，定性指标采用描述性语言表示。然后，对定性指标则按一定的准则作数量化处理。相应于等级一级，其定性指标属于区间 0.8~1.0；相应于等级二级，其定性指标属于区间 0.6~0.8；相应于等级三级，其定性指标属于区间 0.4~0.6；相应于等级四级，其定性指标属于区间 0.2~0.4；相应于等级五级，其定性指标属于区间 0~0.2。再采用梯形隶属函数来构建。其隶属函数分别为：

$$\mu_{\mathrm{I}}(x)=\begin{cases}1 & x \geqslant 0.85 \\ 10x-7.5 & 0.75 < x < 0.85 \\ 0 & x \leqslant 0.75\end{cases} \quad (11\text{-}1)$$

$$\mu_{\mathrm{II}}(x)=\begin{cases}0 & x < 0.55 \\ 10x-5.5 & 0.55 \leqslant x < 0.65 \\ 1 & 0.65 \leqslant x < 0.75 \\ 8.5-10x & 0.75 \leqslant x < 0.85 \\ 0 & x \geqslant 0.85\end{cases} \quad (11\text{-}2)$$

$$\mu_{\mathrm{III}}(x)=\begin{cases} 0 & x<0.35 \\ 10x-3.5 & 0.35\leqslant x<0.45 \\ 1 & 0.45\leqslant x<0.55 \\ 6.5-10x & 0.55\leqslant x<0.65 \\ 0 & x\geqslant 0.65 \end{cases} \quad (11\text{-}3)$$

$$\mu_{\mathrm{IV}}(x)=\begin{cases} 0 & x<0.15 \\ 10x-1.5 & 0.15\leqslant x<0.25 \\ 1 & 0.25\leqslant x<0.35 \\ 4.5-10x & 0.35\leqslant x<0.45 \\ 0 & x\geqslant 0.45 \end{cases} \quad (11\text{-}4)$$

$$\mu_{\mathrm{V}}(x)=\begin{cases} 0 & x\geqslant 0.25 \\ 2.5-10x & 0.15<x<0.25 \\ 1 & x\leqslant 0.15 \end{cases} \quad (11\text{-}5)$$

（2）形成单因素评判矩阵。

根据定性指标确定了各个因素的评分之后，通过公式（11-1）~（11-5）计算出各个因素在各风险等级下的隶属度，从而形成单因素评判矩阵 $\tilde{R}$。

4. 确定判断矩阵及影响权重的计算

（1）确定判断矩阵。

风险因素权重值是模糊综合评判中一个重要参数。层次分析法是确定权向量的行之有效的方法。

层级分析法是根据建立的递阶层次结构，构造判断矩阵，根据每一层的各因素相对重要性给出判断，表 11-23 为岩体隧道施工安全风险评判指标的层级结构模型。这些判断通过引入合适的标度因素值表示，形成判断矩阵。为了各评价指标相互比较采用表 11-26 中给出的 1~9 标度方法。通过模糊标度可以得到判断矩阵，判断矩阵 A，其中：$a_{ij}>0, a_{ij}=1/a_{ji}, a_{ii}=1$。

（2）影响因素权重值的计算

① 求判断矩阵每行所有元素的几何平均值 $\overline{w}_i$：

$$\overline{w}_i = \sqrt[n]{\prod_{j=1}^{n} a_{ij}} \quad (11\text{-}6)$$

② 将 $\overline{w}_i$ 归一化，计算 w_i：

$$w_i = \frac{\overline{w}_i}{\sum_{i=1}^{n} \overline{w}_i} \quad (11\text{-}7)$$

③ 计算判断矩阵的最大特征值 $\lambda_{\max}$

$$\lambda_{\max} = \sum_{i=1}^{n} \frac{(A_w)_i}{nw} \qquad (11\text{-}8)$$

式中：$(A_w)_i$ 为向量 (A_w) 的第 i 个元素。

④ 计算 CI，进行一致性检验。在计算出 $\lambda_{\max}$ 后，可计算 CI，进行一致性检验，其公式如下：

$$CI = \frac{\lambda_{\max} - n}{n - 1} \qquad (11\text{-}9)$$

式中：n 为判断矩阵阶数。CI 的值越大，矩阵的不一致程度越高，若 $CI = 0$，则判断矩阵完全一致。为了度量不同判断矩阵是否具有满意的一致性，引入判断矩阵的平均随机一致性指标。对于 1~9 阶矩阵，平均随即一致性指标 RI，如表 11-24。

表 11-24　一致性指标

n	1	2	3	4	5	6	7	8	9
RI	0.00	0.00	0.58	0.90	1.12	1.24	1.32	1.41	1.45

然后，计算一致性比例 CR：

$$CR = CI / RI \qquad (11\text{-}10)$$

当 $CR < 0.10$ 时，判断矩阵满足一致性要求；否则重新进行判断，写出新的判断矩阵。

5. 模糊综合评判模型

当权向量 w 和模糊关系矩阵 R 已知时，通过模糊变换方案进行综合评判，计算公式为：

$$B = w \times R = (b_1, b_2, \cdots, b_n) \qquad (11\text{-}11)$$

其中：B 表示模糊综合评判集；b_i 表示评判指标，即综合考虑所有因素影响时，评判对象评价集中的第 i 个元素的隶属度；"×"表示广义模糊合成运算。常见的模糊综合评判模型有以下几种：

① 主因素突出型 1：$M(\wedge, \vee)$

$$b_j = \sum_{i=1}^{m} (a_i \wedge r_{ij}) \quad (j = 1, 2, \cdots, n) \qquad (11\text{-}12)$$

② 主因素突出型 2：$M(\cdot, \vee)$

$$b_j = \vee_{i=1}^{m} (a_i \cdot r_{ij}) \quad (j = 1, 2, \cdots, n) \qquad (11\text{-}13)$$

③ 加权平均型：$M(\cdot, +)$

$$b_j = \sum_{i=1}^{m}(a_i \cdot r_{ij}) \quad (j = 1, 2, \cdots, n) \tag{11-14}$$

④ 全面制约型：$M(乘幂, \wedge)$

$$b_j = \bigwedge_{i=1}^{m}(r_{ij})^{a_i} \quad (j = 1, 2, \cdots, n) \tag{11-15}$$

⑤ 取小，上界和型：$M(\wedge, \oplus)$

$$b_j = \bigoplus_{i=1}^{m}(a_i \wedge r_{ij}) = \min\left\{1, \sum_{i=1}^{m}(a_i \wedge r_{ij})\right\} \quad (j = 1, 2, \cdots, n) \tag{11-16}$$

⑥ 均衡平均型：$M(\wedge, +)$

$$b_j = \sum_{i=1}^{m}\left(a_i \wedge \frac{r_{ij}}{\sum_{k=1}^{m} r_{kj}}\right) \quad (j = 1, 2, \cdots, n) \tag{11-17}$$

得到各评判指标后，便可根据最大隶属度原则确定评判对象的具体结果见表 11-25、表 11-26。

表 11-25 评价指标风险分级标准（略有修改）

风险等级	一级	二级	三级	四级	五级
渗水强度	无地下水	轻度渗水强度	中度渗水强度	重度渗水或集中涌水	全面涌水
地下水处理有效性	非常合理有效	合理	措施一般	有效性差	很差
地应力影响系数 SRF	<2	2~5	5~10	10~20	>20
偏压情况	无偏压	稍微偏压	一般	较严重	很严重
断层和破碎带的影响	附近无大断层、破碎带	附近有小的断层和破碎带	洞室离小断层较近或有小破碎带	附近有大断层或穿过小破碎带	离大断层、破碎带较近或穿过
节理组数 J_h	<2	2~4	4~6	6~12	>12
节理间距 l/m	>2	2~1	1.0~0.5	0.5~0.2	<0.2
岩体完整性系数 K_V	>0.75	0.75~0.5	0.55~0.35	0.35~0.15	<0.15
裂隙充填胶结情况	结构面紧闭，连续性很低，粗糙起伏度很大，充填胶结力很强	结构面张开度小，连续性低，粗糙起伏度很大，充填物胶结力较强	结构面张开度一般，连续性中等，粗糙起伏与充填物胶结力一般	结构面张开度较大，连续性高，粗糙起伏较小，充填物胶结力较差	结构面张开度很大，连续性很高，粗糙起伏很小，无充填
岩石点荷载强度	>3.63	3.63~1.44	1.44~0.57	0.57~0.13	<0.13
隧道跨度/m	<5	5~10	10~15	15~20	>20

续表

风险等级	一级	二级	三级	四级	五级
隧道高宽比影响	非常有利	有利	一般有利	较不利	很不利
隧道长度/m	<500	500～3 000	3000～6 000	6 000～10 000	>10 000
埋置深度/m	$3h_q$～200	200～500	500～700	700～1 000	>1 000 或 ≤$3h_q$
开挖方式	合理有效的分部法	分部开挖法	较合理的台阶法	不太合理的台阶法	全断面法
循环进尺/m	≤1.0	1.0～2.0	2.0～3.0	3.0～4.0	>4.0
爆破方法	预裂爆破法	预留光面爆破法	全断面一次爆破浅眼光面爆破法	全断面一次爆破深眼光面爆破法	普通爆破法
超挖情况/cm	≤10	10～15	15～20	20～30	>30
支护时机	很合理	较合理	一般	较差	很差
支护质量	很好	较好	一般	较差	很差
闭合成环周期	很及时	较及时	一般	较差	很差
施工企业管理水平	一级施工资质等级	二级施工资质等级	三级施工资质等级	四级施工资质等级	无资质等级
爆破器材检查和落实	很好	较好	一般	较差	很差
人员、机械防护情况	很好	较好	一般	较差	很差
材料设备保障情况	很好	较好	一般	较差	很差
量测频率	2次/1 d	1/1 d	1次/3 d	1次/5 d	1次/7 d
检测项目的规范性	很规范	较规范	一般	较差	很差
信息处理的及时性	很及时	及时	一般	较差	很差
监测结果的有效性	很有效	较有效	一般	较差	很差

表 11-26 模糊标度

标度	含 义
1	表示两因素相比，具有同样的重要性
3	表示两因素相比，一个因素比另一个因素稍微重要
5	表示两因素相比，一个因素比另一个因素明显重要
…	…
2 4	上述两相邻判断的中间值
倒数	因素 i 与 j 比较的判断为 b_{ij}，则因素 j 与 i 比较的判断 $b_{ji}=1/b_{ij}$

6. 工程应用

采用上述隧道施工安全风险分析的方法，分别采用 6 种模型对兰武二线乌鞘岭隧道 F_7 断层施工段原定施工方案的安全风险进行评价。F_7 断层段的工程概况详见文献[13]。主要评价步骤及结果如下：

（1）根据工程概况，结合工程地质与隧道施工组织管理，在定性分析的基础上进行数量化，得到评价指标风险评分值，如表 11-27 所示。

（2）根据上述方法，可以得到权向量结果如表 11-28 所示。其中 W_0 为图 1 中 7 个一级指标的权重值，$W_1 \sim W_7$ 分别为各一级指标所包含的二级指标的权重值。

（3）根据式（14）确定各个指标的隶属度，从而得到确定模糊矩阵 R_i。例如 R_4：

$$R_4 = (r_{ij})_{n \times m} = \begin{bmatrix} 0 & 0 & 0 & 1 & 0 \\ 0 & 0 & 0.2 & 0.8 & 0 \\ 0 & 0 & 0.7 & 0.3 & 0 \\ 0.5 & 0.5 & 0 & 0 & 0 \end{bmatrix} \quad (11\text{-}18)$$

（4）进行模糊综合评判。在模糊综合评判中采用上述 6 种模型[即公式（11-12）~（11-17）]进行判断，在分析中采用两层评判同一模型和两层评判采用不同模型，最终评判结果如表 11-29 所示。

由于隶属度中有些值为 0，第④种在此判断中失效，故在表中只给出了 5 种模型的计算结果，从表 11-29 看出，两层均采用加权平均型 $b_j = \sum_{i=1}^{n} a_i \cdot r_{ij}$，即第③种模型，能很好地反映各影响因素共同影响的结果。根据最大隶属度原则，该施工方案风险等级为四级，但同时也要加强监控，因为五级风险的概率也很大。

表 11-27 评价指标风险评分值

评价指标	A_{11}	A_{12}	A_{13}	A_{14}	A_{15}
分值	0.78	0.60	0.22	0.2	0.1
评价指标	A_{21}	A_{22}	A_{23}	A_{24}	A_{25}
分值	0.17	0.23	0.22	0.5	0.38
评价指标	A_{31}	A_{32}	A_{33}	A_{34}	
分值	0.6	0.7	0.3	0.63	
评价指标	A_{41}	A_{42}	A_{43}	A_{44}	
分值	0.3	0.37	0.42	0.8	

续表

评价指标	A_{51}	A_{52}	A_{53}	A_{54}	
分值	0.23	0.83	0.5	0.38	
评价指标	A_{61}	A_{62}	A_{63}	A_{64}	
分值	0.95	0.63	0.63	0.7	
评价指标	A_{71}	A_{72}	A_{73}	A_{74}	
分值	0.8	0.7	0.63	0.63	

表 11-28 权向量结果

W	权向量值	λ_{max}	CR
W_0	(0.237, 0.314, 0.170, 0.135, 0.079, 0.040, 0.026)	7.61	0.07
W_1	(0.119, 0.046, 0.161, 0.298, 0.380)	5.25	0.055
W_2	(0.151, 0.160, 0.291, 0.072, 0.327)	5.35	0.077
W_3	(0.197, 0.314, 0.051, 0.138)	4.10	0.037
W_4	(0.447, 0.316, 0.071, 0.165)	4.21	0.072
W_5	(0.438, 0.333, 0.166, 0.072)	4.13	0.048
W_6	(0.466, 0.151, 0.311, 0.072)	4.11	0.038
W_7	(0.187, 0.073, 0.415, 0.325)	4.21	0.072

表 11-29 评判结果

B	①	②
①	(0.122, 0.140, 0.248, <u>0.260</u>, 0.24)	(0.101, 0.208, 0.121, <u>0.280</u>, 0.290)
②	(0.076, 0.144, 0.255, <u>0.278</u>, 0.24)	(0.079, 0.200, 0.115, <u>0.269</u>, 0.337)
③	(0.105, 0.184, 0.135, <u>0.347</u>, 0.229)	(0.105, 0.184, 0.135, <u>0.347</u>, 0.229)
⑤	(0.125, 0.179, 0.25, <u>0.256</u>, 0.19)	(0.118, 0.209, 0.191, <u>0.287</u>, 0.195)
⑥	(0.130, 0.176, <u>0.244</u>, 0.228, 0.222)	(0.112, 0.183, 0.257, 0.233, 0.216)

续表

B	③	⑤
①	(0.084, 0.174, 0.174, <u>0.321</u>, 0.246)	(0.109, 0.133, <u>0.253</u>, <u>0.253</u>, <u>0.253</u>)
②	(0.043, 0.185, 0.110, <u>0.381</u>, 0.281)	(0.038, 0.148, 0.157, <u>0.391</u>, 0.266)
③	(0.065, 0.176, 0.124, <u>0.405</u>, 0.230)	(0.064, 0.150, 0.169, <u>0.359</u>, 0.258)
⑤	(0.097, 0.182, 0.213, <u>0.302</u>, 0.206)	(0.122, 0.188, 0.248, <u>0.250</u>, 0.193)
⑥	(0.107, 0.145, 0.256, <u>0.262</u>, 0.230)	(0.132, 0.154, 0.234, <u>0.254</u>, 0.225)
B	①	
①	(0.109, 0.138, 0.245, <u>0.254</u>, <u>0.254</u>)	
②	(0.043, 0.167, 0.144, <u>0.353</u>, 0.294)	
③	(0.067, 0.157, 0.173, <u>0.337</u>, 0.266)	
⑤	(0.122, 0.189, 0.245, <u>0.250</u>, 0.193)	
⑥	(0.138, 0.168, 0.205, <u>0.260</u>, 0.229)	

11.5 制定隧道风险管理制度

高速铁路隧道工程的建设具有投资规模大、建设周期长、技术复杂、对周围环境影响大等特点，同其他一般性建设项目相比，受地质条件不确定性、社会环境、施工技术、经济发展的程度等多方面因素影响，因而对高速铁路隧道项目进行全面系统的风险评估的难度也就更大。因此必须建立风险管理制度，要求参与各方（业主、设计单位、施工单位、监理单位、专业评估机构等）应协同合作，通过风险识别、风险估计、风险评价和风险处理，优化组合各种风险管理技术，达到有效控制和妥善处理铁路隧道工程风险的目的，从而保证工程的顺利完成。

建立制度就必须架立机构和明确职责。铁路隧道建设风险管理采用业主层和实施主体层两层管理。业主层包括第一管理者、主管风险管理的负责人、风险管理职能部门及相关部门。实施主体层包括设计单位、施工单位、监理单位等，各实施主体应分别建立风险管理小组。业主可邀请风险管理专家成立专家组，协助进行风险评估与管理（图11-4）。

根据不同阶段的工程特点相应的职责不同，但是参与风险管理的人员上岗前应进行必要的培训。设计阶段业主对风险管理全面负责，设计单位（或咨询单位、相关专业机构）在业主指导下对风险进行评估；施工阶段业主对风险管理全面负责，施工单位、监理单位等在业主指导下对风险进行评估。

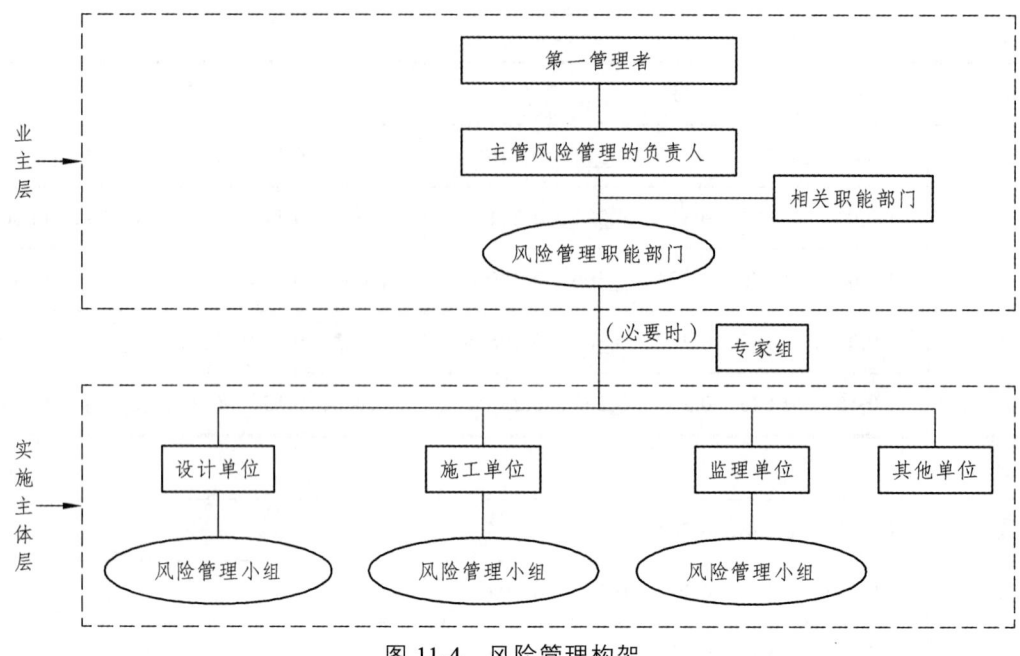

图 11-4 风险管理构架

11.5.1 业主的主要职责

（1）根据工程特点及《铁路隧道风险评估与管理暂行规定》（文献[27]）的相关要求，制定风险评估和风险管理工作实施办法。

（2）督导设计单位（或咨询单位、相关专业机构）进行设计阶段风险评估工作。

（3）督导施工单位开展施工阶段风险评估工作。

（4）负责对高度和极高的风险等级进行审查。

（5）必要时委托相关专业机构进行风险监测。

（6）检查、监督、协调、处理评估工作中的有关问题。

11.5.2 设计单位的主要职责

（1）制定设计阶段风险评估工作实施细则。

（2）进行设计阶段的风险评估工作。

（3）提出风险评估结果，纳入设计文件。

（4）向施工单位进行有关风险的技术交底和资料交接。

（5）参与施工期间的风险评估。

（6）根据风险监测结果，提出风险处理意见。

11.5.3 施工单位的主要职责

（1）制定施工阶段风险评估工作实施细则。

（2）进行施工阶段的动态风险评估工作。

（3）根据风险评估结果提出相应的处理措施，报业主批准后实施。
（4）在施工期间对风险实时监测，定期反馈，随时与相关单位沟通。
（5）根据风险监测结果，调整风险处理措施。

11.5.4 监理单位的主要职责

（1）参与制定施工阶段风险评估工作实施细则。
（2）参与和监督施工单位风险评估与管理工作，并侧重于安全风险和环境风险。
（3）检查施工单位风险处理措施的落实情况。

Part 12 高速铁路隧道实例

12.1 黄土隧道（郑西高铁）

黄土是第四纪干旱、半干旱气候条件下，陆相沉积的一种特殊土，具有多孔性、垂直节理发育、层理不明显、透水性较强、沉陷性等特征。按照形成年代并结合工程特征，通常将黄土分为新黄土和老黄土、非湿陷性黄土和湿陷性黄土。湿陷性黄土又分为自重湿陷性和非自重湿陷性黄土，在上覆土的自重应力下受水浸湿发生湿陷的黄土称自重湿陷性黄土，在大于上覆土的自重应力下（包括附加应力和土的自重应力）受水浸湿发生湿陷的黄土称非自重湿陷性黄土。

我国黄土面积约 64 万平方千米，其中湿陷性黄土约占四分之三，以西北地区和黄河中游地区最为发育，多分布于甘肃、陕西、山西地区，青海、宁夏、河南也有部分分布，其他如河北、山东、辽宁、黑龙江、内蒙古和新疆等省（自治区）也有零星分布。

进入 21 世纪以来，我国开始了大规模的铁路建设，一批高标准、快速度的铁路项目建成投产，其中有不少黄土隧道。如已建成的郑西高速铁路、石太客运专线、包头至西安铁路，在建的如大西客运专线、西安至平凉铁路、天水至平凉铁路、太原至兴县铁路等，均设计有不少的黄土隧道，其中以郑西高速铁路大断面黄土隧道最为典型，本节对郑西高铁黄土隧道相关技术进行介绍。

12.1.1 郑西高铁隧道工程概况

郑西高铁，是国家高速铁路网中"四纵四横"的其中一横"徐兰客运专线"的中段。线路东起郑州东站，向西经过洛阳市、三门峡市、渭南市，到达西安北站，如图 12-1 所示。郑西高铁正线全长 458 km，设计行车速度 350 km/h，是中国中西部地区第一条投入运营的时速 350 km 的高铁。

全线新建隧道 38 座，总延长为 76 879 m，隧线比为 16.8%。其中黄土隧道 28 座，总长 53 061 m，占全线隧道总长的 69%。郑西高速铁路河南境内隧道全长 63 050 m，其中黄土隧道 39 263 m，占河南段隧道长度的 62.1%；陕西境内隧道全长 13 798 m，均为黄土隧道。郑西高速铁路黄土隧道分布如表 12-1 所示。全线最长黄土隧道为函谷关隧道，长 7 851 m；其次为秦东隧道，位于河南与陕西两省分界处，长度为 7 684 m。函谷关和秦东隧道也是目前中国最长的两座黄土隧道。

郑西高速铁路隧道均为双线隧道，隧道净空有效面积为 100 m²，开挖断面积达 164 m²，属超大断面隧道（开挖断面积大于等于 150 m²），并且大部分隧道处于湿陷性黄土地层中，沉降量大、施工安全风险高。

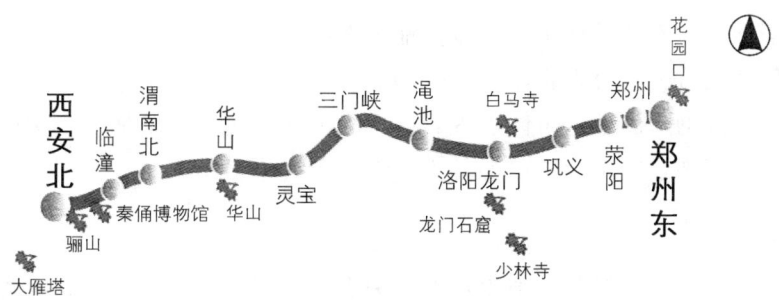

图 12-1 郑西高铁线路

表 12-1 郑西高速铁路黄土隧道分布

序号	段别	线路长度 /km	按隧道长度（L）分类的数量/（座/m）				隧线比 /%
			$L \leqslant 500$ m	500 m$<L \leqslant$3 000 m	$L>$3 000 m	合计	
1	郑州至渑池段	164	2/336	1/557	1/3 368	4/4261	2.6
2	渑池至灵宝段	154	6/1 805	10/9 611	4/23 586	20/35 002	22.7
3	灵宝至西安段	140	—	2/2 297	2/11 501	4/13 798	9.9
	合计	458	8/2 141	13/12 465	7/38 455	28/53 061	11.6

12.1.2 黄土隧道支护设计

1. 支护设计原则

从既有的施工经验可见，黄土隧道施工具有初期支护变形大，浅埋段施工引起的地表沉降量大而且难以控制，容易发生坍方等特点。为确保施工与运营安全，总结形成如下支护设计原则：

（1）设置超前预支护，控制开挖掌子面前方的变形。

黄土隧道的地表沉降在开挖掌子面前方即表现明显，为控制地表沉降，需要采取掌子面前方的超前支护措施，包括超前管棚，必要时可以设置掌子面超前锚杆。

（2）加强初期支护，控制开挖掌子面后方变形。

掌子面后方围岩的变形越大，黄土围岩的稳定性就越差。所以对于黄土隧道，要制定严格的变形控制基准，采用刚度较大的喷混凝土+钢架联合支护体系，控制黄土隧道初期支护的变形。

（3）采用辅助支护措施，控制初期支护的拱脚位移。

采用扩大拱脚、设置锁脚锚管等，提高拱脚附近围岩的承载力，控制拱脚下沉，从而控制黄土隧道初期支护体系的整体沉降，减少地表裂缝的发生。

（4）采用复合式衬砌，合理预留二次衬砌的安全储备。

黄土隧道二次衬砌建成后，可能出现后荷现象，使作用荷载增加，二次衬砌应具有相应的力学功能设计，原则上宜采用钢筋混凝土或纤维混凝土衬砌。

2. 支护设计参数

通过现场实验、理论分析及数值模拟等多种手段，相关单位对郑西高铁黄土隧道系统锚杆的作用效果、格栅钢架的适用性、超前支护的作用效果、隧道预留变形量及黄土隧道二次衬砌受力特征等内容进行了深入系统的研究，取得了一些科研成果，为合理选择黄土隧道支护参数提供参考：

（1）锚杆参数优化。

根据有关研究结论，拱部锚杆的支护效果并不明显，建议黄土隧道拱部120°范围内不设置锚杆，该范围以下至墙脚设置全长黏结型锚杆，锚杆其余参数不变。

（2）钢架作用效果。

型钢、格栅钢架在控制黄土隧道拱顶下沉方面无明显差异，型钢钢架组合支护在控制隧道初期支护水平收敛位移方面具有一定优势。当喷射混凝土 24 h 的早期强度达到 12 MPa 时，在Ⅳ级黏质老黄土隧道中初期支护可采用格栅钢架。

（3）超前支护作用。

建议黄土隧道全部采用超前小导管作为超前支护措施，必要时可配合管棚施工在侧部临时支撑上架设；建议在隧道洞口段和有地表沉降控制要求的黄土隧道施工中采用大管棚。

（4）预留变形量确定。

根据统计分析，在Ⅳ级围岩（老黄土）条件下，隧道预留变形量建议取值范围为 10～15 cm。在Ⅴ级围岩（新黄土）条件下，隧道预留变形量建议取值范围为 25～28 cm。

（5）二次衬砌受力特征。

浅埋黄土隧道二次衬砌荷载分担比例在 51%～53%之间，平均荷载分担比例约为 50%；深埋黄土隧道二次衬砌荷载分担比例在 8%～13%之间，平均荷载分担比例约为 10%，但考虑后期压力增长，在衬砌结构实际受力要大于上述统计数据。黄土隧道衬砌结构计算采用的物理力学参数见表 12-2。

表 12-2　黄土物理力学参数

计算参数	老黄土（Q_2、Q_1）	新黄土（Q_3）
黏聚力/kPa	20～70	20～40
内摩擦角/(°)	20～40	20～30
天然重度/(kN/m³)	17～20	15～17
侧压力系数	0.5～0.6	0.5～0.6
侧向弹性反力系数/(MPa/m)	100～200	80～125
基底弹性反力系数/(kPa/m)	150～250	100～150

根据上述研究成果，对郑西高速铁路黄土隧道支护参数进行了优化，优化后的大断面黄土隧道支护参数见表 12-3 所示，黄土隧道典型断面如图 12-2 所示。

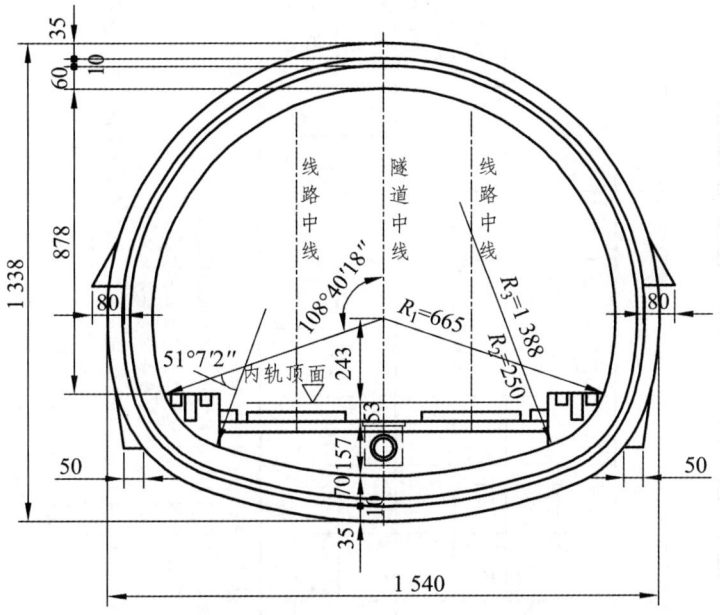

图 12-2　郑西高铁黄土隧道典型断面（Ⅴ级围岩）（单位：cm）

表 12-3　郑西高速铁路特大断面黄土隧道支护参数

衬砌类型	C25喷射混凝土 cm	预留变形量 cm	初期支护 系统锚杆 位置	锚杆类型	长度 m	间距 m	系统锚杆 位置	锚杆类型	长度 m	间距 m	钢筋网 ø8 位置	间距 cm	钢架 类型	间距 m	二次衬砌 拱墙 cm	仰拱 cm	超前支护 大管棚 规格	环向间距 m	小导管 规格	长度 m	环向间距 m	纵向间距 m
IVa	30	10~15	拱部	药包	2.5	1×1	边墙	砂浆	3.5	1×1	拱墙	20	ø25格栅 或I22a型钢	0.6~0.8	50~60	60~70			ø50	5	0.4	3.2~4.0
IVb	30						边墙	砂浆	3.5	1×1	拱墙	20	ø25格栅 或I22a型钢	0.6~0.8	50~60	60~70	ø108	0.4	ø50	5	0.4	3.0~4.0
Va	35	25~28	拱部	药包				砂浆	4	1×1		20	ø25格栅 或I22a型钢	0.6	60~70	70~75	ø89~ø108	0.4				
Vb	35								4	1×1		20	ø25格栅 或I22a型钢	0.6	60~70	70~75			ø50	5	0.4	3.0~4.0

注：本表支护参数适用于高速铁路或高速公路（开挖断面积在 150~170 m²）黄土隧道，其他断面隧道支护参数可参考本表原则另行拟定。

(1) IVa 型复合式衬砌——老黄土（IV级）深埋且天然含水量较小的地段。
(2) IVb 型复合式衬砌——老黄土（IV级）浅埋或天然含水量较大的地段。
(3) Va 型复合式衬砌——新黄土（V级）深埋且天然含水量较小的地段。
(4) Vb 型复合式衬砌——新黄土（V级）浅埋（含洞口地段）或天然含水量较大地段以及湿陷性黄土的地段。

12.1.3 黄土隧道施工技术

1. 黄土隧道施工工法概述

大断面黄土隧道施工通常采用双侧壁导坑法、交叉中隔壁法（CRD法）、中隔壁法（CD法）及预留核心土的台阶法等。这些施工方法主要基于将大断面隧道分隔成及时封闭的小断面施工，施工工序多、对各小断面支护结构连接的工艺要求高，施工进度慢、变形量难以控制。郑西高速铁路黄土隧道开挖断面积超过160 m^2，开挖宽度和高度分别达到15 m和13 m，全线黄土隧道涉及多种类型黄土，主要分布有 Q_1、Q_2、Q_3 砂质和黏质黄土，且埋深及含水量变化大。修建如此超大断面黄土隧道，根据黄土的工程特性，考虑隧道埋深、含水量及新老黄土地层差异，综合考虑郑西高速铁路隧道的工期要求和工法的经济合理性，在超大断面黄土隧道中分别采用了三台阶七步开挖法、弧形导坑法、CD法、CRD法及双侧壁导坑法。表12-4为郑西高铁黄土隧道施工工法统计，可以看出，台阶法（三台阶七步）所占比例最高，CRD法次之，双侧壁导坑法和CD法所占比例较小。下面结合典型工点，详细介绍四种施工工法。

表 12-4　郑西高铁黄土隧道施工工法统计

施工工法	台阶法	双侧壁导坑法	CRD法	CD法	明挖法	合计
长度/m	35 955	472	10 037	330	984	47 778
比例/%	75.3	1	21.0	0.7	2.0	100

（1）双侧壁导坑法。

郑西高速铁路陕西段秦东隧道进口埋深 16~19 m，地层为 Q_3 砂质黄土，实测含水量7.7%~12.2%。采用双侧壁导坑法施工，图12-3双侧壁施工顺序图，采用挖掘机开挖。该段初期支护及临时支撑钢架均采用I25a型钢，中洞未架设底部横撑。挖掘机开挖时两侧导坑上横撑架设均比较晚，一般滞后上台阶开挖面10~13 m。而底撑则在下台阶开挖后即架设，其封闭距离与台阶长度相同。

（2）交叉中隔壁法（CRD法）。

秦东隧道出口埋深30~35 m，地层为 Q_1 砂质黄土，实测含水量6.3%~10.4%，采用CRD法施工。图12-4为CRD法施工顺序图，采用挖掘机开挖。该段CRD开挖方向左洞为先行导坑，初期支护及临时支撑钢架均采用I25a型钢。与双侧壁相似，受挖掘机开挖下台阶时操作空间的限制，该段CRD上横撑架设均比较滞后。该段CRD均未架设底撑，左、右洞仰拱同时开挖。

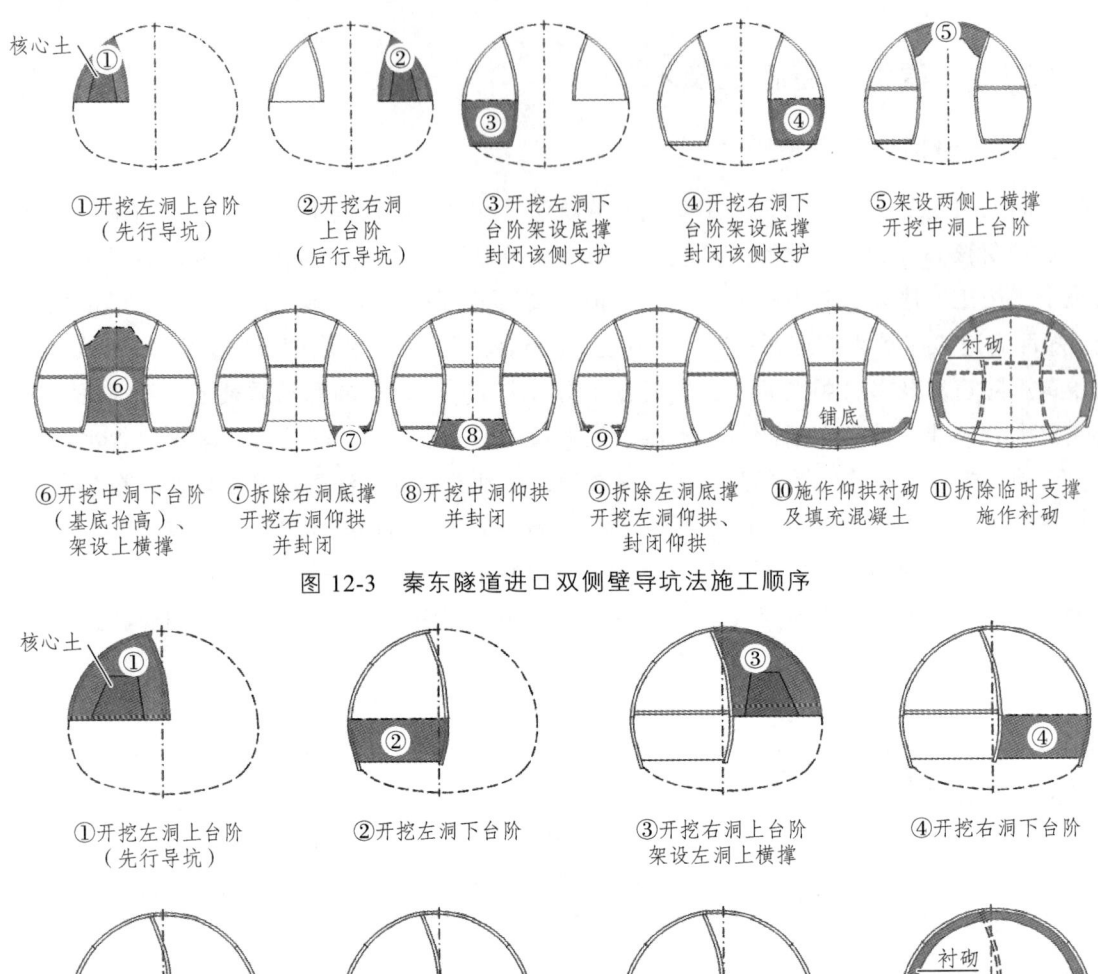

图 12-3 秦东隧道进口双侧壁导坑法施工顺序

图 12-4 秦东隧道出口 CRD 法施工顺序

（3）中隔壁法（CD 法）。

郑西高铁陕西段潼洛川隧道进口埋深 30～34 m，地层为 Q_1 黏质黄土，实测含水量 10.9%～11.1%，采用 CD 法施工。图 12-5 为 CD 法施工顺序，采用挖掘机开挖。该段 CD 法开挖方向左洞为先行导坑，左、右洞均采用上台阶一次拉通后再开挖下台阶，CD 法后行导坑开挖时先行导坑支护未封闭，在后行导坑下台阶开挖后出现水平收敛急剧增长，中隔壁出现纵向裂纹，在该侧导坑内架设临时横撑后中壁失稳得以控制。该段 CD 法中壁及初期支护钢架均采用 I22a 型钢。

（4）台阶法。

陕西段秦东隧道深埋段，埋深 175 m，地层为 Q_1 砂质黄土，实测含水率在 14.3%～16.8%，属于深埋老黄土隧道，采用台阶法施工，施工顺序如图12-6所示。施工采用挖掘机开挖，台阶采用留核心土的三台阶，开挖步序均为7步。其中，上台阶留核心土，其截面顶宽3~5 m，长3~6 m。初期支护钢架为I20a型钢，仰拱封闭距离在30 m以上，封闭时间均在10~20d内完成。

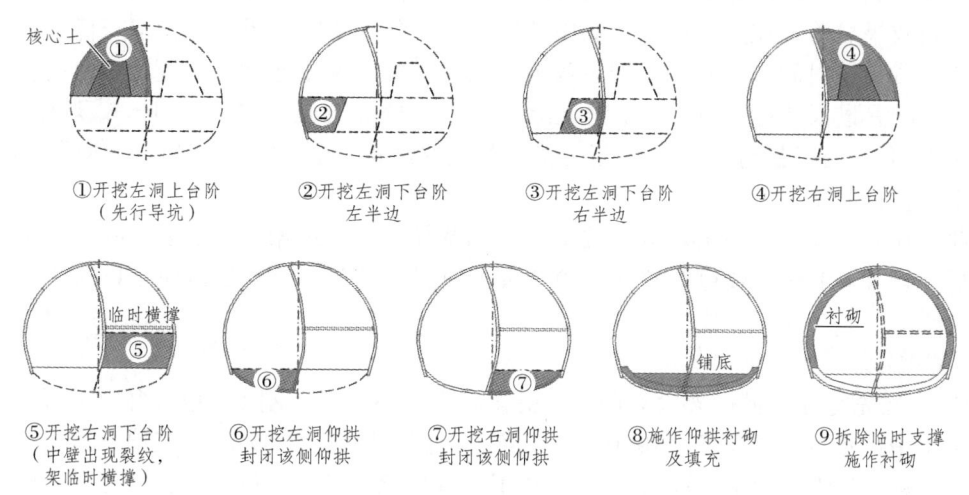

图12-5　潼洛川隧道进口CD法施工顺序

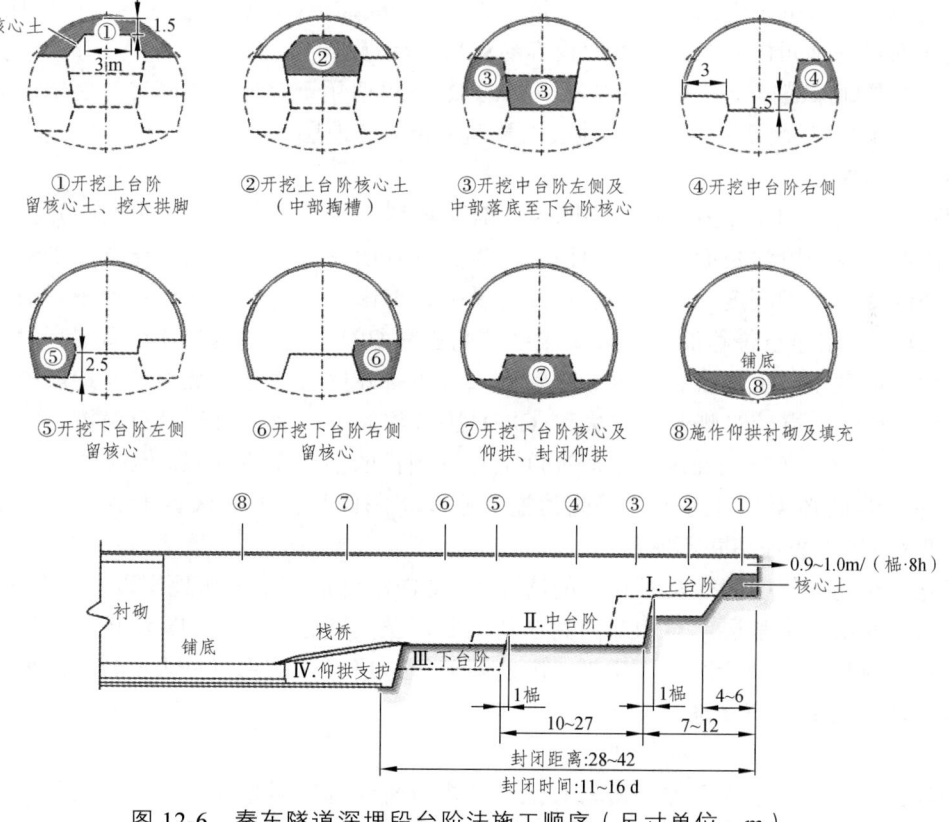

图12-6　秦东隧道深埋段台阶法施工顺序（尺寸单位：m）

2. 各种工法适用性分析

（1）双侧壁导坑法。

双侧壁导坑法支护封闭的意义主要体现在横撑的架设上，当其两侧导坑封闭后可提供较强的整体支护刚度。因此，其对黄土的扰动程度小，控制偏压地层变形能力强，尤其对地表沉降的控制效果显著，在上述四种工法中控制地表沉降的实际效果最好。但双侧壁导坑法在施工中需耗费大量时间和材料用于架设和拆除临时支撑，施工速度比较慢（郑西高铁大断面黄土隧道平均月进尺 15～25 m），成本比较高。双侧壁导坑施工空间分割比较狭小，在采用需要回转空间的挖掘机开挖时，不利于上横撑的及时跟进，施工中往往造成上横撑架设滞后，带来净空位移控制不力的问题。

因此，在确保横撑及时架设的情况下，双侧壁导坑法可适用于对地表沉降有严格控制要求的地层、埋深 ≤ 1.5 倍隧道开挖宽度的新黄土地层、显著偏压地层以及难以自稳的饱和黄土地层。

（2）CRD 法。

CRD 法在先行导坑横撑架设后同样可提供较强的整体支护刚度，相对台阶法可有效控制浅埋新黄土中的拱部整体下沉。由于一侧导坑先封闭，因此 CRD 法处理偏压地层变形的能力同样比较强。CRD 法控制围岩变形的效果不如双侧壁导坑法，但临时支撑比双侧壁导坑法节约成本，施工速度相对比较快（郑西高铁大断面黄土隧道平均月进尺可达到 35 m），成本相对较低。CRD 法施工空间较双侧壁导坑法大，但受横撑分割，施工空间的高度仍比较受限，采用挖掘机开挖时同样存在上横撑架设容易滞后的问题。

因此，在确保横撑及时架设的情况下，CRD 法可适用于对地表沉降有控制要求的地层、埋深 ≤ 1.5 倍隧道开挖宽度的新黄土地层以及偏压较显著地层。

（3）CD 法。

相对台阶法，CD 法多了一道中隔墙，断面被划分成两半按先后导坑顺序开挖，对大跨开挖面的控制较台阶法断面有利。但由于 CD 法没有横撑，只有在先行导坑仰拱封闭后才能形成较强的整体支护刚度，中壁的稳定性容易受开挖影响，尤其是在承载力较弱的黄土中。因此，CD 法控制净空位移的能力较双侧壁导坑法和 CRD 法弱，尤其是在净空高度比较大的高铁特大断面黄土隧道场合，一侧导坑仰拱未封闭就开挖另一侧导坑很容易造成中壁失稳。

CD 法临时支撑较双侧壁导坑法和 CRD 法节约成本，而且由于没有横撑，施工空间较 CRD 法更为宽裕，尤其是在施工空间高度上对挖掘机的使用不再受限。但在黄土中施工，CD 法先行导坑仰拱必须及时封闭。因此其施工速度（郑西高铁大断面黄土隧道平均月进尺约 40 m）相对 CRD 法提高并不明显。

因此，在先行导坑仰拱及时封闭的情况下，CD 法可适用于偏压地层以及埋深 > 1.5 倍隧道开挖宽度的新黄土地层。对于郑西高铁特大断面黄土隧道而言，CD 法控制围岩变形的实际效果相对留核心土台阶法并不明显。因此除偏压地层外，采用留核心土台阶法取代 CD 法可取得较好的技术经济效益。

（4）台阶法。

台阶法通过在掌子面后方预留核心土、缩短台阶使仰拱尽量靠近掌子面封闭以及加强拱脚支护等手段，可以不同程度地控制浅埋黄土尤其是新黄土中的拱部整体下沉变形。但台阶法在开挖阶段对黄土的扰动比较大，控制浅埋地层沉降变形的能力远不如双侧壁导坑法，尤其是在偏压地层中。

台阶法不需要架设大量临时支撑，作业空间大，便于大型机械快速施工，在施工成本和效率上均优于侧壁导坑法。留核心土台阶法的月平均进尺，在郑西高铁试验段可以达到：深埋老黄土≥70 m（最快超过 100 m，秦东）、浅埋老黄土≥50 m（潼洛川）、浅埋新黄土≥40 m（高桥）、富水老黄土≥70 m（张茅）。

因此，针对大断面黄土隧道施工，在可以允许较大地表沉降的场合，采用留核心土台阶法的技术经济效益比侧壁导坑法更优异。综合而言，在对地表沉降没有要求且偏压不明显地段，留核心土台阶法可适用于埋深大于 1.5 倍隧道开挖宽度的各种埋深的Ⅳ、Ⅴ级围岩非饱和黄土和富水黄土的大断面隧道施工。

3. 大断面黄土隧道稳定性的关键技术

基于黄土工程特性以及大断面黄土隧道力学特性，解决浅埋大断面黄土尤其是新黄土隧道施工阶段稳定性的技术关键，应注意以下三点：

（1）开挖面的稳定性：由于黄土的垂直节理以及裸露开挖面的失水风化而迅速剥落，大断面开挖时掌子面和拱部开挖面容易失稳，尤其是在砂质新黄土以及富水黄土中裸露开挖面的自稳时间短。

（2）拱部整体下沉：由于黄土隧道拱脚的承载力普遍较弱，同时拱脚受开挖的影响十分显著，是引发拱部整体下沉的关键因素。在新黄土中，这种拱部整体下沉的发生往往比较迅速，且埋深越浅越难以控制，容易造成直通地表的坍方。

（3）支护刚度：由于浅埋新黄土具有拱部整体迅速下沉的特性，对高铁超大断面隧道支护结构提出了刚度控制要求，即大断面隧道在浅埋新黄土中，支护结构必须有足够的刚度来及时控制拱部下沉变形。

解决以上要点的对策可概括为："短进尺、留核心、管超前、强拱脚、早封闭、测下沉、强支护"，图 12-7 给出了解决大断面黄土隧道施工关键技术的技术路线。

"短进尺"：一方面利用掌子面后方支护结构的空间效应，通过减少一次开挖裸露长度，来提高拱部开挖面的稳定性；另一方面可减少一次开挖量和出渣量，缩短开挖与支护的衔接时间，达到及时支护从而减少开挖面裸露时间的目的。

"留核心"：在掌子面后方预留支撑核心土，是台阶法稳定掌子面的主要手段，开挖时应确保预留足够体积的核心土。

"管超前"：通过对掌子面前方核心土预支护来提高掌子面的稳定性，主要方法是采取超前小导管、管棚和掌子面玻纤锚杆加固等。

"强拱脚"：由于拱脚承载力弱是引发拱部整体下沉的关键因素，因此加强拱脚承载力是支护封闭前控制拱部下沉的关键措施，主要方法是加大拱脚支撑面及设置斜向下锁脚锚杆，同时严格控制中、下台阶一次进尺。

"早封闭"：支护尽量靠近掌子面封闭成环。支护闭合刚度远大于支护未闭合刚度，支护封闭可以从根本上解决弱拱脚问题，因此支护早封闭是控制浅埋大断面新黄土隧道拱部整体下沉的重要措施。

"测下沉"：针对大断面黄土隧道拱部整体下沉的特点，应加强拱部下沉监测，特别是拱脚下沉监测，同时将拱部下沉作为隧道稳定性监控的主要控制基准。

"强支护"：针对浅埋新黄土地层采取加强大断面支护结构整体刚度的方法。主要方法是采取型钢喷射混凝土组合结构以及双侧壁、CRD、双层支护等总刚度较大的支护结构形式。

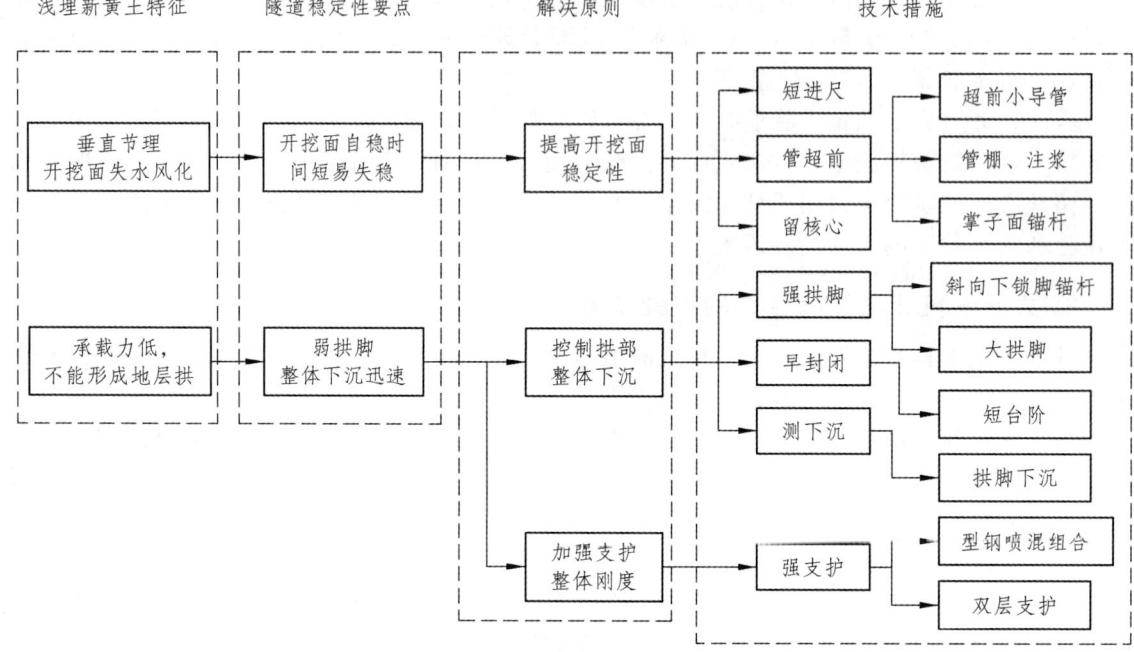

图 12-7　解决大断面黄土隧道施工关键技术的技术路线

12.1.4　湿陷性黄土隧道基底处理技术

对新黄土隧道而言，由于其土质疏松、多孔隙、垂直节理发育、地基承载力低、多具有湿陷性，在遇水侵蚀或较大荷载的作用下，会产生较大沉降和湿陷。由于以往修建的铁路列车运行速度较低，轨道对基底沉降控制要求也不高，当遇到湿陷性黄土时，除对明洞和洞门的地基采取换填处理外，没有其他处理措施。高速铁路运营速度高，多采用无砟轨道，线路要求有高度的平顺性，对工后沉降要求特别严格（工后沉降不得大于 15 mm）。为保证高速铁路运营安全，有必要对湿陷性黄土隧道基底进行加固处理。

1．隧道基底稳定性评价指标

黄土隧道基底稳定性评价的主要指标有两点：一是隧道基底的工后沉降量，二是隧道列车长期运营振动下的稳定性。

（1）工后沉降的要求。

高速铁路隧道工程，对于基底的工后沉降要求特别严格，直接影响到运营的安全。所以，对于黄土隧道基底稳定性评价的标准，应该满足隧道结构物工后沉降的要求。

根据《高速铁路设计规范》（TB 10621—2014）的要求，铺设无砟轨道的路基工后沉降不宜超过 15 mm，沉降比较均匀时，允许的工后沉降为 30 mm，隧道与路基、隧道明洞和暗洞等横向结构物交界处的工后沉降差不应大于 5 mm。为安全起见，通常高速铁路隧道工后沉降按不大于 15 mm 控制。即隧道内铺设无砟轨道后，黄土隧道基底的总沉降量应小于 15 mm。

（2）基底长期运营振动下的稳定性。

在高速列车动荷载作用下，隧道结构的长期稳定性直接影响隧道的运营安全，是黄土隧道工程成败的关键问题。同其他结构物基础类似，隧道基础稳定性通常认为是在围岩压力、水压力、列车运营荷载等静、动载共同作用下，隧道结构和基础表现出的变形、沉降的性质。稳定性主要决定于隧道基础在静、动载作用下变形和沉降的大小、随时间发展的规律、变化的趋势等特性。

高速列车的振动荷载可通过模拟列车激振效应的现场激振实验替代。通过激振前后隧底黄土抗剪强度指标的对比实验，判断是否有泥化、软化现象发生。若实验后抗剪强度较激振实验前无明显变化，则可判定激振实验后隧底黄土不存在泥化和软化现象。激振实验前后，通过仰拱中预留孔对隧底黄土进行动力触探实验。由此可判别隧底黄土承载力和变形特性是否变化。若隧底土体处于硬塑/坚硬状态，则认为其承载力和变形性质满足高速铁路隧道基底的要求。反之，若隧底土体出现软化、泥化，则隧底黄土不满足高速铁路隧道基底的承载力和变形性质的要求。

2. 湿陷性黄土隧道基底处理原则

（1）湿陷性黄土隧道基底应根据隧道的工后沉降要求，采取减少或消除地基湿陷性的处理措施。饱和黄土地基，应按照软土地基有关要求进行地基处理。

（2）湿陷性黄土隧道基底，应经分析计算，当地基湿陷量的计算值大于或等于路基工后沉降量容许值时，需提出防止、减少或消除地基湿陷性的处理措施。

（3）湿陷性黄土湿陷量计算可参照黄土路基计算方法。

（4）防止或减小黄土隧道基底湿陷性的设计措施，可以分为基底处理措施、防水措施和结构措施三种。

基底处理措施：主要是通过采用物理或化学的方法，消除基底黄土的全部湿陷量，或采用桩基础穿透全部湿陷性土层，或挖除湿陷性土层进行换填，将隧道仰拱设置在非湿陷性土层上。

防水措施：主要是通过有效截排洞顶的雨水、设置防护膜防止地表水下渗、完善隧底的排水系统、及时将底部渗透水排出等方法，防止水渗入隧道基底引起湿陷沉降的措施。

结构措施：主要是加强隧道底部结构，减小或调整隧道基底的不均匀沉降，或采取使隧道结构适应基底变形的措施。

（5）一般情况下应采用以基底处理为主的综合治理方法，防水措施和结构措施通常用于基底不处理或配合基底处理消除部分沉陷量的情况，以弥补基底处理的不足。

3. 湿陷性黄土隧道基底处理方法

在以往的隧道工程建设中，较少有铁路隧道基底处于湿陷性黄土土层中。对于少数铁路隧道部分区段的湿陷性黄土，由于列车运行速度低，对轨道沉降控制要求不高，也未作特殊处理，公路隧道的情况也基本如此。但是随着我国高速铁路的修建，铁路基础设施的标准越来越高，沉降控制越来越严格，对湿陷性黄土隧道基底处理也越来越重视。我国在湿陷性黄土路基和软土地基的处理有较为成熟的技术和实践经验，处理措施主要有换填、强夯、CFG桩、砂桩、石灰桩、水泥桩、树根桩、粉喷桩、旋喷桩或高压旋喷桩、土钉法、锚杆、微型桩、振动挤密桩以及它们的组合等。

结合隧道工程的特点对各种湿陷性黄土基底处理方法的优缺点比较见表12-5。明挖隧道段湿陷性基底处理，可以采用路基常用的处理方法，如强夯法、换填法、CFG桩或振动压入桩法等。对于暗挖施工的隧道，在湿陷性黄土基底没有处理前，不能施作仰拱和二次衬砌，不适合采用对基底扰动较大的或施工振动较大的处理措施，另外由于隧道内施工场地受隧道掌子面开挖的影响和洞室的限制，也不适合采用大型施工设备处理。结合在郑西高速铁路湿陷性黄土隧道基底的处理经验和研究，下面重点介绍灰土挤密桩、树根桩等几种可能适用于隧道基底处理的施工技术。

表12-5 湿陷性黄土隧道基底处理方法对比

基底处理方法	主要优点	主要不足
换填法	方法简单、对土体扰动小、施工质量易控制、工程费用低、和隧道施工的相互影响不大	暗挖段隧道开挖断面增大，隧道底部封闭不及时，可能会发生底部失稳，施工存在安全风险
强夯法	工艺简单、质量可靠、处理时间短、处理深度一般可以满足要求	震动大、对暗挖施工的隧道初期支护的稳定影响大、施工风险大
CFG桩/砂桩/石灰桩/水泥桩	方法较成熟、施工质量相对易控制、处理后地基的长期稳定性好	隧道里施工较困难，与隧道施工有交叉影响，相互间施工配合困难
树根桩	施工机具简单、施工安全性高、作业空间小，适用于不良地质狭窄断面的基底处理	单根桩加固范围有限，整体加固质量不好检验，无法完全消除桩间黄土的湿陷性
粉喷桩/旋喷桩/高压旋喷桩	技术成熟、加固质量能保障、长期稳定性好	隧道里作业环境差，施工机械昂贵，与隧道施工有交叉影响，工程造价高
土钉法/锚杆/微型桩	方法较成熟、较简单，施工质量相对易控制	单根土钉/锚杆/微型桩的加固范围有限，使得施工量加大，施工时间加长
灰土挤密桩	方法较成熟、质量可靠、经济实用	施工占用洞内空间较大，与其他工序有交叉影响，冲击挤密振动对隧道的稳定性有一定影响，施工需要对初期支护进行必要的加固
化学处理加固法	对于含水、饱水湿陷性黄土地层加固效果好，处理深度大	费用高、时间长、对于致密黄土渗透性差，列车震动对长期稳定性有影响
静力压入桩	施工没有振动噪声，桩是在工厂预制，质量容易控制	施工装备笨重，对混凝土桩的质量要求高，施工不太方便

4. 湿陷性黄土隧道基底处理实例

结合在郑西高速铁路湿陷性黄土隧道基底的处理经验和研究，下面重点介绍灰土挤密桩、树根桩等几种可能适用于隧道基底处理的施工技术。

（1）灰土挤密桩。

灰土挤密桩法是利用冲锤或锤击打入的方式，对拟加固的地基土冲击挤密成桩孔，原来处于桩孔部位的土被挤入周围土体中，然后在桩孔中分层填入灰土等填充料，并分层冲击挤密成桩，通过这一挤密过程，改变了土层的湿陷性质并提高了承载力。灰土挤密桩在使用中有以下特点：

① 主固化料为消石灰或水泥，桩体材料可就地取材，可用多种工艺施工，如冲击、沉管、先掏小孔再冲击扩孔、人工挖孔和人工夯实等多种方法。

② 设备简单，便于推广，施工速度快，造价低廉，可使用工业废料。

③ 桩体强度可达到 0.5～4 MPa，复合地基承载力可达到 250 kPa，桩间土经挤密后可消除湿陷性并大幅提高承载力。

郑西高速铁路凤凰岭隧道根据灰土挤密桩的原理，研究试验并采用了水泥土挤密桩处理湿陷性黄土隧道基底的方法。凤凰岭隧道位于陕西省华阴市境内，全长 839 m。隧道位于潼关黄土台塬区，塬上地形较平坦，整体上南高北低，塬顶地面高程为 420～500 m，塬周边小型冲沟较发育，切割深度不大。地表多为耕地，隧道进出口附近有村庄分布。塬顶表层为第四系上更新世风积砂质黄土，厚 10～28 m，下伏中更新世风积砂质黄土，中间夹有数层粉质黏土古土壤层。隧道进出口位于具有湿陷性的黄土土层中，设计采用冲击挤密水泥土桩地基加固的处理方法。

凤凰岭隧道洞口地貌和试验点照片如图 12-8 和图 12-9 所示。

图 12-8　凤凰山隧道洞口地貌　　　　图 12-9　凤凰山隧道洞口试验点

现场根据试桩进行了动态设计，并通过理论计算最终确定了凤凰岭隧道进口挤密桩设计参数：水泥土挤密桩直径 0.25～0.35 m，挤密桩间距 0.8 m×0.8 m，按等边三角形布置，挤密桩桩底深至老黄土地层约 2 m，明挖段基底挤密桩桩顶换填三七灰土，仰拱底部厚 1 m，如图 12-10 所示。

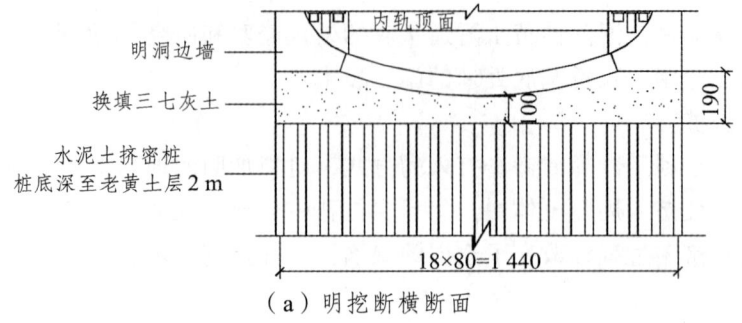

（a）明挖断横断面

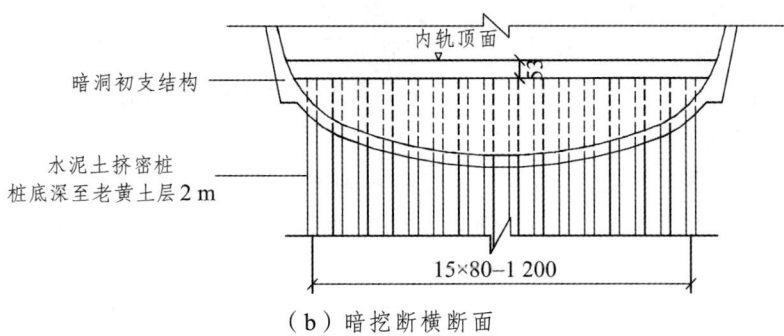

（b）暗挖断横断面

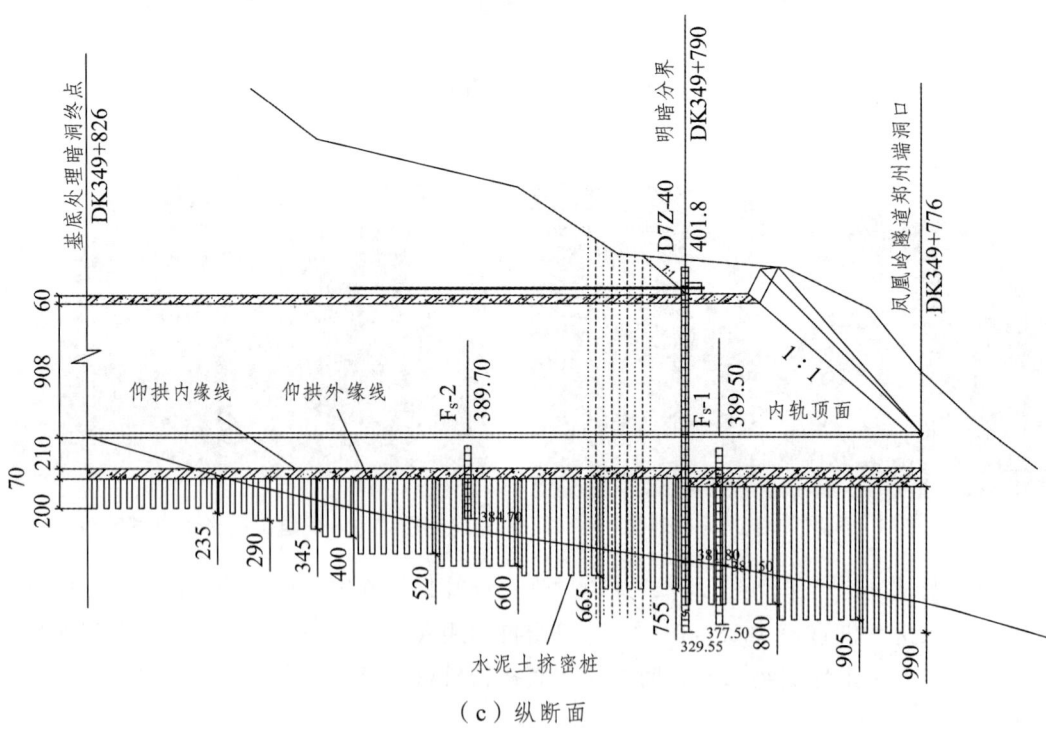

（c）纵断面

图 12-10 凤凰山隧道进口基底处理方案（单位：cm）

凤凰岭隧道洞内基底需处理段落长 36 m，桩长共计 6 828 m。现场水泥土挤密桩试桩施工参数为三脚架高度约 4 m，冲锤高约 2.5 m，直径约 16 cm，锤重约 300 kg，落距 1～3 m，成孔直径约 19 cm，第二次夯扩后成桩直径约 25～35 cm；水泥土配合比约为 9：100（质量比）。

挤密桩于 2006 年 4 月 5 日开始施工，至 5 月 16 日洞内水泥土挤密桩施工完毕。考虑到挤密桩作业时的振动较大，施工时共采用 6 套机械设备多工作面同时施工，每台机械平均成桩速度约 4～5 根（约 30 m/d）。为确保洞内基底处理施工时隧道的结构安全，在现场对挤密桩施工时产生的振动进行了测试。振动测试结构表明：在成孔、成桩过程中，自桩顶以下 1 m 范围内振动速率最大，最大值约 6～7 cm/s；在 1～4 m 范围振动速率也比较大，约 4～5 cm/s；施工至 4 m 以下时基本能满足规范要求。支护结构监控量测结果表明，挤密桩施工完毕后隧道初期支护表面无明显裂纹，对隧道初期支护结构变形的影响范围是拱顶下沉 1～2 mm，水平收敛 2～3 mm，即洞内施工水泥土挤密桩时对隧道初期支护结构安全、稳定影响甚小。在挤密桩施工完毕后，现场及时对基底处理质量进行了检测，检测结果表明，洞内基底新黄土的湿陷性已经消除，基底处理效果满足设计要求，达到了设计目的。

（2）树根桩。

树根桩是指桩径在 70～300 mm、长径比大于 30、采用螺旋钻成孔、用配筋和压力注浆工艺成桩的钢筋混凝土就地灌注桩，又称为小直径钻孔灌注桩，布桩可以采用竖向、斜向设置，网状布置如树根状，故称为树根桩。与其他地基处理方法相比，树根桩具有如下技术特点：

① 机具简单，所需施工场地较小，一般需 0.6 m×1.8 m 的平面尺寸、2.1～2.7 m 的净空即可施工，因而适合于作业区狭小或地下障碍物较多的地段施工。

② 施工时振动和噪声小，施工方便。

③ 施工时因桩孔很小，故而对墙身和地基土都不产生任何次应力，也不扰动地基土和干扰建筑物的正常工作情况。

④ 采用压力注浆，使桩与土体结合紧密，桩土表面摩擦力较大，具有较高的承载能力。

⑤ 从受力机理看，因桩的长径比甚大，单位体积桩的承载力远大于其他桩型。树根桩不仅可承受竖向荷载，还可承受水平向荷载。

郑西高速铁路潼洛川隧道进口地层为 Q_3 黏质黄土，Ⅲ级硬土。隧道进口桥隧紧密相连，为确保桥台施工时隧道洞门结构稳定性及减小桥隧过渡段基础差异沉降，隧道基础采用刚度逐步过渡的方式：明挖段基底采用树根桩加固，树根桩直径 30 cm，间距 1 m×1 m，梅花形布置；树根桩桩顶设置 C30 钢筋混凝土刚性托板，刚性托板与隧道仰拱采用 ϕ22 短筋加强连接。树根桩设计如图 12-11 和图 12-12。

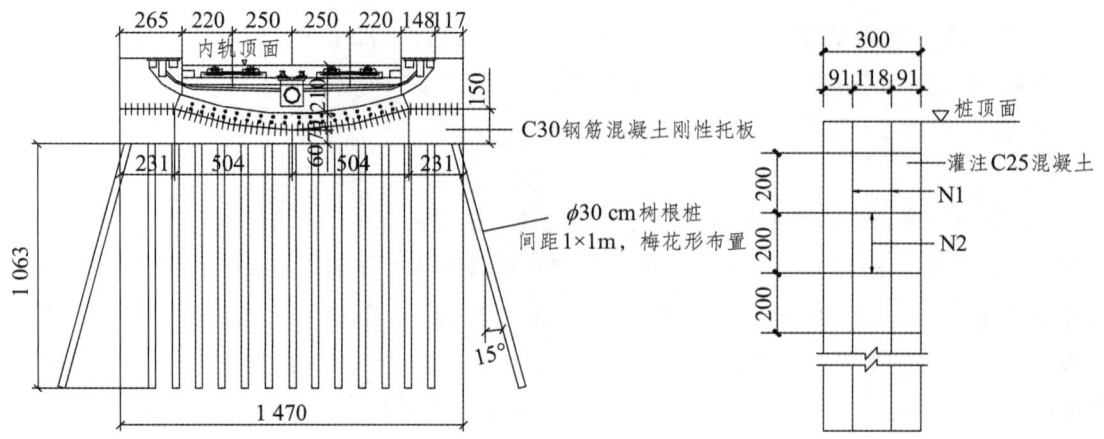

图 12-11 潼洛川隧道进口树根桩布置横断面（单位：cm）

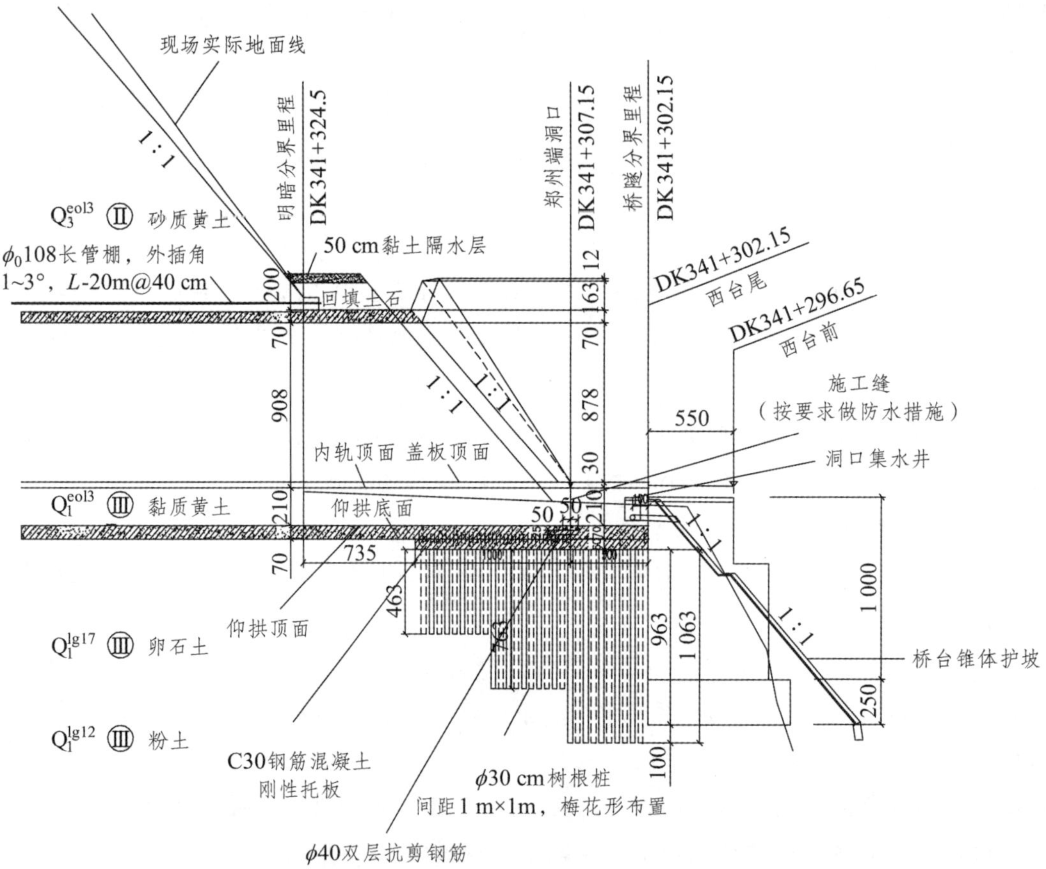

图 12-12 潼洛川隧道进口树根桩布置纵断面图（单位：cm）

12.1.5 黄土隧道洞口边仰坡稳定技术

黄土存在着岩性疏松、大孔隙、强湿陷性、垂直节理发育等特殊性，使得黄土分布范围内沟谷切割强烈，地形破碎，沟壑纵横，黄土边坡往往具有较陡的坡度，常年受降水侵蚀及风化等因素的影响，裂隙发育，有的处于稳定状态，有的则由于存在不良地质体，或人工改造后处于不稳定或潜在的不稳定状态。根据中铁西北科学研究院对陇海线三门峡至潼关段13座双线黄土隧道病害的调查显示，黄土隧道边仰坡普遍存在着土体开裂现象，这些裂缝经过地表水的长期侵蚀、溶蚀等作用，宽度甚至达到几十厘米，且部分地段有坍塌现象，使得隧道边仰坡体失稳破坏，直接影响着隧道洞体结构稳定和行车安全。

因此，黄土隧道边仰坡的稳定性问题，在很大程度上直接影响工程修建及运营的安全，在黄土隧道设计和施工时，一定要高度重视洞口边仰坡的防护。

1. 黄土隧道洞口边坡防护技术概述

黄土边坡的变形破坏主要表现为坡体和坡面两个层次。坡体变形、失稳是黄土边坡最常见的破坏形式之一。从数量上分析，坡体失稳较坡面破坏的段落、总里程都要少，但是对铁路的运营安全、广大司乘人员人身安全和财产安全的威胁要比后者大得多，尤其是此类破坏的突发性和成灾性，更值得关注。根据大量的调研分析可知，边坡破坏的形式主要为黄土滑坡、滑塌和崩塌。坡面变形、破坏也是黄土边坡常见的现象。但是，目前针对黄土边坡坡面的冲刷、剥蚀、风蚀破坏等的防护，还缺乏统一的行业标准。

针对边坡坡体与坡面破坏形式，黄土边坡的防护技术主要包括坡体防护和坡面防护两方面，如表12-6所示。坡体防护针对边坡可能产生的整体或局部失稳而设置，常用措施主要有放缓坡比、支挡、加固三类。支挡措施是坡体防护技术中的基本措施。对于不稳定的边坡土体，使用支挡结构物（挡土墙、抗滑桩）对其进行支挡，是一种可靠的防护手段。它的优点是可从根本上解决边坡的稳定性问题，达到根治的目的。加固措施具有代表性的有土钉墙、锚杆框架梁等。坡面防护技术可分为工程防护技术、植物防护技术和复合型生态防护技术三大类。

表 12-6 黄土边坡防护技术

坡体防护技术	放缓坡比		
	支挡	挡土墙	路肩墙
			路堤墙
			路堑墙
			山坡墙
		抗滑桩	
	加固	土钉墙	
		锚杆框架梁	
坡面防护技术	工程防护技术	护面墙	
		骨架护坡	拱形骨架护坡
			人字形骨架护坡
			菱形骨架护坡
		挂网喷浆	

		穴种	
坡面防护技术	植物防护技术	沟播	
		栽藤护坡	
		地毯式植草皮护坡	
		植生带植草护坡	
		三维植被网护坡	
		厚层基材喷播护坡	
	复合型生态防护技术	土工格室	平铺式
			叠砌式
		绿化防护板	

2. 郑西高铁黄土隧道洞口边仰坡稳定技术要点

（1）为避免高大边坡开裂、滑塌对黄土隧道洞口开挖及运营安全的影响，在隧道设计时应遵循"早进晚出"的原则，尽量避免高边坡开挖，若无法避免时，可以采用加长明洞或倒削竹式洞门的方式来进行防护。

（2）黄土隧道边仰坡坡面形式。

黄土隧道洞口边仰坡坡面形式一般采用上缓下陡形式，在变坡处宜加设平台，各级平台采用M10浆砌片石铺砌排水沟以保证边坡安全，且在边仰坡开挖线外设置天沟，边坡采用护面墙防护的应先加排水措施后再进行铺砌。

（3）黄土隧道边仰坡坡体防护。

① 洞口边坡及仰坡多采用开放式加固体系，如框架锚杆梁护坡和人字形截水骨架内喷混凝土植生防护等，这类开放式加固体系有利于地表和地下水的排泄和渗流，对稳定坡体具有很大好处，可大量推广应用。

② 尽量避免采用封闭式加固体系，如采用锚喷网防护（可作为临时防护工程）、骨架护坡石镶面和框架锚杆梁内六棱块贴面护坡等，该类防护形式不利于疏排水，对坡体长期稳定性不利。

③ 较高的边仰坡采用分级护坡，一、二级仰坡开挖面采用框架锚杆梁内植草进行防护，其他的仰坡开挖面采用骨架护坡，骨架间设喷播植草+移植灌木防护。

（4）黄土隧道洞口边仰坡坡率。

隧道洞口的边坡坡率与黄土时代、成因、边坡高度、降雨分区等有关。根据现场自然与人工边坡的调查资料、降雨分区及设平台后分段坡高，给出考虑不同时代成因的黄土边坡设计表，如表12-7所示。

表 12-7 黄土边坡设计

年代成因	所处地貌单元	年降雨量/mm 最大	年降雨量/mm 年均	边坡形式及相应陡度 H≤6 m 陡度	边坡形式及相应陡度 H≤6 m 坡形	6 m<H≤12 m 陡度	6 m<H≤12 m 坡形	12 m<H≤18 m 陡度	12 m<H≤18 m 坡形
早更新世 Q₁ 黄土	河谷高阶地，黄土塬边缘或黄土梁下部，上有 Q₂ 及 Q₃ 黄土覆盖	小于 350	小于 250	1:0.1~1:0.3	一个坡	1:0.3~1:0.5	一个坡	1:0.5	一个坡
		350~700	250~500	1:0.1~1:0.3	一个坡	1:0.3~1:0.5	一个坡	1:0.5	在10~12 m处加平台，上设排水沟
		700~1050	500~750	1:0.1~1:0.3	一个坡	1:0.3~1:0.5	一个坡	1:0.5	在6~8 m处加平台，上设排水沟
中更新世下 Q₂₋₁ 黄土	河谷高阶地，黄土塬边缘或黄土梁下部，上有 Q₂₋₂ 及 Q₃ 黄土覆盖	小于 350	小于 250	1:0.1~1:0.3	一个坡	1:0.3~1:0.5	一个坡	1:0.5	一个坡
		350~700	250~500	1:0.1~1:0.3	一个坡	1:0.3~1:0.5	一个坡	1:0.5	在10~12 m处加平台，上设排水沟
		700~1050	500~750	1:0.3~1:0.5	一个坡	1:0.5	一个坡	1:0.5~1:0.75	在6~8 m处加平台，上设排水沟
中更新世上 Q₂₋₂ 黄土	河谷高阶地，黄土塬边缘或黄土梁下部，上有 Q₃ 黄土覆盖	小于 350	小于 250	1:0.3~1:0.5	一个坡	1:0.5	一个坡	1:0.5~1:0.75	在12 m处加平台
		350~700	250~500	1:0.3~1:0.5	一个坡	1:0.5	一个坡	1:0.5~1:0.75	在10~12 m处加平台，上设排水沟
		700~1050	500~750	1:0.3~1:0.5	一个坡	1:0.5	一个坡	1:0.5~1:0.75	在6~8 m处加平台，上设排水沟

续表

年代	成因	所处地貌单元	年降雨量/mm 最大	年降雨量/mm 年均	边坡形式及相应陡度 $H \leq 6$ m 陡度	边坡形式及相应陡度 $H \leq 6$ m 坡形	边坡形式及相应陡度 6 m$<H \leq 12$ m 陡度	边坡形式及相应陡度 6 m$<H \leq 12$ m 坡形	边坡形式及相应陡度 12 m$<H \leq 18$ m 陡度	边坡形式及相应陡度 12 m$<H \leq 18$ m 坡形
晚更新世 Q_3	风积	河谷阶地、黄土梁、峁下部或冲积平原上分布、多层风积坡积、洪积黄土覆盖	小于 350	小于 250	1:0.3~1:0.5	一个坡	1:0.5~1:0.75	一个坡	1:0.75	在 2 m 处加平台
			350~700	250~500	1:0.3~1:0.5	一个坡	1:0.5~1:0.75	一个坡	1:0.75	在 10~12 m 处加平台,上设排水沟
			700~1050	500~750	1:0.3~1:0.5	一个坡	1:0.5~1:0.75	一个坡	1:0.75	在 6~8 m 处加平台,上设排水沟
	冲积	堆的外缘坡脚、梁峁的斜坡堆积	小于 350	小于 250	1:0.5~1:0.75	一个坡	1:0.5~1:0.75	一个坡	1:0.75~1:1	在 12 m 处加平台
			350~700	250~500	1:0.5~1:0.75	一个坡	1:0.5~1:0.75	一个坡	1:0.75~1:1	在 10~12 m 处加平台,上设排水沟
	洪积	河谷阶地缓坡地部分覆盖	700~1050	500~750	1:0.5~1:0.75	一个坡	1:0.5~1:0.75	在 6~8 m 处加平台,上设排水沟	1:0.75~1:1	在 6~8 m 处加平台,上设排水沟
	坡积 残积	分布在细土质岩石的山坡上部	小于 350	小于 250	1:0.5~1:0.75	一个坡	1:0.5		1:0.75~1:1	在 12 m 处加平台
			350~700	250~500	1:0.5~1:0.75	一个坡	1:0.5	在 6~8 m 处加平台,上设排水沟	1:0.75~1:1	在 10~12 m 处加平台,上设排水沟
			700~1050	500~750	1:0.5~1:0.75	一个坡	1:0.5	在 6~8 m 处加平台,上设排水沟	1:0.75~1:1	在 6~8 m 处加平台,上设排水沟

附注:① 物理力学性质及水平剪切及 45°剪切面皆系指剪切面而言。
② 陡度只按单一土层考虑。
③ 高度应达坡出露之上层土合并计算。
④ 边坡上自然坡面 20°以下时,可不考虑;20°~35°拟定坡度时,上级陡度应放缓一级 (0.2~0.25);大于 35°时须作边坡考虑,必要时进行计算。
⑤ 土层内含松散土壤如砂、砾石、卵石等,当另作处理,不属于本表范围。
⑥ 在拟定边坡时,尚需注意设计地区自然边坡和人工边坡稳定情况,及有无不良地质现象。
⑦ 本表未考虑地震烈度影响,黄土厚度不大,可参照 Q_3(新第四纪)黄土拟定边坡。
⑧ Q_4(现代)黄土参考本表,Q_3(新第四纪)皆需另作处理。

3. 郑西高铁黄土隧道洞口边仰坡防护实例

（1）坡体防护。

坡体加固常采用土钉墙和锚杆框架梁（表 12-6）。土钉墙由被加固的土体、置于被加固土体中的细长金属杆件（土钉）及附着于坡面的混凝土面板组成，形成一个类似于重力式挡土墙，以此来抵抗墙后传来的土压力和其他作用力，从而使开挖坡面稳定。锚杆框架梁支护由锚杆、框架梁和附属绿化工程组成，是一种工程措施与植物措施相结合的防护类型。锚杆可根据边坡的具体条件选用非预应力或预应力锚杆，在黄土边坡的防护设计中，大多采用非预应力锚杆。框架梁一般由钢筋混凝土或型钢制作，考虑到工程耐久性与绿化要求，设计中多采用钢筋混凝土框架。经过大量工程实践比较，认为非预应力框架锚杆梁除具有土钉墙的大多数优点外，还有其不可比拟的优势。土钉墙面层的喷射混凝土完全将坡体内外的"水汽循环"阻止，可能引起地下水的大量聚集，致使边坡稳定性降低；框架内可设置六棱空心砖或其他形式的格室进行填土绿化。而土钉墙无法施作绿化工程，景观效果较差。二者造价基本接近，框架锚杆梁需制作钢筋笼、浇注混凝土、摆放空心砖或格室及填土植草，施工工序较土钉墙略繁杂。图 12-13 为富村 2#隧道洞口锚杆框架梁护坡。

图 12-13　富村 2#隧道洞口锚杆框架梁护坡

（2）坡面防护。

① 浆砌片石护面墙。

浆砌片石护面墙是采用片石通过砂浆砌筑而成的防护形式，这类措施是黄土边坡防护中较常采用的形式之一，其优点是可就地取材、结构简单、施工方便。一般用于坡率 1∶0.5～1∶1 的坡面，单级高度不大于 10 m，墙体顶宽 40～60 cm。在大于 4 m 的护面墙设置 1～2 道耳墙，以保证墙体的稳定性。图 12-14 为朱家沟 2#隧道洞口浆砌片石护面墙。护面墙的设置可有效地防止降水沿坡面的下渗，减轻坡面的冲刷剥蚀。从已建成的护面墙工程可以看出，它们均起到了很好的防护作用。浆砌片石护面墙作为传统的坡面防护形式，得到了广泛应用。但是随着生活条件的不断改善，人们提出了环境美化生活的新需求，浆砌片石护面墙带来压抑感，已逐渐不被人们接受。

② 骨架护坡。

骨架护坡是采用浆砌片石砌筑成拱形、人字形、菱形骨架，骨架内种草绿化，骨架上可设置导水的镶边石，从而防止坡面的冲刷、剥蚀。一般用于坡率缓于 1∶1 的土质坡面，在地层为新黄土的坡面中较常用。图 12-15 为贺家庄隧道洞口拱形骨架护坡。由于骨架护坡是工程措施与植物措施相结合的防护形式，一方面它避免了实体式护面墙的坡面封闭效应，另一方面又大大改善了路容景观，效果良好。但是，其只适用于有放坡条件地段或高边坡上部，一般要求坡率缓于 1∶1；其抗变形能力差，仅适用于稳定边坡，而在老黄土层中植草效果差。

图 12-14　朱家沟 2# 隧道洞口浆砌片石护坡

图 12-15　贺家庄隧道洞口骨架护坡

（3）接长明洞。

2009 年 11 月 14 日，郑西高速铁路开始联调联试，为了确保开通运营后列车行车安全，对三门峡段黄土隧道群高边坡洞口、相邻两座隧道洞口距离较短（小于 50 m）的隧道进行了逐一检查，确定对其中 7 座隧道的 9 个洞口增设拱形明洞防护结构。其中坳渠 2# 隧道出口和交口隧道进口之间相距 11.5 m，南交口 1#、2# 隧道之间相距 24 m，这两处相距较近的洞口采用明洞连接，明洞长度分别为 33 m 和 47 m。图 12-16 所示为南交口 2# 隧道出口拱形明洞。

图 12-16　南交口 2# 隧道出口拱形明洞

12.2　冻土区隧道（青藏铁路隧道）

寒区隧道泛指可能产生冻害的隧道，也称冻土区隧道，具有一系列非冻土区隧道所没有的特点和问题。长期以来,隧道冻害一直困扰着我国许多地区公路、铁路的行车安全及运营管理。本节以青藏铁路仅有的两座冻土隧道——昆仑山隧道和风火山隧道为例,详细介绍冻土区隧道的若干问题。

12.2.1 冻土区隧道的环境特征

冻土区隧道最大的特殊性在于隧道的修筑彻底改变了隧道所在冻土的环境条件。冻土区隧道可分为全多年冻土隧道、局部多年冻土隧道和非多年冻土隧道,根据隧道埋深在三类隧道中又分为不同亚类。青藏铁路冻土区有两座隧道:昆仑山隧道和风火山隧道。其中昆仑山隧道属于全多年冻土隧道,纵断面如图 12-17 所示,按照埋深所分的亚类划分,除穿越山谷地段造成局部浅埋的隧道,昆仑山隧道整体上属于深埋隧道。风火山隧道属于深埋全多年冻土隧道,纵断面如图 12-18 所示。

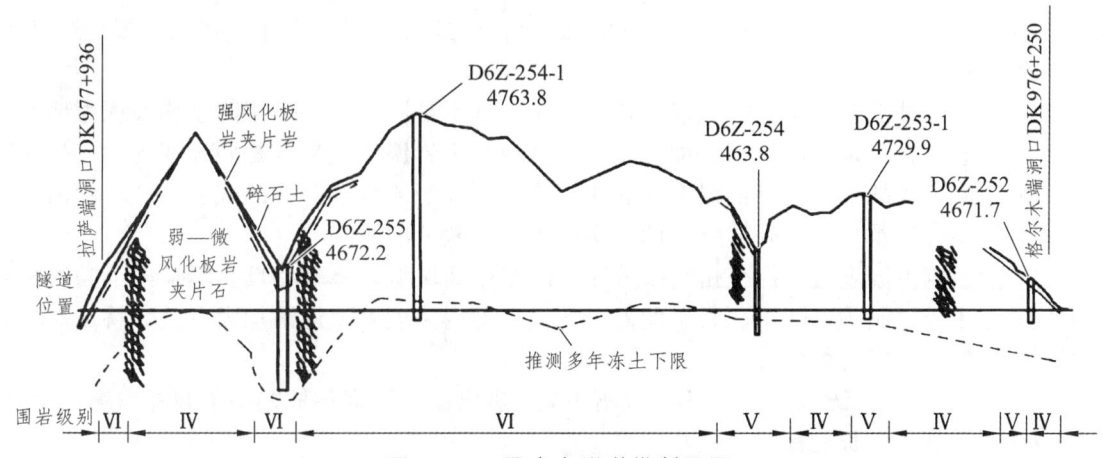

图 12-17 昆仑山隧道纵断面图

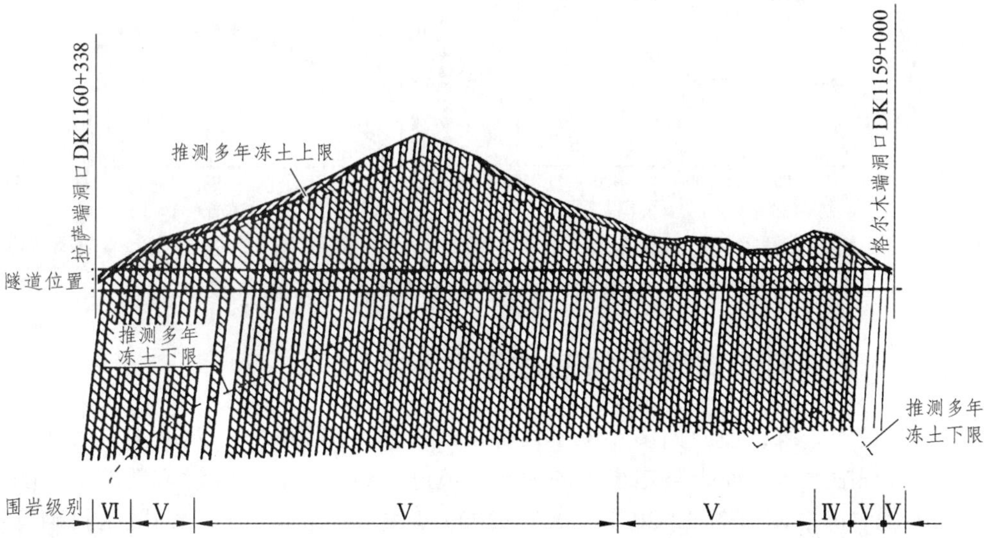

图 12-18 风火山隧道纵断面图

冻土区隧道施工和建成使用过程对冻土环境的影响有以下几点：

（1）隧道开挖破坏了原始多年冻土的连续性，隧道围岩形成新的换热界面，成为多年冻土与隧道内大气环境的主要热交换界面。

（2）隧道本体形成细长型管状通风管道，管道内和端口的压力差以及自然风组合对隧道围岩多年冻土形成通风效应，有助于改善多年冻土散热条件。

（3）多年冻土在隧道洞内新的环境条件下发生新的年际冻融循环过程。

上述冻土环境的变化给隧道衬砌结构及防排水设计带来新的技术问题，需要根据隧道周围多年冻土环境变化和隧道埋设条件采取相应工程措施。青藏铁路建设和开通运营初期对两座隧道环境温度进行了长期观测，温度从隧道洞口进入隧道洞身变化规律如图 12-19 所示。隧道内温度变化有以下特征：

（1）沿隧道进深不同段落气温普遍降低。在天然条件下，隧道开挖时，洞中与围岩温度均高于相应地点的地表温度，隧道贯通运行后，洞中年平均气温、围岩表面温度则低于相应地点的地表温度。天然条件下同一地点气温低于相应的地表温度，洞中气温与围岩（衬砌层）界面温度接近。

（2）自然条件下地面温度随气温变化而变化，基本是同步的。一年四季均表现为地面温度高于相应气温，仅是差值不同；而在隧道内气温与围岩温度虽然也是同步变的，但是在隧道内不同进深段落的气温与壁面温度在一年四季中可高于或低于洞外的气温，暖季洞内温度低于洞外气温，寒季高于洞外气温，即所谓洞内"冬暖夏凉"。

（3）隧道洞内温度沿进深呈抛物线分布，暖季中间段低，寒季相反。隧道内不同地段温度差值受隧道长度制约，隧道越长，洞外—洞口—洞内温度差值逐渐加大。这个特点对不同进深围岩的冻融深度有很大影响。

（4）隧道内气温年较差减小，不同段落不同，进出口段温度年较差小于洞外温度年较差，中间段最小，隧道越长这种较差越小。

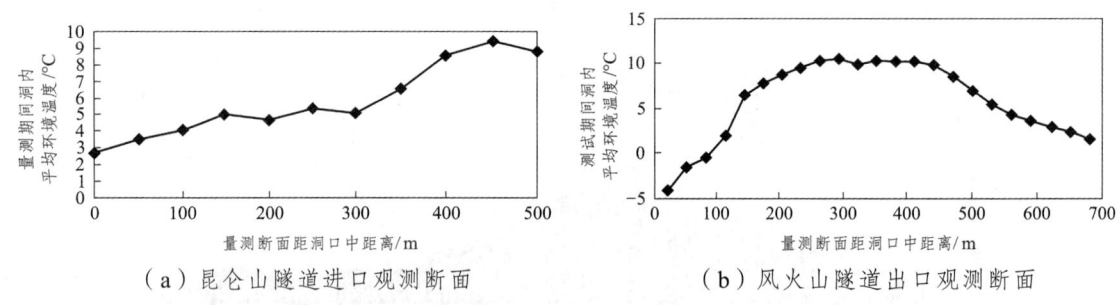

图 12-19 隧道洞内环境温度与距洞口距离的关系

12.2.2 隧道围岩冻融圈的形成及危害

隧道的开挖和修筑，使原始多年冻土内部出现新的换热界面——隧道围岩表面。在隧道修建和运营过程中，多年冻土与隧道内的大气环境进行热交换，最终形成新的季节融化层，称之为隧道-围岩冻融圈。图 12-20 为 2003—2005 年度，昆仑山和风火山隧道衬砌背后围岩温度的月变化曲线，可以看出，风火山隧道竣工后经过一年时间（2003 年 10 月—2004 年 12

月），其衬砌背后 5 m 深度范围内的围岩年均温度全部进入负温，而昆仑山隧道经过两年以上时间（2003 年 2 月—2005 年 12 月）全部进入负温。上述测试数据证明存在冻融圈，且冻融圈的温度变化有滞后于外界温度变化的趋势。

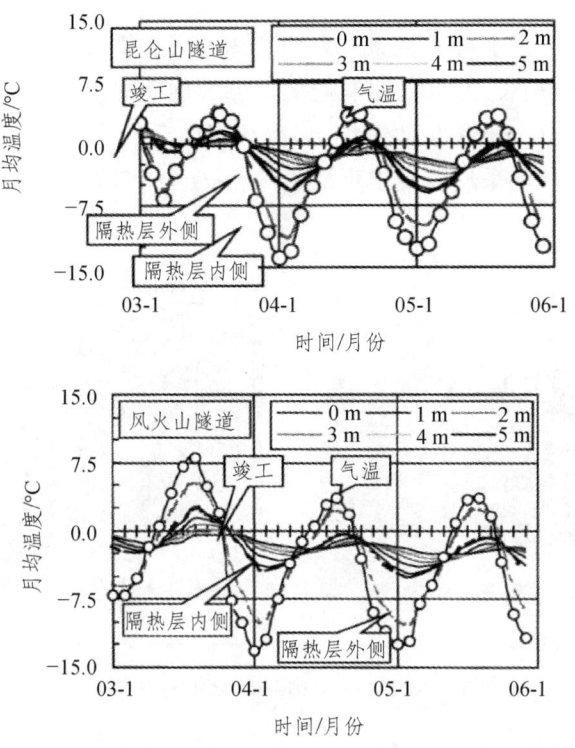

图 12-20　昆仑山和风火山隧道不同深度围岩温度月变化曲线

冻土区隧道工程的核心问题是冻融圈的形成和发展对隧道稳定性的影响。隧道冻融圈的危害主要有以下几点：

（1）冻胀作用。冻融圈内含水围岩冻结后会产生冻胀，当冻胀受到衬砌与围岩自身的约束时产生冻胀力。研究表明：冻胀力随围岩与衬砌的刚度增大而增大，随冻融圈厚度增大而增大，冻胀力可达 1～20 MPa 或更大，是造成冻土区隧道衬砌开裂、酥落、剥落的主要原因。

（2）隧道衬砌与围岩强度损失。隧道的初期支护（喷射混凝土）、二次衬砌及围岩会在冻融循环作用下产生损伤劣化、强度损失，对结构承载力及耐久性产生影响。

（3）冻融圈水分迁移造成渗漏水、排水设施冻结。冻土区隧道渗漏水必然造成各种冰害，例如挂冰、边墙冰溜、路面结冰、道床浸水等。隧道两侧设置的"盲沟""盲井"和底部设置的排水沟因埋设过浅或保温措施不力而发生结冰、失去排水功能。

（4）隧道洞口破裂。由于洞门上部冻胀性土没有换填，并且积水排流不畅，或采用抗冻胀性能差的浆砌片石材料，造成隧道洞口破裂。

12.2.3　冻土区隧道冻害防治技术

青藏铁路昆仑山隧道和风火山隧道的设计以保护冻土和保持冻土的冻结状态为原则，并且考虑到隧道工程与地基工程的区别，工程措施以减少对冻土的热扰动和保温隔热为主，综合采用以下冻害防治技术：

1. 隧道进出口设置明洞

选择隧道洞口位置时，为减少对原地表的破坏，隧道进口和出口均接明洞，两座隧道进口明洞长 35 m，出口明洞长 23 m。明洞段的富冰、饱冰冻土边坡开挖后用粗颗粒土换填。洞门端、挡墙背后设置 50 cm 厚的砂石垫层，以缓解墙后的冻胀力。为保证洞门结构的稳定，端墙采用钢筋混凝土，挡墙采用混凝土现浇。两座隧道洞口如图 12-21 所示。

（a）昆仑山隧道　　　　　　　　　　（b）风火山隧道

图 12-21　昆仑山和风火山隧道洞口

2. 设置隔热保温层

为避免因冻融圈的变化而产生冻害，昆仑山隧道和风火山隧道采用隔热保温技术，在设计中铺设隔热保温层以减少隧洞内外气温与围岩间的热交换，从而达到减小冻融圈范围的目的。国内外在严寒地区采用隔热保温技术的隧道，铺设隔热保温层的方式有两种：一种是在衬砌内缘表面铺设保温层，例如国内的大坂山公路隧道，在衬砌表面铺设聚氨酯泡沫板，日本严寒地区许多既有隧道，为防止挂冰而在隧道建成后采取了表面绝热处理，如图 12-22（a）所示；另一种是在两层衬砌之间铺设保温层，如日本采用新奥法施工的某新建隧道，在初期支护与二次衬砌之间铺设了保温层，如图 12-22（b）所示。

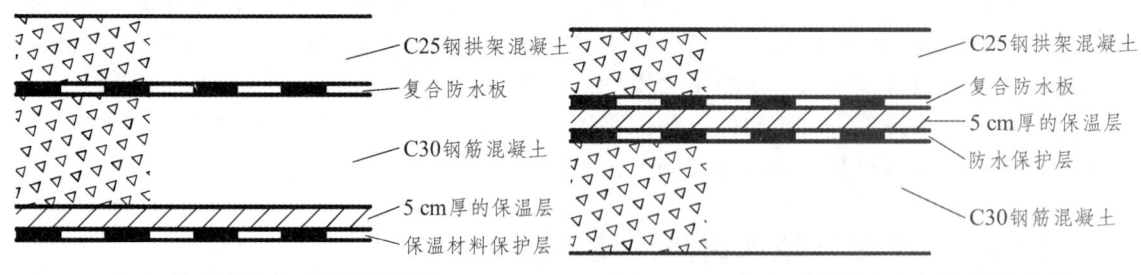

（a）衬砌内缘表面铺设保温层　　　　　　　　　　（b）两层衬砌之间铺设保温层

图 12-22　两种保温层结构

昆仑山和风火山隧道结合其地质和气温条件，采用第二种方式，在初期支护和二次衬砌（模筑钢筋混凝土）之间铺设 5 cm 厚的隔热保温层，结构形式采用"复合防水板+隔热保温层+防水保护层"，如图 12-23 所示。保温层采用聚氨酯泡沫板，洞外预制，规格为 1 900 mm × 500 mm × 50 mm，主要性能为：导热系数 λ 小于 0.03W/（m·℃），抗压强度≥0.5 MPa，体积吸水率低于 3%，自重大于 60 kg/m³，弹性模量 E 为 7~10 MPa，老化寿命高于 50a，具有一定的弹性和低毒性。

需要注意的是，由于隔热保温层作为低弹模材料夹在两层衬砌之间，整个结构的稳定性是一个不容忽视的问题。如果保温效果良好，冻胀力和土压力都将控制在一个很小的范围，衬砌的变形也会足够小，这种双层衬砌夹保温层的结构是可行的。如果保温效果不好，在受较大的土压力或冻胀力作用下衬砌将产生较大的变形，隔热保温材料作为软弱夹层，对整个隧道结构的稳定性是不利的。

3. 支护结构优化

考虑围岩冻融作用对隧道结构的影响，对隧道支护结构进行了优化：

（1）隧道衬砌断面形式（图 12-23）在普通地区的基础上进行了优化，加大了边墙曲率，采用曲墙带仰拱结构，以适应多年冻土地区结构的受力特点。

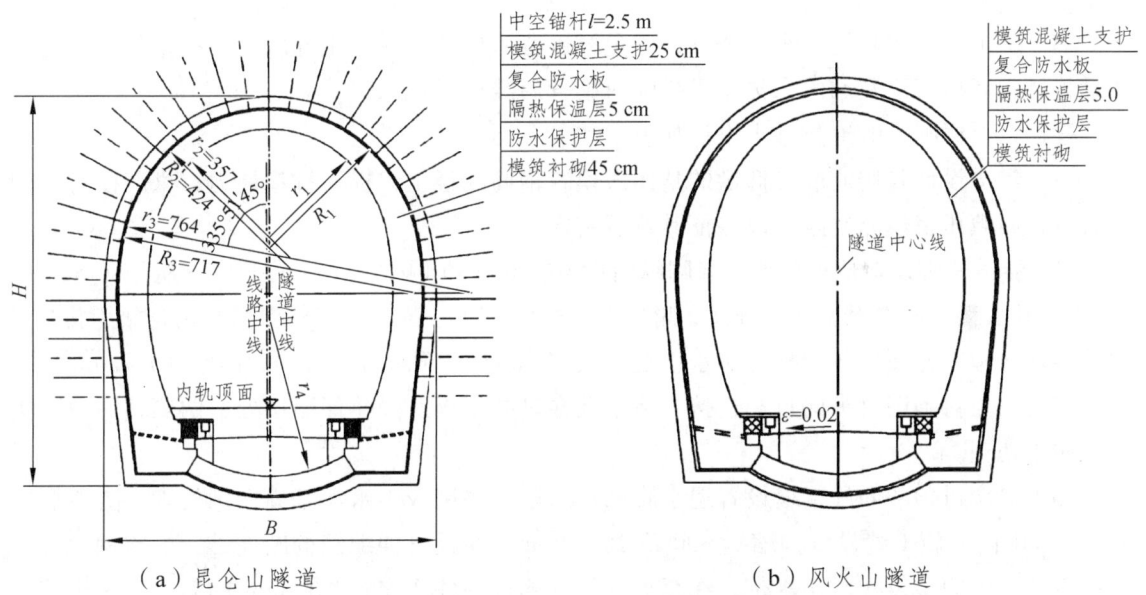

图 12-23　昆仑山和风火山隧道衬砌结构示意

（2）采用复合式衬砌，特别加强了初期支护，采用 C25 素混凝土，二次衬砌采用 C30 钢筋混凝土，两层衬砌之间，全断面设有 5 cm 厚防水保温层（两层防水板夹一层保温层）。

（3）考虑多年冻土地区气温及围岩岩面温度较低，喷混凝土在施工工艺及施工质量方面难以保证，以及考虑铺设隔热保温层对圆顺基面的要求，隧道支护采用模筑混凝土。同时，安排现场进行喷混凝土支护试验，并及时将喷混凝土支护技术应用到施工支护上。

（4）为确保多年冻土地区混凝土的施工质量以及耐久性要求，进行了低温早强耐久混凝土技术的应用研究。

4. 防排水设计

两座隧道的防排水按照如下原则设计：

（1）结合两座多年冻土隧道地下水不发育这一特点，防排水设计以防、堵为主，以排、截为辅，在昆仑山隧道局部段落采取低温注浆堵水措施。

（2）隧道防水做到衬砌不渗水，安装设备的孔眼不渗水道床排水通畅，不浸水衬砌背后不积水，排水沟不冻结。隧道防水充分利用混凝土自防水能力，其抗渗等级不得低于P8。

（3）冲沟段（尤其浅埋段）地表水及洞内防排水的处理，应注意：
① 地表宜采取疏导、铺砌等措施，防止地表积水及下渗；
② 确保冻结层上水的排泄通畅，隧道工程的设置应尽量避免截断其排泄途径；
③ 应避免大开大挖或施工坍塌等因素导致形成局部融区；
④ 应采取有效措施防止地表水及冻结层上水进入洞内排水系统；
⑤ 冲沟段在洞内应分段防水，必要时设置可维修防水设施。

（4）初期支护与二次衬砌间宜设置全包式防水层，施工缝、变形缝应采取可靠的防水措施。

（5）施工中控制超挖，避免坍方，避免衬砌背后局部积冰产生冻胀力，根据具体情况考虑设置衬砌背后盲沟及洞内水沟，以排除衬砌背后暖季融化水。

根据以上原则，隧道防排水设计如下：

（1）隧道设计采用曲墙带仰拱的整体式模筑钢筋混凝土，提高抗渗能力，拱部模筑支护背后进行回填压浆填充空隙，以保证其背后密实。

（2）隧道墙脚设双侧保温沟，墙脚纵向设ϕ100 mm的PVC盲沟，通过"三通"及ϕ50 mm的PVC泄水管与洞内保温侧沟连接，侧沟水通过检查井与拉萨端洞外保温暗沟连接引排。洞内结合环向施工缝在模筑支护与防水层之间设ϕ50 mm的环向透水盲沟，间距10～20 m，通过"三通"与衬砌墙脚纵向盲沟连接，泄水孔穿过防水板及隔热保温层处，两侧粘贴橡胶垫进行防水处理。

（3）二次衬砌环向施工缝设置遇水膨胀止水条，并用WJ水泥基界面剂处理。隧道洞口300 m范围内的施工缝设置伸缩缝，间距20～30 m，在设置伸缩缝的断面处，模筑钢筋混凝土衬砌截面中间安设橡胶止水带，在靠近支护一侧衬砌外缘安置100 mm的遇水膨胀橡胶止水条，其余空隙用渣油麻筋充填或浸油木板填塞。

（4）隧道全断面铺设防水隔热保温层，铺设于模筑支护与二次模筑钢筋混凝土衬砌之间，结构形式采用"复合防水板+隔热保温层+防水保护层"，在基底与仰拱部位设防水板及无纺布。

（5）明洞衬砌拱部背后铺设甲种防水层，边墙铺设复合防水板及隔热保温层。

12.3 软岩隧道（木寨岭隧道）

软岩是指强度低、孔隙度大、胶结程度差、受构造面切割及风化影响显著或含有大量膨胀性黏土矿物的松、散、软、弱岩层。在隧道勘察设计阶段，由于不易把握软岩的物理力学性质及地应力水平，隧道支护参数经常不能与实际工程条件相适应。在施工阶段，若施工工法和支护时机不当，则可能造成围岩变形失控、支护失效与围岩塌方，威胁施工人员安全、影响施工质量、增加工程造价。并且软岩具有流变性，对隧道结构的长期稳定性有一定的影响。鉴于软岩隧道工程的复杂性及软岩变形压力失控的严重性，多年来工程界一直致力于软岩隧道的设计理论与施工工法研究。本节以兰渝铁路木寨岭隧道为例，详细介绍软岩大变形隧道的若干关键问题。

12.3.1 兰渝铁路木寨岭隧道概况

兰渝铁路北起兰州，南至重庆，横跨甘肃、山西、四川、重庆四省市。铁路位于青藏高原隆升区边缘，地质环境极为特殊。受多期构造影响，区域断裂、褶皱发育，初始地应力状态极其复杂，多为高-极高地应力。兰渝铁路兰广段隧道工程集中，长大隧道比例高，该段共有隧道66座，总长343 km，占本段线路长度的70%，其中大于10 km的特长隧道9座，大于6 km的长隧道22座，高风险隧道17座。除长28.236 km的西秦岭隧道、长19.095 km的木寨岭隧道、长16.59 km的哈达铺隧道设计为两座单线隧道外，其余均为双线隧道。兰广段隧道群在建设过程中出现了围岩大变形，变形的剧烈程度和对安全、工期、经济等的影响在国内外隧道工程界极为罕见。

兰渝铁路木寨岭隧道位于甘肃省定西市漳县和岷县交界处，地处西秦岭高中山区，地表沟谷深切，呈"V"字形，自然坡度大于50°。地面高程 2 390 ~ 3 214 m，相对高差 824 m，洞深最大埋深 728 m。设计为双洞单线分离式特长隧道，线间距 40 m，左线隧道长度为 19 095 m，右线隧道长度为 19 115 m。建筑限界采用《200 km/h 客货共线铁路双层集装箱运输建筑限界（暂行）》标准，旅客列车设计行车速度 200 km/h。

1. 工程地质概况

（1）地层岩性。

隧道经过的地层条件复杂，按时代由新到老分别包括第四系、第三系、二叠系、石炭系、泥盆系等不同时代的地层。隧道洞身主要通过二叠系下统板岩、炭质板岩地层。板岩为深灰色、黑色、板状构造，变晶结构，裂隙、节理发育，遇水易软化；炭质板岩为青灰色、灰黑色、泥质结构，薄层板状构造，裂隙、节理发育，岩质极软，锤击呈薄片状，遇水易软化。板岩及炭质板岩单轴抗压强度为 3.4 ~ 16.7 MPa，属软岩至极软岩。

（2）地质构造。

隧道位于秦岭—昆仑维向构造体系，后期被祁吕贺兰山字形构造和茶固山帚状构造复合、归并、改造。受多期次构造复合叠加作用,褶皱断裂发育,形成了形态各异、极其复杂的皱曲与断层束构造。区内主要构造为3个背斜、2个向斜,断层有F_2区域性大断裂及其次生的10条断层。

(3)地应力。

隧道通过区域测得最大水平主应力方向为 N34°E,最大水平主应力值为 24.95~27.16 MPa,最小水平主应力值为 14.95~16.17 MPa,属高地应力区。最大水平主应力方向与隧道轴线方向(N34°E~N40°E)基本一致。

(4)水文地质。

隧道通过区地下水类型主要有基岩裂隙水和第四系松散堆积层孔隙水两类,基岩裂隙水分为构造裂隙水、风化裂隙水、层间裂隙水,具有弱承压性。预测单洞正常涌水量为 16 607 m^3/d。

2. 设计支护参数及施工工法

全隧设计Ⅲ级围岩 5 920 m,占 15.5%;Ⅳ级围岩 18 520 m,占 48.5%;Ⅴ级围岩 13 770 m,占 36.0%。隧道均采用曲墙带仰拱复合式衬砌,初期支护采用喷锚支护,二次衬砌采用素混凝土或钢筋混凝土。隧道支护参数见表 12-8。

表 12-8 木寨岭隧道设计支护参数

围岩级别	初期支护										二次衬砌		
	喷混凝土		锚杆			钢筋网		钢架					
	施作部位	厚度/cm	设置部位	长度/m	环×纵间距	设置部位	网格间距/cm	设置部位	钢架类型	纵向间距/cm	拱墙/cm	仰拱/cm	强度
Ⅲ	拱墙	8	拱部	2.5	1.2×1.5	ϕ6 拱部	25×25				35	40	C30
Ⅳ一般	拱墙	12	拱墙	3.0	1.2×1.2	ϕ6 拱墙	25×25				40	40	C30
Ⅳ加	拱墙	23	拱墙	3.0	1.2×1.2	ϕ6 拱墙	20×20	拱墙	ϕ22 格栅	1.0	40	40	C30
Ⅴ一般	拱墙仰拱	25 10	拱墙	3.0	1.2×1.0	ϕ8 拱墙	20×20	拱墙	I16	1.0	45*	45*	C35
Ⅴ加	拱墙仰拱	25 10	拱墙	3.0	1.2×1.0	ϕ8 拱墙	20×20	拱墙	I16	0.8	45*	45*	C35
Ⅴ软	全环	25	拱墙	3.0	1.2×1.0	ϕ8 拱墙	20×20	全环	I16	0.8	45*	45*	C35

注:1. 锚杆拱部采用ϕ22 中空组合锚杆,边墙采用ϕ22 全螺纹砂浆锚杆;
2. 二次衬砌栏上角标*表示钢筋混凝土,无角标表示素混凝土;
3. Ⅳ加、Ⅴ一般、Ⅴ加、拱部设超前小导管,间距 0.4~0.5 m。

隧道洞身开挖根据地质条件选择全断面法、台阶法、三台阶七步法。全断面法适用于辅助坑道Ⅲ、Ⅳ级围岩段和正洞Ⅲ级围岩地段;台阶法适用于辅助坑道Ⅴ级和正洞Ⅳ、Ⅴ级围岩地段;三台阶七步法适用于Ⅴ级围岩洞口、偏压等特殊地段。

12.3.2 施工中遇到的主要难题

大变形是软岩隧道工程的典型特征。木寨岭隧道开挖掌子面地质照片如图 12-24 所示，围岩为夹炭质板岩，以泥质构造为主。在高地应力的作用下，隧道开挖后产生大变形，主要特点是累计变形量大、变形速率快、持续时间长等。检测数据显示，隧道最大收敛变形达 1 419 mm，拱顶累计下沉最大达 864 mm；初期变形速率一般在 30～100 mm/d，最大收敛速率 153 mm/d，最大下沉速率 68 mm/d；变形稳定期在 30～50 d，个别地段开挖 60d 后仍无法稳定；尤其在施工初期，应对围岩大变形尚处于科研探索阶段，发生的初期支护拆换比较集中。围岩大变形造成施工安全风险高、进度缓慢。

图 12-24 木寨岭隧道掌子面围岩情况

12.3.3 软岩隧道大变形的控制技术

1. 围岩大变形分级

目前现有的隧道技术规范难以满足高地应力软岩隧道安全施工要求。《铁路隧道设计规范》(TB 10003—2016) 对单线隧道Ⅳ、Ⅴ级围岩初期支护拱脚水平相对净空变化极限相对位移确定为 0.2%～5.0%，双线隧道为 0.1%～3.0%。而根据我国已施工的高地应力软岩隧道实际施工变形情况统计来看，家竹箐隧道变形相对位移一般为 3%～10%、严重地段大于 10%，乌鞘岭隧道变形相对位移一般为 3%～8%、严重地段大于 8%。可见，针对高地应力软岩隧道，采用原有的围岩分级标准是不合适的，难以采取对应的设计措施。

经过参建各方的摸索、试验，结合科研情况，得出了木寨岭隧道高地应力软岩大变形的预测与验证标准。针对不同级别大变形，确定相应的支护参数。设计优化的围岩变形等级见表 12-9，施工中实际控制围岩变形等级见表 12-10。

表 12-9 设计优化的围岩变形等级

大变形等级	Ⅰ级	Ⅱ级	Ⅲ级
相对变形量/%	1.5～3	3～5	5 以上
强度应力比	0.25～0.15	0.15～0.1	0.1 以下

表 12-10 施工中控制围岩变形等级

判别指标	分级指标	Ⅰ级	Ⅱ级	Ⅲ级
	变形量（墙腰水平收敛）/mm	25～35	35～50	50 以上
	变形速率（墙腰水平收敛）/（mm/d）	小于 2.5	小于 3.8	大于 4.5
	支护变形特征	开挖后洞壁围岩位移较大，持续时间较长；支护开裂或破坏严重	开挖后洞壁围岩位移大，持续时间长；支护开裂或破坏严重	开挖后洞壁围岩位移很大，持续时间很长；支护开裂或破坏严重

2. 初期支护参数设计

以往控制高地应力软岩隧道大变形，主要是加大预留变形量，过于注重应力释放，由于应力释放过度而最终仍出现了变形侵限；或者预期通过增大支护刚度来抑制大变形发生，但效果往往不好。因此，针对高地应力软岩隧道应达到应力的合理释放与有效约束之间的平衡，首先设计时应采取合理的支护刚度，保证初期支护体系在安全状态下达到应力的合理释放。

（1）钢架设计。

兰渝铁路木寨岭和同寨隧道分别针对不同初期支护刚度进行了实验，实验结果如图 12-25 所示。由实验结果来看，随着支护刚度的加强，控制变形能力增加，但刚度再大时，也无法完全规避变形的发生，因此，为有效控制变形，必须采取合理的支护刚度，原则上，初期支护钢架的选择不宜低于 I22b。

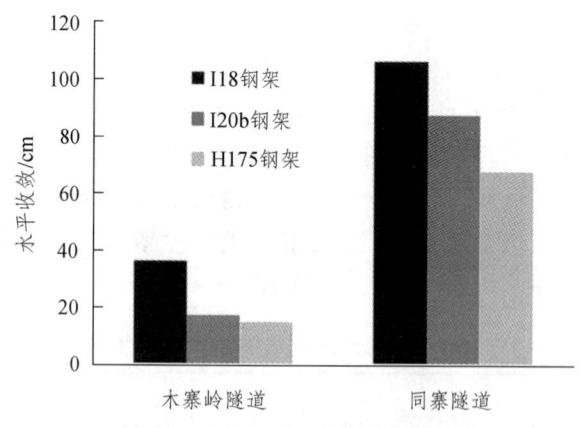

图 12-25 不同支护刚度的变形对比

（2）喷射混凝土设计。

喷射混凝土是保证初期支护强度的关键。兰渝铁路木寨岭隧道采用普通喷射混凝土和早高强喷射混凝土对变形控制进行了实验。普通喷射混凝土 1d 强度为 5 MPa，28d 强度为 12.5 MPa，早高强喷射混凝土 3 h 强度为 1.5 MPa，1d 强度为 10 MPa，28d 强度为 18 MPa。实验结果如图 12-26 所示。由实验结果来看，与普通喷射混凝土相比，早高强喷射混凝土对初期支护变形有着明显的控制作用，前期变形速率和最终变形值均减小约 40%。

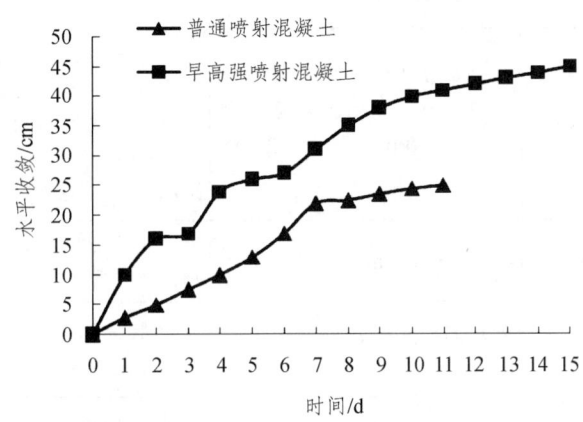

图 12-26　不同品种喷射混凝土初期支护变形对比

（3）支护参数。

基于围岩大变形分级（表 12-9 和表 12-10），木寨岭隧道支护参数如表 12-11 所示。

3. 施工工法

高地应力软岩隧道施工，如果不对地应力进行释放，那么强大的地应力将直接作用在结构上，结构将难以抵抗。而如果地应力释放过度，将造成围岩过度松弛，使围岩失去自承能力，荷载加大，结构处于不安全状态。因此，高地应力软岩隧道安全施工的关键，是建立地应力的合理释放与有效约束的平衡。

软岩隧道通常采用台阶法开挖，在加强初期支护的前提下，分部开挖，逐步释放地应力。木寨岭隧道在施工中，对两台阶、三台阶工法对变形的影响进行了多次实验，实验结果见表 12-12，由表可以看出：

（1）对于拱顶下沉，三台阶（上台阶 4.5 m）大于两台阶，但两者差距不大。对于水平收敛，两台阶明显大于三台阶，其中上台阶收敛值两台阶约为三台阶的 1.2 倍，下台阶收敛值两台阶约为三台阶的 1.5 倍。

（2）对于三台阶法，在不同台阶高度下，拱顶下沉差距不大；随着上台阶高度的减小，水平收敛逐渐减小；中台阶越高，水平收敛越大；下台阶的高度对水平收敛的影响较小。

表 12-11 木寨岭隧道支护参数

围岩特征		IV级	IV～V级	V级
大变形等级		I级	II级	III级
预留变形量/cm		20	30	40
超前预支护		$\phi42$ 小导管，长 3.5 m，环向间距 50 cm	$\phi42$ 小导管预注浆，长 4 m，环向间距 40 cm	$\phi42$ 小导管预注浆，长 4 m，环向间距 40 cm
初期支护	喷混凝土	全环喷 C25 混凝土 25 cm 厚	全环喷 C25 混凝土 27 cm 厚	全环喷 C25 混凝土 30 cm 厚
初期支护	锚杆 系统锚杆	拱部$\phi22$组合中空锚杆，长 3.5 m，边墙$\phi22$砂浆锚杆，长 4.0 m，间距 1.2 m×1.2 m	拱部采用$\phi22$组合中空锚杆，长 4 m，边墙采用$\phi22$砂浆锚杆，长 4 m，间距 1.2 m×1.0 m（环×纵）	拱墙设 R32N 自进式锚杆，长 4.5 m，间距 1 m×1 m（环×纵）
初期支护	锚杆 锁脚锚杆	4 处 8 根 4.5 m 长$\phi42$小导管	4 处 8 根 4.5 m 长$\phi42$小导管	4 处 8 根 4.5 m 长$\phi42$小导管
初期支护	钢架	全环 I18 型钢，间距 0.8～1.2 m	一般全环 I20b 型钢，间距 0.6～0.8 m	全环 H175 型钢，间距 0.5 m
初期支护	其他措施	—	边墙增加径向注浆，左右侧最大跨各 4 根长 4.5 m 的$\phi42$小导管注浆	边墙增加径向注浆，左右侧最大跨各 6 根长 4.5 m 的$\phi42$小导管注浆
二次衬砌		钢筋混凝土，厚 40 cm	钢筋混凝土，厚 45 cm	钢筋混凝土，厚 50 cm

表 12-12 不同台阶开挖方法下隧道变形值

施工方法	台阶高度	拱顶下沉/mm	水平收敛/mm		
			上台阶	中台阶	下台阶
两台阶	上台阶 5.7 m，下台阶 4.5 m，仰拱 1.7 m	84.2	356.7		229.5
三台阶	上台阶 4.5 m，中台阶 3.2 m，下台阶 3.5 m，仰拱 1.7 m	96.7	323.2	280.3	166.4
三台阶	上台阶 3.2 m，中台阶 3.0 m，下台阶 4.0 m，仰拱 1.7 m	98.5	284.5	232.8	151.7
三台阶	上台阶 3.0 m，中台阶 4.0 m，下台阶 3.2 m，仰拱 1.7 m	95.4	280.4	258.9	158.6

通过台阶数量及高度对变形的影响分析，结合施工的方便性，确定采取三台阶施工。同时对 100 个断面的施工各阶段、各部位进行了变形数据分析，统计结果见表 12-13，可以看

出,各阶段施工的收敛速率为上台阶>中台阶>下台阶>仰拱,在仰拱施工后变形速率明显下降。因此缩短台阶长度对控制变形起关键作用。

表 12-13 各部位在不同施工阶段变形统计

收敛部位		施工阶段			
		中台阶开挖前	中台阶至下断面开挖	下台阶至仰拱开挖	仰拱至二次衬砌
用时/d		7.2	7.3	20.5	27.8
上台阶	变形值/mm	175.4	91.7	64.8	43.1
	变形速率/(mm/d)	24.4	12.6	3.2	1.6
中台阶	变形值/mm		158.1	75.2	46.6
	变形速率/(mm/d)		22	3.7	1.7
下台阶	变形值/mm			138.8	43.2
	变形速率/(mm/d)			6.8	1.6

通过对台阶数量、高度、长度对隧道变形的影响分析,结合施工便利性要求,确定采用三台阶法施工。上台阶、中台阶、下台阶、仰拱高度分别为 320 cm、300 cm、400 cm 及 170 cm。各台阶长度分别为:上台阶 4~6 m,中台阶 4~6 m,下断面至仰拱距离小于 15 m。三台法施工工法如图 12-27 所示。

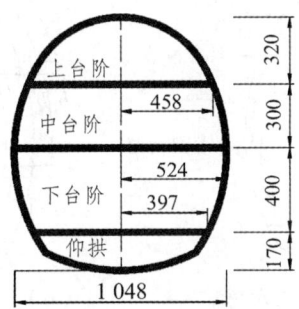

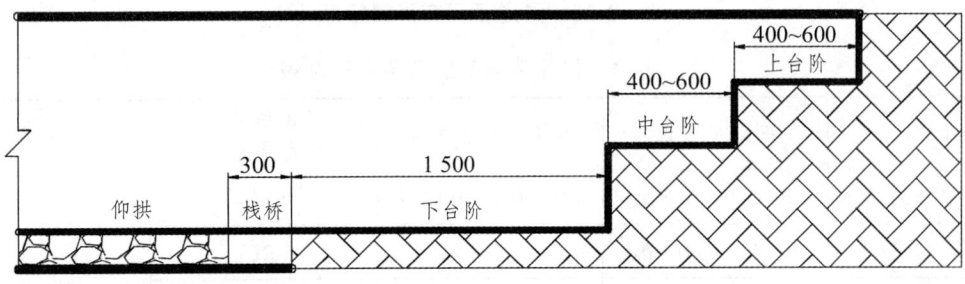

图 12-27 三台阶施工工法示意(单位:cm)

4. 预留变形量优化

高地应力软岩隧道，由于受到强大的高地应力作用，采用强大的刚性支护，采取"硬抗"的方法是行不通的。因此，必须采取先行释放高地应力的措施，设计时应有足够的预留变形量。预留变形量一直为施工人员所关注：预留过大易造成地层过度松散，产生更大的松散围岩压力；而预留过小，难免有变形侵限的风险。预留变形量宜按下式进行计算：

$$U_{预留}=U_{变形}+U_{补强}$$

式中　$U_{预留}$——预留变形量（cm），可按表 12-11 取值；

　　　$U_{变形}$——初期支护变形量（mm），该值必须满足初期支护破坏准则要求；

　　　$U_{补强}$——初期支护补强空间（cm）。

采用台阶法施工必然会造成台阶处拱脚变形内移，如图 12-28（a）所示。一般围岩条件下，内移量不大，对施工影响较小，而对于高地应力软岩隧道，拱脚内移量较大，这样势必造成每向下开挖一个台阶就内移一定的距离，最终造成下台阶施工后变形侵限。兰渝铁路大部分隧道，都是在下台阶施工完成后，才意识到变形侵限。因此，为清除工序的影响，应采取不均匀预留变形量，即加大拱脚边墙预留变形量。在施工中，以设计预留变形值为标准，对同一断面不同开挖部位的预留变形值进行调整与优化。隧道各台阶不同阶段变形如图 12-28（b）所示（图中 a_1、a_2、a_3、a_4、b_1、b_2…为不同时段变形值）。优化后各部位预留变形值见表 12-14。

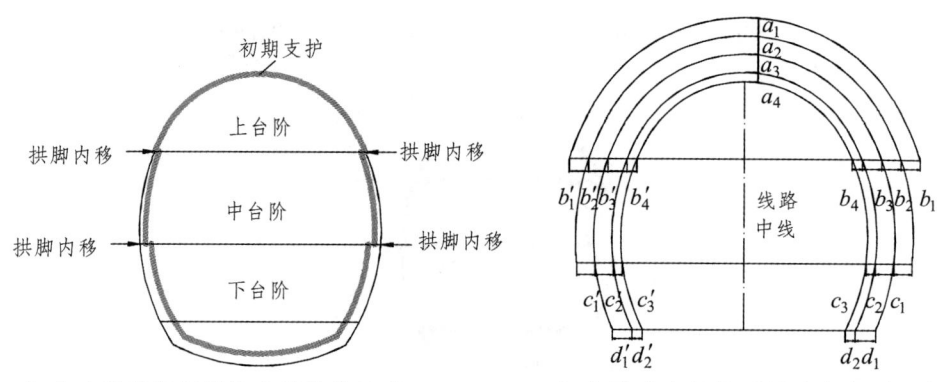

（a）台阶法开挖拱脚内移效应示意　　（b）隧道各部位不同阶段变形示意

图 12-28　隧道预留变形量示意

表 12-14　优化后各部位预留变形量表

部位	统计变形值	各部变形值关系	优化后各部预留变形值	备注
拱顶下沉	$a=a_1+a_2+a_3+a_4$	$a=(0.7\sim0.8)c$	$0.8U_0$	U_0 为设计给定的变形值
上台阶收敛	$b=b_1+b_2+b_3+b_4$	$b=(1.1\sim1.2)c$	$1.2U_0$	
中台阶收敛	$c=c_1+c_2+c_3$		U_0	
下台阶收敛	$d=d_1+d_2$	$d=(0.6\sim0.7)c$	$0.7U_0$	

5. 软岩隧道安全控制等级管理

根据大变形支护破坏准则，制定高地应力软岩隧道施工安全控制基准。现场施工中应加强监测，实施变形等级管理，及时动态补强，以防止变形的不断恶化、侵限，甚至坍方。高应力软岩隧道施工大变形安全控制等级管理见表12-15。

表 12-15　高地应力软岩隧道大变形安全控制等级管理

项目	一级	二级	三级
单线隧道	拱顶下沉<15 cm、水平收敛30 cm（当两侧变形不均匀时，单侧变形量<15 cm）	拱顶下沉 15～20 cm、水平收敛 30～40 cm（当两侧变形不均匀时，单侧变形量 15～20 cm）	拱顶下沉≥顶下沉 0、水平收敛 40 cm（当两侧变形不均匀时，单侧变形量<20 cm）
双线隧道		拱顶下沉 15～25 cm、水平收敛 30～50 cm（当两侧变形不均匀时，单侧变形量 15～25 cm）	拱顶下沉≥顶下沉 5、水平收敛 50 cm（当两侧变形不均匀时，单侧变形量<25 cm）
施工措施	正常施工	径向小导管注浆加固松动圈、网喷混凝土补强	增设临时仰拱、增设套拱

参考文献

[1] 陈志敏，欧尔峰，马丽娜.隧道及地下工程[M].北京：清华大学出版社，2014.

[2] 段俊峰.高速铁路隧道防排水设计及优化方案[J]. 中华建设，2014（11）：92-93.

[3] 高波. 高速铁路隧道设计[M]. 北京：中国铁道出版社，2010.

[4] 关宝树. 隧道工程维修管理要点集[M]. 北京：人民交通出版社，2004.

[5] 龚彦峰，肖明清. 我国高速铁路隧道技术要点与有关建议[J]. 铁道工程学报，2004，12：67-71.

[6] 龚彦峰. 高速铁路隧道斜切式洞门研究[J]. 北京交通大学学报，2010，34（1）：6-9.

[7] 国家铁路局. 高速铁路设计规范：TB 10621—2014[S]. 北京：中国铁道出版社，2014.

[8] 赖远明，张明义，李双洋，等. 寒区工程理论与应用[M]. 北京：科学出版社，2009.

[9] 吕康成. 特殊隧道工程[M]. 北京：人民交通出版社，2013.

[10] 李德武. 隧道[M]. 北京：中国铁道出版社，2004.

[11] 刘云祯. TGP 隧道地震波预报系统与技术[J]. 物探与化探，2009，33（2）：170-177.

[12] 卢春房. 隧道工程[M]. 北京：中国铁道出版社，2015.

[13] 欧尔峰，严松宏，梁庆国. 岩体隧道施工安全风险模糊综合评判研究[J]. 兰州交通大学学报，2011（4）：38-42.

[14] 铁道部工程设计鉴定中心. 高速铁路隧道[M]. 北京：中国铁道出版社，2006.

[15] 铁道部劳动和卫生司. 高速铁路桥隧维修岗位培训教材[M]. 北京：中国铁道出版社，2012.

[16] 铁道部运输局. 铁路隧道检测技术手册[M]. 北京：中国铁道出版社，2007.

[17] 中铁二院工程集团有限责任公司. 铁路隧道设计规范：TB 10003–2016[S]. 北京：中国铁道出版社，2016.

[18] 吴紫汪，赖远明，藏思穆，等. 寒区隧道工程[M]. 北京：海洋出版社，2003.

[19] 肖广智. 不良、特殊地质条件隧道施工技术及实例（一）[M]. 北京：人民交通出版社，2015.

[20] 王晓州，等. 大断面黄土隧道建设技术[M]. 北京：中国铁道出版社，2009.

[21] 杨国伟，魏宇杰，赵桂林，等. 高速列车的关键力学问题[J]. 力学进展，2015，45：217-460.

[22] 赵勇等. 黄土隧道工程[M]. 北京：中国铁道出版社，2011.

[23] 张鲁新，熊治文，韩龙武. 青藏铁路冻土环境和冻土工程[M]. 北京：人民交通出版社，2011.

[24] 张俊儒，龚伦，仇文革. 隧道工程[M]. 成都：西南交通大学出版社，2013.

[25] 朱永全，宋玉香. 隧道工程[M]. 3版. 北京：中国铁道出版社，2015.

[26] 铁道科学研究院. 铁路混凝土结构耐久性设计规范：TB 10005—2010[S]. 北京：中国铁道出版社，2010.

[27] 中国中铁二院工程集团有限责任公司. 铁路隧道风险评估与管理暂行规定[S]. 北京：中国铁道出版社，2008.

[28] 张慧玲. 高速铁路客运专线隧道防排水设计[J]. 铁道标准设计，2010，000(001)：139-142.

[29] 中铁第一勘察设计院集团有限公司. 铁路工程特殊岩土勘察规程：TB 10038—2001[S]. 北京：中国铁道出版社，2001.

[30] 中国铁路总公司. 高速铁路隧道工程施工技术规程：Q/CR 9604—2015[S]. 北京：中国铁道出版社，2015.

[31] 中国铁路总公司. 铁路隧道超前地质预报技术规程：Q/CR 9217—2015[S]. 北京：中国铁道出版社，2015.

[32] 中国铁路总公司. 铁路隧道监控量测技术规程：Q/CR 9218—2015[S]. 北京：中国铁道出版社，2015.

[33] 中国冶金建设协会. 岩土锚杆与喷射混凝土支护工程技术规范：GB 50086—2015[S]. 北京：中国计划出版社，2015.